GOLDMANN SCHOTT

Werner Egk

Werner Egk

Die Zeit wartet nicht

*Künstlerisches
Zeitgeschichtliches
Privates aus meinem
Leben*

Wilhelm Goldmann Verlag

Musikverlag B. SCHOTT'S Söhne

Bildquellennachweis

Stefan Moses, München: S. 2
Archiv B. Schott's Söhne, Mainz: S. 325, 334, 339, 379, 479, 485, nach S. 488, 498, vor S. 503
Archiv Werner Egk: S. 7, 21, 109, 179, 199, 348, 389, 406, 429, nach S. 454, vor S. 455, vor S. 489, nach S. 502, 521, 538, 540
Archiv für Kunst und Geschichte, Berlin: S. 255

Made in Germany · 5/81 · 1. Auflage 118
Lizenzausgabe mit freundlicher Genehmigung
des Verlages R. S. Schulz, Percha/Starnberger See.

Umschlaggestaltung: Atelier Adolf & Angelika Bachmann
Druck: Presse-Druck Augsburg
Verlagsnummer: 33059
Redaktion: Gerda Weiss. Herstellung: Gisela Ernst

ISBN 3-442-33059-9

Das schönste und in der Erinnerung stärkste Erlebnis meiner frühen Kindheit war der Friede, den das Dorf atmete, in dem ich geboren bin. Was dieser Friede bedeutete, kann man weniger mit dem Verstand als mit dem Gefühl begreifen und nur unvollkommen umschreiben. Er bestand nicht in der Abwesenheit von Zank, Streit oder gar Krieg; er war nicht etwas, das man negativ definieren könnte, er erschien als Wesenheit, als eine *tranquillitas*, die von der ungeschändeten Natur ausstrahlte, von den Dingen, die ihren angemessenen Platz einnahmen, widerschien und Mensch und Tier erfüllte. Seine ebenmäßige Strahlung und Widerstrahlung war das eigentliche Element einer selbstverständlichen Ordnung, welche die Sicherheit des Gemüts, die Zuverlässigkeit des Wortes, die Achtung vor dem geschriebenen und ungeschriebenen Gesetz und die Beständigkeit der Verhältnisse bedingte.

Sicher gab es Arm und Reich, aber das Glück ist ebenso bei den Armen zu Hause wie das Unglück bei den Reichen. Soziale Probleme wurden durch soziales Verhalten reguliert, und so fand jeder Hilfe, der Hilfe brauchte.

Wir hatten eine sehr arme Frau im Dorf. Sie wohnte in einer Hütte, genoß aber hohes Ansehen, weil sie gut und klug war. Die Kinder kamen zu ihr mit glänzenden Augen, ihre Geschichten zu hören, und die Alten, um ihren von Güte und

Erfahrung genährten Rat bedächtig aufzunehmen und das Gleichgewicht der Seele wiederzugewinnen, ohne das kein Mensch glücklich leben kann. Die arme Frau nahm die Geschenke, die man ihr brachte, mit Würde und nicht als Almosen entgegen, sondern als Gabe von Gleich zu Gleich, als Tribut ohne Verpflichtung.

Der Friede im Dorf schloß weder Entzücken noch Trauer, weder Freude noch Leid aus. Er bildete aber das existenzielle Fundament des Daseins, das auf eine allgemeine Verpflichtung zur Wahrheit gegründet war, die Armut, Krankheit und selbst den Tod mit ihrem Glanz zu überstrahlen vermochte.

Mein Vater war Lehrer in dem kleinen schwäbischen Dorf Auchsesheim bei Donauwörth – heute Ortsteil dieser Stadt –, in dem ich am 17. Mai 1901, nachmittags um halb sechs Uhr, zur Welt kam. Neben dem Lehrerhaus hatte der Bürgermeister seinen Hof, und die erste Begegnung mit dem Tod inmitten des Friedens hatte ich in seinem Haus. Den Bürgermeistersleuten war ein kleines Kind gestorben an Halsbräune oder einer der vielen anderen Kinderkrankheiten, die es damals gab. Auch ich stieg dem Brauch gemäß mit anderen kleinen und größeren Kindern und Leuten aus dem Dorf die steile Holztreppe zum ersten Stock hinauf, um in einer Kammer das auf einer Kommode aufgebahrte tote Kindlein ehrfürchtig und fromm zu grüßen und Teilnahme zu bezeigen. Es lag wachsbleich auf einer Art weißem Tortenpapier. Daneben gab es ein paar Blumen und Kerzen. Jeder wandte seine frommen Gedanken voller Rührung über die Unschuld, die da so früh sterben mußte, der erlösten Seele zu. So traurig der Anlaß war, so sehr erweckte er ein Gefühl, das untrennbar mit dem Frieden verbunden war, mit dem allgemeinen Einverständnis, der *pietas,* der *religio,* der Frömmigkeit und Ehrfurcht vor dem Gang des Lebens. Es gab kein Gerede über die ärztliche

Kunst, die vielleicht versagt hatte oder zu arm war, um retten zu können, was verloren war. Das Kindlein war tot, und damit war alles gesagt.

Kindheit in Auchsesheim: Familie und Hausgenossen.
Der autoritäre Vater auf der Leiter; unter ihm Sohn Werner

Die Musik war in das Leben des Dorfes und die Beständigkeit der Verhältnisse eingebettet. Die geistliche Musik begleitete das Jahr: die Orgel mit ihrem Brausen, die Responsorien mit Anruf und Antwort (und einer immer schwankenden Intonation) drangen durch das aufmerksam lauschende Ohr des Kindes in sein Gemüt und erfüllten es mit einer eigentümlichen Feierlichkeit. Der Gemeindegesang zeigte eine unausrottbare Neigung zur Freiheit und mischte in den Orgelklang eine Art souveräner und spontaner Aleatorik, fast polytonale Passagen, weiterziehende, sich proteusartig wandelnde clusterartige Bildungen oder archaische Heterophonieen.

Die Weihrauchwolken zogen sichtbar, die große Musikwolke zog vernehmbar zu dem herrlich bemalten Gewölbe empor und weiter bis zu Gottes Thron. Alles, was man in der Kirche sehen, hören oder wahrnehmen konnte, vermischte sich zu einer sinnenfrohen, wunderbaren Einheit. Die Bilder, die Statuen, die überirdisch blitzenden Glaslüster, der Kerzenschimmer, die Musik und die Pracht des Ornates, alles bedeutete ein und dasselbe: unirdisches Erlebnis, tägliches Wunder. Dazu kam der Glockenton, der die Seelen rufen und zu ihnen sprechen konnte und sich beherrschend mitteilte, als Musik, Gleichnis und Bedeutung.

Die weltliche Musik trat weit hinter der geistlichen zurück. Sie beschränkte sich nicht auf den Schulgesang. Er war mir fad und zuwider. Dagegen war die dörfliche Blasmusik eitel Frohsinn, Festtag und Heiterkeit, und bei den seltenen Besuchen des Volksfestes auf dem Schellenberg bei Donauwörth trug sie einen im Festzelt neben Karussell und Schießbude, in Bratwurst- und Bierdunst in den siebenten Himmel irdischer Glückseligkeit.

Der unendliche Zirkel der Musik umschloß aber auch die Laute der Natur und die tönende Arbeit. Hühnergackern und Hahnenschrei ebenso, wie den Ruf und das Singen der Vögel, das Summen der Bienen, das Gezirpe der Grillen, das Gänsegeschnatter und das scharfe Zischen ihrer leicht erregbaren Liebhaber und Ehemänner, das Muhen, das Wiehern und das Stampfen der Rosse, das Räderknarren und den Peitschenknall.

So viele Impulse, grobe und feine, so viele Eindrücke, so viel Musik! Der große Igor Strawinsky, heute schon unter die Halbgötter versetzt, fand Musik selbst in der rhythmischen Bewegung seines Scheibenwischers. Mir schien als Kind alles Musik zu sein, was vom Leben selbst gepfiffen, gesungen oder gedonnert war. Wer könnte den Klang des Dengelns von Sense und Sichel im stillen Abendfrieden vergessen, den hellen Gesang des Metalls, die Freude der Schnitter!

Morgens um 5 Uhr erwachten wir von dem gewaltig anhebenden Konzert der Dreschflegel, wenn es die Jahreszeit mit sich brachte, und auf die hölzernen Tennen donnerten die schlagenden Rhythmen. Ihre Rede war „Kraft und Brot“. Wie friedlich schlummerte das Kind, das von dieser Musik geweckt wurde, in seinem warmen Nest wieder ein, behütet und seiner Welt sicher.

Mein Vater wurde im Haus Papa – mit dem Akzent auf der zweiten Silbe – gerufen und meine Mutter ebenso vornehm Maman. Papa war in der häuslichen Hierarchie der oberste Gott, die einzig maßgebende Instanz und bis zu einem gewissen Grad auch in der Gemeinde-Trias: Pfarrer – Lehrer – Bürgermeister. Der hochwürdige Herr Pfarrer nahm sein Amt sehr ernst, duldete aber mit einem gewissen Lächeln den Herrschaftsanspruch des Lehrers, vielleicht mit einem listigen Hintergedanken an die geistliche Schulaufsicht, die damals noch unerschüttert war. Mein Vater sprach oft von der „Autorität", wobei er das Wort wie einen heiligen Knödel über die Zunge rollte. Wußte man auch nicht, was das war, diese geheimnisvolle Autorität, so traf einen schon das Wort allein, wenn es um den bedingungslosen Gehorsam ging, wie ein Donnerschlag. Wenn man trotzte, schlug der Blitz ein, zum Beispiel in Gestalt einer Maulschelle.

Der Vater war als siebzehntes Kind einer armen Familie geboren worden. Er allein hatte die soziale Stufenleiter bis zur schwindelnden Höhe eines Schullehrers erklommen. Dieser Glanz verdunkelte bei uns den Gedanken an die vielen weniger bedeutenden Onkel und Tanten, die es in Scharen gegeben haben muß, selbst, wenn ein beträchtlicher Teil von ihnen schon in der frühesten Jugend dahingerafft worden war.

Der zeugungskräftige Großvater war ein Wundertäter unserer Jugend. Er wohnte in der Nähe von Kempten, versorgte eine kleine Landwirtschaft und übte nebenbei auch das Schneiderhandwerk aus. Sein Hauptinteresse aber galt weder der Ziegenmilch noch den Hosen, sondern der Mechanik.

Jeder seiner Besuche war uns ein Fest. Er war unerschöpflich im Erfinden und Bauen von Spielwerken. Sein Meisterwerk war eine große Uhr, welche die zwölf Apostel in ihrem Gehäuse beherbergte. Mit dem ersten Glockenschlag erschien ein Apostel und lief auf Schienen die Uhr entlang und verschwand auf der anderen Seite wieder im Gehäuse. Mit dem zweiten Glockenschlag gingen zwei Apostel auf die Reise und so fort, bis um 12 Uhr alle Apostel erschienen, ihren Halbkreis beschrieben und wieder verschwanden. Unser „Dädalus" schuf auch einen Kaminfeger. Er stand in unserem Garten auf einem von einer Stange getragenen Brett mit einem Leiterchen, das er bei Wind, je nach der Windstärke, schneller oder bedächtiger hinauf- und hinunterkletterte. Großvater war auch der bewunderte Konstrukteur eines Karussells, das er im Schulgarten aufgebaut hatte und das – ohne Sicherheitsvorkehrung – die Schuljugend trotz ungestümer Beanspruchung einige Jahre unfallfrei unterhielt. Er kreierte schließlich eine wenig orthodoxe Darstellung von Adam und Eva mit der Schlange. Wenn man an der Schnur zog, die unter dem Bildwerk hing, streckte die Eva den Arm aus, nickte mit dem Kopf, und Adam schlug mit einem kleinen Beil gehorsam auf die Schlange ein. Welche Freude für uns, daß hier die Sache mit dem Apfel gerächt ward, auch wenn man sie leider nicht mehr ungeschehen machen konnte.

Bei der Dorfjugend wurde mein soziales Prestige durch die unerhörten Künste meines Großvaters weit mehr als durch den Herrschaftsanspruch des Vaters gehoben und stieg ins Unermeßliche, als er für mich und meinen Bruder ein Dreirad erfand, das aus alten Maschinenteilen, Schrauben, Zahnrädern, Ketten und Laufrädern – zwei unförmig großen und einem kleinen – kunstvoll komponiert war und den kühnen Fahrer zwei Meter über dem Erdboden durch fein ausgetüftelte Übersetzungen mit rasender Geschwindigkeit durch die Gegend trug. Lange nicht, das muß ich zugeben, aber selbst im Untergang noch höchst eindrucksvoll.

Es hieß, der Großvater habe von seinem sechzigsten Lebensjahr an, soweit das möglich war, alle seine Kinder und Kindeskinder um sich versammelt und jedes einzelne gesegnet, bevor er sich auf die kurze Reise nach Kempten machte oder gar nach einem noch weiter von der Heimat entfernten Ort. Man könne nie wissen, ob ein Mensch von einer Reise wieder zurückkehre, meinte er mit Recht.

Die Zeremonie aber verlor zu seinem Kummer immer mehr an Bedeutung, je älter er wurde. Schon nach zehn Jahren, als er siebzig oder nach zwanzig oder gar dreißig Jahren, als er neunzig Jahre alt war, verloren sich seine Kinder immer weiter in der Welt, und die noch da waren, fingen gar an, die häufigen Segnungen mitsamt den sie begleitetenden umständlichen Reden nicht mehr ganz ernst zu nehmen.

Der Großvater war im Laufe der Zeit gar kein Großvater mehr. Er war eine Einrichtung geworden. Trotzdem starb er in den Neunzigern während eines strengen und schneereichen Winters, und es hieß, daß sein Sarg auf dem Weg zum Friedhof vom Schlitten fiel und aufsprang. Der Großvater habe sich, wie von Engeln getragen, noch ein letztes Mal dem Sarg entrungen, um sich zu voller Größe zu erheben und dann in den tiefen Schnee zurückzusinken. Welch ein Mann!

Meine Mutter stammte aus Reutlingen und war in frühen Jahren Doppelwaise geworden. Sie war, wie mein Vater gelegentlich sagte, nicht im rechten Glauben aufgewachsen, solange ihre protestantischen Eltern noch lebten.

Was es heißt, ein Protestant zu sein, das wußte ich nicht. Wahrscheinlich dachte ich mir, waren die Protestanten so etwas wie die schwarzen Neger oder die roten Indianer oder die gelben Chinesen. Bei diesen allen stimmte es in puncto Religion nicht, und sie alle waren nicht von weißer Hautfarbe wie wir, das war einmal ganz gewiß. Da alle im Dorf katholisch und weiß waren, vermutete ich, daß die Protestanten vielleicht grün oder blau sein mußten. Wie aber war dann meine Mutter wohl weiß geworden? Dafür hatte ich eine ziemlich plausible Erklärung.

Als arme kleine protestantische Doppelwaise wurde sie von einer Tante in Kaufbeuren aufgenommen. Diese war nicht nur katholisch, sondern Oberin in dem der heiligen Kreszentia geweihten Frauenkloster. Sicher hatte man meine Mutter als Kind flugs bekehrt und konnte sie dann weiß machen.

Dieser kluge Gedanke schien mir aber auf die Dauer nicht haltbar. Ab und zu sah man im Dorf einen Juden, einen von denen, die zwar unseren Herrn und Heiland gekreuzigt hatten, aber das nützliche Geschäft des Viehhandels betrieben. Wieso waren nun diese Juden weiß wie die Katholiken?

Meine Farbentheorie zerbrach an den Juden, aber nicht zuletzt auch daran, daß das tiefe Schwarz der Trauer in der Kirche eine wichtige Rolle spielte – wie das Violette, das Weiße oder das Goldene, ja weil mir bewußt wurde, daß die Kirche, ganz abgesehen von den liturgischen Farben, der fröhlichste Versammlungsort aller Farben war, die man sich nur vorstellen konnte, ein wahrer Farbenhimmel zum Preise Gottes und zur Erbauung der Rechtgläubigen.

Jedenfalls war meine Maman unter dem Einfluß der göttlichen Vorsehung, ihrer leiblichen Tante und der heiligen Kreszentia unerschütterlich stark katholisch und weiß geworden.

Maman erzählte uns tausend und eine Geschichte von den Verfolgungen, denen die fromme, wehrlose Kreszentia im Kloster durch das freche Auftauchen des Teufels immer wieder ausgesetzt war, zur Prüfung natürlich, daß sie immer grausamer verfolgt wurde, je frömmer sie war, und so immer mehr in der Gefahr des leiblichen Todes lebte, aber stets auf wunderbare Weise errettet wurde. Einmal habe der Teufel sie an einer Stelle, die heute noch bekannt sei, mitten im Winter in den eisigen Klosterbach gestoßen und sich immer neue Qualen für sie ausgedacht. Dafür dufte es aber – und das habe sie selbst erlebt – jedesmal an ihrem Todestag im ganzen Klösterlein zu Kaufbeuren nach Veilchen. Es sei eine Seelenlust, diesen wunderbaren von der Heiligkeit erzeugten Duft einmal im Jahr den ganzen Tag einzuatmen und mit ihm den Glauben, die Hoffnung und die Liebe.

Wir Kinder – ich hatte zwei Schwestern und einen Bruder – durften einmal von Auchsesheim bis nach Kaufbeuren reisen. Das Heiligtum beeindruckte durch den Glanz und den Schimmer vieler Kerzen, großer und kleiner Opfergaben, durch die Symphonie von Grün und Gold, durch den betäubenden Weihrauchduft, aber auch durch die gemessen schwebenden Schritte der Nonnen, rätselhaft unhörbar auf dem Steinboden der Kirche, und durch den Odem der Heiligkeit, der Versunkenheit in Gott, die einen die ganze Welt draußen vergessen ließ.

Wir sahen auch den Klosterbach und besichtigten mit Schaudern den Ort der Teufelstat. Trotz meiner Benommenheit aber bedauerte ich, daß wir nicht an einem Todesgedenktag hergekommen waren, um den Glauben, die Hoffnung und die Liebe persönlich zu schmecken und durch die Nasenlöcher zu ziehen.

Wer konnte es meiner Mutter verdenken, die schon als Kind solche Wonnen, wie Vorahnungen der ewigen Seligkeit, genießen durfte, daß sie als junge Frau das Gelübde tat, alles daran zu setzen, daß sich ihre zukünftigen Kinder ohne Ausnahme dem Kloster oder zum mindesten dem geistlichen Stande zuwenden sollten. Unsere Kindheit wurde von diesem Gelübde nicht berührt, da wir von den frommen Wünschen unserer Maman noch keine Ahnung hatten. Dagegen beschäftigten mich die peinigenden Reden meiner Erzieher über den Teufel und seine scheußlichen Einrichtungen, das ewig brennende Schwefelbad und die in der Gluthitze der Hölle überkochenden Teerkessel, in denen sich die Verdammten wanden und krümmten ohne Hoffnung auf Hilfe oder auch nur auf Erleichterung durch eine Maß Bier oder wenigstens einen Schluck Wasser.

Da ich nur läßliche Sünden beging und die Todsünden oder gar die himmelschreienden nur vom Hörensagen kannte, hoffte ich, daß mich der liebe Gott nicht verdammen würde. Vielleicht aber schickte er mich für einige Zeit ins Fegefeuer? Und davor fürchtete ich mich wie vor dem Zahnarzt.

Gegen das Fegefeuer gab es eine feine Einrichtung, Stoßgebete mit 100, 200, 300 und mehr Tagen Ablaß von Sündenstrafen. Vorsorglich sammelte ich Stoßgebete mit niedrigem Kurs und hohen Ablaßwerten. Ich rechnete mir aus, daß ich bei planvoller Vorbereitung in 45 Minuten konzentrierter Gebetsarbeit spielend auf den Nachlaß von 10000 Jahren Sündenstrafen kommen konnte.

Es traf sich, daß ich um diese Zeit einen Sack Mehl beim Müller in Bäumenheim holen mußte. Schon auf dem Weg zur Mühle hatte ich 5000 Jahre geschafft, und auf dem Rückweg kam ich auf den ersten Zehntausender.

Zu dumm, daß mir der Sack mit dem Mehl, das ich geladen hatte, bei meinem konzentrierten und gewinnsüchtigen Gebetseifer unbemerkt unterwegs vom Wägelchen gerutscht war. Weinend saß ich am Wegrand und fürchtete mich vor den drohenden Folgen, dem unausbleiblichen Donnerwetter zu Hause.

Da erschien, wie vom Himmel gesandt, ein Bursche mit meinem zentnerschweren Sack auf seinen Schultern. Er hatte ihn unterwegs auf dem schmalen Pfad zwischen Wiesen und Sumpf gefunden und war froh, so rasch auf den Verlierer zu stoßen. Er trocknete meine Tränen, legte den Sack auf den Wagen und ließ mich bis zu unserer Haustüre auf den Schultern reiten.

Es gab kein Donnerwetter, nur Gelächter über mein Abenteuer. Aber mein Eifer für konzentrierte geistliche Übungen war trotz ihrer außergewöhnlichen Rentabilität abgekühlt. Was sind 10000 Jahre Fegefeuer in ferner Zukunft gegen zehn ungemütliche Minuten in der Gegenwart! Zehn Minuten in der Zeit sind vielleicht auch länger als 10000 Jahre in der Ewigkeit?

Das einzige Buch, das ich kannte, bevor ich lesen lernte, war das Alte Testament in einer Schulausgabe. Darin konnte man in kunstlosen Zeichnungen den Turmbau zu Babel sehen, David und Goliath, Ruth, die Ährenleserin, Absalom mit der Mähne im Baum hängend, die mächtigen Posaunisten vor den berstenden Mauern von Jericho, den Vater Abraham nebst Söhnchen und dem rettenden Engel und vieles andere.

An den langen Winterabenden kolorierte ich im Kreis der Familie beim Schein der Petroleumlampe Zeichnung für Zeichnung möglichst so, daß einem die Bilder schier in die Augen sprangen. Jedes Bild als Drama für sich. Wie sich das für einen Künstler zu Anfang unseres Jahrhunderts gehörte, ohne Rücksicht auf die Färbungen der Natur und je nach dem Gegenstand ganz auf den Ausdruck von Harmonie oder Dissonanz gerichtet. Die Farben wurden ungemischt aufgetragen, Valeurs waren verpönt.

An einem dieser Winterabende hätte ich beinahe ganz nebenbei das Haus in Brand gesteckt, als ich zur Erholung von meiner künstlerischen Tätigkeit die Zelluloidpuppe meiner Schwester spielerisch über den Zylinder der Petroleumlampe hielt, bis sie in Sekundenschnelle lodernd in Feuer aufging. Papa erwies sich als Retter in der Feuersnot, besprang wie ein Tiger den Schrank, auf den ich den Brand im Schrecken geschleudert hatte, wischte die brennende Puppe in weitem Bogen weg von den gefährdeten Vorhängen auf den Fußboden und trat das Feuer mit den Bewegungen eines besessenen Tänzers aus. Papa wurde dieserhalb in der Gemeinde als entschlossener und beherzter Mann gerühmt.

Bei einer anderen Gelegenheit hatte er weniger Glück. Mitten in einer frostklirrenden Nacht hörte er draußen ein ungewöhnliches rhythmisches Geräusch. Er entriß sich der Wärme des Bettes, erhob sich mutig und schoß mit seinem Revolver in die dunkle Nacht hinaus. Am Morgen zeigte es sich, daß das Geräusch von Papas eigenen Unterhosen erzeugt worden war, die steif gefroren im Nachtwind an der Wäscheleine gegeneinanderstießen. Sie waren getroffen worden, und im Dorf erhob sich Gelächter, als sich die Nachricht verbreitete: „Heute nacht hat der Schullehrer seine eigenen Unterhosen erschossen!"

Bald aber hatte Papa die Lacher wieder auf seiner Seite. Er servierte einem Bauern, der viel über ihn gelacht hatte, ein unbekanntes Gericht, von dem er behauptete, es sei aus dem ersten Seefisch zubereitet, den er, der Schullehrer, auf Umwegen ins Dorf gebracht habe. Der Bauer kostete, nickte mit dem Kopf, und Frau und Kinder bekamen auch noch ein weniges von der seltenen Gabe ab. In Wirklichkeit hatte der Bauer keinen Seefisch aus den Tiefen des fernen Ozeans gekostet, sondern den Schwanz seiner eigenen Sau. Diese hing frisch geschlachtet am Scheunentor, und es war ein leichtes gewesen, den Schwanz unbemerkt abzuschneiden. Maman mußte ihn zerstückeln und kulinarisch verfremdet in Schmalz herausbacken. Die Verfremdung war gelungen, und Papa hatte seine Genugtuung.

Als es wieder einmal Sommer wurde, beschäftigte mich der Turmbau zu Babel von neuem, und ich versuchte, auf meinem bevorzugten Spielplatz, dem Sandhaufen hinter dem Haus, etwas noch Gewaltigeres zu planen und im Kleinen auszuführen, als es der Turmbau zu Babel gewesen war.

In jedem Dorf gab es ja schon einen Turm und viele Türme in jeder Stadt, zum Beispiel in Donauwörth. Man müßte darangehen, eine Stadt mit vielen babylonischen Türmen zu bauen und mit Ameisenhäusern, so groß, daß in einem einzigen alle Leute aus Auchsesheim zusammen wohnen könnten, wenn sie Lust dazu hätten.

Ich war zwar nicht sicher, daß sie das wollten, aber ich baute und baute den ganzen Sommer lang. Doch trotz aller Stäbchen, Steinchen, Kübelchen, trotz der Zuhilfenahme verfestigenden Wassers und aller erdenklichen Hilfsmittel brachte ich nichts zustande, was dem Vergleich mit meinen Phantasien standhalten konnte. Außerdem: Wie sollten die alten Leute über endlose Stufen und Leitern nach oben steigen, wie sollten sie wieder herunterkommen?

Unter dem Gewicht dieser Fragen erinnerte ich mich wieder, daß schon der Bau eines einzigen babylonischen Turmes als Vermessenheit mit der Verwirrung der Sprachen bestraft worden war. So war eines Tages der Traum vom Überbabel ausgeträumt, und ich buk wieder Sandkuchen und dachte an die Kirchweih von Zusum.

Dieses Dorf war kleiner als das unsrige, die Kirchweih dort war aber schöner als jede andere. Dort stand allerdings keine Kirche, nur eine Kapelle, und es gab auch keine Orgel, nur ein Portativ.

Die kirchliche Feier war kurz, weil die meisten Leute vor der Kapelle stehen mußten und der heiligen Handlung kaum folgen konnten. Der weltliche Teil aber war lang. Für mich war das Schönste die Überfülle an Schmalzküchlein, die in Waschkörben von weißbeschürzten Mädchen durch die Menge im Wirtsgarten getragen wurden. Jeder durfte so viele davon essen, als er konnte, und das besorgte ich redlich.

In der Wirtsstube entdeckte ich eine Serie von interessanten Bildern. Eines davon stellte einen Mann dar, der ein schweres Kreuz schleppte, auf dessen Ende ein peitschenschwingendes Weib saß. Unter dem Bild standen die Worte:

„Das Kreuz allein wär' nicht so schwer,
Wenn nur das böse Weib nicht wär'."

Das Kreuz war mir bekannt als Zeichen für das Leiden Christi. Hier stand es im Mittelpunkt einer komischen Darstellung. Ich mußte lachen, aber das Ganze gefiel mir doch nicht. Vielleicht steckt der Teufel hinter dem Bild dachte ich – und so war es auch.

Als mich meine Mutter einige Tage später tadelte, nahm ich einen Stecken auf die Schulter und deklamierte schleppenden Gangs den schlimmen Vers. Ich wollte meiner lieben Maman nicht weh tun und tat es doch.

Die erste Schulbeichte war im Dorf jedes Jahr ein Ereignis. Die Kinder mußten die Zehn Gebote auswendig lernen, die im Religionsunterricht ausführlich erklärt wurden.

Im Gegensatz zu allen anderen wurde ich nicht nur in der Schule durch den Pfarrer auf das Ereignis vorbereitet, sondern zusätzlich durch Vater, Mutter und zwei ad hoc herbeigeeilte Tanten.

Ich fühlte mich schon in der tiefsten Hölle über dem großen Feuer an einem Sauspieß braten, wenn ich mir vorstellte, ich könnte bei meiner ersten heiligen Beichte auch nur eine einzige winzige Sünde vergessen.

Trotzdem vergaß ich eine, als es soweit war, kehrte, schon absolviert, auf dem Heimweg wieder um, stand von neuem am Beichtstuhl an, erweckte pflichtgemäß Reu und Leid, kniete vor dem Seelenhirten nieder und sprach:

„Ich bekenne vor Gott und Euer Hochwürden, daß ich

Schulklasse in Auchsesheim: 2. Reihe von unten, fünfter von links: der Schüler Werner.

bei den vielen Sünden, die ich schon gebeichtet habe, doch noch eine vergaß."

„Was denn?" fragte der Pfarrer milde.

„Ich habe Disteln geköpft", antwortete ich.

Der Pfarrer wurde böse und sagte, so etwas Blödes wie mich habe er im Beichtstuhl noch nicht erlebt, und ich sollte mich schleunigst nach Hause verziehen. Das tat ich auch, zerknirscht und erleichtert.

Es war uns Lehrerskindern streng verboten, mit fremden Kindern zu spielen, mit Kindern, die keinen Papa und keine Maman, sondern nur Vater und Mutter hatten. Wie schmerzlich für uns!

Denn wie leicht hätte es der vielzitierte Teufel gehabt, uns an unpassenden Worten, vielleicht sogar an Flüchen oder derben Späßen der Dorfjugend, Gefallen finden zu lassen, die den wohlgeborenen Sprößlingen eines Schullehrers nicht anstanden.

Diese mußten nach den strengen Anschauungen der Eltern nicht nur gesitteter, sondern auch klüger sein als die anderen. Da aber viele von jenen auch nicht auf den Kopf gefallen waren, hatten wir es schwer. Wenigstens, so tröstete sich Papa, waren wir in Religion führend, ich selbst darüber hinaus auch im Lesen. (Das Schulfach Musik spielte ebensowenig eine Rolle wie Turnen.)

Sobald ich lesen konnte, las ich mit Begeisterung das Alte Testament mit den von mir kolorierten Bildern, dann zum Beispiel „Ali Baba und die vierzig Räuber“ und andere faszinierende Sachen aus der kleinen Schulbibliothek.

An unsere häusliche Bibliothek erinnere ich mich nicht. Ich habe den Verdacht, daß sie nur aus einem Buch bestand, aus „Dreizehnlinden“ von Weber, einem gereimten Schmarren. Dieses mir immer wieder empfohlene Buch war mir ungenießbarer als die Bienenzeitungen vom Schulspeicher, von denen ich mehrere Jahrgänge durchgelesen habe, nachdem mir allmählich der Stoff aus der Schulbibliothek ausgegangen war.

Papa sagte einmal, er halte nichts vom Lesen, er habe freiwillig in seinem Leben nur ein Buch gelesen, und das nur halb. Der Verfasser sei ein Sachse namens Karl May gewesen, ein krimineller Lügner, der vergeblich versucht habe, das sittliche Empfinden durch schlau vorgeblendete pseudoethische Tendenzen zu täuschen.

Hatte ich nichts zu lesen, so saß ich oft auf dem geräumigen Dachboden des Schulhauses zwischen allerlei Gerümpel und beobachtete mit innerer Leidenschaft das faszinierende Spiel der Sonnenstäubchen. Sie erschienen mir als Abbilder der Gestirne, wie sie in so geordneter, aber unerforschlicher Weise umeinanderkreisten. Vielleicht gab es alles in verschiedenen Größenordnungen: Welt und Zeit.

Der Dachboden eignete sich auch als Auslug. Fremde Besucher sah man schon von weitem, wenn sie ihr Weg von der Kirche zum Schulhaus führte. Der kleine Missionspater aus Steyl war mir zum Beispiel ein willkommener Fremdling. Er berichtete spannend von den armen Heidenkindern in Afrika, für deren Bekehrung er Geld sammelte.

Dagegen ärgerte ich mich jedoch schon bei dem Gedanken an den Besuch einer Freundin meiner Mutter aus Scheidegg im Allgäu, die sich mit ihren Schinkenärmeln, ihrer Wespentaille, ihrem rundlich ausgestopften Popo und den künstlichen Blumen auf ihrem Hut, der größer war als ein Wagenrad, fremd genug bei uns ausnahm.

Von Beruf war sie Lehrerin, wie früher auch meine Mutter, von Natur aus, so meinte sie selbst, ein pädagogisches Genie. Unter ihrem Einfluß verschärften sich die Prüfungen, denen ich durch das pädagogische Engagement meiner Eltern ohnehin ausgesetzt war. Ich durfte nicht mehr mit Torfstückchen spielen. „Pfui!" sagte sie, „Schmutz."

Man durfte mir auch nicht mehr helfen, die Falltüre an der Hinterseite meiner anmutig durchhängenden Hose so weit nach oben zu ziehen, bis man sie seitlich und in der Mitte anknöpfen konnte: „Pfui, pfui!"

Wenn nötig, versteckte ich mich so lange vor ihr, bis eine hilfreiche Person in die Nähe kam. Eines Tages aber flatterte der Allgäuer Vogel, immer wenn Hilfe nahte, jedesmal zwitschernd hinterher, treppauf, treppab, hierhin, dorthin und über den Gang. So saß ich verborgen Stunde um Stunde mit offener Hose in dem kalten, mit Solnhofer Platten ausgelegten Hausgang zwischen allerlei Gerümpel auf dem Schemelchen hinter dem persisch gemusterten Vorhang, bis ich mit Einbruch der Dämmerung erschöpft einschlief.

Unbemerkt von mir, brach der große Schrecken aus, als ich spät abends vermißt wurde. Man konnte mich im Haus nicht finden.

Papa alarmierte das Dorf, und man suchte mich mit Windlichtern und Fackeln an meinen Lieblingsplätzen im tückischen Torfmoor. Dumpfes Hin- und Herrufen über die schillernden Pfützen, aber kein Lebenszeichen und keine kleine Leiche. Nichts.

Ich erwachte in einem leeren Haus. Vor offenen Fenstern bauschten sich die Vorhänge. Durch offene Türen blies der kalte Wind. Verschüchtert und halb erfroren, flüchtete ich mich in mein schützendes Bett.

Dort fanden mich die verzweifelten Eltern friedlich schlummernd um Mitternacht. Warum und wohin ich verschwunden gewesen war, erfuhr niemand. Was die dreieinigen Pädagogen aus mir herausquälen konnten, war wirres Gestammel.

Im Laufe des letzten Jahres, das wir im Dorf verlebten, gab es ein besonderes, sehr beachtetes Ereignis. Ab und zu war schon die Rede davon gewesen, daß es Wagen ohne Zugpferde oder Zugochsen geben sollte, die sich wie mechanische Tiere unter menschlichen Lenkern blitzschnell bewegen konnten.

Die Saga vom Automobil hatte aber bisher keinen Wirklichkeitscharakter angenommen, bis eines Tages in der zweiten Hälfte des ersten Jahrzehnts unseres Jahrhunderts auch das Dorf Auchsesheim Bekanntschaft mit diesen fortschrittlichen Fahrzeugen machen sollte.

Durch den Gemeindediener wurde ausgeschellt, daß am soundsovielten von dann bis dann Tiere und Kinder von der Straße fernzuhalten seien, wie es auch für die Erwachsenen ratsam sei, die Einfahrten zu den Höfen zu verschließen und sich selbst in die Hofräume zurückzuziehen, soweit sie Anlieger der Straße Augsburg – Donauwörth waren. Ein Automobilrennen sei auf eben dieser Strecke angekündigt.

Die Nachricht wirkte wie der Stecken im Ameisenhaufen. Lange vor der Zeit wurden zuallererst die ungezählten Gänse in Sicherheit gebracht, dann das übrige Viehzeug in die Ställe getrieben, die Höfe verschlossen und jede Tätigkeit eingestellt. Männer, Weiber und Kinder versammelten sich erwartungsvoll und aufgeregt schwatzend hinter den schützenden Zäunen, um dem modernen Spektakulum beizuwohnen.

Und dann kamen sie in größeren oder kleineren Abständen, diese in haushohe Staubwolken eingehüllten rasenden Ungeheuer. Ratternd, kreischend und hupend fegten sie durch das Dorf wie ein Spuk, unwirklich, furchterregend wie stinkende Vorboten eines nahen Untergangs, die Um-und-um-Wälzung alles Bestehenden anzeigend. Das menschliche Maß war gesprengt, aber nachdem in wenigen Minuten alles vorbei war, war auch der Schrecken ausgestanden.

Wo war da Gefahr? Nirgends mehr. Man lachte wieder, redete durcheinander und ging an die gewohnte Arbeit. Es war doch schließlich nichts Schlimmes dabei, wenn sich eine neue, moderne Erfindung zum ersten Male dem Dorf präsentierte. Nach dem kurzen Schrecken erwachten aufscheinende Hoffnungen. Vielleicht kam jetzt auch bald das elektrische Licht in alle Häuser, vielleicht würde die Arbeit leichter durch immer neue Erfindungen. Die bisher bekannt gewordenen landwirtschaftlichen Maschinen hatten schließlich auch Erleichterung gebracht, und die Eisenbahn, die vor Zeiten wie eine apokalyptische Erscheinung gewirkt hatte, erwies sich als praktisch, bequem und segensreich. Jedenfalls war unser Dorf um eine moderne Erfahrung reicher, die abliegenden Gemeinden noch fremd war, Grund genug zum Stolz. Wären die Brüder Wright auch nur 12 Sekunden am Himmel von Auchsesheim erschienen, unser Dorf hätte sie besser aufgenommen als das Britische Kriegsministerium, in dem sie 1905 mit ihrem Benzinmotor abstanken und ohne ihn herausflogen.

Hätte der Pfarrer Wagner *Cake Walk* getanzt, das ganze Dorf hätte versucht, es ihm nachzutun. Aber er tat es nicht.

Wäre die Kronprinzessin von Sachsen mit dem kräftigen Müllerburschen aus Bäumenheim durchgebrannt, man hätte lange davon geredet. Sie aber mußte einen italienischen Serenadenspezialisten namens Toselli haben, von dem keiner auch nur eine Note kannte.

Hätten die Damen in Donauwörth sich so aufgeführt wie die rasenden Weiber in London, die Minister auspeitschten und Polizisten verprügelten, um sich von ihnen greifen zu lassen, ja, dann hätte man etwas zu reden gehabt. Aber in Donauwörth, nicht einmal in Augsburg gab es Ähnliches.

Was sich tief hinter dem Horizont von Auchsesheim abspielte, war kaum wahrnehmbar: die Erfindung der Magnetzündung, das Ultramikroskop, der Staubsauger, die Hochfrequenzmaschine, die Elektronenröhre, die spezielle Relativitätstheorie und das Salvarsan.

Und wo lebte einer, der auch nur ein einziges Mal einen Buren, einen Russen, einen Japaner, einen Inder, einen Mexikaner gesehen hatte? Was gingen uns die Streitereien an? Sozialismus, Arbeiterbewegung, Aufbruch der Jugend. Dafür war Auchsesheim nicht der richtige Platz.

Ravel, Picasso, Matisse? Waren das Medizinen oder neue Kaffeesorten? Wir waren mit dem zufrieden, was unser Doktor aufschrieb, und mit Kathreiners Malzkaffee, bekannt durch den Spruch: „Der Gehalt macht's!"

Salome kannte jeder, aber nicht die von Strauss und Wilde. Drei Schwestern gab es im Dorf auch, aber nicht von Tschechow. Lustige Witwen vermutete man in Augsburg, weil dort die Kavallerie lag, aber damit hatte Lehár nichts zu tun.

Bald nach dem Automobilrennen veränderte sich für unsere Familie alles. Eine Eingabe meines Vaters an die Regierung von Schwaben und Neuburg mit dem Sitz in Augsburg, ein kalligraphisches Meisterwerk, fehlerfrei und wieder und wieder abgeschrieben, mit dem vorschriftsmäßig geknifften, freigelassenen breiten Rand auf der linken Seite des Schriftstückes, bestimmt für die Anmerkungen der hohen Beamten, hatte Erfolg gehabt. Unser Papa wurde durch eine diesbezügliche Entschließung der hohen Behörde als Lehrer von Auchsesheim an eine Schule in Augsburg-Oberhausen versetzt.

Im Dorf gab es ein rauschendes Abschiedsfest mit einem feierlichen Gottesdienst am Morgen und mit Reden, Blasmusik, Singen, Bier, Würsten, Tränen und Glückwünschen.

Wir Kinder standen verschüchtert herum, man konnte ja nicht wissen, ob die vielen Lobsprüche, mit denen Vater, Mutter und wir alle geehrt wurden, auf dem langen Weg nach Augsburg verwelken würden und wir dort, aus der Fremde kommend, als Fremde freudlos einziehen mußten.

Der Umzug brachte uns Kindern mehr Freiheit, als wir vorher gehabt hatten. Wir kamen zu fremden Lehrern und schlüpften ganz selbstverständlich aus dem harten, väterlichen Schuljoch. Niemand in der neuen Schule verlangte von uns mehr Aufmerksamkeit, Intelligenz, Wissen und Fleiß als von jedem anderen.

Der Schulweg brachte uns Kameraden und Spielgefährten. Wir legten unsere in der Isolierung natürlich gewordene Schüchternheit ab und befreundeten uns rasch mit den neuen Verhältnissen.

Das aber war noch lange nicht alles. Mir tat sich die Pracht der Stadt Augsburg auf Schritt und Tritt immer mehr auf. Der hohe Dom mit seinen Altären, die mit Malerei und Schnitzwerk geschmückt waren, wie ich es nie geahnt oder gar geschaut hatte, der Perlach mit dem Eiermarkt, froh umstanden von prachtvollen Patrizierhäusern, das grandiose, in der Welt einzige Rathaus mit dem Goldenen Saal, damals noch unzerstört – sein Verlust wird mich mein Leben lang mit Trauer erfüllen –, das Weber- und das Fuggerhaus, das Münster von St. Ulrich, die kaiserliche Maximilianstraße mit ihren Giebelhäusern und den reichen Brunnen. Alles zusammen klang ohne Aufhören wie eine festliche Fanfare in meiner Brust und erfüllte mich mit nie gekannter Lust am Leben.

Und die Musik, die sie hier in den Kirchen machten! Das war etwas umwerfend Neues für mich. Sie entführte mich in Regionen, die mir unbekannt waren – eine Mozartmesse hier, eine Brucknermesse dort –, das war etwas Unbegreifliches, Ehrfurcht und Dank Forderndes, etwas Unerreichbares, meine Vorstellungskraft Übersteigendes.

Man sollte denken, daß der Widerhall dieser Musik mich zur Musik ermutigt hätte, aber das Gegenteil war der Fall. Diese Musik war der Anbetung geweiht.

Eines Tages meinten meine Eltern, ich solle doch Klavierspielen lernen, wenn mir die Musik so gefalle. Es war mir unmöglich, mich ihnen begreiflich zu machen. Ich wollte nichts anderes, als das anbeten, was mich mit Glück und Liebe erfüllte. Klavierspielen, nein, das lag mir völlig fern. Ich wehrte mich, so gut ich konnte, aber es half alles nichts. Klavierspielen war ein anerkanntes Statussymbol.

Ich bekam eine Klavierlehrerin, eine vielbeschäftigte Pädagogin, eine typische saure Jungfer, und ich mußte mich, ob ich nun wollte oder nicht, den von ihr vorgeschriebenen Exerzitien widmen. Der *Gradus ad Parnassum* blieb mir nicht erspart. Es ging mehr schlecht als recht. Das Klavier hatte als Instrument nichts Ansprechendes für mich, es war eine schwarzpolierte Maschine mit Hämmerchen und Saiten und damit basta. Außerdem war unser Pianoforte zu Hause besonders häßlich, so wie das Kanapee und das Vertiko. Mit einem Wort ein scheußlicher und unergiebiger Kasten, nicht geeignet für die Musik, die jetzt in meinem Bewußtsein zu leben begann. Selbst unsere Dorforgel hatte etwas Berauschendes gehabt im Vergleich mit dem dummen Klavier.

Unsere wackere Pädagogin, die ältliche Tochter eines Chorregenten, hielt ein einziges Musikstück ihres schmalen Repertoires für große Demonstrationen ihrer pianistischen Kunst bereit.

Wenn sie, was öfter vorkam, als mir lieb war, bei uns zum Tee erschien, wurde sie immer lange, höflich und eindringlich gebeten, „etwas zu spielen“. Jedesmal spielte sie ihr Glanzstück, das „Frühlingsrauschen“ von Sinding, den rechten Fuß eisern auf dem Pedal. Bei Passagen von unten nach oben zog sie ihre Anatomie, das heißt die obere Hälfte davon, die sie weder zum Sitzen noch für das Pedal brauchte, bis zum Ende der Klaviatur nach rechts. Bei Passagen von oben nach unten entsprechend nach links. Ihre Mimik spielte vom „falschen Rokoko“ bis zum „verdrossenen Beethoven“: Rokoko bedeutete Ekstase, Beethoven Tiefe.

Ich hoffte immer, daß sie vom Klavierstuhl abkippen würde, aber meine Hoffnung erfüllte sich nie. Sie balancierte so geschickt, daß ich nicht ein einziges Mal die Freude hatte, ihren Sturz und den vorzeitigen Abbruch des „Frühlingsrauschens“ zu erleben. Sie war in der Tat eine gut ausgewogene und deshalb wohl angesehene Persönlichkeit.

Auf dem Weg zu einer Klavierstunde wurde ich zum erstenmal mit einer Erfahrung konfrontiert, die mir bis dahin unbekannt war. Der Weg führte mich durch den Ortsteil Hettenbach. Dort trieb eine gut organisierte Schülerbande ihr Unwesen. Sie überfiel aus dem Hinterhalt alle Schüler, die, aus Oberhausen kommend, ihr Gebiet durchzogen.

Bevorzugte Schußwaffen: Steinschleudern. Im Notfall taten es auch handgeschleuderte Steinbrocken. Dazu ihre Schlagwaffen: eiserne Lineale, zur Verstärkung der Angriffswirkung oft mit Stacheldraht umwickelt. Seit mir einer einmal von hinten mit seinem eisernen Lineal eins über den Schädel gezogen hatte, schlich ich nur noch auf Umwegen zur Klavierstunde.

Der spätere Schulweg ins Gymnasium „Sankt Stefan" war dafür gefahrlos und schön. Gefahrlos, weil man mit der Straßenbahn fuhr, schön durch den täglichen Anblick der „Tochter des Gaswerks", wie das schöne Kind des Direktors der Städtischen Gaswerke genannt wurde, das mit der gleichen Straßenbahnlinie wie die „Stefaner" fuhr, um bei den Englischen Fräulein ihre tägliche Ration Bildung zu fassen. Man bewunderte sie stumm und sprachlos, war man doch erst knapp dem Alter entwachsen, in dem man Mädchen noch als

Fehlleistungen der Natur, als Abfallprodukte der Schöpfung ansah.

Mich begannen jetzt nicht nur die Mädchen zu interessieren, mir gefiel sogar das Gymnasium, jedenfalls besser als die Volksschule.

Augsburg ist eine römische Gründung, und am Gymnasium kam der Handel mit Römerscherben in Schwung. In der Freizeit versuchte fast jeder antike Topfscherben zu finden, die sich leider allzuoft als frühes zwanzigstes Jahrhundert entpuppten.

Unter dem Wasserspiegel der Wertach entdeckte ich eines Tages die ungewissen Umrisse einer gewaltigen Statue. Viele Stunden habe ich mit meinen Freunden im Wasser gegraben, bis wir uns selbst zugeben mußten, daß meine „Kolossalfigur" ein gewöhnlicher Steinblock, eine Steinschwelle im Wasser war, allerdings von Hoffnung erweckender, unregelmäßiger Form.

Neben dem Minimum an Lernen, Klavierspielen und archäologischer Bemühung hatte ich – abgesehen vom Lesen – noch andere Lieblingsbeschäftigungen, die weder mit der Schule noch mit dem Elternhaus, noch mit Freunden etwas zu tun hatten.

Ich liebte einen wunderbaren, wilden Strauch, Standort Wertachauen. Der Strauch erschien mir bis zu einem so hohen Grad verwandt, daß es mir gelang, mich mit ihm zeitweise – immer nur sehr kurz – zu identifizieren. Ich genoß die variable Bewegung des Blattwerks, das Spiel von Licht und Schatten und das heilige Steigen der Säfte von der Wurzel zum Haupt. Ich konnte meinen Körper mit seinem vertauschen, mein Bewußtsein mit dem seinigen und fühlte mich glücklich in der Vereinigung mit der Natur.

Um die gleiche Zeit trieb ich einen intellektuellen Ausgleichssport, das unterhaltsame Spiel: „Wie entsteht ein Gedanke?“ Wenn mir irgend etwas einfiel, versuchte ich die Assoziationskette nach rückwärts zu verfolgen, die mich zu dem Gedanken geführt hatte, der mich zuletzt bewegte.

Das war aber nicht alles. Ich wollte eigentlich auch herausfinden, wie das Gehirn arbeitet, ob sich Gedanken unabhängig entwickeln oder ob sie in Wirklichkeit schon im Ursprung und im Verlauf ihrer Entfaltung von einem komplizierten Zusammenwirken psychischer und physischer Faktoren mitbestimmt werden.

Denkt der Mensch vielleicht auch „mit dem Bauch“? Steigen Ideen ebenso aus längst verschütteten Regionen des Gefühls auf wie „Luftblasen aus einem Tümpel“?

Schließlich neigte ich der Ansicht zu, rein abstraktes Denken sei nur ein schmaler Bereich, der an prästabilierte intellektuelle Systeme gebunden ist, an Annahmen, die für alle Wesen gleicher Art axiomatischen Charakter haben. Andererseits meinte ich aber, daß die Fülle neuer und immer wieder neuer Gedanken, welche die Welt täglich überschwemmen – neue Ideologien ebenso wie die Entdeckungen der Physiker, der Philosophen und der Künstler –, aus der Tiefe der menschlichen Natur aufsteigen, die untrennbar mit allem verbunden ist, was „west und lebt“.

Damit hatte ich mich schon weit vom Glück der frühen Kindheit entfernt, war dafür aber auch der Gewalt der „Autorität“ entzogen und befand mich, wie mein Vater sagte, schon mitten „im Rachen des Löwen“.

Das Spiel mit den Assoziationsketten hatte ich angefangen, als ich noch ein Kind war, das nach einem bestimmten System über einen geometrischen Straßenbelag hüpfte oder, artig in der Schulbank sitzend, sich der Schule mühelos entziehen konnte. In meinen Schulzeugnissen waren schon Anmerkungen aufgetaucht wie „zerstreut und verwirrt“, und das war ich auch meistens, wenn mich die plötzliche Frage eines Lehrers in das Schulzimmer zurückholte.

Meine Verwirrung hatte aber auch äußere Gründe. Ich dachte oft daran, daß die Leute davon redeten, daß „etwas kommen müßte“ und daß es „so nicht weitergehen könne“. Warum, dachte ich mir, konnte es nicht mehr so weitergehen, und was mußte kommen? Wir erfuhren es im Juni 1914 durch das Extrablatt „Österreichischer Thronfolger in Serajewo ermordet“, durch die Mobilmachung, die der Kaiser nach seiner Rückkehr von der Nordlandreise anordnete. Und wir erlebten es, als die Soldaten, mit kleinen Sträußchen an der Brust und Blumen im Gewehrlauf, singend zum Bahnhof marschierten, als die Frauen und Mädchen weinten, trotz der allgemeinen Begeisterung darüber, daß es jetzt endlich „nicht mehr so weiterging“ und daß „etwas gekommen war“. Wir lasen die mit Kreide auf die Eisenbahnwaggons geschriebenen Parolen, zuerst einmal „Serbien muß sterbien“ und später „Jeder Schuß ein Ruß“ und „Jeder Stoß ein Franzos“.

Schon Jahre vor dem Krieg war mein Vater aktiver Zentrumsmann geworden. Er besuchte im Auftrag seiner Partei auch regelmäßig die neuaufkommenden Kinos, die im Geruch der Unsittlichkeit standen. Man war mit seinen meist kritischen Anmerkungen zufrieden und übertrug ihm auch die Kontrolle der sozialdemokratischen Literatur. Kisten, voll mit Propagandaschriften, kamen ins Haus – und sofort auf den Speicher.

Mein Vater las sie nicht, wohl weil er schon wußte, was darin stand. Ich aber las sie alle. Vorher hatte ich das Wort Sozialismus nie gehört. Von Politik wurde zu Hause kaum und in der Schule nie gesprochen, außer im Zusammenhang mit dem Altertum. Die Sprüche: „Mit Gott für König und Vaterland" oder „In Treue fest" waren uns auch noch nicht geläufig.

Durch meine neue Speicherlektüre tat sich mir eine andere Welt auf. Ich lernte, daß die Menschheit in Ausbeuter und Ausgebeutete zerfiel, und meine Sympathie wandte sich den Ausgebeuteten zu, da ich selbst ohne Zweifel kein Ausbeuter war. Ich lernte weiter, daß jeden Augenblick ein Krieg dadurch entstehen kann, daß „ein Botschafter schlecht gefrühstückt hatte und die Brauen runzelte". Erstaunlich, dachte ich, jetzt haben sie tatsächlich schon herausgefunden, wie es

Dabei waren unsere Professoren alles andere eher als Tyrannen, deren Macht es zu brechen galt. Sie waren aufrichtige Freunde und großartige Lehrer. Wenn unser Rektor, ein bedeutender Kopf und ein Mann von beherrschender Erscheinung, drei volle Stunden über eine Ode von Horaz sprach, was gelegentlich vorkam, dann stand die Antike greifbar vor Auge und Sinn. Jeder, der guten Willens war und nicht zu dumm für ein Gymnasium, konnte in den Prozeß des Aufblühens und Verwelkens, des Wachsens und Schwindens der Kulturen und, entwickelt aus dem Aufbau und dem Sinngehalt einer oder der anderen Stelle eines lateinischen oder griechischen Schriftstellers, auch in die Notwendigkeit des Gangs der Geschichte und ihr Verständnis eindringen.

Aber alles half nichts mehr. Die Schule war uninteressant geworden. Rüpelei in Verbindung mit ständigen Anspielungen auf Sex war eben „in“. Wenn auf der Straße eine ältere Dame in Sicht kam, brüllten unsere führenden Klassenhelden, mit den Fingern auf sie weisend, im Chor „Sic transit gloria mundi“.

Mein von dem armen B. B. in der Hauspostille besungener Klassenkamerad Müllereisert* berichtete mit allen möglichen Details, wie er in einem Etablissement in der Hasengasse einem unserer Patres begegnet wäre. Ganz nebenbei: Ich wußte nicht, was ein Etablissement oder ein Puff war, wovon dauernd die Rede ging, und erkundigte mich bei einem Klassenkameraden mit dem Spitznamen „Süssi", was das in der Hasengasse für ein Betrieb wäre. Hinter vorgehaltener Hand verriet er mir das Geheimnis: „Das ist etwas mit Gummi und Polstern." So, nun wußte ich es.

Einer unserer besten Lehrer hatte eine unüberwindliche Abneigung gegen offene Messer. Als er eines Tages das Klassenzimmer betrat, hatten unsere uniformierten Notabiturienten ihre Seitengewehre blank in die Schulbänke gerammt.

Als der Religionslehrer das Thema „Die Heilige Unschuld" behandelte, forderte er ausgerechnet den Notabiturienten Müllereisert auf, die Definition dieses religiösen Begriffs zu wiederholen. Müllereisert kalt: „Das interessiert mich nicht, meine Unschuld liegt in einem Graben, ziemlich weit hinter Arras."

Auch im sogenannten Adeligeninstitut, einem dem Gymnasium angegliederten Internat, lockerten sich die Sitten, und es kam sogar zu einem Skandal und zu einer verabredeten Demonstration, hart an der Grenze zum Sakrileg.

Die fortschreitende Enthemmung habe ich zur Kenntnis genommen, aber meine persönlichen Interessen schirmten mich gegen den Klassenbetrieb ab. Sobald ich flüssig lateinisch lesen konnte, übersetzte ich zu meinem Vergnügen alles, was tabu war, zum Beispiel die Komödien des Plautus.

Wegen mangelhafter Leistungen im Griechischen las ich eine Menge der tabuisierten griechischen Literatur in Über-

---

* Bert Brecht: VON DEN SÜNDERN IN DER HÖLLE

1 Die Sünder in der Hölle
Haben's heißer, als man glaubt.
Doch fließt, wenn einer weint um sie,
Die Trän mild auf ihr Haupt.

4 Da kommt der Müllereisert,
Der starb in Amerika.
Das wußte seine Braut noch nicht,
Drum war kein Wasser da.

setzungen. Meine Vorliebe galt den Sophisten, mein Lieblingsschriftsteller war der witzige Lukian von Samosata. Neben dem „griechischen Voltaire“ las ich dann zur Ergänzung gleich auch den französischen, an dessen „Pucelle“ mich jede Zeile entzückte, und den deutschen Spötter Heinrich Heine, „das Dichterschwein“, wie er damals von manchen Pädagogen genannt wurde.

Das war die eine Seite. Auf der anderen führten mich meine früheren Gedankenspiele zu einer Jahre andauernden Beschäftigung mit den Werken der Philosophen. Sokrates liebte ich so, wie man seinen Vater lieben sollte, Plato bewunderte ich. Über den mir verständlichen großen Augustinus kam ich zu dem schwierigen Thomas von Aquin und zur flüchtigen Lektüre anderer Kirchenväter.

Die großen Mystiker verstand ich in einem sehr begrenzten Umfang, jedenfalls gelang mir im Hinblick auf die mystische Vereinigung mit Gott nichts, was mir früher mit dem geliebten Strauch in den Wertachauen als *unio mystica* mit dem Naturwesen zugefallen war.

Meine Versuche hatten damals einen intellektuellen Charakter, und meine Triebfeder war die Neugierde. Kein Wunder, daß es da zu keinem Wunder kommen konnte.

Spinoza, das war schon etwas ganz anderes. Ich lernte ganze Passagen aus der „Ethik“ auswendig. Spinoza zog mich durch seine Bindung an antike Gedanken an und dann durch die virtuose Aufhebung des scheinbar unauflöslichen Gegensatzes von Geist und Materie. Descartes hat mich mehr beunruhigt als angezogen.

Dann ging es in einem kühnen Satz weiter zu Kants „Kritik der reinen Vernunft“. Ich verstand sie sicher nicht, hielt mich aber eine Zeitlang für einen Kantianer, weil ich mir einbildete, ich hätte ihn verstanden. Das soll anderen Leuten auch schon passiert sein.

Seit ich durch Spinoza auf die harte Nuß „De libertate voluntatis" gebissen hatte, faszinierte mich dieses Thema derart, daß ich es sogar mit der Orthodoxie versuchte.

Ich ging mit knapp 17 Jahren zu einem Jesuiten namens Kühn, der in der Jesuitengasse wohnte. Ihn bat ich, mich, einen armen und auch noch skeptischen Sünder, in der Verteidigung des Glaubens zu unterrichten. Das tat er fast zwei Jahre lang mit rührendem Eifer anhand eines bei den Jesuiten gebräuchlichen Lehrbuches. Bei ihm konnte man allerlei Wissenswertes kennenlernen, so auch die Tatsache, daß heilige Personen sich ab und zu an zwei weit voneinander entfernten Orten gleichzeitig aufhalten können.

Viel später hörte ich von einem Komponisten, der diese Gabe auch hatte. Es soll ihm möglich gewesen sein, in Berlin und Wien bei zwei großen Dirigenten gleichzeitig zu antichambrieren.

Auf solche Künste konzentrierte ich mich damals nicht, sondern auf das Problem des freien Willens. So lernte ich bei meinem Jesuiten ziemlich alle labyrinthischen Schleichwege kennen, durch die man sich auf kirchlich gebilligte Weise aus dem Irrgarten des Problems herauswinden kann.

Heute bestaune ich die Primitivität und die leichtfertige Unentschiedenheit, mit der sich die Gerichte bei der Aburteilung von großkalibrigen Straftaten unter Zuhilfenahme von Sachverständigengutachten, die meist entgegengesetzte Theorien vertreten, um den Kern der Sache herumdrücken.

Damals war ich entzückt über die Naivität des Religionslehrers, mit der er uns (mir!) in der letzten Klasse des Gymnasiums das Problem der Willensfreiheit zu erklären versuchte. Es gelang mir, mit diesem Thema das Verhältnis Lehrer–Schüler umzukehren. Der bedauernswerte Lehrer war kaum in der Lage, meine leichtesten Fangfragen zu beantworten, und schließlich kapitulierte er nach der dritten Religionsstunde, durch meine immer raffinierter aufgebauten Mausefallen in hoffnungslose Bedrängnis gebracht, und bat mich zu einem Gespräch unter vier Augen.

Mit bewundernswerter Ehrlichkeit begann er: „Mein lieber junger Freund, es ist schon eine Weile her, daß ich mich als angehender Theologe mit der Freiheit des Willens beschäftigt habe. Ich habe so viel vergessen, daß ich mich nicht in der Lage sehe, den Dialog mit Ihnen fortzusetzen. Auch meine neuerliche intensive Beschäftigung mit Ihrer Spezialität gibt mir keine Waffe in die Hand, mit der ich Sie schlagen könnte. Sie haben sich so gründlich mit der Verteidigung des Glaubens befaßt, daß es mir nicht möglich erscheint, Ihre nur schwach verhüllten Angriffe auf den Glauben abzuschlagen. Sie sind ab heute vom Religionsunterricht befreit. Sie müssen anwesend sein, können sich aber nach Belieben beschäftigen."

„Wundervoll", dachte ich, „da soll noch einer kommen und etwas gegen die Jesuiten sagen!"

Die Religionsstunden waren für den Rest des Jahres dem Genuß der Schönen Literatur geweiht, und während die anderen vor Langeweile in der Nase bohrten, las ich den „Großinquisitor".

Gegen Ende der Gymnasialzeit unterrichtete uns ein

weltlicher Lehrer im Zeichnen. Er hieß Hoyer, hatte Freude an seinem Beruf und Kunstsinn. Er versammelte einen Kreis von Schülern um sich, die sich außerhalb des Unterrichts für Bildende Kunst interessierten. Mit fundierten Kommentaren und mit Hilfe guter Projektionen machte er uns mit den Meisterwerken der abendländischen Malerei bis zu den Anfängen des Expressionismus bekannt.

Mein Freund Theo L., von dem ich jahrelang Haus- und Schulaufgaben abschreiben durfte, hatte ebensoviel Interesse an der Malerei und an der Philosophie wie ich. Er war ein großartiger Gesprächspartner und ein prachtvoller Kamerad. Er hat mich nur einmal im Stich gelassen, als ihm selbst bei einer Schulaufgabe im Griechischen ein Fehler unterlief, den ich natürlich mit abschrieb. Das Indiz war perfekt, und die Reaktion des Lehrers ungewöhnlich. Der alte Herr mit den lang herabhängenden grauen Haarsträhnen ließ mich kommen, blickte mich mit seinen großen Rehaugen wehmütig an und sagte leise: „Sie haben jetzt lange genug von Ihrem Freund abgeschrieben, bitte tun Sie es nicht mehr."

Ich hätte ihm beide Hände küssen können vor Dankbarkeit, und geschämt habe ich mich wie noch nie.

Und die Musik? Was war damit? Die arme kleine Dame mit dem Frühlingsrauschen war ich in dem Augenblick losgeworden, als meine Eltern mir endlich erlaubten, das Städtische Konservatorium zu besuchen. Ich hatte Glück. Herr Sailer, ein freundlicher stiller Mann, ein guter Pianist, ein ausgezeichneter Analytiker und ein kluger Pädagoge, öffnete mir das Tor zum tieferen Verständnis der Musik.

Es wurde mir allerdings kaum jemals gestattet, Konzerte zu besuchen, von der Oper ganz abgesehen.

„Der Teufel", sagte mein Papa immer wieder, „geht mit Vorliebe abends wie ein brüllender Löwe umher und sucht, wen er verschlingen könne. Früchtchen wie dich frißt er am liebsten."

So hatte ich nur wenig Möglichkeiten – abgesehen von Schulkonzerten und Schulopern, von gottesdienstlicher Musik und von Matineen –, Musik zu hören oder in das Augsburger Stadttheater zu gehen.

Durch die Güte einer Tante aber, die mich von Zeit zu Zeit zu sich in die bayerische Hauptstadt einlud, fand ich Gelegenheit, dort ohne Wissen meiner Eltern Symphoniekonzerte, Schauspiel- und Opernaufführungen zu besuchen. Mit gleicher Freude erlebte ich Klassisches und Modernes. Bei der Uraufführung des „Palestrina" im Prinzregententheater konnte ich mich auf das Werk an sich konzentrieren, was mir bei „Lysistrata" von Aristophanes schwerfiel. Ich vergaffte mich hoffnungslos in die hinreißende Darstellerin der Hauptrolle.

Nach Augsburg zurückgekehrt, hatte ich erhöhte Temperatur und wurde ins Bett gesteckt. Mein fieberhafter Zustand äußerte sich in einem glühenden Liebesbrief. Der Göttin schwang ich das Weihrauchfaß, die Künstlerin bekränzte ich mit Lorbeer, und die Schönste aller Schönen überschüttete ich mit Blumen. Ich fand die Mischung gut.

Mein Vater, der den Brief erwischte, als ich ihn gerade unter dem Kopfkissen verschwinden lassen wollte, zerriß ihn auf der Stelle und sprach: „Du bist ein kapitaler Esel."

Mit den Konzerten im Münchner Odeon, den Opern im Nationaltheater und den Schauspielen in den Kammerspielen war es vorerst aus. Dafür durfte ich nach der Revolution des Jahres 1918 im Augsburger Stadttheater, das mir bis dahin nur durch eine Produktion des Kinderstückes „Gullivers Reisen" bekannt war, die Schauer des „Freischütz" und die Leidenschaft des „Tristan" kennenlernen.

Unsere materielle Existenz hatte sich seit 1914 parallel zu den Kriegsereignissen entwickelt, zwar weit vom Schuß, aber immer mehr in Richtung Hunger. Ich war froh, daß ich etwas Orgel spielen konnte. So fuhr ich oft nach Bedernau, dem Geburtsort meines Vaters und einer fetten Erzeugungsstätte von Butter, Schmalz, Eiern und Speck. Der Schullehrer des Dorfes war zum Militär eingezogen, und mein Auftauchen am Samstag bedeutete Orgelklang am Sonntag.

Große Künste habe ich nicht entfaltet, aber ich tat, was ich konnte, um den Wünschen der Bevölkerung entgegenzukommen. So wünschten sich die Leute während der heiligen Wandlung eine süße, zuckersüße Musik. *Vox coelestis* im *pianissimo*. Ich spielte alles mögliche – süß, süßer, am süßesten.

Fromme Sachen meistens. Aber getroffen habe ich's erst, als mich der Teufel ritt und ich in verfremdeten Harmonien unendlich langsam und leise eine damals populäre Melodie intonierte. Es war „Puppchen, du bist mein Augenstern, Puppchen, dich hab ich gar zu gern". Die Leute sagten, diesmal sei es „wie im Himmel" gewesen.

Nun ja, Gewissensbisse hatte ich schon, aber auch jede Menge Eier, Butter, Speck und Schinken. Ich fühlte mich als Wohltäter meiner Familie, und da meine Position dort sehr schwach war, freute ich mich über die großen Augen, die alle machten, als ich auspackte.

1918, als die rote Fahne vom Augsburger Rathaus wehte, gab es noch weniger zu essen als vorher, dafür aber aufregende Ereignisse. In der Schule wurde gebrüllt: „Alle Macht den Räten“, und wir bildeten einen Schülerrat. Er löste sich aber stillschweigend auf, als die weißen Truppen näher und näher kamen.

Eines Tages wollte ich von Oberhausen nach Pfersee. Dort waren die weißen Truppen des „Muttergottes-Generals“ Ritter von Epp schon siegreich eingezogen. Die Bahnlinie Oberhausen-Hauptbahnhof war eine Art Demarkationslinie, der dahinter liegende große Exerzierplatz Niemandsland und Pfersee weißes Herrschaftsgebiet.

Als ich eine Bahnunterführung passieren wollte, fragte ich die beiden Wachen, die dort mit nach unten hängenden Gewehren und roten Armbinden herumstanden, ob ich nach Pfersee radeln dürfte. „Natürlich kannst du das“, sagten sie und ließen mich losfahren.

Nach zweihundert Metern fingen sie aber an, auf mich zu schießen, vielleicht aus Langeweile. Ich ließ das Rad sausen und plazierte mich in einer kleinen Mulde. Sie schossen in Abständen weiter den ganzen langen Nachmittag bis zum Einbruch der Dunkelheit, und der Sand spritzte mir um die Ohren, wenn sie den Rand der Mulde getroffen hatten. O

Gott, was hatte ich eine Angst; mir wurde ganz übel bei dem Gedanken, daß sie mir einen Fahrradreifen zerschießen könnten. Wo wollte man damals Ersatz herbekommen für einen Fahrradreifen? Nicht zu machen.

Nachts kamen wir, mein Rad und ich, wohlbehalten in Pfersee an. Ich übernachtete bei Freunden und zog mit ihnen am nächsten Tag – es war ein Sonntag – durch die befreite Stadt. An der Frauentorstraße wurde es interessant. Wir begegneten weißen Truppen. Zwei Mann mit einem Maschinengewehr rannten jeweils nach vorne, warfen sich auf den Bauch und schossen die Straße frei, die ohnehin schon frei war.

Die Truppe rückte nach, und so ging es weiter bis kurz vor der Wertachbrücke. Von dort wurde das Feuer von roten Matrosen erwidert, die sich hinter der Mauer einer Wirtshausterrasse in Deckung befanden. Der Haufen von Neugierigen, der inzwischen die vorrückende Truppe umschwärmte, verschwand blitzschnell in den Hauseingängen. Das Schießen hörte auf. Alles zog über die eroberte Wertachbrücke, auf der stumm und verlassen eine Kanone stand.

Neben mir ging ein Mann mit einem steifen Hut auf dem Kopf. Von einer verirrten Kugel getroffen, flog der Hut plötzlich in den Dreck. Selten habe ich jemand so lästerlich fluchen hören wie diesen Mann. Sein „Goks“ war neu, und das Loch im Hut regte ihn mächtig auf. Was gibt es doch für Esel auf der Welt, die den eigenen Kopf vergessen, wenn man sie in den Hut schießt, dachte ich.

Das Gymnasium hatte ich bald nach diesen Ereignissen hinter mich gebracht. Ich sah, wenn man einem verblaßten Kommersphoto glauben darf, immer noch wie ein unschuldiges Kindlein aus, und die Abiturientenmütze stand mir wie eine Ohrfeige.

Damals war ich von Ängsten gepeinigt, weil wie ein Gespenst die Frage nach der Berufswahl auftauchte. Daran hatte ich nie gedacht, pflog ich doch jahrelang intimen Verkehr mit den größten Geistern der abendländischen Kultur. Mit feurigen Zungen hatten sie von allem Möglichen gesprochen, aber nie von der Notwendigkeit der Berufswahl nach dem Absolutorium.

Dafür sprach jetzt mein Vater: „Am ehesten kommt für dich der mittlere Postdienst in Frage." Das gefiel mir nicht. Meine unterschwelligen Erwartungen waren auf den Besuch der Akademie der Tonkunst in München gerichtet.

Papa: „Davon kann keine Rede sein. Kinder gehören mit 17 Jahren spätestens von der Schüssel" – das war ein Spruch aus seinem Heimatdorf Bedernau –, „und wir haben dich unter Opfern bis jetzt studieren lassen. Von brotlosen Künsten kannst du nicht leben. Begabt bist du auch nicht, sonst hättest du von Anfang an mehr Freude am Klavierspielen gezeigt.

Befreunde dich mit dem mittleren Postdienst, und ich will dir weiterhelfen."

Ich befreundete mich nicht. Sooft ich mir den mittleren Postdienst durchs Gemüt ziehen ließ, ich sprang einfach nicht darauf an, so daß ich beschloß, Vagabund zu werden. Warum auch nicht? Es hatte Genies gegeben, selbst solche geistlichen Standes, die als Vagabunden frei wie die Vögel, Wölfe, Kaninchen, Löwen oder Eichhörnchen herumgezogen waren.

Ich lief also tatsächlich von zu Hause fort, schlief in Heustadeln oder Ackerfurchen und lebte von Rüben auf dem Felde und von Brot und Milch, die mir die Bauern gaben. Aber schon nach drei Tagen hatte ich genug davon und kehrte zurück. Man hatte die Polizei alarmiert, und ich freute mich, daß der Satz: „Wer sucht, der findet" für die Polizei nicht immer zutrifft.

Meine Eltern waren bedrückt und machten mir keine Vorwürfe. Jungen Leuten, denen zu Hause etwas nicht paßt, kann man nur raten: Lauft ein paar Tage weg, das verbessert das Klima.

Mir sagte man damals milde, ich solle vorerst eine Einladung zu der Hochzeit einer Cousine in Erbach im Odenwald annehmen, dann werde man weitersehen. Ich fuhr ab, fest entschlossen, mich auf eigene Füße zu stellen.

In Erbach konnte ich bei einem Onkel wohnen, solange ich Lust hatte. Nach der Hochzeit der Cousine versuchte ich – zum ersten Mal in meinem Leben – Geld zu verdienen. Solches, das wurde mir klar, brauchte man auch in Erbach. Ich besaß nur den Anzug, den ich trug, ein paar Wäschestücke, eine Zahnbürste und eine Nagelfeile.

Damals gab es im Ort eine interessante Brauerei. Von den beiden Söhnen des Inhabers hieß es, sie könnten nur im Vollrausch erzeugt worden sein, sonst wären sie nicht so unmenschlich dumm. In der Schule blieben sie regelmäßig sitzen, und so bot sich mir die Chance, ihnen Nachhilfeunterricht zu erteilen.

Das Wichtigste war die Förderung ihrer englischen Sprachkenntnisse. Leider hatte ich nie Englisch gelernt, war aber trotzdem entschlossen, ihnen das Nötigste beizubringen. Bei einem in dem Nachbarstädtchen Michelstadt gewonnenen älteren Freund lernte ich in einem Blitzkurs die Aussprache des Englischen. Alles Weitere besorgte ich an Hand des Lehrbuches, das die beiden Knaben mitbrachten. Nachdem sie schon dreimal in der gleichen Klasse sitzengeblieben waren, kam der Erfolg wie auf Engelsflügeln: Sie wurden versetzt.

Daraufhin durfte ich mich ihrer auch in anderen Fächern

annehmen. Gleichzeitig bescherte mir ein gütiges Geschick die Leitung des Erbacher Männerchores und die eines konkurrierenden Unternehmens.

So war ich bald Nachhilfelehrer und doppelter Männerchorleiter. Das bedeutete einen zweiten Anzug. Kleider machen Leute, und so wurde ich ein geachtetes Mitglied der bürgerlichen Gesellschaft. Ich befragte mein chinesisches Orakelbuch über die Zukunft, und es sagte: „Erhabenes Gelingen".

Bei einem angesehenen Lehrer des Hochschen Konservatoriums in Frankfurt nahm ich Privatunterricht und studierte bei dem schon im Ruhestand lebenden Kammersänger Nieratzki in Erbach Gesang. Er pflegte zu sagen, ein paar Gesangstunden könnten niemandem schaden. Mir versicherte er eindringlich, daß mein Material zu den schönsten Hoffnungen berechtige. Es kam aber nichts dabei heraus als die Erkenntnis, daß Reden leichter ist als Singen.

Auf langen Spaziergängen stieg in mir wie aus einem stetig fließenden Brunnen aus der Tiefe einer jungen, durch Technik noch wenig belasteten Imagination viel herrliche Musik auf und erfüllte mein halbwaches Bewußtsein mit wundervollen Klängen, nur aufschreiben konnte ich sie nicht. Dies gelang mir jedoch mit einem Zyklus von Klavierliedern auf Texte von Däubler bis Werfel. „Im Traum schon starb ich. Gras schoß aus meinem Schädel, aus schwarzer Erde war mein Kopf." Das gefiel mir.

Ich korrepetierte auch ab und zu mit der jungen Gattin eines Sägewerkbesitzers, die in Darmstadt vor ihrer lukrativen Ehe Gesang studiert hatte. Ihr Mann sah mich nicht besonders gern in seinem Haus, und ich verlor deshalb allzufrüh den schönen Job.

Das Studium der Musikgeschichte betrieb ich als eifriger Benützer der Hessischen Landes- und Hochschulbibliothek.

In Erbach und Michelstadt wurden Abendkurse eingerichtet, und dort sprach ich wie ein alter Professor über Bach, Mozart und Beethoven, gestützt auf meine Exzerpte. Anekdotisches war die geistige Lieblingsspeise meines Auditoriums.

Das Leben in Erbach war ruhig, größere Bewegungen kaum wahrnehmbar. Wenn es Tragödien gab, dann verborgen im Schoß der Familien. Jeder hatte so seine Sprüche am Leib. Sie saßen wie angeboren. Konversation war immer interessant, bestand sie doch aus immer neuen Kombinationen des vorgegebenen Materials. Die Kunst war erhaben. Das Kino war schön. Die Religion war heilig, ewig, unantastbar. Das Militär war notwendig wie die Straßenbeleuchtung und die Polizei. Die Technik war wundervoll, der Krieg vergessen, die Revolution vorbei, Laster gab es nicht und Skandale nur in der Zeitung.

Meine Position im Hause meines Onkels wurde jäh erschüttert, weil ich nach einer Nachtsitzung mit meinen Sangesbrüdern, des Weines voll, die Schlafzimmertüren im Hause verwechselt und mit meiner noch unverheirateten Cousine eine unpassende Konversation begonnen hatte. Am nächsten Tag, einem Sonntag, erschien ihr Herr Bruder, Leutnant der Reserve, in voller Uniform, stellte fest, daß ich nicht satisfaktionsfähig sei und sobald als möglich zu verschwinden habe.

Damals existierten da und dort in Bayern und wohl auch darüber hinaus Gruppen von radikal denkenden jungen Leuten, die, ohne in irgendeiner Weise organisiert zu sein, miteinander Verbindung hielten. In einem Ort hatten sie eine Wohnung, in einem anderen eine Scheune und in Würzburg sogar einen Turm als Versammlungsort. Jeder Junge, der mit den bestehenden Verhältnissen unzufrieden war und etwas dazu zu sagen hatte, war willkommen und fand oft auch an kleinen Orten Gesellschaft nach seinem Geschmack, ein Nachtlager, Speise und Trank.

Als es die höchste Zeit war, von Erbach Abschied zu nehmen, erreichte mich unerwartet frohe Botschaft. Der berühmte Münchner Tenor Heinrich Knote forderte mich auf, mich vorzustellen. Eine Gönnerin hatte mich ihm als Erzieher seiner Söhne Heino und Rolli und als Korrepetitor empfohlen. Er wohnte in einem prächtigen Haus am Starnberger See.

Da ich noch Zeit hatte, wanderte ich zunächst zu Fuß nach Würzburg, um von dort mit der Bahn weiterzufahren. Gegen Abend traf ich in dem bewußten Turm eine Horde diskutierender Freunde. Sie stellten wieder einmal fest: Der Mensch ist gut, die Verhältnisse aber sind schlecht.

Man müsse unverzüglich „Zeichen setzen“, meinte einer. Es wäre doch möglich, die im Zoo gefangengehaltenen Adler zu befreien. Die große Veränderung aller Verhältnisse müsse signalisiert werden. Man würde das „Zeichen" verstehen, und es könne als Fanal wirken.

Ein anderer hielt den Brand der Staatsbibliothek für wirkungsvoller. Alles Gedruckte und Geschriebene diene nur der Aufrechterhaltung der Tradition.

Der erste Vorschlag wurde ein wenig hin und her gedreht, der zweite ging im allgemeinen Gelächter unter. Gewalt wollte keiner. Wie aber konnte man die Verhältnisse ohne Anwendung von Gewalt verändern? Diese Frage wurde schon an diesem Abend nicht gelöst.

Ein stiller Junge, der am nächsten Morgen um fünf Uhr früh nach Italien aufbrechen wollte, um dort „auf Goethes Rat" hin Gärtner zu werden und menschenwürdig zu leben, nahm mich mit nach Hause und ließ mich in einem Lattenverschlag auf dem Speicher schlafen.

Um Mitternacht wurde ich von einem rätselhaften Kratzen an den Holzlatten neben meinem Bett geweckt. Geisterhafte Hände bewegten sich neben mir, und im matten Schein des Mondes erschien ein totenbleiches, verzerrtes Gesicht, dessen weit aufgerissener Mund lallende, keuchende und gurgelnde Laute hervorbrachte. „Kann ich etwas für Sie tun", fragte ich ängstlich. Keine Antwort, nur Kratzen, Lallen, Keuchen, Gurgeln.

Ich rückte mein Bett weg von den Latten, weg von dem Gespenst, so weit es eben ging. Erst am Morgen erfuhr ich von zwei mürrischen Alten, mein Freund habe wohl vergessen, mir von seiner wahnsinnigen Schwester zu erzählen, die auf dem Speicher verwahrt wurde.

So schnell wie möglich verschwand ich aus dem unheimlichen Haus und war zwei Tage später am Starnberger See bei Heinrich Knote, der mich über den Sommer beschäftigte.

Dieser ungetrübte Sommer war die schönste „Sommerfrische", die man sich vorstellen kann. Der Knote-Besitz lag hoch über dem See. Von dem hölzernen Aussichtsturm aus, den sich der Kammersänger hatte bauen lassen, lag der See im Kranz der Wälder, Hügel und verblauenden Berge wie ein Juwel, wie ein atmendes Wunder tief unten, das die Erinnerung an alle Schönheiten der „großen, weiten Welt", die man uns heute auf Kommando der Tourismusmacher durch Chartermaschinen unter der Nase wegzieht oder nach Programm vorführt, nur als billige Farbfotos im Gedächtnis haften läßt.

Rund um den See gab es keine Benzinwolken, keine Wochenendinvasionen Stoßstange an Stoßstange, und das Wasser, das „heilige Element", war noch nicht zur Semi- oder Vollkloake geworden. Es war so hell aufscheinend, so lieblich schmeichlerisch, wie es nie wieder sein wird, trotz aller Purifizierungsmanöver und Entgiftungsaktionen.

Heino und Rolli, mit denen ich mich gut verstand, schwammen mit ihrem „Erzieher" den ganzen lieben, friedvollen Vormittag bis zur seligen Ermattung um die Wette. Dann ging's mit Hallo und einem Wolfshunger zu Tisch in die „Villa".

Nach dem Essen – so verlangte es die Sitte – legte sich jeder aufs Ohr, um etwas am Kissen zu horchen. Etwa um 16 Uhr schlich ich ins Musikzimmer und bereitete mich an dem selten gespielten Flügel auf den „Siegfried“ vor, der mir – ich muß es gestehen – nicht besonders hurtig durch die Finger lief. Wenn dann gegen 17 Uhr der Kammersänger erschien, pflegte er zu gähnen und etwas verlegen zu sagen: „Ja, der Siegfried.“

Im Hinblick auf das bedrohlich herannahende Siegfried-Gastspiel in Kopenhagen erlaubte ich mir regelmäßig die Frage, ob der Herr Kammersänger nicht Lust hätte, etwas zu korrepetieren.

Er sagte jedesmal nach kurzem seelischen Kampf: „Heute, nein!“ und genoß weiter den Tag. So verschob er die Vorbereitung, bis ihm nichts anderes mehr einfiel, als die Reise nach Kopenhagen in Köln und Hamburg zu unterbrechen. Je nach dem Fahrplan machte er sich in zwei- oder mehrstündiger schweißtreibend-harter Arbeit mit dem Korrepetitor des jeweiligen Opernhauses für seinen Siegfried in Kopenhagen fit.

Ab und zu konnte ich auch etwas für meine musikalische Fortbildung tun. In der Nähe von Knotes Haus wohnte eine Schülerin des Schweizer Komponisten Friedrich Klose. Sie erbarmte sich meiner und gab an mich weiter, was sie aus der Hand ihres Meisters empfangen hatte.

Klose, der Schöpfer der seinerzeit berühmten Oper „Ilsebill“, hatte über ein Jahrzehnt, vertraut mit dem Geist seines verehrten Vorgängers Ludwig Thuille, an der Akademie der Tonkunst in München gelehrt und am Profil dieser Institution etwas weitermodelliert. Klose war ein Vertreter der Wagner-Nachfolge und das Mädchen, das mich unterrichtete, eine Vertreterin der Klose-Nachfolge. Ihren Namen habe ich – Schande über mich – vergessen. Trotzdem ist mir bis heute bewußt, daß ich einiges an Hand der Werke des Meisters von meiner Meisterin lernte. Obwohl Klose Brucknerschüler gewesen war, hörte ich davon wenig, drang dafür aber auf Umwegen bis zum „Parsifal“ vor. Schließlich hatte Klose die Uraufführung des „Parsifal“ im Bayreuther Festspielhaus selbst miterlebt.

Während des Intermezzos am Starnberger See hatten sich Verbindungen nach München ergeben. Dort konnte ich meine Klavierkünste bei der bekannten Pianistin Anna Hirzel-Langenhan vervollkommnen. Die Universität lockte ebenfalls, und ich war sicher, daß sich auf dem Pflaster der reichen bayerischen Landeshauptstadt auch das Geld zur Finanzierung des Studiums und einer bescheidenen Existenz schlagen ließe.

Nach einer langen Zimmersuche mietete ich mich an einem nebligen Morgen bei einem Fräulein Braun, der gewerbsmäßigen Vermieterin von zwei Hinterhofzimmern in der Kaulbachstraße, ein. Trotz der wenig anziehenden Erscheinung der in einen Schlafrock gewickelten alten Harpyie – einer echten Kreuzung zwischen Jungfrau und Raubvogel – und trotz der abgewetzten Plüschpracht nahm ich das eine der beiden Zimmer – das andere war durch einen Studenten besetzt –, fasziniert durch das dort vor sich hindämmernde Pianino.

Fräulein Braun kassierte zuerst den Vorschuß für das Zimmer, dann das Extra für das Klavier und eine Vorausgebühr für den sich ergebenden Gasverbrauch. Dann sagte sie: „Bitte nennen Sie mich von jetzt an nicht mehr Fräulein Braun, sondern ‚Miß Brown'."

Sie hatte Miß Mary Baker noch persönlich gekannt und

war eine Anhängerin der *Christian Science*. Ihre Interpretation der Lehren von Miß Baker war sehr frei, und sie preßte unter der Devise „Das Göttliche Prinzip sorgt für mich“ aus mir und dem Studenten alles heraus, was sich aus uns armen Teufeln herauspressen ließ.

Das „Göttliche Prinzip“ wurde durch allerlei Tricks stark strapaziert, zum Beispiel durch die Manipulation der Gasuhr. Die Kreuzung zwischen Jungfrau und Raubvogel war, abgesehen von ihren naturgemäßen Manipulationen, eine unbeirrbare Kämpferin für Recht, Anstand und Sitte. Kein weibliches Hinterteil außer ihrem eigenen durfte sich je auf den Plüschsesseln ihrer Mieter niederlassen. Der Gedanke an ein auf der durchgesessenen Chaiselongue ruhendes Mädchen lag außerhalb des Bezugssystems einer von der Alten vermieteten Plüschbude. Das Ganze war eine raffiniert ausgekochte kleine Hölle, der ich nicht entrinnen konnte – Zimmer mit Klavier waren zu selten.

Von Frau Langenhan war ich von der ersten Minute an hingerissen. Sie war zierlich und kleidete sich immer in Weiß. Ihr kapriziöses Gesicht war schneeweiß gepudert, ihr Mund hellrot geschminkt, ihre Augen blitzten wie schwarze Diamanten. Sie hatte eine Abneigung gegen frische Luft; geöffnete Fenster waren ihr ein Greuel. Hatte sie ein Konzert zu spielen, so wickelte man sie von oben bis unten in warme weiße Decken ein und trug sie vorsichtig, wie man kostbares, zerbrechliches chinesisches Porzellan trägt, durch das Haus in ein Taxi. Meiner Erinnerung nach wurde sie auch im Odeon vom Auto über die Treppen bis ins Künstlerzimmer getragen.

Sie spielte, wie sie war, mit kristallinischer Klarheit, mit dem Ausdruck einer von jeder Schwere erlösten, über die Erde schwebenden Erscheinung, mit einer Hingabe und einer Technik ohne Grenzen. Sie war ein Mirakel.

Der Grundgedanke ihrer technischen Pädagogik war die Übertragung der Idee der Freiheit und Unabhängigkeit des Individuums auf jeden einzelnen Finger eines Pianisten. Schon der Anfangsunterricht stützte sich auf die transparente Polyphonie Johann Sebastian Bachs und auf die makellose Brillanz Chopins.

Es gab technische Übungen am konkreten Beispiel: Eine schwierige, schnelle Sechzehntelstelle wurde in Zweier-, Dreier-, Vierer- und Fünfergruppen zerlegt und mußte, auf die mannigfachste Weise rhythmisiert, erst langsam und allmählich schneller und schneller geübt werden. Das abstrakte Finger-Training war auf ein perfektes System von wechselnden Übungen mit dem gleichen Zielpunkt aufgebaut.

Mit den fünf Fingern einer Hand mußten gleichzeitig die verschiedensten Metren und Rhythmen gespielt werden. Für die noch schwierigeren Übungen mit zwei Händen galt das gleiche. Im Grund war es kein Fingertraining, sondern ein Training des Gehirns und seiner wunderbaren Fähigkeit, die gleichzeitige Ausführung von verschiedenen Befehlen durch eine Vielzahl von ausführenden Organen zu steuern.

Bei der Erarbeitung von Stücken wurde die Grundidee des technischen Prozesses auf den musikalischen Vorgang übertragen. Das musikalische Bewußtsein wurde ebenso harten Proben unterworfen wie die Befehlszentrale Gehirn.

Frau Langenhan hatte zu meiner Zeit über hundert Schüler aus aller Welt, aus Nord- und Südamerika und aus fast allen europäischen Ländern. Einige waren erfolgreich konzertierende Künstler, viele fortgeschrittene Adepten und manche, gemessen am Gesamtniveau, Anfänger wie ich. Jeder bekam seine zwanzig Minuten oder seine halbe Stunde. Die Meisterin arbeitete pausenlos, ohne auch nur den Bruchteil einer Minute zu verlieren, vom Morgen bis in die Nacht hinein. Die Schüler beteten sie an.

Ihr Haushalt in der Nordendstraße wurde von einem Blinden regiert, den sie einmal aus Mitleid ins Haus genommen hatte. Er riß alles an sich, was er nur konnte. Nicht nur das Kommando über das Personal und den Haushalt, sondern auch über Disposition und Geld. Er hatte sich als Wurm eingeschlichen und als Tyrann etabliert. Mit seinem schwarzen Kraushaar, seinem dicken Katzenkopf, seinen wild, finster, ja verzweifelt wirkenden blinden Augen war er mir unheimlich.

Mit meinen Finanzen stand es nicht gerade zum besten. Ab und zu bekam ich zwar ein Weniges von zu Hause, wo man sich inzwischen mit meiner Flucht abgefunden hatte, ab und zu gab es Gelegenheitsarbeit, und etwas hatte ich mir in Erbach und in Starnberg erspart. Alles zusammen aber reichte knapp für den Olymp in der Oper und einen billigen Platz im Konzert, für Unterricht und Miete.

Fürs Essen blieb mir so gut wie nichts. So lebte ich von der billigsten Nahrung, die ich mir errechnen konnte: von Mehl, mit klarem Wasser angerührt. Milch, etwas Butter und ein Hauch Zucker über dem Kleister, das war etwas für die Feiertage. Allmählich gewöhnte ich mich daran, wenig zu essen, und war von meiner Armut nicht mehr berührt. Ich hatte ein Dach über dem Kopf, ein Klavier unter den Händen, Zeit zum Üben und Arbeiten und Frau Langenhan. Was wollte ich mehr?

Ab und zu aber empfand ich doch ein gewisses Unbehagen, wenn ich an den hellerleuchteten Fensterscheiben der Kaffeehäuser und Speiselokale vorüberschlich. In diesen herrlich duftenden Tempeln irdischer Nahrungsaufnahme saßen junge Leute wie ich und aßen, wozu sie gerade Lust hatten.

Als ob es gestern gewesen wäre, sehe ich mich heute noch

auf der Ludwigstraße stehen mit einem Stein in der Hand und Mord im Herzen. Gerade noch rechtzeitig kam ich wieder zu Bewußtsein und ließ den Stein fallen. Nein, dachte ich, der Stein in der Scheibe hätte geradewegs ins Polizeipräsidium geführt. Weiß der Teufel, wie es dort mit dem Essen aussieht! Soda vielleicht?

Es war etwa in dieser Zeit, als Frau Langenhan zu mir sagte: „Über Ihrem lobenswerten Eifer für das Klaviertraining sollten Sie Ihre kompositorischen Neigungen nicht ganz vergessen. Sie haben kreative Kraft, Phantasie und vielleicht sogar Inspiration. Das könnte Sie eines Tages über die Interpretation hinaustragen. Sie dürfen ruhig zugeben, daß Sie manchmal ganz schön verrückt sind. Deshalb möchte ich Ihnen raten: Gehen Sie zu Carl Orff. Er ist vielleicht etwas älter als Sie, aber genauso verrückt. Gehen Sie zu ihm. Wenn man zwei Verrückte zusammenspannt, kommt manchmal etwas Vernünftiges dabei heraus."

Hatte die wunderbare Frau meine geheimsten Gedanken gelesen? Wußte sie, daß sich auf dem Grund meiner Seele seit geraumer Zeit Zweifel regten, ob ich für das Klavier geboren sei? Sicher: Ich dachte noch immer, ich könnte vielleicht ein guter Interpret werden, Musik frei in den freien Raum projizieren, sie ungetrübt durch persönliche Beimischungen rein aus sich heraus wirken lassen.

Aber uneingestanden war schon in meinem Bewußtsein, daß ich bei allen Exercisen, denen ich mich unterwarf, für den Habitus des geborenen Virtuosen, des Dompteurs unter den Musikern nicht begabt war. Ich konnte die Löwen nicht durch brennende Reifen springen lassen, um den Applaus als Schausteller für mich allein zu kassieren.

Also ging ich eilends zu Carl Orff, von dem ich noch nichts gehört hatte, der mir aber so originell empfohlen worden war. Ich traf ihn in seiner „Burg“ in der Maillingerstraße 16, der ehemaligen Wohnung seiner Eltern, an.

Durch einen quadratischen Vorraum, von einem Oberlicht mäßig erhellt, führte er mich an seiner Küche vorbei direkt in das Sanktuarium, sein Arbeitszimmer. In dem grüngestrichenen Schlauch drängten sich Couch und Tisch, Büchergestell und Flügel zum Licht, einem nackten, hellen Fenster, unter dem der Schreibtisch stand.

Orff gefiel mir auf Anhieb, er war spontan, selbstsicher, skeptisch, sympathisch, witzig, anregend. Er beschnüffelte mich kurz, lotete etwas in meinem Inneren herum und nahm mich als Schüler an.

Auf dem Programm stand Theorie, Komposition, Dirigieren. Er war schon früh Kapellmeister an den Kammerspielen in der Augustenstraße geworden, eine Spielzeit dann am Mannheimer Nationaltheater gewesen und hatte schon einiges komponiert. Im Krieg hatte er ein kurzes Gastspiel in Polen gegeben, das durch einen Lazarettaufenthalt beendet wurde. Mit einem Wort, er war mir weit voraus.

Praktisch war Orff damals heftig für Richard Strauss entflammt, schwärmte für Bruckner und war von Pfitzner beeindruckt. Er wollte sogar Meisterschüler bei ihm werden, nahm auch ein paar Stunden in Schondorf, lief aber, enerviert von dem ewigen Genörgel, Gemeckere und Geschimpfe auf seine Götter Strauss und Bruckner, dem deutschen Palestrina, bald wieder davon.

Bei Frau von Lenbach hatte sich Pfitzner bei Orffs Erscheinen vernehmen lassen: „Neuer Meisterschüler“ – es war damals sein einziger –, „ein gewisser Orff, sehr begabt!“

Drei Wochen später nach Orffs Verschwinden fragte Frau Lolo nach der Entwicklung der großen Begabung.

„Wo“, fragte Pfitzner irritiert, „wo sehen Sie eine große Begabung?“

„Nun, der gewisse Orff, er sei sehr begabt. Das haben Sie mir doch selbst gesagt.“

Pfitzner: „Orff, jaja. Der war begabt, jetzt verkommt er.“

Theoretisch war Orff stark von Ernst Kurths „Grundlagen des linearen Kontrapunkts“ beeindruckt. Musik als innere Dynamik, als Ergebnis von Reflexen aus dem Unterbewußtsein verdolmetschte er als Freisetzung der Gewalten, die im Inneren des Komponisten schlummern wie in der Tiefe eines Vulkans.

„Seid nicht zu artig“, mahnte er seine Schüler. Bei mir hatte er damit Erfolg, wenigstens nach der Meinung meines Vaters, der mich einmal anfuhr: „Kannst du denn nicht wenigstens ein einziges Mal Musik für ordentliche Leute schreiben?“

„Bedient euch der Regeln“, sagte Orff, „aber glaubt an nichts, außer an euch selbst!“ Gehorsam taten wir so, als ob. „Bändigt euch nicht zu sehr, laßt den Strom fließen, wohin er will, laßt die Töne ihren Gang gehen! Wenn ihr genau in euch hineinhört, werdet ihr lernen, ihren Weg zu verfolgen, und dann könnt ihr versuchen, aufzuschreiben, was ihr gehört habt!"

Zuerst schrieb man zweistimmige Inventionen, dann Kanons und dann alles mögliche und bemühte sich zu vergessen, was man gelernt hatte, um zu hören, wohin die Töne wollten.

Bei Kompositionen für Orchester dachte Orff daran, daß sich die „Grundlagen des linearen Kontrapunkts" möglicherweise auch auf die einzelnen Gruppen des Orchesters übertragen ließen. Sie sollten frei voneinander werden, frei wie die Sehnen einer Klavierhand, die nur dann zusammen wirken können, wenn sie selbständig sind.

„Entfesselt euch", sagte der Magister, scherzhaft „der Erhabene" genannt, und ein jeder war auf seine Weise bemüht, als Entfesselungskünstler voranzukommen.

Meine finanziellen Verhältnisse kamen durch Orffs Vermittlung wenigstens so weit in Ordnung, daß ich meine Stunden pünktlich bezahlen konnte. Er hatte mir eine feste Anstellung als Kapellmeister der „Schaubühne“ im Steinickesaal besorgt. Dort war ich Mädchen für alles, zog die Karren mit den Dekorationen durch die Adalbertstraße, wirkte als Kulissenschieber, Inspizient, Abendregisseur, Cembalo-Imitator am Reißnagelklavier, als Kulissenmaler und Helfershelfer beim Entwurf von Dekorationen und natürlich auch als Komponist und Kapellmeister.

Es gab die Direktion Felber und die Direktion Mellinger. Für die Eröffnungsvorstellung der zweiten Ära hatte der neue Direktor ein Weihespiel geschrieben, das getanzt und gesungen wurde. Die Dichtung identifizierte die Eröffnung des Theaters mit der Erschaffung der Welt und den Direktor mit dem lieben Gott. „Wie einst am ersten Morgen ES WERDE getönt, wie einst GOTTES WORT Licht und Schatten versöhnt“, und so ähnlich ging es den ganzen Abend fort. Die Choreographin ließ ihre Mädchen steil aufspringen „wie einen Schrei“, breit aufstampfen, die nackten Fußsohlen saftig auf den Boden klatschen, mit gespreizten Beinen „symbolisch aufsingen“ und ab und an parterre erdhaft „wesen“.

Die Direktion hatte für die Musik fünf Mitglieder des Bayerischen Staatsorchesters engagiert. Trotz ihrer musikalischen Wiedergabe aber war ich nach der Premiere davon überzeugt, daß ich „einen salz- und geschmacklosen Schmarren" (Formulierung eines Kritikers über ein späteres Werk) geschrieben hatte. Doch härter als meine eigene Einsicht traf mich das, was der erste Hornist nach der Uraufführung der „Eröffnung" sagte: „Besser, junger Mann, hätten Sie meine Hornpartie einer Flöte anvertraut." Was ich ihm an Höhe abverlangt hatte, war entschieden zuviel. Seitdem hatte sich nie mehr ein Hornist über die Lage zu beklagen, in der ich seinen Part geschrieben habe.

Als Inspizient hatte ich nur eine Panne. Bei der Premiere des „George Dandin" ließ ich mitten im ersten Akt den Vorhang fallen. Zu dem kritischen Zeitpunkt hatte ich mit der Frau Direktor auf einem Stapel von Velvet-Vorhängen hinter der Bühne gelegen und war dabei, eine angenehme Unterhaltung in Gang zu bringen. So hatte ich den falschen Satz für mein Stichwort gehalten.

Noch am gleichen Abend wurde ich von dem Direktor-Regisseur und Gatten gefeuert, am nächsten Morgen aber wieder eingestellt, nachdem der gefürchtete Kritiker Sinzheimer schrieb, der Regisseur habe nur einen guten Einfall gehabt: die Unterteilung des ersten Aktes.

Zu einer Dekoration von Carl Rabus für eine Schülertragödie von Klabund erfand ich den dekorativen Kommentar und das mobile Element. Das blutjunge, von zu Hause weggelaufene Liebespaar bewundert zum ersten Male die Pracht eines Hotelzimmers:

Der Student: „Sieh doch das Bild über dem Bett!"

Das Mädchen: „Wie herrlich: der Harem des Sultans!"

Es gab jedes Mal einen sicheren Lacher, Rabus hatte auf meinen Vorschlag hin keinen Harem, sondern einen ausladenden weiblichen Rückenakt, Teilansicht à la Madame de Berlichingen, gemalt.

Im gleichen Stück gab es auch das mobile Element: Die Zimmerpalme in einem spätbürgerlichen Makartsalon wurde so konstruiert, daß sie schwächer oder heftiger in ihrem Topf pendeln konnte, je nach dem Geschrei des erzürnten Vaters. Beim Wimmern der unglücklichen Mutter schüttelte sie sich vibrierend wie die Schauspielerin.

Die Schaubühne im Steinickesaal wurde für mich zur Keimzelle späterer Entwicklungen. Man kann das Wesentliche dieser erlebnisreichen Episode nicht besser zusammenfassen als mit dem „Epigramm" des Dichters Klabund:

Langsam ringt sich der Geist aus der Hülle des Unbewußten,
Und der Nebel gemach ballt sich zur festen Gestalt.

Wie ein Falter im Mai die Puppe bricht und die Schwingen
Zaghaft prüft und entzückt treibende Kräfte verspürt:
Mählich beginnt er den Flug, nicht weiß er das Ziel oder Ende,
Rings betäubende Luft, Taumel reißt ihn dahin.

1922 starb meine sanfte Mutter, viel zu früh. Ich sah, wie sie litt, die arma Maman, wie sie starb, wie man sie aus dem Sterbebett hob und in den Sarg legte und sie polternd die steile Treppe hinunter und für immer aus dem Haus trug. Ich sah es, zerrissen von Schmerz.

Wo der Vater hart war, war sie milde gewesen, wo er unerbittlich wurde, blieb sie versöhnlich. Ich habe sie immer verstanden, sie aber konnte mich nicht verstehen.

Warum hatte ich Weihnachten 1913 die fürchterlichen Worte in mein geheimes Tagebuch geschrieben? Bei meinen miserablen Weihnachtszeugnissen mußte ich die Zurücksetzung gegenüber meinen Geschwistern verstehen, meinte sie klagend.

Warum hatte ich den Deutschen Kaiser einen gegen den Strich gebürsteten Gockel genannt?

Warum hatte ich das Tintenfaß an die Wand geschleudert? War ich ein Abtrünniger, ein Verlorener wie Martin Luther? War mein Vater der Teufel? Er hatte mir doch nur die üblen Bücher weggenommen: einen jüdischen und einen preußischen Philosophen, einen griechischen und einen französischen Atheisten.

Warum hatte ich mich damals gegen den eigenen Vater gestellt, als er meine erste Angebetete eine Dirne genannt hatte? Das tat er doch nur, um mich vor Schlimmerem zu bewahren als vor einsamen Spaziergängen.

Warum war ich von zu Hause weggelaufen? Der hochgeachtete Oberlehrer und Zentrumsfreund aus München hatte mich an Vaters Stelle nur aufgeklärt: Es sei eine Tatsache, daß Hunde, die Schnauze im Dreck, jeder läufigen Hündin nachlaufen. Es sei ebenso wahr, daß ich kein Hund, sondern ein Mensch und ein katholischer Christ sei.

Warum war ich das zweite Mal weggelaufen?

Warum hatte ich meinem Bruder, der sich von der Sünde bereits abgewandt hatte, geholfen, dem Kloster mitten im Noviziat zu entlaufen? Kommt man so den frommen Gelübden seiner Mutter entgegen?

Warum ging ich selbst nicht ins Kloster wie meine beiden Schwestern, denen der Himmel schon offenstand?

Wie ich ihr auch alles erklärte, sie verstand nichts.

Ich weinte manchmal über ihre Tränen und über mein Unvermögen, mich ihr verständlich zu machen. Jetzt war sie tot.

Etwas später starb auch meine Schwester Kreszentia, die ältere der beiden, „denen der Himmel schon offenstand“. Sie hatte sich im Kloster mit Lungenschwindsucht infiziert und lag sterbend in einer Kammer außerhalb der Klausur, als man mich rief.

Das kleine Zimmer roch nach Schweiß und Tod. Es war bis zum letzten Platz angefüllt mit Klosterfrauen, die Sterbegebete murmelten. Ich drängte mich durch die Knienden bis zur Sauerstoffflasche neben dem Kopfende des Bettes und fragte meine Schwester:

„Hast du vielleicht noch einen Wunsch auf dieser Welt? Vielleicht kann ich ihn dir erfüllen?“

Ihr Gesicht erhellte sich, und sie antwortete: „Oh, wenn ich doch nur noch ein einziges Mal hören könnte, wie ein Vogel singt.“

In der Tierhandlung neben dem Städtischen Schwimmbad fand ich im Nu den besten und freudigsten Sänger, einen Kanari.

Ich brachte ihn, ungeachtet des Widerstandes der frommen Schwesternschar, ins Sterbezimmer, und der wunderbare Vogel begann zu singen und sang und sang. Meine Schwester vergaß alles andere über dem Gesang der Kreatur.

Das Gemurmel der Beterinnen war wie ein entfernter Orgelpunkt, und der Tod nahm sie sanft mit sich.

Sie hatte ein Leuchten im Gesicht, das auch der Tod nicht auslöschen konnte, und sah aus, als ob sie die Chöre der Seligen und der Engel hören würde, jetzt und in alle Ewigkeit.

Mein Vater steckte während der Jahre der Inflation in komplizierten Geschäften. Er hatte nach dem Krieg den Schuldienst quittiert und eine Kinderkrippe gegründet, die aus einer winzigen Zelle, einem Häuschen mit 9 Babys, 3 Klosterfrauen und einer Milchkuh, von amerikanischen Quäkern gestiftet, im Laufe der Jahre zu einem großen sozialen Unternehmen (dem jetzigen Josefinum in Augsburg) heranwuchs.

In den ersten Jahren reiste er durch ganz Europa, um die modernsten Einrichtungen, Maschinen und Organisationsformen für die großzügig geplante Erweiterung seiner Gründung zu studieren.

Die Inflation begriff er mit erstaunlicher Schnelligkeit und drehte sich auf dem irrsinnigen Inflationskarussell mit den schwarzen und weißen Pferdchen, Geld – Sachwert – Geld – Sachwert – Geld so lange im Kreise, wie es ging.

Er handelte wie ein Händler, jonglierte mit Geld wie ein Bankier, baute immer weiter und brachte Unkosten und Gewinne ins Lot.

Der Verein, der die Gründung ursprünglich getragen hatte, löste sich auf, als mein Vater nur noch Chancen sah und die Honorablen nur noch Risiken. So blieb er eines Tages allein als Eigentümer mit unumschränkter Verfügungsgewalt auf dem Plan.

Er residierte nicht mehr zu Hause, sondern im „Heim“ und saß im Refektorium zuoberst an der riesigen Tafel, flankiert von zwei langen Reihen von Klosterfrauen im schwarzen Habit mit den weißen Flügelhauben der Franziskanerinnen.

Jetzt konnte er zeigen, was er unter Autorität verstand, und seine Gefolgschaft, Klosterfrauen, Hauspersonal und Schwesternschülerinnen, mußten wissen, was er unter Gehorsam verstand, und die es nicht wußten, lernten es schnell.

Die Ehrwürdige Frau Oberin verkörperte die geistliche Autorität, und Hochwürden, der Herr Stadtpfarrer, wirkte als Seelenhirte, las die Messe in der Hauskapelle und „staubte die Engel ab“, wie er sich ausdrückte, wenn er den Klosterfrauen die Beichte abnahm.

Später, als mein Vater seine Gründung abgerundet hatte, schenkte er das Ganze der Katholischen Caritas, nicht ohne sich die alleinige Leitung des Unternehmens bis ans Lebensende auszubedingen.

Nach dem Tode der Mutter nahm ich Abschied von Miss Brown in der Kaulbachstraße und kehrte nach Hause zurück. Zu den Stunden bei Orff und Langenhan fuhr ich nach München.

Dort lenkte ich meine Schritte auch ab und zu zur Universität, wo ich als Student der Philosophie immatrikuliert war. Aber weder der Mönch Engyldeo noch die Theoretiker der Karolingerzeit weckten mich auf, wenn ich einschlief. Gott und der Professor Sandberger mögen mir's verzeihen.

Die *salti mortali* dagegen, die Freund Orff mit der verwirrenden Schnelligkeit des geborenen Zauberers vom „Orfeo" über den „Tristan" zu seinem „Turm" schlug, um auf den Fundamenten seiner jüngsten Planung, einer „Arabisch-katholischen Symphonie", bruchlos zu landen, waren aufregend, abenteuerlich und dramatisch.

In Augsburg hatte sich unsere Tante Fanny des verwaisten Haushalts angenommen. Da weder mein Vater noch mein Bruder regelmäßig dort auftauchten, konnte sie nur mich verhätscheln, und das tat sie auch auf ihre Art.

Zu Weihnachten schenkte sie mir einen Packen Notenpapier und einen Stapel Hemden, zog die Geschenke post festum heimlich wieder ein, um sie für das Weihnachtsfest des nächsten Jahres zu retten.

In Augsburg lief ich hinter den Instrumentalisten des Städtischen Orchesters her und bat sie, mir die Technik ihrer Instrumente am Beispiel von Etüden, interessanten Orchesterstellen und aufschlußreichen Passagen aus Konzerten zu erläutern. Die Bläser taten es in bestimmten Grenzen gerne, manche hatten sogar Spaß daran.

Die Streicher aber zeigten sich schwierig. Gerade hatte ich mir wieder eine entmutigende Absage geholt, als ich in der Auslage der Musikalienhandlung Boehm & Sohn das Bildnis einer jungen Geigerin entdeckte. Sie hatte bei Jan Slunicko studiert und unterrichtete jetzt selbst.

Ihr Bild verriet Anmut, Energie, Intelligenz, Konzentration, Enthusiasmus und Beherrschung. „Was suche ich noch?" sagte ich mir, als ich das dritte Mal zu dem Bild zurückgegangen war, „dieses Mädchen übernimmt lieber eine schwierige Aufgabe als eine leichte!"

Ich suchte sie auf und sprach mit ihr. Schließlich sagte sie: „Was wollen Sie eigentlich? Soll ich Ihnen vielleicht die ganze Violinliteratur vorspielen, Etüden, Sonaten, Konzerte und dazu jedesmal eine ins Detail gehende technische Analyse liefern?"

„Oh, das wäre wunderbar."

„Ich verstehe Sie, aber ich verstehe auch die Streicher des Städtischen Orchesters. Wissen Sie überhaupt, was sie an Volumen, an Qualität und an geistiger Leistung fordern? Lassen Sie mir etwas Zeit, und kommen Sie im Herbst wieder. Es wird sich herausstellen, ob ich Ihnen helfen kann."

Ich war verabschiedet, aber nicht ohne Hoffnung.

Während des Sommers hatte ich gehört, daß das erstaunliche Mädchen täglich ihre sechs Stunden Training und sechs Stunden Unterricht auf sich nahm.

Das kann doch kein Mensch aushalten, dachte ich, vielleicht ist sie eine Violinmaschine, ernährt sich von Kolophonium und verzehrt zwischendurch einen Violinwirbel oder knabbert an einem Steg? Sie war mir unheimlich. So viel Selbstdisziplin, geplante Ökonomie, angeborenes oder erworbenes Pflichtbewußtsein bei einem jungen Mädchen!

Im Herbst kam ich wieder. Sie lebte in der Wohnung der Eltern im Fuggerhaus. Über einen breiten, mit Steinplatten belegten Vorplatz kam man in den großen Salon. Dort gab es Familienbilder aus dem achtzehnten und neunzehnten Jahrhundert, hübsche Romantiker, Ainmiller, Kobell, Haushofer, Adam, auch einige moderne, ein großes Porträt der Geigerin selbst, Kinderbilder, Pastelle in schweren ovalen Goldrahmen und Louis-Philippe-Möbel. Das Ganze war mit Makart-Dekors aufgeputzt, mit zerbrechlichen goldenen Stühlchen, Jugendstilvasen und anderem modischen Krimskrams.

Der Unterrichtsraum nebenan war intimer: eine Sitzecke, modern, chic, ein paar Notenpulte, eine Bücherwand mit viel Noten und Musikbüchern. Daneben eine Reihe kostbarer bibliophiler Ausgaben.

Wahrscheinlich war das ihr Hobby. Ich sah Prachtausgaben von „Parzival“, der „Legenda aurea“, „Faust“, „Gobineau“, Raritäten über Okkultismus und schwarze Magie, wie „Le Tarot des Bohémiens“, Werke von Albertus Magnus, Balzac, Wilde und – zu meinem stillen Entzücken – ein kleines kostbares Bändchen:

DAS SÜSSE GIFT DER SÜNDE

Eine Arznei für alle, so ihrer bedürfen,
kredenzt in schönen Gefäßen des achtzehnten Säkulums

Das erstaunliche Mädchen hatte den Sommer über einen unkonventionellen, minutiös disponierten progressiven Plan ausgearbeitet. Wöchentlich waren zwei zweistündige Lektionen vorgesehen.

Schon der Anfang war überraschend. Es war viel mehr und ganz anders programmiert worden, als ich es mir vorgestellt hatte.

„Es genügt nicht", sagte sie, „wenn ein Komponist weiß, was der Geige bis heute abverlangt wurde. Er muß wissen, was man ihr abverlangen kann. Die Möglichkeiten des Instruments sind unbegrenzt und unerschöpft. Das geschichtliche Repertoire, das wir später spielen und analysieren werden, umfaßt nur Teilbereiche des technisch und musikalisch Möglichen."

Unsere ersten Themen waren:

Die Gestalt des Instruments
Die natürlichen Register der vier Saiten
Mögliche Deformationen aller Register bis ins Extreme
Die rechte Hand
Die linke Hand
Technisch mögliche Griffe
Tonleitern, Akkorde, Akkordketten

Alles das wurde von den materiellen Möglichkeiten des Instruments ohne Rücksicht auf bestehende musikalische Systeme abgeleitet.

„Man kann ja nicht wissen", meinte sie, „was Ihnen später einfällt. Sie müssen so viel lernen, daß Sie alles verwirklichen können, was Sie wollen. Hüten Sie sich vor der naiven, durch die Historie suggerierten Einengung der Vorstellungskraft. Hüten Sie sich aber genauso vor jeder gegen den Geist des Instruments gerichteten Schreibweise. Wenn ein Instrument von einem unwissenden oder größenwahnsinnigen Komponisten mißachtet wird, rächt es sich."

Nach der klanglichen und technischen Grundlehre kam

das Repertoire an die Reihe. Das Mädchen spielte für mich Tartini, Kreutzer, David, Ševčik, Wieniawski, Bériot, Paganini, Corelli, Bach, Mozart, Beethoven, Mendelssohn, Brahms, Reger, neuere und moderne Literatur.

Dabei ergaben sich neben den von Anfang an vorgesehenen technischen Analysen Erläuterungen und Diskussionen über Fragen der Musikästhetik, der Musikpsychologie, Untersuchungen der Rolle des Affekts, der Nachahmung der Sprachbezogenheit und der Assoziation in der Musik, die Feststellung der Schwierigkeit einer verbindlichen Gestaltlehre und einer auch nur annähernd objektiven Wertbestimmung und nicht zuletzt die gemeinsame Freude an der Virtuosität und der vollendeten Beherrschung instrumentaler Mittel.

Es gab keinen Versuch und auch keine Möglichkeit eines privaten persönlichen Kontaktes, die gemeinsame Anstrengung erforderte von beiden Seiten die ganze Konzentration und die Ausnutzung jeder Minute. So beschränkte sich die Konversation auf „Guten Tag“, „Bitte“, „Danke“ und „Adieu“.

Es muß um diese Zeit gewesen sein, daß ich wieder Verbindung zu jenem Kreis der radikalen Jungen aufnahm, von dem schon die Rede war.

Einige hatten alles erreichbare, verfügbare Geld in einen Topf geworfen und einen Bauernhof in der Nähe von Wertingen gekauft. Es wird ein rundes Dutzend von Freunden und Freundinnen gewesen sein, die diesen ihren Hof gemeinsam bewirtschafteten, Feld, Stall, Vieh und sich selbst versorgten, mit wechselnden Aufgaben für jeden, je nach seinen Kräften, Fähigkeiten und nach Notwendigkeit.

Sie lebten zusammen wie eine moderne Großfamilie. Die Frauen waren Gemeineigentum, wie Ernte, Essen und Vieh. Die Männer aber auch.

Bei uns, sagten sie, entsteht Kommunismus ohne Theorie und Bonzen, Christentum ohne Theologie und Pfaffen. Hier sucht ihr vergebens nach Einpeitschern und Ausgepeitschten, Vergewaltigern und Vergewaltigten, Erniedrigern und Erniedrigten, nach Beleidigern und Beleidigten, Schlägern und Geschlagenen. Wir leben in Frieden und Freiheit.

Organisation bedeutet Herrschaft, wir brauchen keinen Organisator. Tradition bedeutet Unterwerfung, wir dulden bei uns keinen, der uns unterwirft.

Sitte bedeutet Zwang. Sitte ist nicht besser als eine

schmierige, alte, abgebrauchte Corsage. Wir haben keinen Prediger nötig und keinen Aufpasser.

Keiner denkt für uns. Wir denken selbst.

Keiner sät für uns. Wir säen selbst.

Und keiner erntet für uns. Wir ernten selbst.

Wir haben hier viele Bücher. Eine ganze Bibliothek. Aber wir brauchen weder Marx noch Engels, noch Lassalle für unseren Kommunismus. Die „Rheinische Zeitung" und die „Neue Rheinische Zeitung" sind für uns auch nicht mehr aktuell. Wir brauchen kein Altes und kein Neues Testament, und den Hegel, den brauchen wir schon gar nicht.

Vielleicht haben alle zusammen einmal etwas angestoßen, aber jetzt erregen wir selbst Anstoß. Wenn es 385 Religionen auf der Welt gibt oder sogar 400, von denen jede die einzig wahre sein will, so sind mit Sicherheit alle falsch bis auf eine, und die ist auch falsch.

Keine hat eine Chance, uns zur Offenbarung zu werden. Wir offenbaren uns selbst und sind glücklich, wenn uns das gelingt. Das Material dazu ist jedem gegeben.

Die Polizei kommt alle vierzehn Tage zu uns und schnüffelt nach marxistischer Literatur. Wir haben aber keine, und wenn wir sie hätten, so würden wir „Das Kapital" der Polizei als „Ratgeber zur Vermögensbildung" empfehlen.

Im Ernst glauben wir nicht einmal, daß die Polizei lesen kann. Unsere Namen schreibt sie immer falsch.

Die Polizei ist das Letzte, was uns kratzt. Ihre Besuche betrachten wir als Faschingsveranstaltungen. Von unseren Späßen glauben die Polizisten, sie seien als Unterhaltung für sie gedacht. Das ist wirklich komisch.

Allmählich macht es uns aber immer weniger Vergnügen, Polizisten auf den Arm zu nehmen, die nicht einmal mehr mißtrauisch sind. Zu Weihnachten werden wir ihnen Lebkuchen backen.

Als ich auf den Hof kam, war gerade Mittagszeit. Alle aßen aus einer Schüssel, so wie die Bauern in Bedernau. Nachmittags wurde gearbeitet, und abends sollte jeder sagen, was er von jedem hielt, nicht zuletzt von sich selbst. „Offenbarung" nannten sie das.

Sie offenbarten sich an diesem Sommerabend auf eine nicht vorgesehene Weise. In der warmen dufterfüllten Stunde zwischen Dämmerung und Dunkelheit hatte das offene Gespräch unter den Apfelbäumen kaum begonnen, als ein junges Mädchen, fast noch ein Kind, ankam und frischweg, fast etwas zu forsch erklärte, sie habe die Schnauze voll von zu Hause, sei ihren Eltern für immer entlaufen und werde dableiben, wenn man sie nur behielte. Sie kenne übrigens die Regeln und sei damit einverstanden.

So saß sie im Nachtwind zwischen zwei Apfelbäumen auf einer Schaukel und schwebte leise über uns im Geäst, wie in einem Nest aus Blatt und Zweig, von Sternen überglänzt.

Jeder der Jungen wollte das Mädchen für sich haben, aber keiner wollte es nehmen. Es würde für sie hier kein Glück geben. Es war wie eine Wolke von Ehrfurcht und Scheu um uns alle.

Das Mädchen begann mit einem Male wie erlöst zu weinen. Wie befreit von sich selbst redete und antwortete sie unumwunden, ehrlich, rein.

Die Stimmung schlug um. Es war unausgesprochen entschieden, daß das Mädchen am Morgen zu den Eltern zurückkehren würde. Leises Gelächter kam auf, Späße wurden gemacht. Das Kind lachte mit, noch unter Tränen, aber voll Heiterkeit.

Später, sagten sie, kommst du vielleicht wieder, jetzt ist es noch nicht an der Zeit. Sie wußte nun, was das Bessere für sie war, und ging am Morgen zurück zu Pappi und Mammi. Ein Junge ging mit ihr und erklärte, die Kleine habe sich verirrt, in einem Bauernhof genächtigt und sei froh, wieder zu Hause zu sein. Umarmungen, Küsse, Glück.

Das Erlebnis des Abends, den ich dort verbrachte, erschien mir als großes Glück, das auch nicht beeinträchtigt wurde, als ich kurz darauf erfuhr, der Hof sei wieder verkauft, die Gruppe in alle Winde zerstreut, auseinandergesprengt durch die Liebe eines Einzigen zu seiner Einzigen.

Anderntags war ich wieder in München. Der Nervenarzt Dr. Ludwig hatte mich – wie schon früher – in sein Haus in der Leopoldstraße zu einer seiner Soiréen eingeladen. Er liebte es, mit jungen Literaten, Malern und Musikern Kontakt zu halten.

Als Arzt war er ein Adept von Sigmund Freud mit einer gewissen Neigung zu den Lehren des Anthroposophenpapstes Rudolf Steiner, die damals besonders virulent waren. Den Kern der Gesellschaft bildete wie immer die Klientel des Psychostars mit einem Übergewicht von Damen, die auf nichts neugieriger waren als auf sich selbst.

Ihre Augen waren wie Fragezeichen, ihre Lippen wie mehr oder minder blühende Einladungen, und um ihre Köpfe schwirrten wie Bienenschwärme die immer gleichen Fragen:

„Bin ich nicht außerordentlich?"

„Interessanter als alle anderen?"

„Bin ich zerrissen, verschlossen, konzentriert, offen, neutral oder was sonst?"

„Welche Farbe hat meine Aura heute nacht?"

„Tiefviolett?"

„Mit einem Rand?"

„Verschwebend oder gezackt?"

„Bewegt oder unbewegt?"

„Wach oder im Schlaf?"
„Explosiv vielleicht?"
„Soll ich tun, woran ich jetzt denke?"
„Bin ich ein Idol?"
„Was war ich in meinem letzten Leben?"
„Was vor 5000 Jahren?"
„Wo war ich?"
„Können Sie mein Grundmuster nachzeichnen?"
„Spüren Sie meine Neigungen? Irrungen? Wirrungen?"

Man konnte antworten, was man wollte, dankbar waren sie für jeden Brosamen. Sie trippelten von einem zum andern, mit dem obligaten Glas in der Hand, lachend, schwatzend und vor allem fragend, immer auf der Suche nach interessanten Neuigkeiten über sich selbst.

Dr. Ludwig war der funkelnde Fixstern im Schwarm der Wandelsterne. Eines war sicher, seine Patienten und vor allem seine Patientinnen würden ihm erhalten bleiben. Es waren, abgesehen von den bekannten Ausnahmen, die die Regel bestätigen, „Sphynxen ohne Rätsel". Aber das konnte er ihnen nicht sagen, ohne sie zu töten.

Wenn mich eine Sphynx ansteuerte, reagierte ich beinahe automatisch mit einem Strom von Assoziationen. Ich war geübt, ohne Sperriegel zu assoziieren, und was dabei herauskam, schien überraschend, verblüffend, faszinierend.

Mein Unterbewußtsein warf mühelos Informationen, Begriffs- und Anschauungsskalen aus wie ein Computer, ständig neu programmiert durch Anschauung, Reaktionen, Interjektionen, hastig gestellte Zwischenfragen, kleine, gespielte oder echte Schreie des Entzückens oder Entsetzens, durch Bewegung oder Erstarren des wißbegierigen Subjekts.

Ich funktionierte wie ein Schnellfeuergewehr, durch das ein endloser Ladestreifen läuft. Seit meinen ersten Auftritten im Salon des Dr. Ludwig war ich zu einem Phänomen geworden.

Selbst auf der Straße überfielen mich Unbekannte mit ihren Fragen. Manchmal setzte sich die Assoziationsmaschinerie automatisch in Bewegung und produzierte sich wie ein Film, der sich nicht mehr abstellen läßt. Ich blies mich auf, bis mir der Spaß zur Last wurde. Unter Schwierigkeiten setzte ich allmählich durch, daß man mich in Ruhe ließ, und konnte nach längerer Zeit auch den Automatismus stoppen.

Als ich wieder normal geworden war, fühlte ich mich wie von einer unangenehmen Krankheit befreit.

An jenem Abend aber war ich noch in voller Fahrt und interessant genug, daß mich mein Gönner Herr Dr. Ludwig aufs freundlichste einlud, bei seinem nächsten Abend als Komponist aufzutreten.

Wieder in Augsburg, fragte ich das erstaunliche Mädchen, Fräulein Elisabeth Maria Pauline Karl – allmählich wird es Zeit, daß ich sage, wie sie hieß –, ob sie mein eben fertiggestelltes Streichtrio einstudieren und in München bei Herrn Doktor Ludwig aufführen wollte. Sie sah sich die Partitur ziemlich genau an und sagte zu.

Bei den Proben lernte ich zum ersten Mal am eigenen Leib die Wahrheit kennen, daß eine „objektive" Wiedergabe nur als Forderung bestehen kann. Musizieren setzt Spontaneität voraus. Fehlt sie, dann ist die Musik tot wie ein Fisch, der, den Bauch nach oben, auf dem Wasser schwimmt.

In der Musik wie in der Sprache hat jeder seinen eigenen Tonfall, jeder artikuliert anders, jeder hat seine eigenen Grundtempi und seinen ihm natürlichen Farbenbereich. Wenn mehrere zusammenwirken, müssen sie gemeinsam die Formel finden, die Form und Sinn der Komposition nahekommt.

Das geschah zu meiner Freude redlich. Die Bezeichnungen wurden verfeinert, Artikulation, Tempi und Farben abgestimmt. Die Aufführung wurde so gewissenhaft und verständig vorbereitet, wie sich das ein Komponist nur wünschen kann.

Am Samstag, dem 26. November 1922, fuhr das Trio nach

München. Bei der Ankunft in der Leopoldstraße wurde die Violine von mir mit zwei besonders schönen weißen Chrysanthemen geehrt.

Meine Musik wurde von Dr. Ludwig und seinem Kreis als ein Werk von persönlicher Prägung begriffen, und wenn man von Erfolg sprechen darf, so habe ich in diesem Falle das ungeschmälerte Recht zu erklären: Es war einer.

Wenn ein Komponist wirklich Erfolg gehabt hat, hat er zu allem andern auch Glück gehabt. Wie groß aber das Glück war, das ich gehabt hatte, dämmerte mir erst am Sonntag, dem 27. November, gegen 17 Uhr. Ganz genau weiß ich es erst jetzt nach fünfzig Jahren.

Im Anschluß an die Aufführung ergab sich zum ersten Male ein persönliches Gespräch zwischen mir und dem Fräulein. Wir verabredeten uns für den nächsten Tag mittags 12 Uhr zur Standmusik an der Feldherrnhalle. Es dirigierte einer der beiden Militärkapellmeister, die schon vom Namen her prädestiniert waren, in München Furore zu machen. Entweder der Biersack oder der Schifferl.

Leider verschlief ich das Konzert und kam mit hängender Zunge gerade noch zurecht, um mich zu entschuldigen. Das unerschütterliche Fräulein hatte eine Stunde gewartet, mußte aber zum Mittagessen zu ihrer Tante. Also wurde ein zweites Rendezvous verabredet, *sans faute* 16 Uhr im Café Tusculum.

Und diesmal war auch ich pünktlich. Das Lokal war voll Lärm und Rauch. Wir fanden gerade noch einen kleinen Tisch, nicht besonders einladend, in der Mitte. Nebenan bemühte sich eine eindeutige weibliche Figur um einen besoffenen Ökonomen.

Wir begannen damit, über den gestrigen Abend zu sprechen. Um 16.30 Uhr hielt ich unter dem Tisch ihre Linke – in der Geigersprache die Griffhand – in meiner Rechten. Der Blitz schlug ein ganz ohne Vorwarnung, überzeugend wie Blitze sind. Wir sahen einander an, und es war um uns geschehen.

Als wir am nächsten Tag nach Augsburg fuhren, begann die Romanze ohne Ende. Sie begann, begleitet von Überlegungen, wie wir es wohl anstellen könnten, daß es niemand gelingen sollte, uns zu trennen.

Es war nicht einfach. Was war ich schon? Ein Studierender ohne Einkommen. Was studierte ich schon? Musik! Also milde gesprochen war ich ein Mensch mit unsicherer Zukunft. Ich konnte mich kaum selbst ernähren, eine Frau sicher nicht.

Wer gibt seine Tochter in einer ungewissen Zeit in die Hände eines so unsicheren Kantonisten, dem Knabenalter noch kaum entwachsen? Und was mein Vater zu einem Heiratsplan sagen würde, war mir ziemlich klar.

Es gab nur einen Ausweg, wir mußten heimlich heiraten. Das „Papier", wie wir den Trauschein nannten, würde uns gegen alle Eventualitäten absichern. Beide Familien hatten vor solchen „Papieren" Respekt. Mein Vater, Verteidiger von Tradition und Herkommen, und der ihrige, das Muster des loyalen Beamten, sie würden vor dem „Papier" in die Knie gehen. Ihr Urgroßvater mütterlicherseits war der Minister gewesen, der die Staatsgefahr Lola Montez aus Bayern hinausgetrieben hatte. Aus Loyalität, Sittenstrenge, Staatsraison, Gehorsam und so weiter.

Zunächst war unsere Beziehung durch meine Stunden im Fuggerhaus abgedeckt. Das würde uns über die unsichere Zeit bis zum *fait accompli* hinwegtragen.

Im Februar 1923 gingen wir in das von Elias Holl so prächtig erbaute Augsburger Rathaus und bestellten das Aufgebot. Leider mußte dieses wie alle anderen durch Aushang bekanntgemacht werden.

Jeden Tag, an dem nichts geschah, sagten wir: Wir schützen das Aufgebot mit unseren Gedanken. Niemand wird es lesen, der uns oder unsere Familien kennt. Es ging fast die ganzen sechs Wochen gut. Wir triumphierten. Es war nur noch eine kurze Frist zu überwinden, fünf, vier, drei Tage.

Da geschah das Malheur. Eine Nichte gratulierte dem Herrn Oberlandesgerichtsrat auf der Straße, knapp vor dem Eingangstor zu seiner Wohnung zur bevorstehenden Vermählung seiner Tochter.

„Daß ihr niemand etwas habt wissen lassen ...?"

„Tröste dich, mein Kind", sprach der Ahnungslose, „ich weiß auch nichts davon", und vergaß die Begegnung bis zum Kaffee nach dem Mittagstisch.

Da platzte die Bombe. Als der Vater lachend von der absurden Behauptung seiner Nichte berichtete und sich darüber lustig machte, „was die Leute so alles gelesen haben wollen", sagte seine Tochter Elisabeth: „Was sie gelesen hat, steht dort geschrieben, und was dort geschrieben steht, ist wahr. Ich werde mich am Ende dieses Monats mit meinem Schüler verheiraten. Daran ist nicht zu rütteln."

Tableau! Tumult und Tränen. Meine mobile Zimmerpalme aus dem Theaterstück von Klabund hätte zu rotieren begonnen, sich aufgeregt geschüttelt, wie von einem Sturm zerzaust, und schließlich ihre Wedel hängen lassen.

Als sich die Szene erschöpft beruhigt hatte, sagte die Mutter: „Kind, ich werde immer für dich dasein und dir helfen, solange ich kann."

Nach einer schweren Pause der Vater: „Es schmerzt mich, daß du dich uns nicht anvertraut hast. Ich sehe bei dieser Ehe keine Sicherheit für deine Zukunft. Was aber geschehen mag, wir lassen dich nicht im Stich, solange wir leben."

Die Tochter umarmte die Mutter, umarmte den Vater, beruhigte die weinenden Schwestern, den vor sich hinbrütenden älteren Bruder und verständigte mich.

„Jetzt", sagte ich, „ist der Korken aus der Flasche. Ob wir wollen oder nicht, es bleibt uns nichts übrig, als meinem Vater die Freudenbotschaft persönlich zu überbringen."

Wir gingen nicht ohne Beklemmung in das Augsburger Kloster, in das er sich vor wenigen Tagen zu geistlichen Exerzitien zurückgezogen hatte. Er kannte Elisabeth und ihre Familie vom Hörensagen.

„Wir sind gekommen, um dir mitzuteilen, daß wir uns verlobt haben."

Er reagierte milde, wie es ihm mitten in seinen geistlichen Übungen angebracht erschien.

„Verlobt? Nun ja. Aber es wird wohl noch sehr lange dauern, bis ihr ans Heiraten denken könnt!"

„Wie lange, denkst du wohl", fragte ich etwas scheinheilig, den Blick auf den Boden, im Bewußtsein der unaufhaltsam herannahenden Katastrophe.

„Vielleicht kann man in einigen Jahren darüber sprechen, früher kaum."

„Hier irrt der Papa, nicht wahr, liebe Elisabeth. Es ist jetzt schon soweit."

„Was ist soweit, und wann ist es soweit?"

Die Antwort war klar. „Das Aufgebot ist fristgemäß bestellt, die Eheschließung wird noch in dieser Woche stattfinden. Sonst gibt es nichts zu erklären."

Trotz seiner Exerzitien geriet der Papa in einen sich steigernden Zustand unchristlicher, kalter Wut.

„Wie stellst du dir so etwas vor? Du bist nichts und hast nichts, und von mir habt ihr beide nichts zu erwarten. Ich verbiete dir zu heiraten und erwarte strikten sofortigen Gehorsam."

Die Unterredung war beendet, wir zogen ab und eilten stracks vom Kloster ins Pfarrhaus Sankt Moritz. Mein Vater würde sich mit der geistlichen Autorität in Verbindung setzen, und wir wollten ihm zuvorkommen.

Der Pfarrer Föhr, berühmt für seine blumenreichen Predigten, war freundlich, hörte uns an, stellte einige Fragen, erklärte, er werde uns trauen und begann mit dem Brautunterricht.

Schon wurde mein Vater gemeldet. Der Pfarrer ging in den Raum nebenan. Durch die halboffene Tür hörten wir den Dialog.

„Ich habe meinem Sohn verboten, eine sinnlose Ehe einzugehen, bei seiner gewohnten Widersetzlichkeit wird er sich meiner Autorität kaum beugen. Als treuer Diener der Kirche rechne ich mit Ihrer Hilfe. Sie müssen die gegen den väterlichen Willen beabsichtigte Eheschließung verweigern."

„Das kann ich nicht", sagte der Pfarrer, „weil nicht die Kirche das Sakrament der Ehe spendet. Die Verlobten spenden es sich selbst durch ihr gegenseitiges Einverständnis."

Mein Vater veranstaltete einen lebhaften Wirbel, schließlich schmetterte er die Tür hinter sich zu. Stille war wieder eingekehrt, der Brautunterricht wurde beendet, der Termin der kirchlichen Trauung festgesetzt, und wir verabschiedeten uns von dem Pfarrer und dankten ihm.

Nach dem Fehlschlag im Pfarrhaus versuchte mein Vater sein Glück im Fuggerhaus. Das war der zweite Fehlschlag. Zuletzt ging er zur Polizei, und das war der dritte.

Erst als er sah, daß er nichts ausrichten konnte, war er bereit, zusammen mit dem Brautvater als Trauzeuge zu fungieren.

An einem Donnerstag erschien eine sehr schweigsame kleine Gesellschaft auf dem Standesamt, am darauffolgenden Dienstag früh halb acht versammelte sie sich in der Hauskapelle des Pfarrhauses.

Das anschließende in der Familie der Braut improvisierte Sektfrühstück war alles andere eher als fröhlich. Sorgenvolles

Schweigen, verheulte Gesichter und mühsame, stockende Konversation ließen das Stimmungsthermometer unter den Gefrierpunkt sinken.

Allen außer dem jungen Paar zitterten die Sektgläser in den Händen. Es hatte den Anschein, als käme man von einer Hinrichtung, nicht von einer Hochzeit. Das quälende Frühstück endete mit einem dumpfen Abschiedsgemurmel und einem Paukenschlag.

Diesen lieferte mein Vater. Er fragte mit Strenge:

„Was habt ihr jetzt vor? Wollt ihr auf die Hochzeitsreise gehen? Wohin? Womit? Ohne Geld?“

Und nun kam die überraschende Moral: „Eine katholische Ehe wird erst dann gültig, wenn sie nicht nur geschlossen, sondern auch vollzogen wird!“

Wir sollten also die Ehe so rasch als möglich vollziehen. Erst dann könnte er ruhig schlafen. Er zog die Brieftasche, gab mir einige Scheine, und wir verschwanden, so schnell wir konnten, vor aller Augen, wandten uns Richtung Hauptbahnhof und bestiegen den ersten besten Zug.

Er fuhr zur Geislinger Steige, wir verließen ihn in Wiesensteig. Während der Fahrt löste sich die Spannung in Heiterkeit. Wenn wir zwischen zwei Stationen allein waren, konnten wir vor Gelächter kaum sprechen, wurden ausgelassen wie Kinder und improvisierten Kanontexte vom Kaliber gewisser Mozartischer Scherze, sangen, lachten und plauderten.

Im „Hotel zum Lamm“ fanden wir ein Zimmer und allerlei Gesellschaft, darunter eine reife Berlinerin, die nicht um alles in der Welt mit uns in die Wiesensteiger Kirche gehen wollte, wo ich zum Zeitvertreib die Orgel schlug. Sie fürchtete sich vor den „blutigen Götzenbildern“ in der Kirche. In einem Atemzug mit der Äußerung ihrer Angst vor den Bildern des Gekreuzigten, der Heiligen und der Märtyrer gab sie uns Ratschläge aus dem reichen Schatz ihrer ehelichen Erfahrung nebst praktischen Anweisungen zur Verhütung unerwünschten Kindersegens.

Was uns Wiesensteig auch zu bieten hatte, wir fanden alles lustig. Den steilen Wiesensteiger Kreuzweg rannten wir unter Geschrei und Getobe herauf und herunter, daß die erschreckten Holzweiber ihre Karren schießen ließen.

Auf einer Lichtung über dem Ort zündeten wir Feuerchen an und kochten Kaffee. Eines Abends stand eine stumme Mauer von Burschen im Dämmer unter den Bäumen. Sie starrten uns schweigend an, eine ganze Weile. Sie hatten einen Waldbrand vermutet. Als sie uns lange genug angestarrt hatten, schlich sich einer nach dem andern davon, und sie verschwanden so lautlos, wie sie gekommen waren. Die Glut, auf der wir unseren Kaffee kochten, blieb ungelöscht, von anderen Gluten ganz zu schweigen. Für uns gab es keine Vergangenheit und keine Zukunft, nur den Augenblick.

Nach unserer Rückkehr erwartete uns in Augsburg ein großes Problem. Das „Papier" hatte Eigenleben entwickelt, es hatte sich selbständig gemacht und wurde anspruchsvoll. Es sprach durch den Mund der Umwelt zu uns: „Ein Ehepaar ohne Tisch und Bett, das gibt es nicht, und wenn schon kein Tisch da ist, muß wenigstens ein Bett her."

Wir hatten nichts dagegen, aber 1923 gab es weder Wohnungen noch möblierte Zimmer. Wir lebten noch einige Zeit wie früher und fanden dann endlich ein Zimmer in der Wohnung eines Bekannten.

Ihm gehörte ein Klaviergeschäft und die einzige Konzertdirektion in der Stadt. In seiner Wohnung stand an der Längsseite einer schmalen Kammer ein Bett, von der Decke baumelte eine nackte elektrische Birne, die Fenster waren noch vom Krieg her mit Packpapier verklebt. Vom Boden bis zur Decke türmten sich eingepackte Klavierstühle und Notenpulte. Die Kammer diente als Lagerraum für das Klaviergeschäft. Ein monströses, absurd bemaltes Orchestrion war auch da.

Der Pfad von der Tür zum Bett war schmal, dafür war das Bett breit. Zum Waschbecken mit fließendem Wasser gruben wir uns durch die Klaviersessel einen engen Seitengang. Das Fenster ließ sich mit Mühe öffnen, man konnte in das Pfaffengäßchen hineinsehen und auf einen Teil der Seitenfront des bischöflichen Palais.

Durch die Konzertdirektion bekamen wir oft Freikarten für Konzerte. Mehr große Solisten und Dirigenten als je zuvor kamen nach Augsburg, die Inflationsdrehscheibe rotierte.

Ich gründete ein Kammerorchester, das nach dem ersten Konzert wieder zerfiel. Der Eintrittspreis für das Konzert betrug den Gegenwert von zwei Pfund Brot. Andere nahmen für künstlerische Darbietungen Preßkohlen, drei, zwei oder eine, je nach der Platzkategorie. Was heute hunderttausend Mark kostete, kostete morgen eine Million, übermorgen eine Milliarde, und so ging es weiter bis in die Billionen.

Die Leute sangen in den Kneipen: „Wir versaufen unser Oma ihr klein Häuschen", und manche taten das auch. Man hatte sich an das Leben in Unsicherheit gewöhnt, wie man sich auch an ein Leben im Dunkeln gewöhnen kann.

Seit dem Ende des Ersten Weltkrieges gab es Revoluzzer, Schieber, Schleichhändler, Bolschewisten, Fememörder und Krawallmacher. Aber die meisten Leute waren immer noch Bauern, Arbeiter und Bürger geblieben. Kaum einer war sich der Hölle bewußt, in der er lebte. Was zählte, war einzig die Sorge um das tägliche Brot.

Schieber und Schleichhändler waren wie Ratten, nicht greifbar, Fememörder kamen aus dem Dunkel und tauchten im Dunkel unter, manchmal im Schlagschatten der Polizei, aber wer konnte es wissen? Und wer hatte sie schon gesehen? Was sich nicht selbst in der Stadt abspielte, konnte sich in China wie an der Ruhr abspielen. Wenn die Alliierten Hetenbach oder Pfersee besetzt hätten, dann hätte sich die Bevölkerung vielleicht auch gewehrt. Wenn bei uns ein Besatzer mit dem Finger auf einen gezeigt hätte, und der Finger wäre blutig gewesen, so wäre auch hier jeder vom Trottoir auf die

Straße gesprungen und hätte dem Herrn Soldaten mit seiner Peitsche Platz gemacht.

Solche Sorgen gab es in unserer Stadt nicht. Der Krieg war verloren, aber er war vorbei.

Immer weniger verlauste, verdreckte, ausgehungerte, todgeweihte Schützengrabengespenster geisterten durch schlaflose Nächte. Sie verbargen sich unter den unabsehbaren Wäldern von weißen Holzkreuzen, die in Frankreich und Flandern aus dem blutgedüngten Boden wuchsen. Das Ende des Krieges und die endgültige Befreiung vom Alpdruck der regimenterfressenden Divisionen, zu Blutmehl zermahlenden Offensiven und Materialschlachten, vom Grauen von Verdun mit der endlosen Schleppe der immer länger werdenden Verlustlisten ließ auch die schlimmste Misere leichter ertragen.

Die kurze Revolution war für die Ordnungszelle Bayern zu einer wirkungslos krepierten Sprengladung geworden. Und den Eisner, den hatte einer in München schon 1919 erschossen und mit ihm gewiß auch den Bolschewismus.

In unserer Orchestrionkammer hörten wir von nebenan abends oft bis tief in die Nacht hinein Gläserklirren, laute Männerstimmen, Soldatenlieder, Gebrüll und Gelächter. Wir wußten nicht, wer da kam und ging.

Als meine Frau verreist war, lud mich der Hausherr ein, gelegentlich ein Glas mit ihm und seinen Freunden zu leeren. Ich fand mich in einer Gesellschaft, deren Jargon mir unverständlich und deren Existenz mir unwirklich, fremd und unheimlich erschien, in einer Horde von Verlorenen, von verkrachten Existenzen, ehemaligen Offizieren, Landsknechten, die sich keiner bürgerlichen Lebensform mehr einfügen konnten.

Betrunken fingen sie an, sich der Untaten zu rühmen, die sie im Baltikum, in Polen oder in München begangen hatten. Einer wollte während der Niederwerfung der bayerischen Räterepublik mit eigener Hand ein Dutzend Arbeiter in München erschossen haben.

„Wir hatten sie zum Tode verurteilt, weil sie aussahen wie Kommunisten. Unsere Scheißstudenten" – gemeint war eine Formation weißer Freiwilliger aus dem Rheinland – „machten sich alle in die Hosen. Keiner wollte 'ran. Da habe ich die Blase antreten lassen und hab's den Roten persönlich besorgt. Kommandierte mich selbst damals."

Dann mimte er die Szene mit gebrüllten Kommandos, Bumms und weg, bis mir übel wurde. Einer, der mich schon die ganze Zeit fixiert hatte, sagte mit stierem Blick: „Wenn einer vielleicht die Schnauze nicht halten kann, ziehen wir ihm die Zunge zum Hintern heraus."

Gelächter, Suff, Geschrei, Ende.

Am nächsten Morgen sagte mir unser Hausherr, es wäre gut, wenn ich allmählich realisieren würde, was vorginge, einiges sei noch fällig, auch in Augsburg. Er war Gründer und Leiter der „Reichskriegsflagge", einer der vielen gleichgerichteten Organisationen. Oberster Chef war Ludendorff, der „Trommler" der Bewegung war Adolf Hitler. Mit der Zeit erfuhren wir mehr von den Geheimnissen der Bande, deren Organisation im Reich verboten, in Bayern erlaubt oder geduldet war.

Lastwagen mit Kisten, voll mit brandneuen Banknoten, holten sie sich regelmäßig an der französischen Grenze.

„Wenn der Franzose glaubt, er hätte etwas von seinem Falschgeld, wird er sich täuschen. Wir wissen, was wir wollen."

An ihrem Donnerstags-Stammtisch im „Grünen Haus" war die Rede vom Marsch auf Berlin, von der Ausrottung des jüdischen Bolschewismus, von geheimen Waffenlagern, von Flugzeugen, die in Scheunen versteckt waren.

Sie zeichneten Maschinengewehrnester in Generalstabskarten und markierten Stellungen und Flugplätze in der Gegend von Augsburg. „Und wenn einer die Schnauze nicht halten kann...", das war der Refrain.

Ein Augsburger Kellner hatte geschwatzt. Man fand ihn erschlagen im Wasser der Zusam treiben. Man fand auch einen blutigen Spazierstock und blutige Handschuhe am Ufer. Und Reifenspuren.

„Na ja", sprach die Bande, die Feme! „Man pflückt so

ein Früchtchen, wenn es aus seinem Lokal kommt, deponiert es auf einen Lastwagen. Der Motor läuft, ab geht die Post." Refrain.

Der Fall wurde nie aufgeklärt, der Untersuchungsgefangene mußte entlassen werden, weil lediglich sein Spazierstock und seine Handschuhe verschwunden waren.

Die Bande: „Es gibt Gott sei Dank noch Staatsanwälte, die ihre Pflicht tun."

Der Justizminister Gürtner konnte auf die Anfrage eines kommunistischen Abgeordneten im Bayerischen Landtag leider keine Auskunft geben.

Einmal hieß es, die „Nacht der langen Messer" sei nahe. Mein Hauswirt erklärte: „Kommunisten und Juden werden mit dem Messer erledigt. Ein Rollkommando besteht aus drei Mann, aus zwei zuverlässigen und einem Schlappschwanz. Der muß den Halsabschneider machen. Damit bewährt er sich. Versagt er, wird er zum Verräter erklärt."

Wenn ich die Namen der Augsburger, die auf der Liquidationsliste stehen, sehen wolle, er habe sie in der Tasche.

Ich wollte sie nicht sehen. Ich überlegte mir, was man bei der Polizei ausrichten könnte. Aber ich hatte nichts in der Hand und war nicht sicher, ob die Polizei nicht mit von der Partie war.

Alles erschien mir wie ein wirrer Traum: der erschlagene Kellner, das französische Falschgeld, die versteckten Waffen, die irre Mathilde, der Popanz Ludendorff, die Rollkommandos der Halsabschneider, der Trommler, Leute, die bei nachtschlafender Zeit ihre Gewehre aus den Kellern holten, um zu „pumpen" oder Griffe zu klopfen, Leute, die im Finstern durch ihre Wohnungen robbten oder im Stechschritt in ihren Korridoren marschierten.

Als der Trommler nach Augsburg kam, ging ich zu seiner Versammlung in den Ludwigsbau, um zu hören, wie der

Trommler trommelte. Ich geriet an einen Biertisch, dicht besetzt mit Randalierern, Aufschneidern, Säufern und Sadisten. Modellfiguren der Trollwelt für meine fünfzehn Jahre später an der Berliner Staatsoper uraufgeführte „Peer Gynt"-Oper. Der Trommler verspätete sich etwas, die Figuren am Tisch vertrieben sich die Langeweile mit ihren schönsten Erinnerungen aus großer Zeit.

Sie mußten schreien, um sich verständlich zu machen, weil Marschmusik für Stimmung sorgte.

„Haben den Polacken mit seinem geschorenen Köpfchen nach unten ans Scheunentor genagelt. Hat nur ganz wenig geblutet, aus Angst, was wir würden machen. Und was haben wir gemacht? Nicht viel. Ein ganz, ganz kleines Feuerchen. Wo? Unter seinem Köpfchen."

„Pfui, pfui", schrie ein anderer. „Wir haben nur Mädchen aufs Kreuz gelegt. Am liebsten so schwarze Teufelchen, die beißen, kratzen, schreien. In Kompaniearbeit. Hernach an Birkenbäumchen geheftet, Eierhandgranate dazugesteckt, in Deckung gegangen, hat gekracht. Selten so gelacht."

So ging das in der gleichen Tonart weiter, bis der Trommler eintraf. Er zeigte sich in Windjacke, Breeches und Wickelgamaschen, den Arm nach oben gereckt. Die Marschmusik brach ab, sechs Militärtrommeln gaben dem Durchbruch des Idols zum Podium akustische Schützenhilfe. Der ganze Haufen trug Windjacken und Breeches mit Wickelgamaschen. Er, die Fahnenträger und die Suite. Als der Saal zu kochen begann, mischte sich die Marschmusik mit den Trommeln und dem Geschrei zu einem chaotischen Getöse.

Auf dem Podium angelangt, machte der Marschierer eine herrische Geste, Musik und Trommeln schwiegen, der Saal kam zur Ruhe. Die Rede begann im *Lento pianissimo*, steigerte sich über einige noch maßvolle Höhepunkte zu einem exzessiven *Presto fortissimo*. Der Bart wurde immer kleiner, aber was sich darunter mit rasender Geschwindigkeit öffnete und schloß, wurde immer größer. B. B. hatte schon recht, wenn er schrieb:

Adolf Hitler, dem sein Bart
Ist von ganz besonderer Art.
Kinder, da ist etwas faul:
Ein so kleiner Bart und ein so großes Maul.

(Alfabet, 1. Strophe)

Wie war es möglich, daß diese nach Bierdunst und Zigarrenrauch riechende Masse im Handumdrehen durch ein rhetorisches Crescendo bis zur Bewußtlosigkeit betäubt und bis zur Raserei erregt wurde? Was hatte der Mann eigentlich gesagt? Nichts Besonderes, etwas, was alle schon kannten: Dolchstoß, Versailler Schandvertrag, Deutsches Volk, jüdischer Bolschewismus, ohne logischen Zusammenhang und in einer Formulierung, wie sie der mieseste Journalist ohne Schwierigkeiten anbieten konnte. Anbieten – ja, verkaufen – nein. Aber er konnte das.

Ende 1923 durften wir die Orchestrion-Kammer endlich verlassen. Meine Schwiegereltern nahmen uns in ihre Wohnung im Fuggerhaus auf. Wir waren wie erlöst, daß wir nichts mehr von versteckten Flugzeugen, strategisch geplanten Maschinengewehrnestern, nichts mehr von der „Nacht der langen Messer" und nichts mehr von Greueln und Untaten hören mußten. Die Zeitungen berichteten über den mißglückten Putsch in München und über die Auflösung von „Bund Oberland" und „Reichskriegsflagge". Der Alptraum wich und war rasch vergessen.

Am 27. Mai 1924 wurde uns ein Sohn geschenkt. Wir tauften ihn auf den Namen Titus. Um die gleiche Zeit beendete ich, nach einer „Passacaglia für Streichorchester", die Komposition eines Streichquintetts, schrieb dann eine „Musik für kleines Orchester" und ein „Weihnachtsspiel" für Singstimmen und Kammerorchester.

Von einer fränkischen Zeitung erhielt ich den Auftrag, kritisch über das Augsburger Musikleben zu berichten. Aber schon nach dem zweiten Bericht war es mit meiner Karriere als Musikkritiker vorbei. Die Ouvertüre zum „Käthchen von Heilbronn" von Hans Pfitzner hatte ich als „kastrierte Musik" bezeichnet. Das unter einem Feuilletonchef, der als engagierter Pfitznerianer galt. Diese Information hatte mich leider erst erreicht, als die Kuh schon aus dem Stall war.

Gelegentlich schrieb ich auch Schmonzetten für das Feuilleton der München-Augsburger-Abendzeitung. In einer Glosse über ein Gastspiel des Zirkus Krone erwärmte ich mich literarisch für die Kunstreiterin Fräulein Lilly Strepetow, in einer anderen begeisterte ich mich für die Stille der Nacht, in der man verstehen kann, was sich die alten Häuser am hinteren Lech zuraunen.

Ein dritter Beitrag entsprang meiner Liebe zu Laotse. Vier Lehren des großen Weisen, welche folgende Überschriften tragen, wurden herausgestellt:

I

Wie man dem Volk seine Ruhe erhält

II

Verfall der Sitten

III

Warnung vor dem Krieg

IV

Einfachheit der Sitten

Sechshundert Jahre vor Christus war das aktuell und 1923 auch noch.

Ende 1924 mußte meine Frau vier Wochen im Städtischen Krankenhaus verbringen. Kurz nach ihrer Wiederherstellung brachen unsere Finanzen zusammen. Wir besaßen nur noch ein Geringes.

Ich sagte: „Dieses Geringe rettet uns nicht. Wir müssen es wegwerfen."

Mit der den alten Sagen entnommenen Weisheit „Wer alles von sich wirft, dem helfen die guten Geister" überzeugte

Zeichnung von Werner Egk: Allgäuer Kuh (1923)

ich meine Elisabeth, wie später auch das Opernpublikum der „Zaubergeige".

Wir veranstalteten ein rauschendes Faschingsfest, legten unser letztes Geld in Speisen und Getränken und einer amüsanten Dekoration unseres gut proportionierten riesigen Schlafzimmers an und luden unsere Freunde ein.

Nach dem Fest waren wir bis auf den letzten Heller ehrlich blank. Finanziell konnten wir nicht mehr zusammenbrechen, aber ich selbst brach zusammen. Trotz meiner exzellenten moralischen Ausgangsbasis erwischte mich eine mörderische Grippe, verbunden mit lebensbedrohenden Komplikationen.

Der hochwürdige Herr Stadtpfarrer Föhr mußte kommen. Er gab mir die Letzte Ölung. Der gute Doktor Schmeck kam auch und immer wieder, zuletzt nur noch, um sein Haupt zu schütteln, die Hände zu ringen und die Stirn in

Falten zu legen. „Hier hilft nur beten“, sagte er, verwies uns auf die letzte Instanz und ging.

Nur Elisabeth blieb unerschütterlich und meinte: „Da du nicht sterben darfst, mußt du gesund werden.“ Ich begriff sehr gut, was sie sagen wollte, und begann langsam, aber stetig zu genesen.

Da wir „alles von uns geworfen hatten“, trat *immediat* – so wie in der „Zaubergeige“ der gute Cuperus – unser Freund, der Bankier Rosenbusch, auf den Plan. In der Hand hielt er einen Scheck, angeblich aus einem amerikanischen Hilfsfonds, in Wirklichkeit vermutlich aus seiner eigenen Tasche. Er hatte auf unserem Fest seine Eheliebste gefunden.

Der Scheck ermöglichte uns die Erholungsreise, die uns Dr. Schmeck so dringend empfohlen hatte. Von da an ging alles wie am Schnürchen.

Wir fuhren nach Portofino, heute ein Massenziel, damals ein Idyll. Nach 14 Tagen war ich gesünder als je zuvor, braungebrannt und voller Lebenslust.

„Nach Portofino die Sintflut“, jauchzten wir. Sie kam aber nicht, auch nicht, als unser Geld zur Neige ging. An ihrer Statt kam eine Fee in Gestalt einer jener weißhaarigen alten Damen, die so gerne Gutes tun.

Unsere Fee war Schweizerin, eine Dame von ungefähr 80 Jahren. Sie wohnte in Rapallo und fuhr mit ihrem Motorboot täglich zum Tee nach Portofino. Sie liebte es, auf der Terrasse unseres Hotels zu sitzen, und so wurden wir mit ihr bekannt. Sie fragte uns ein wenig aus und erklärte eines Tages mit unbefangener Sicherheit, als handele es sich um die natürlichste Sache von der Welt:

„Heute nacht erschien mir der Engel des Herrn und befahl mir, Ihnen eine Botschaft zu übermitteln."

Ich hielt das für einen Scherz und war eher belustigt als neugierig. Auf alles mögliche war ich gefaßt, nur nicht auf das, was kam:

„Sie sind dafür bestimmt, zwei große Tableaus für meinen Speisesaal in Rapallo zu malen."

„Zu schade", sagte ich, „daß ich kein Maler, sondern ein Musiker bin."

„Aber Sie zeichnen doch, das habe ich selbst gesehen!"

„Ich kann aber nicht malen."

„Dann lernen Sie es."

„Ihr Engel hat sich in der Person geirrt."

„Ein Engel irrt sich nie und meiner schon gar nicht."

„Haben Sie öfters solche Erscheinungen?"

„Vielleicht erzähle ich Ihnen später davon."

Wir redeten hin und her und aneinander vorbei. Es war wie in einem absurden Theaterstück, unwirklich und konkret. Mit ihr konnte man nicht über die Eigenschaften der Engel streiten, weder logisch noch theologisch. Auch nicht über die Irrealität von Traumbildern, schon gar nicht über ihre Ursachen und ihre Deutung.

Nachts zum mindesten war meine Fee vollmythologisiert, und tags war sie nur in kleinen, abgetrennten Bezirken rational entmythologisiert. Wenn ich sagte, ich könne beim besten Willen nicht aus dem Stand über ein vierstöckiges Haus springen, dann antwortete sie: „Wenn mein Engel es verlangt, können Sie es."

„Also, was soll ich malen?"

„Etwas Kühles."

„Was heißt das, etwas Kühles?"

„Im Sommer ist es hier heiß, in der Schweiz ist es kühl. Deshalb werden Sie mir die Schweiz an die Wand malen."

„Die ganze Schweiz?"

„Ja, symbolisch gesprochen, die ganze Schweiz."

„Dafür nehmen Sie am besten einen guten Dekorationsmaler aus Genua. Er wird Ihren Speisesaal so dekorieren, daß Sie zum *diner* Ihren Pelz anziehen müssen."

„Hören Sie auf mit Ihren Dummheiten. Ihnen habe ich die Botschaft überbracht und keinem Dekorationsmaler aus Genua."

Etwas indigniert zog sie ab, kam aber am nächsten Tag mit konkreten Angeboten wieder:

„Sie malen ein Bild mit Flüelen im Mittelpunkt und eines mit dem Matterhorn. Sie bewohnen in Rapallo ein hübsches Häuschen in meinem Park. Im Parterre richten wir Ihnen das Atelier ein. Im ersten Stock ist Ihre Wohnung. Gespeist wird bei mir. Wie lange Sie brauchen, ist allein Ihre Sache."

„Angenommen, ich würde auf Ihren Vorschlag eingehen,

dann würde ich möglicherweise trotz meiner Zeichenkünste eine kleine Ewigkeit brauchen, vielleicht sogar zwei volle Jahre. Die Sache ist unmöglich."

Hier unterbrach sie mich, schüttelte mir die Hand und sagte:

„Abgemacht, ich garantiere Ihnen den Lebensunterhalt für eine Familie auf zwei Jahre."

Sie nannte eine für unsere Verhältnisse phantastische Summe. „Packen Sie Ihre Koffer, machen Sie keine Geschichten, ich hole Sie morgen früh hier ab. Wenn Sie wollen, können Sie auch Ihr Söhnchen nachkommen lassen." Weg war sie.

Die ganze Nacht verging mit Reden und Gegenreden.

„Ich habe es doch nicht gelernt", sagte ich.

„Aber ich habe es gelernt", sagte Elisabeth.

„Dann male du."

„Das wäre Betrug. Wenn sie dahinterkäme, daß wir ihren Engel betrügen, würde das Abenteuer ein schlimmes Ende nehmen."

„Wie soll sie denn dahinterkommen? Wir machen die Vorhänge zu, und du malst."

„Im Dunkeln?"

Wir kamen zu keinem Ende. Am nächsten Morgen ließen wir uns von der Schweizer Signora nach Rapallo verschiffen, erschöpft von einer schlaflosen Nacht und eingeschüchtert durch den ungewissen Ausgang des Abenteuers.

Immerhin war ich gespannt, wie ein Haus aussieht, in dem Engel erscheinen, wie anderswo Briefträger oder Kaminkehrer. Die Signora hielt mit ihrem *motoscaffo* auf einen kleinen Hafen bei einer felsengeschützten, winzigen Badebucht zu. In den Stein gehauene Stufen lenkten den Blick nach oben. Da stand das Haus wie ein exklusives Riviera-Hotel mit ausladenden Balkonen und großen Terrassen gegen die Meerseite hin geöffnet.

Flogen die Engel vielleicht direkt über die Balkone durch die weitgeöffneten Fenster in die Schlafzimmer, oder landeten sie wie Helikopter auf den großen Terrassen? Kamen sie allein oder manchmal auch in Schwärmen? Ich habe es nie erfahren.

Im tiefen Park, der mit seinen hohen Mauern das Haus gegen die Straße und gegen profane Blicke abschirmte, gab es eine unvermutete Merkwürdigkeit: eine Tropfsteinhöhle, eine künstliche Betongrotte, Romantizismus ohne Ritter und Schwan. Das war keine Wohnstätte von Engeln, bestenfalls von Fledermäusen. Sonst war nichts ungewöhnlich. Da war das Pförtnerhaus, dort die Garage mit einer Werkstatt und am anderen Ende des Parks unser Häuschen.

Wir bezogen es mit unserem kleinen Feriengepäck. Es war weltabgeschieden und hing wie ein Nest auf einem vorspringenden Felsen über dem Abgrund, in dem das Meer brandete.

Am ersten Tag wurden wir mit den Tabus vertraut gemacht, deren Respektierung die Signora erwartete:

Niemand durfte rauchen, weder im Haus noch im Park.

Niemand durfte Unschickliches denken, aussprechen oder gar tun.

Niemand durfte verschwenden. Das galt in erster Linie für Geld und Gut der Signora.

Am zweiten Tag lernten wir die Bewohner des Hauses kennen, eine Schwester der Signora, die beiden Schweizer Haustöchter Rosa und Emilie, die Köchin Erminia, den Hausburschen Mario und die Dogge Dora.

Von der Schwester sagten alle: „Sie spricht am liebsten spanisch, trinkt Mate oder schläft."

Über Emilie sagte Rosa: „Man muß in gewisser Beziehung sehr auf sie aufpassen."

Emilie sagte über Rosa das gleiche.

Erminia sagte: „Beide haben recht."

Der vierzehnjährige Mario sprach wissend: „Emilie bevorzugt den Park, Rosa die Grotte."

Alle sagten über Mario: „Er raucht heimlich im Keller."

Rosa, Emilie und Mario sagten über die Köchin Erminia: „Im Ort kauft sie billig ein, aber im Haushaltsbuch wird sie teuer."

Über die Dogge Dora sagten sie schließlich im Chor: „Sie bellt, aber sie beißt nicht."

Die Signora sagte über die beiden Mädchen: „Oh, diese unschuldigen Kinder. Ich habe sie in der Schweiz gefunden." Über die Köchin: „Sie hilft mir wirklich sparen." Über Mario: „Das Rauchen habe ich ihm abgewöhnt." Und über ihre Schwester: „Sie schläft tags gut und nachts schlecht."

Das schwierige Geschäft des Malens begann mit der Feststellung des kolossalen Formats der beiden Tableaus. Sehr ermutigend war das nicht.

Die angekündigten Motive fanden sich in einem Berg von großformatigen Photos. Sie bedeckten bald Tische, Stühle, den Fußboden und die Wände.

Der Auswahl der Sujets folgten die ersten Malversuche. Elisabeth assistierte mit „Gut", „Schlecht" oder „Nun ja"!

Nach einigen Wochen konnte mit der eigentlichen Arbeit begonnen werden. Die Vorstellungen der alten Dame schienen sehr dezidiert zu sein. Erst sah es so aus, als ob sie die Virtuosität des Apelles und die wissenschaftliche Strenge der sikyonischen Schule fordere. Bald aber wurde offenbar, daß sie zufrieden war, wenn die gemalte Schweiz den Vergleich mit ihrer Erinnerung an die wirkliche aushielt. Das war schon einfacher.

Sie verlangte auch keine individuelle Gestaltung, keine Anmut oder Größe, keine Virtuosität, keine wissenschaftliche Genauigkeit, sondern die Reproduktion ihrer verschwimmenden Erinnerungsbilder, ausführbar durch jedermann mit Einfühlungs- und Nachahmungsvermögen und dem künstlerischen Gewissen einer Kamera.

Trotzdem erwies sich das Unternehmen als anstrengend

genug. Es war alles schwierig: der Himmel, die Erde, das Licht, das Wasser, die Spiegelungen im See, die Vegetation, das klar Hervortretende, das Undeutliche, die großen Dinge und die kleinen genauso.

Es vergingen einige Monate, bis uns das Resultat zufriedenstellend erschien. Dann aber sagte die Signora plötzlich:

„Das Matterhorn haben Sie gut getroffen. Aber es fehlen ja alle Berge, die ich gesehen habe, wenn ich mich umdrehte."

Sie hielt es auf die verkehrteste Weise von der Welt mit Goethe. Die Berge im Rücken des Betrachters waren ihr keine „subordinierten Gegenstände", die ich aufopfern durfte. Ich mußte vermeiden, „mich ängstlich beim Einzelnen aufzuhalten", und wurde trotz aller vernünftigen Einwendungen verpflichtet, auf ihre Weise „den Begriff des Ganzen festzuhalten".

In dieser Zeit schrieb ich zur Erholung eine Musik für Geige und Bratsche. Wir badeten auch oft in der Bucht unterhalb der Villa Carlevaro. Hier begegnete uns die olympische Erscheinung Gerhart Hauptmanns, der sich gerne über Musik unterhielt.

Wir erfuhren von allen Seiten immer mehr Interessantes über die Signora: Die Engel verkehrten gerne mit ihr, weil sie ganz in der Überwelt lebte. Ob Altes oder Neues Testament, sie wußte jeden Vers und jede Zeile auswendig.

„Wer zeugte Hazarmaveth?"

„Joktan. 1. Mose 10, 26."

„Wo steht: ‚Lass' doch die Dirne?'"

„1. Mose 24, 55."

„Wen vertrieben die Hornissen?"

„Zwei Könige. Josua 24, 12."

„Wo waren rote Rosse?"

„Am ersten Wagen. Sacharja 6, 2."

„Was sagt die Bibel über Musik?"

Wie ein Computer, gefüttert mit dem Alten und Neuen Testament, warf sie alles aus und vergaß nicht einmal den gemischten Chor von 200 Sängern in Esra 2, 65.

Nur ihre Freundin aus Zürich tat es ihr in der Kenntnis der Heiligen Schrift gleich. Trotzdem unterschieden sie sich: War die eine intim mit den Engeln, so war die andere befreundet mit den Vögeln.

Betrat sie die große Terrasse der Villa und hob die Arme in franziskanischer Gebärde – ganz ohne Tricks, ohne Vogelpfeifchen und ohne Futter –, im Augenblick war sie von Vögeln umschwärmt. Es war ein Geflatter, Gezappel und Hinundhergefliege um sie, bis jeder Vogel einmal wenigstens einen Platz auf ihrem Kopf, ihren ausgebreiteten Armen, ihren Schultern oder wo immer er sich festklammern konnte, gefunden hatte.

Sie wollten kein Futter, sie wollten nur mit ihr sprechen. „Und ich“, sagte sie, „verstehe auch, was sie sagen.“

Mit ihr sprechen wollten auch die „armen Seelen“, die nachts in Schwärmen an ihr Bett kamen. „Sie bitten mich um Hilfe, seit ich für einige gebetet habe.“

In einem Punkt war ihr die Signora überlegen. Sie verfügte über eine zusätzliche Quelle religiöser Weisheit, über eine zweite streng geheime „Offenbarung“. Diese war nicht dem Johannes auf Patmos zuteil geworden, sondern einem armen Violinlehrer aus Prag. Auf Befehl des Herrn erschien sie in Württemberg auf Subskription in 24 Bänden.

„Der Nordpol“, sprach Jesus, „ist der Mund der Erde, der Südpol aber ihr After. Deshalb wird er niemals entdeckt werden.“

Oder: „Die Hinterkleinasiatinnen lassen sich von betrügerischen Mönchen betören und schlafen mit ihnen in der Wallfahrtskirche im Schein eines wundertätigen Mondes. Wahrlich ich sage euch, dieser Mond wirkt keine Wunder!

Er ist aus transparentem Papier gemacht wie auf dem Theater, und wird von hinten mit einer Kerze beleuchtet."

Fast jede Woche wurden in der Villa auffallende Besucherinnen gemeldet: Ältere Jahrgänge gefallener Mädchen, verdiente Schlachtrosse der freien Liebe, aufgetakelte Fregatten, nun mit echten Sorgen befrachtet, wie einst mit falschen Leidenschaften. Im „Bureau" der Signora wurden Tränen der Reue über ein sündiges Leben gegen bare Münze getauscht. Wie viele Bekenntnisse, wie viele schmerzdurchzitterte Lebensbeichten hatten die echten venezianischen Möbel im „Bureau" schon gehört, vorgetragen von Künstlerinnen, an denen alles falsch war, die Reue, die Zähne, die Bekenntnisse, die Haare, Beichte und Busen.

„Wer zahlt, zählt", das war ihre Devise immer gewesen. Und die Signora zahlte.

Manche ihrer schönsten Erlebnisse waren von schweren finanziellen Verlusten begleitet. Der wiedererstandene Elias war eines Nachts wie ein Komet mit seinem feurigen Wagen zur Erde zurückgekehrt, hatte in Amerika das Neue Jerusalem gegründet, im Zürichsee eine Menge gläubiger Anhänger durch Untertauchen getauft und in der Schweiz, teils durch seinen eigenen Charme, teils durch den seiner ständigen himmlischen Begleiterin, besonders viele seiner „Neue-Jerusalem-Aktien" abgesetzt.

Leider rief ihn der Herr nach dem Ausverkauf der Aktien wieder zu sich. Er verschwand erst nach Australien, wo er seinen Wagen stehen hatte, und verdampfte damit am Horizont.

„Was", sagte die Signora, „sind schon 300000 Franken Verlust gegen die Begegnung mit dem wiedererstandenen Elias!"

Am Gittertor des Parks stand eines Tages Leopold Graf Berchtold vor mir. Er wollte sich mit der ungarischen Gräfin treffen, die bei der Signora zu Besuch war.

Man hatte schon einiges über ihn gehört. Die Alliierten lasteten ihm die Mitschuld am Ausbruch des Ersten Weltkrieges an. Er war im kritischen Moment österreichischer Außenminister gewesen und hatte als die Kanone gedient, mit der man im Juli 1914 das Ultimatum an Serbien abschoß. Ohne Zweifel war er immer ein Herr gewesen und als solcher auch Diplomat und Außenminister.

Nach 1918 bestimmte ein alliiertes Verdikt, daß er sich in keinem Land länger als drei Monate aufhalten durfte. Er fühlte sich ständig bedroht und auf der Flucht vor unsichtbaren Verfolgern. „Die überstaatlichen Mächte sind hinter ihm her", hätte Mathilde Ludendorff formuliert.

Er war zum Stäubchensucher geworden, der in nervöser Hast dauernd an seinem tadellosen blauen Anzug herumwischte, wie auf der Suche nach einem einzigen Stäubchen historischer Schuld.

Das übelriechende Lüftchen der Verleumdung wehte um seine elegante historische Figur. Er galt als Bewunderer minderjähriger Schönheiten. Deshalb hatte er wohl eine Vorliebe für weiße Gardenien, makellose Signale moralischer Integrität.

Wenn irgend jemand, so hatte er das Recht, jedermann zuzurufen: „Fürchte dich nicht, ich bin es!" Dabei fürchtete er sich immer selbst.

Mit einem irren Blick auf die Dogge Dora, die angekettet vor ihrem Haus lag, erregte er sich: „Diese großen Hunde sind sehr gefährlich, bitte machen wir einen kleinen Umweg."

Wir machten den Umweg, und ich rief zur Sicherheit: „Cuccia Dora!"

„Aha", sagte er, „der Hund heißt Cuccia."

Eine Intelligenzbestie war er also nicht, das Italienische sprach er miserabel, und als ich ihn fragte „Sprechen Sie deutsch?" antwortet er „Ein bißchen."

Er war eben aufs äußerste eingeschüchtert und furchtsam; trotzdem in den tieferen Schichten seines Bewußtseins großartig und nach außen hin rechthaberisch.

Die Gräfin konnte sich nach seinem Besuch kaum beruhigen: „Behauptet doch dieser Mensch, er wisse besser als ich, was für eine Geborene meine Mutter war! Er sagte mir ins Gesicht: Er kenne die ungarische Genealogie besser als ich, und wenn er sich einmal verirrt haben sollte, dann sicher nicht zwischen Stammbäumen."

Die Gräfin war eine bezaubernde Dame. Es war eine Freude, sich mit ihr über Kunst, Literatur, Musik wie über die menschliche Natur zu unterhalten.

Jeden Abend aber wurde sie schwermütig. „Bitte spielen Sie mir das Air de Bach. Dann kann ich ruhig schlafen."

Ihr ungarischer Beichtvater hatte ihr eingeflößt: „Im Augenblick des Todes steht ein Engel zu deiner Rechten, ein Teufel zu deiner Linken. Wer von beiden der geschwindere ist, bemächtigt sich deiner ausfahrenden Seele."

Sie hörte das „Air de Bach" und fand die Gewißheit wieder, daß das Gesetz, das die Waage steigen und fallen läßt, nicht durch die Fixigkeit eines kleinen Taschenspieler-Teufels beeinflußt werden kann. Sie hörte Bach, und sie glaubte an Gott. Wir spielten jeden Abend für sie.

Als Gäste der Signora lernten wir auch die Gesellschaft von Santa Margherita und Genova kennen. An der Riviera gab es damals viele Ungarn. Wir begegneten ihnen in den Salons. Schwermütig hingen sie in den Klubsesseln ihrer Freunde und weinten wie die Juden an den Wassern Babylons. Ihre Tränen galten dem Verlust ihrer Heimat und ihrer Güter durch den Friedensvertrag, der große Teile Ungarns vom Mutterland losgerissen hatte. Für die Konversation waren diese Ungarn verloren. Sie waren monothematisch.

Die allgemeine Konversation bewegte sich um Schmuck, Autos, Kleider, Hemden, Hüte, Pelze, Pferde, Yachten, Liebhaber, um die Jagden in Polen, um die Saison in Buenos Aires, um den Frühling in Ägypten, in stilleren Ecken um Geschäfte, Politik und Billard. Ein Thema wurde angerissen, ein anderes gestreift. Ansichten hielt man zurück, Formeln repetierte man. Wer auf einem Thema sitzenblieb, den ließ man sitzen. Wer an einem Bonmot hängenblieb, den ließ man hängen. Die Unterhaltung drehte sich wie ein Kaleidoskop.

Nur eine junge Hexe – schottischer Uradel – weißhäutig, rothaarig und grünäugig, konnte es sich in jeder Gesellschaft leisten, wie abwesend dazusitzen und plötzlich ohne Zusammenhang mit dem Gespräch in ein melodisch-laszives Gelächter auszubrechen. Man wußte, sie modelliert, sie liebt die Kunst, fährt jedes Wochenende mit dem Riviera-Express nach Paris und genießt den Unterricht bei ihrem berühmten Lehrer.

Ihr Mann langweilte sich inzwischen auch nicht. Er hielt sich zwei Schwestern, rassige polnische Schönheiten, deren Tugend er während der Woche von Detektiven bewachen ließ.

Die Konversation hatte ihren eigenen Tonfall, sie klang wie ein diskretes Gesumm von Insekten, wie die Musik von Bienen, Hummeln und Zanzaren.

Bei Gartenfesten saßen die Pyrotechniker hinter den Balustraden auf den Dächern und hochgelegenen Terrassen. Sie ließen die Raketen, Drehfeuer, Schwärmer, Frösche, Katarakte, Blumensträuße, Bienenschwärme und Kanonenschläge in den nachtblauen Himmel fahren, rauschend, knallend, knatternd, zischend und donnernd. Bengalische Feuer beleuchteten die reichen Buffets unter den alten Bäumen, ließen Diademe aufblitzen, das berühmte goldene Kreuz einer Prinzessin aus dem Haus Savoyen aufleuchten und rissen die goldenen Leiber der halbnackten Pyrotechniker für Sekunden aus dem Dunkel der Nacht.

Nach einem großen Essen wurden wir in einen exklusiven Nightclub in Genua am Corso Vittorio Emanuele mitgenommen. Eine amerikanische *top-band,* Sensation für Genova und für uns auch, produzierte eine ohrenbetäubende, kreischende, heulende, animalische Musik.

Der *drummer* hieb und wirbelte furios mit Klöppeln, Schlegeln und Schlagstöcken auf Messing, Holz und Fell. Als perfekter Terrorist entriß er der Rhythmusgruppe wollüstig unerbittliche Bässe und splitternde Akkordfetzen. Die grelle Trompete überschrie die vor Leidenschaft irrsinnige Posaune und das erstickt glucksende, grunzende oder aufbrüllende Saxophon.

Die Jazz-Maschine glühte brandrot, schwefelgelb, fahlblau. Die Musik war hirnfressend, entnervend, brutal, desperat, ekstatisch, deprimierend, spontan, verzweifelt, verloren.

Die Leute lachten exaltiert und applaudierten.

Charlie is a gambler
An' Sadie is a whore.

Play that thing,
Jazz band!

Play is for the lords and ladies,
For the dukes and counts
For the whores and gigolos...

(Hugh)

Konversation war wegen der Phonstärke der Musik nicht möglich. Man konnte dafür mit guterzogenen blutjungen Mädchen tanzen. Sie zogen unter Aufsicht einer Gouvernante um 11 Uhr *deux à deux* wie ein Pensionat auf, saßen an einem langen Tisch vor einem Glas Limonade, konnten für jeden

Tanz gemietet werden und wurden um 1 Uhr wohlgeordnet von ihrer Chaperonne wieder abgeführt.

Nicht nur der Night Club, auch das Teatro Carlo Felice hielt Überraschungen für uns bereit.

Eines Tages erschienen in den Zeitungen von Genua Vorbesprechungen einer Erstlingsoper: Ein großes künstlerisches Ereignis stehe bevor, eine Neuentdeckung von sensationeller Bedeutung.

Der Komponist stand unserer Signora verwandtschaftlich nahe und schickte uns Karten und eine Einladung zur Nachfeier.

„Die Kritiker hat er schon in der Tasche", hieß es.

„Sie können nicht mehr zurück" oder „Wer gut schmiert, der fährt gut". „Wie interessant!"

„Der X hat sein Geld als Darlehen genommen, der Y hat es mit Tränen der Dankbarkeit quittiert, und der Z steckte es, wie gewöhnlich, ohne Kommentar in die Tasche."

Bei der Uraufführung gefielen die ersten Szenen mit dem Maler und seinem attraktiven Modell im Atelier mit Blick über die Großstadt. Auch die Ballszene wurde noch akzeptiert. Als sich aber die alte klapprige Geschichte von der verratenen Liebsten, vom Aufstieg und Fall des Treulosen und seiner traurigen Suche nach dem verlorenen Glück ihrem Ende zuneigte, wurde die Oper immer runzliger und schien erschreckend zu altern.

Im letzten Akt stapfte der Tenor durch den Theaterwald, „leise rieselte der Schnee". „Bravo Puccini", schrie einer von der Galerie.

Endlich fand der Tenor seine verlassene Geliebte in einer elenden Hütte. Neben ihrem Sterbelager stand eine Wiege. Der Tenor schluchzte:

„E mio?"

Der Sopran hauchte:

„E tuo."

Von da an spielte das Publikum mit, und das Werk fuhr unter Johlen, Pfiffen und rohem Gelächter in die Grube.

Im Grand Hotel war für die Nachfeier ein Essen für hundert Personen angerichtet. Es erschien aber nur der Komponist und seine Familie. Die Situation erlaubte uns, formlos zu verduften.

Nach dieser Katastrophe freuten wir uns auf die bevorstehende Erstaufführung des „Rosenkavalier". Die Premiere sollte ein internationales Ereignis werden.

Aber auch der „Rosenkavalier" war ein glückloses Unternehmen. Bei der Premiere war der Saal halbleer, die Stimmung matt. Bei der ersten Wiederholung befanden sich mehr Personen auf der Bühne als im Zuschauerraum, die dritte Aufführung mußte abgesagt werden, weil die *regina madre* gestorben war, die vierte, weil der königliche Leichnam an diesem Abend Genua passierte, und die fünfte „wegen mangelnden Interesses".

Dafür wurde für uns dank der außergewöhnlichen Leistung der Primadonna der Kassenschlager „Mefistofele" von Boito zum Ereignis.

Margarete sang und spielte ausschließlich für einen eleganten Herrn, der den Vorzug hatte, in der Proszeniumloge auf der Vorbühne zu sitzen.

Durch einen sympathetischen Magnetismus wurde sie immer wieder in die Nähe dieser Loge gezogen. In der Kerkerszene rang sie die Hände für ihn, wand und krümmte sich für ihn, und es gelang ihr, mit einem Lächeln auf den geschminkten Lippen Wahnsinn und sinnliche Leidenschaft zugleich auszudrücken.

Er honorierte jede ihrer gesanglichen und mimischen Kunstleistungen mit einer Blume, die sie geschickt auffing, küßte und am Busen barg. Ihr graute nicht vor diesem Heinrich.

Ich dachte an ein Duett nach der Vorstellung:

Er: Komm, folge mir! Liebchen, fasse Mut,
Ich herze dich mit tausendfacher Glut
Nach der Vorstellung!
Sie: Du machst die Fesseln los,
Nimmst wieder mich in deinen Schoß
Nach der Vorstellung!
Beide: GERETTET!

Nach Abschluß der Arbeiten an den Tableaus äußerte die Signora noch einen Wunsch: Ich möchte ein Bild ihrer Person in das Matterhorntableau nachträglich einfügen, an der gleichen Stelle, an der sie in Wirklichkeit so oft die Großartigkeit der Bergwelt bewundert hatte.

Sie bevorzugte zu ihrem weißen Haar tiefviolette Kleidung. Es war nicht schwierig, ihre Silhouette mit den charakteristischen Farben als Figürchen einzubauen.

Einer ihrer Söhne erschien am selben Tag in der Villa. Als er vor dem Bild erfreut ausrief: „Ei, da sitzt ja die Mamma!" strahlte sie.

Zum Abschied schenkte sie uns eine Bibel und schrieb makellos kalligraphisch mit violetter Tinte auf das weiße Vorsatzpapier:

„Dein Wort ist meines Fußes
Leuchte
Und ein Licht auf meinem Wege."

Psalm 119, 105

Wir hatten beschlossen, so lange wie möglich in Italien zu bleiben. Himmel, Meer, Luft, Land und Leute hatten es uns angetan. Mit einer *carozza* fuhren wir in Richtung Süden die Küste entlang. Zwischen Chiavari und Sestri Levante fanden wir in Cavi di Lavagna, einem Fischerdorf mit einem langen Sandstrand, einen Platz, der uns gefiel.

Wir mieteten eine Wohnung über der Dorfkneipe. Unten hatte unsere Hauswirtin, die rote Nina, die Hosen an, der Mann hielt sich an die erste der vier italienischen Seligkeiten, den „vino puro".

Die Feigen wuchsen uns zum Fenster herein, die Hühner gackerten im Hof, in dem die Fischer Boccia spielten. Der Strand lag über der Straße.

Titus, unser kleiner, so schmerzlich vermißter Liebling, erschien in Begleitung von Oma und Tante. Der Schwiegervater hatte das Zeitliche gesegnet, und so blieben alle vorerst da.

In der Wohnung gab es keinen Komfort, weder Telefon noch fließendes kaltes oder gar warmes Wasser, aber Ruhe zur Arbeit.

Nach den vielen kleineren Kompositionen, die ich schon geschrieben hatte, bekam ich Lust, ein großes, gewaltiges Werk zu schaffen, eine Super-Oper.

Sie sollte sich über Britanniens Felsschluchten, über Einöden, Wüsten, über den Wald von Briogne zum Kastel Merveil und auf den Montsalvatsch zubewegen und auf einem Domkirchhof enden.

Der Held war der Sohn Satans und einer Jungfrau: Parzival und Lohengrin standen auf dem Personenverzeichnis und die ganze *table ronde, tutti quanti,* mit Artus, Ginevra und Lanzelot dazu. Klingsor konnte im Kastel Merveil nicht fehlen, ebensowenig das reizvolle Luder Niniana, eine „Gesellin der Schlange", und die Schlange selbst auch nicht.

Das Unternehmen war durch die Lektüre der Mythe „Merlin" von Immermann ausgelöst worden.

Es war monströs und ging weit über meine Kraft, so stark auch meine Imagination angeregt war.

Im Juni 1926 brach ich die Arbeit ab und dachte daran, was mir Herr Knappertsbusch nach einem Konzert in Augsburg geraten hatte: „Schreiben Sie nie eine Erstlingsoper, junger Mann, schreiben Sie lieber gleich die zweite!"

In neuer Form beschäftigte mich der Themenkreis Merlin fünfundzwanzig Jahre später. „On revient toujours à ses premiers amours." Diesmal inspirierte mich nicht Immermann, sondern Jean Cocteau mit: „Les chevaliers de la table ronde", einem brillanten Werk, das der Dichter 1933 bei Igor Markewitsch in der Schweiz geschrieben hatte.

Merlin schlägt bei Immermann seiner Mutter, dem Fräulein nach, bei Cocteau seinem Vater, dem Satan.

Er vergiftet im ersten Akt das Leben der *table ronde,* im zweiten verfängt er sich in seinen eigenen Fallstricken, im dritten ist das Artusschloß wieder saniert.

An diesem Stück bestach mich die Möglichkeit phantastischer Doppelrollen. Dem ganzen fehlte aber die Authentizität des großen Vorwurfs. Cocteau selbst schrieb dazu:

"1931 war ich krank. Als ich, des Schlafens entwöhnt, eines Morgens aufwachte, rollte das Schauspiel vor mir ab. (Wie man eben als Kranker des Morgens die Träume sich fortspinnen läßt, zwischen Dämmerung und Tag, und sich eine Übergangswelt ausdenkt, die uns den Zusammenprall mit der Wirklichkeit erleichtert.)

Erst als ich das Stück geschrieben hatte und daranging, den Quellen nachzuspüren, wurde ich meiner Verstöße gegen die Fabel gewahr und beschloß kurzerhand, es dabei zu belassen."

Wenn ich auch keinen „Merlin" schrieb, finden sich in beiden „Merlin"-Vorwürfen doch wesentliche Substanzen, von denen spätere, bekannte Werke von mir leben: Die Ballette „Joan von Zarissa" und „Abraxas", die Opern „Peer Gynt" und „Irische Legende" zum Beispiel.

Neigungen, Ängste, Hoffnungen, Tendenzen, Wünsche sind der Natur jedes Menschen unauslöslich eingeprägt und drücken sich in seinem Leben und unübersehbar auch in seinem Werk aus.

Kurz nachdem ich den gewaltigen Brocken, den ich mir mit dem „Merlin“ selbst aufgeladen hatte, wieder abwälzte, begann ich mit der Komposition einer viersätzigen Symphonie. Ich schrieb sie in einem Zug vom 20. Juni bis zum 2. September 1926 nieder. Abgesehen von der Behandlung von Holz und Blech, Schlagzeug, Harfe und Klavier, gestattete ich mir, in den bis zu 18fach geteilten Streichern alles unterzubringen, was ich bei Fräulein Elisabeth Karl an Streichertechnik gelernt hatte.

Dies gelang, aber eine Aufführung der Symphonie erreichte ich nie. Jeder Kapellmeister scheute beim Lesen der Partitur wie der Gaul vor dem Gespenst und schlug aus. (Einzig der berühmte Kritiker Adolf Weißmann, dem ich mein Monstrum später in Berlin zeigen durfte, fand Geschmack daran.)

Unmittelbar hinter dem Strand, abseits vom Dorf, lebte in Cavi die junge Witwe Rosetta. Sie war ein kraftsprühendes Ereignis. Alle Männer waren hinter ihr her, aber gleichgültig, ob sie mit ihnen schlief oder nicht, sie wurde mit allen fertig und sorgte für Frieden in den Familien. Sie war die einzige, die das große Muschelhorn blasen konnte, dessen gewaltiger Ton morgens um fünf Uhr zum Strand rief, wenn das Wetter für Fischzüge günstig war.

Eine zweite, von allem Volk verehrte Strandfigur war der gute Dottore Maffi, anzusehen wie eine Kreuzung zwischen Jupiter und dem Turnvater Jahn. Er erschien täglich um sieben Uhr morgens am Strand, bekleidet mit einem ungeheuren Vollbart und einer quergestreiften Badehose und machte gesundheitsfördernde Übungen.

Plötzlich war er verschwunden. Seine Schwester weinte: „Nachts haben ihn die Faschisten aus dem Bett geholt."

Als Arzt behandelte er die Armen umsonst, die Reichen mußten bezahlen. Vor dem Marsch auf Rom war er sozialistischer Abgeordneter gewesen. Die Demonstration des Arztes in Richtung eines humanitären Sozialismus wurde dem Regime zuviel. Er wurde auf eine Strafinsel deportiert, mehr wußte niemand.

Schwarzhemden sah man im Dorf nur bei besonderen Anlässen. Trotzdem schloß unser Schreiner mit dem scheuen Blick, den man später den deutschen nannte, Fenster und Türen, bevor er mit uns sprach:

„Meine beiden Brüder sind, wie so viele Italiener, nach Südamerika ausgewandert und besitzen dort eine Möbelfabrik. Sie brauchen mich dringend im Geschäft. Das Regime läßt mich aber nicht heraus, weil ich nicht Parteimitglied bin. Ich muß mich ruhig verhalten und darf ihnen nicht einmal mit Eingaben auf die Nerven fallen. Ich fürchte mich vor ihnen. Zu gut weiß ich, wie viele politisch Verdächtige sie mit großen Mengen Rizinusöl kuriert haben. Politische Therapie! Die Schweine!"

„Die Schweine" hatten vor bayerischen Touristen mehr Angst als vor anderen. Sie fanden nämlich immer wieder feststehende Messer bei ihnen. Unsere für das Geselchte bestimmten Brotzeitmesser standen auf der Liste der verbotenen Waffen. Sie galten als Gefahr für das Regime, und so mancher ahnungslose Bajuware flog deshalb ins Loch.

In den Sommermonaten belebte sich unser einsamer Strand mit kinderreichen Familien aus Genova und Milano. Schon tauchten auch die Karabinieri auf. In ihren historischen Uniformen kontrollierten sie die vorgeschriebene Sittsamkeit.

Vor allem maßen sie den Zentimeterabstand vom Knie aufwärts bis zum Saum der Badetextilien nach. Schon für einen Zentimeter zu viel nacktes Bein schrieben sie einen Strafzettel. Bei uns in Deutschland gab es dafür in den zwanziger Jahren in jeder Badehose den amtlich vorgeschriebenen Brachtzwickel.

Bei *mare mosso* war der Strand auch im Sommer leer, und wir hatten ihn dann selbst in der Saison für uns allein. Nach dem Training im Frühjahr war es für mich nicht gefährlich, die meterhohen Wellenbarrieren zu durchbrechen.

Mein zweijähriger Sohn war anderer Meinung. Mit dem Aufschrei: „Mammina, bleib da, ich hol ihn 'raus!" stürzte er sich in die tobende Flut. Der Sog war nicht ungefährlich, wir hatten Mühe, ihn zu retten.

Er war furchtlos, wie kaum ein Kind. Wenn ich ihm sagte „Spring jetzt!", sprang er ohne Zögern von einer sechs Meter hohen Stützmauer in den Oliven in meine Arme.

Die Nacht war ihm nicht unheimlich. Er liebte die Leuchtkäferchen, den Mond und die Sterne und alles, was in der Nacht lebte und sich bewegte. Grimms Märchen hatten wir ihm vorenthalten und den Struwwelpeter auch. Märchen erfand ich ihm selbst, sein Bedürfnis danach war unerschöpflich.

In unberührten Gegenden Griechenlands liest kaum einer Zeitung. Die Menschen bevorzugen das Gespräch, die unmittelbare Mitteilung. So war das damals auch in Cavi. Man erzählte sich, was in der Gegend geschah, und dazu eine Menge Geschichten, die die Leute oft lange beschäftigten.

So erfuhr ich auch die Story von dem Weiberhasser und seiner Bekehrung: „Du kennst doch sein Castello bei Portofino, du warst ja lange genug in der Gegend." Ich kannte es.

Er haßte alles, was weiblich war. Er ging mit seinem Gewehr durch den Park und schoß auf seinem Grundstück alles ab, was er für weiblich hielt.

Nur die Frau seines Chauffeurs durfte sich zu genau festgesetzten Zeiten im Park oder im Castello aufhalten, weil er ohne sie nicht auskam. Was er ihr mitzuteilen hatte, sagte er ihrem Mann.

Als dieser während des Ersten Weltkrieges eingezogen wurde, mußte der Signore das Nötigste mit ihr selbst besprechen. Das tat er am liebsten telefonisch vom Castell zum Pförtnerhaus.

Eines Nachts aber rief die Frau ihn an und sagte, sie liege in den Wehen und brauche Hilfe. Verzweifelt versuchte der Signore, einen Arzt oder eine Hebamme zu erreichen. Es gelang ihm nicht.

Zuletzt blieb ihm nichts anderes übrig, als selbst Geburtshilfe zu leisten. Dies rührte an sein Herz. Er ließ den Knaben, dem er in die Welt hineingeholfen hatte, wie sein eigenes Kind erziehen und vermachte ihm später sein ganzes Vermögen.

Sie erzählten auch die Geschichte von dem alten Säufer Giuseppe. Der wettete für zehn Lire bei dem Fest der Madonna, zuoberst auf der Freitreppe vor der Kirche im feierlichen Augenblick des Eintreffens der Prozession die Hosen herunterzulassen.

Er tat es auch und bekam seine zehn Lire. Für uns war das Erstaunliche, daß er nicht eingesperrt wurde und daß weder Kirche noch Polizei Anstoß nahmen. Die Leute lachten nur und sagten: „Ja, der Giuseppe!"

Die Kirchenfeste waren von unterschiedlicher Dauer:

Die Madonna von Monte Allegro in Rapallo wurde nur drei Tage gefeiert, San Antonio in Sestri brachte es auf acht, das Fest der Madonna del orto in Chiavari dauerte unter Assistenz von vier Bischöfen vierzehn Tage. Überall gab es Gottesdienste unter Mitwirkung von berühmten Tenören, Illumination, das klingende Spiel der Banda, Jahrmarkt und Feuerwerk.

„Kennst du die Villa Amalia in den Hügeln hinter Nervi?" fragten mich die Fischer. „Du, ein compositore di musica, solltest dorthin gehen."

Vor hundert Jahren hatte sich ein reicher junger Mann in eine Tänzerin verliebt. Ihretwegen mit seiner Familie zerstritten, ließ er alles hinter sich und baute für die Liebste eine weiße Villa in den Hügeln weit über dem Meer.

„Ich komme nur, wenn ich für dich auch tanzen kann", sagte sie. Da baute er ihr auch ein kleines Natur-Amphitheater dazu.

Sie trennten sich niemals und lebten glücklich zusammen bis an ihr Ende. Seitdem steht das Haus leer.

Durch Kastanienwälder, Pinienhaine und Weinberge aufwärtssteigend, fanden wir kurz vor unserem Ziel eine Kirche am Weg. Sie gehört einer Madonna, die jährlich wiederkommt, um ihre Füße mit dem Wasser der Quelle zu netzen, die neben ihrem aus Silber getriebenen Altar entspringt.

In der Sakristei hängt ein Krokodil. Die Fischer von Portofino behaupten, sie hätten es für die Madonna gefangen, die das Wasser so sehr liebt.

Das verzauberte Haus lag still und friedlich da, wie vor hundert Jahren. Der Kustode zeigte uns den Park, das Amphitheater, die kleine Muschelgrotte, die die Liebenden selbst gebaut hatten, und die antiken Reliefs, die sie als Erinnerung an die eine oder andere Reise in die Mauern eingelassen hatten.

Auch eine Säule, den Grabstein für ihr Lieblingshündchen mit den eingemeißelten Worten „A una fedeltá più che umana“. Ihre eigene Liebe bedurfte keiner Inschrift.

Im Frühjahr 1926 zogen wir aus der Wohnung über der Kneipe aus und mieteten ein Haus, das wir ganz für uns hatten. Es war ein skurriles Bauwerk, von einem Prälaten im 18. Jahrhundert als Ruhesitz errichtet.

Eine Hauskapelle fanden wir nicht, aber eine Küche mit achtzehn Feuerstellen. Von dort führte ein finsterer Gang zu einem winzigen Gärtchen. Wir frequentierten es nie, weil es den Skorpionen gehörte. Unter jedem Stein konnte man einen finden.

Wir lebten gerne in dem originellen Haus mit den vielen Treppen, Stufen, finsteren kleinen Gewölben und geräumigen Zimmern.

Die vielen Flöhe in den Ritzen der Steinböden bekämpften wir mit Petroleum, und gegen die Zanzaren schützten wir uns mit Zanzalieren.

Dort schrieb ich Ende 1926 bis zum Frühjahr 1927 an einer Musik für die Banda della Regia Marina in La Spezia. Es war das beste Blasorchester, das ich jemals gehört hatte.

Im Kriegshafen La Spezia stationiert, arbeitete die Kapelle mit militärischer Disziplin. Die einhundertundzwanzig als Soldaten verkleideten Musiker lernten militärisch grüßen und waren im übrigen von allen militärischen Übungen befreit. In der Kaserne war für jeden Musiker ein Übungszimmer vorgesehen. Auf den endlosen Korridoren patrouillierten von 8 bis 11 Uhr vormittags Unteroffiziere, um festzustellen, ob darin auch fleißig geübt wurde. Nachmittags arbeitete jede Instrumentalgruppe unter einem Subdirigenten für sich. Abends probte der Chef mit dem ganzen Orchester.

An allen Sonntagen, religiösen und nationalen Feiertagen konzertierte die Banda auf der Piazza, wenn sie nicht gerade auf Tournee war. Kleinere Détachements wurden anläßlich der Anwesenheit von Mitgliedern der Königlichen Familie oder der Regierung für Tafelmusik und Märsche auf Kriegsschiffen abgestellt.

Die Struktur dieser Banda war die gleiche wie die aller anderen: Das Orchester wurde von vier Instrumentalgruppen gebildet: die Familien der Klarinetten, der Saxophone, des Blechs im engeren Sinn und der Bügelhörner und Tuben.

Das Marineorchester verfügte, abgesehen vom Schlagzeug, außerdem noch über zehn Streichbässe und jedes beliebige im Symphonieorchester gebräuchliche Blasinstrument. Gelegentlich wurden auch neue Instrumente gebaut, zum Beispiel eine Baßflöte von enormer Größe, genannt Alposifone, deren Klang mir unvergeßlich ist. Eine Baßstimme mit dem Charakter und der Klangfarbe eines Soprans. Kaum vorstellbar.

Das Marineorchester unterschied sich von den üblichen Ortskapellen nicht nur durch seine Qualität und zahlenmäßige Stärke, sondern auch durch seine praktisch unbegrenzten Möglichkeiten. Es hatte auch eine eigene „Kanzlei", in der Stimmen ausgeschrieben wurden. Die symphonischen Werke und die Opern der Weltliteratur wurden hier höchst wirkungsvoll in Spezial-Arrangements umgeschrieben.

Chef war Maestro Cavaliere Pietro Carlo Aghemo, ein hervorragender Dirigent und begabter Komponist, Schüler von Respighi.

Er war blaß, aber nicht bleich, schmal, aber nicht

schmächtig und von einem unvermutet wilden Temperament. Bei den Proben sprach er wenig und leise. Sein Gesicht schien immer wie von einer leichten, uneingestandenen Melancholie überschattet.

Nach der ersten Probe mit meinem Stück ging er etwas aus sich heraus. Als Rahmen für meine „Standmusik" stellte er ein Programm „futurista" zusammen. „Der Piazza wird das nicht passen, aber ich werde es diesen konservativen Bourgeois schon zeigen."

Er kannte alles von Schönberg, Hindemith, Bartók, Honegger und Strawinsky. Er liebte die Musik, haßte das Militär trotz seiner schönen, goldstrotzenden Uniform und verabscheute das Regime. Gelegentlich hörte man von ihm *sotto voce* ein positives Wort über das „sistema di Moskva".

Bei einer Probe fragte ich schüchtern, ob er das *Presto* im Tempo noch um ein weniges anziehen könnte.

„Wenn Sie wollen, spielen wir es doppelt so schnell."

Was herauskam, war ein blitzend gespieltes, furioses *Prestissimo con fuoco.* Den Bläsern machte es nicht die geringste Schwierigkeit, eher noch Spaß und Vergnügen an der eigenen Virtuosität.

Man kann sich kaum eine Vorstellung von der Beweglichkeit des Orchesters machen, das im *Tutti fortissimo* von einer elementar umwerfenden Gewalt sein konnte und im *Piano* von einer ätherischen Zartheit.

Aghemo konnte das futuristische Rahmenprogramm in der kurzen zur Verfügung stehenden Zeit nicht mehr einstudieren. Die Uraufführung der „Standmusik" würde also innerhalb eines konventionellen Programms stattfinden, an einem Sonntag im März, nachmittags 17 Uhr.

Bis zum Freitag blieb das Wetter strahlend schön, am Samstag wurde es dunstig und immer trüber, und in der

Nacht zum Sonntag peitschte der Regen wie im Inferno der Divina Commedia.

Trotzdem fuhren wir am Sonntag früh los, um wenigstens die Generalprobe am Vormittag zu hören. In der Kaserne wimmelte es von Paradeuniformen, Aghemo war kaum zu erkennen unter seinem großen Schiffshut, in einer weißen Uniform mit riesigen goldenen Achselstücken, einem kurzen, goldbestickten Frack mit langen Schwänzen und Hosen mit überbreiten Goldstreifen.

Er war leicht geniert und sagte nur leise: „Vereidigung: Der Zauber wird gleich vorbei sein, ich ziehe mich schon um."

Die Generalprobe war hinreißend. Die *Fanfaronade* zu Anfang suggerierte riesige Scheinwerferbatterien, die sich gegeneinander bewegten, das *Lento* kam sanft wie ein Traum, das *Presto* wild wie ein Unwetter, und die *Fortissimi* rollten donnernd an wie große Meereswogen.

Nachmittags gegen 15 Uhr besserte sich das Wetter. Die Banda würde spielen, hieß es. Um 17 Uhr war der Platz schwarz von Menschen. Wir standen in der Nähe des Pavillons, in die Menge eingekeilt.

Das Konzert begann mit einer Komposition von Aghemo, die mäßig beklatscht wurde. Nach Wagners „Sigfrido" gab es finstere Mienen. Neben uns sagte einer: „Und das soll Musik sein!"

Kaum Applaus für Wagner!

„Ein Glück, daß mich keiner kennt, sie würden mich lynchen", dachte ich.

Das Wetter wurde schlechter, als ein Mann in die Programmtafel EGK und dann STANDMUSIK schob.

Gemurmel: „Francese? – Tedescho?"

Anfangs ging alles gut. Dann sahen wir, daß die Leute den Kopf schüttelten, als ob sie Fieber hätten. Halblaute Zwischenrufe, ein kurzer schriller Pfiff! Aber die Leute liefen wenigstens nicht weg. Während des letzten Satzes prasselte der Regen los. Die Regenschirme wurden aufgespannt. Aber die Leute blieben. Nach dem Schluß: eine kurze, peinliche Stille, ein zweiter gut sitzender Pfiff, Platzregen, rapide Massenflucht.

Dann schrie noch einer „Fuori il Barbiere" – her mit dem Barbier, aber es gab trotzdem keinen Rossini mehr, die Musiker packten schon ein, und die Menge verlief sich.

Der Sonntag, an dem das Werk wiederholt wurde, war ein strahlender Tag, die Menschenmenge bei dem Konzert war riesig, beinahe unheimlich, die Aufführung prachtvoll, und das Publikum applaudierte meinem Stück gutgelaunt und spontan. Ich war glücklich, Elisabeth selig und Aghemo stolz. Er sah sich bestätigt und kündigte Aufführungen mit dem futuristischen Rahmenprogramm für Rom und Mailand an.

Zu der gleichen Zeit wie wir lebte in Cavi eine russische Dame mit vier hübschen Töchtern. Man traf sich am Strand, unterhielt sich mit ihnen und spielte bis tief in die Nacht hinein Karten.

Der Vater war Arzt. Die russischen Behörden hatten seine Klinik beschlagnahmt und ihm das Recht versagt, privat zu ordinieren. Die Familie emigrierte, der Vater war nach Paris vorausgefahren, um sich eine neue Existenz aufzubauen, Frau und Töchter blieben in Cavi in Wartestellung.

Ein hartes Schicksal hatte sie getroffen, aber sie waren immer fröhlich und vergnügt, überglücklich, daß es ihnen gelungen war, die Grenze zum Westen zu überschreiten.

„War es schwierig, das Permit zu bekommen?"

„O ja, sehr schwierig und vor allem teuer."

In bezug auf die Verhältnisse in ihrem Land waren sie nicht mitteilsam. Was dort geschah, war eine russische Angelegenheit und ging uns nichts an. Am gesprächigsten waren sie noch im Hinblick auf künstlerische Bewegungen.

„Es entsteht viel Neues bei uns. Man spricht zwar von ‚Proletkult', aber es hat mit dem ‚befreiten Proletariat' nichts zu tun. Gruppen von hochqualifizierten Literaten, Bildhauern, Architekten, Regisseuren und Filmemachern treiben die Stollen vorwärts, die schon vor zwanzig Jahren gegraben wurden. Die meisten sagen ‚linksextrem' und meinen ‚independent'. Vielleicht haben sie Glück, und es geht gut!"

„Tairow aber", bemerkte ich erstaunt, „feiert mit seinem ‚Entfesselten Theater' im Westen Triumphe und bezeugt mit seinen phantastischen Inszenierungen die Unabhängigkeit der Kunst von der politischen Doktrin."

„Sprechen Sie doch mit ihm, wenn Sie Lust haben. Er wohnt zur Zeit im Albergo Regina Elena in Santa Margherita!"

Sie telephonierten mit dem großen Mann, und wir wurden von ihm aufs freundlichste empfangen. Schon von ferne sahen wir auf der Hotelterrasse sein leuchtend blaues Jackett und erkannten ihn sofort nach den Bildern. Er war groß, breit und von kraftvoller, natürlicher Überlegenheit. Ein Mann ohne Skepsis, mit festgefügten, klaren, vom Erfolg bestätigten Überzeugungen.

Das Gespräch drehte sich sofort um sein „Entfesseltes Theater". Er erzählte von seinen konstruktivistischen Bühnenbildern, die sich mit der Handlung, den Impulsen der Schauspieler unter jäh wechselnden Farben dauernd bewegen ließen: Treppen, Kuben, Pyramiden, Leitern und Stufen. Der „dynamische Umschwung" müsse alle Elemente mit sich reißen.

Ich fragte ihn nach seinem „synthetischen Schauspieler". Er definierte den Begriff als die selbstverständliche Zusammenfassung aller Voraussetzungen: spielen, singen, tanzen, jonglieren.

„Die Stücke sind wichtig, aber die Pantomime erscheint mir oft wichtiger als die Worte. Wir schreiben Stücke um, nehmen Texte weg, ersetzen sie durch andere. Was bedeuten starre Formulierungen gegenüber der Vielfalt von wechselnden Erscheinungen, Wendungen und Überraschungen, die wir der Szene entlocken, und auch gegen die Verirrungen, in die wir alles treiben können, wenn es sich gibt? Fast jedes Stück hat die Eigenschaft, sich zu drehen, hin und her zu laufen, die eine oder andere Richtung einzuschlagen, wie ein Mensch. Es gibt entschlossene Stücke, die man aufbrechen muß, um sie zum Leben zu bringen. Es gibt andere, die begierig sind, sich wie ein Pfau von allen Seiten zu zeigen.

Gestalten dürfen keinen Augenblick den Charakter von Panoptikumsfiguren annehmen, die Leben vortäuschen, in Wirklichkeit aber blind, stumm und lahm sind. Sie müssen unmittelbar leben.

Regisseur und Darsteller müssen augenblicklich auf die Anschauung reagieren, auf Menschen, Mitteilungen, Gegenstände, Farbe, Licht, auf alles.

Mobile Dekorationen – mobile Stücke. Das ist nichts Neues. Denken Sie an die Commedia del arte! Ich könnte ein Stück ohne die geringsten Gewissensbisse umbringen, wenn ich etwas Besseres daraus machen kann. Nie werde ich die Theatralisierung des Theaters aufgeben."

„Ich freue mich darüber, daß Sie im Kammertheater in Moskau alles verwirklichen können, was Sie konzipieren!"

Er verstummte wie ein Grammophon, das man abgestellt hat.

Zum Glück erschien in diesem Moment seine Frau Alice Coonen, die berühmte Protagonistin, und das Gespräch nahm eine andere Wendung.

Die beiden begannen von dem Orchester ohne Dirigenten zu erzählen, das in Moskau Aufsehen erregte.

„Jeder einzelne Musiker dieses singulären Orchesters trägt im Konzert ebensoviel Verantwortung wie früher der Dirigent allein. In der nächsten Saison werde ich die „Antigone" von Hasenclever herausbringen, und ich weiß, daß jeder meiner Mitarbeiter sich wie jeder dieser Musiker fühlen wird!"

Als das Gespräch stockte, kam er auf meine letzte Bemerkung zurück: „Ich kann nicht leugnen, daß die Dinge bei uns allmählich schwieriger werden. Neue Begriffe tauchen auf: Formalismus, Intellektualismus, bürgerliches, konterrevolutionäres Verhalten und so weiter. Ich will nicht glauben, daß politische Funktionäre stark genug sind, die revolutionäre Unabhängigkeit der Kunst zu unterdrücken. Sollten sie es versuchen, niemand wird mich auf ihrer Seite sehen."

Ein paar Jahre später, 1930, hatte er sich offiziell wegen „Formalismus" zu verantworten. Man konnte seine Bewegungsfreiheit immer mehr einengen, aber beugen konnte man ihn nicht. Er behauptete sich bis zur Schließung seiner Schöpfung, des Kammertheaters, im Jahre 1949. Wenig später starb er.

Bevor wir wieder nach Deutschland zurückkehren mußten, lernten wir für unser ganzes Leben noch eine Lektion von exemplarischer Bedeutung. Wir hatten uns in Rapallo mit einer Tochter der Signora, einer liebenswürdigen, gescheiten Frau von unerschütterlicher Charakterstärke, angefreundet. Ihr Leben war durch die klare Schuld ihres Mannes ins Schleudern gekommen. Sie hatte vier Kinder, die sie mehr als alles in der Welt liebte. Ein korruptes italienisches Gericht sprach sie dem Vater zu.

Sie entkam mit ihren Kindern gerade noch rechtzeitig in die Schweiz, bevor man sie ihr wegnehmen konnte, und zog mit ihnen von Kanton zu Kanton. Die italienische Justiz lief ihr auf schwachen Füßen nach, hatte aber genügend Kraft, die kantonalen Gerichtsmühlen in Bewegung zu setzen. Aber überall gewann sie etwas Zeit.

Eines Tages aber verfinsterte sich der Himmel für sie, als es dem Vater gelang, die Kinder zu entführen und wieder nach Italien zurückzubringen. Dort lebte der Prozeß wieder auf.

In der Woche vor dem Urteil letzter Instanz meldete sich unsere Freundin in Cavi.

Im Verlauf der letzten Verhandlung hatte sich nichts ergeben, was für sie günstig sein konnte. Ein korruptes Gericht, bezahlte Zeugen. Wir erwarteten eine untröstliche, verzweifelte Frau. Als sie zu uns kam, war sie von einer uns unbegreiflichen Heiterkeit, Gelöstheit und Zuversicht.

„Wie können Sie in einem so fürchterlichen Augenblick furchtlos sein? Gibt es etwas Neues?"

„Nein, etwas Neues gibt es nicht in diesem Prozeß. Aber für mich arbeitet die Wahrheit. Das weiß ich jetzt. Es ist unmöglich, sie auf die Dauer zu unterdrücken. Deshalb wird sie ans Licht kommen, sich erheben und für mich zeugen." Und nochmals: „Das glaube ich nicht, das weiß ich."

Sie ging, und wir dachten, Trauer im Herzen, ihr Geist habe sich durch das Unglück verwirrt. Aber sie gewann ihren Prozeß und bekam ihre Kinder zurück, wie sie es vorhergesagt hatte.

Was war geschehen? Unmittelbar vor dem entscheidenden Termin ließ sich ein früheres Zimmermädchen bei ihr melden, eine hübsche, attraktive Person, an die sie sich kaum mehr erinnerte.

„Ich habe in einer Schweizer Zeitung gelesen", sagte das Mädchen leise, „daß Sie in Gefahr sind, Ihre Kinder zu verlieren. Ich weiß nur zu gut, was das für Sie bedeutet. Morgen fahre ich mit meinem Verlobten von Genua ab nach New York in ein neues Leben. Ich kann nur Ruhe finden, wenn Sie Ihre Kinder wieder bekommen. Nehmen Sie dies Päckchen Briefe und diesen Ring. Sie beweisen mehr, als Sie beweisen müssen. Leben Sie wohl! Und verzeihen Sie mir, bitte!"

Im August 1927 – mein zusammengeschmolzenes Bankkonto und den unvermeidbaren Abschied von Italien vor Augen – entschlossen wir uns, trotz der brüllenden Hitze, zu zweit eine große Reise vom Norden zum Süden zu unternehmen, um soviel wie irgend möglich von allem zu sehen, was seit tausend und tausend Jahren den Ruhm des Landes ausmacht.

In der Stadt der sieben Hügel, der Wölfin, der Cäsaren und der Päpste wollte mir ein hünenhafter Wächter den Schritt über die Schwelle von Sankt Peter verwehren. Ich war hemdsärmelig. Ohne Jacke oder Mantel durfte man den heiligen Ort nicht betreten.

Da fiel mir die Geschichte von Sankt Martinus ein.

„Wenn ich deinen schönen blauen Rock mit den goldenen Knöpfen hätte", sagte ich zu dem Wächter, „dann wäre es dir doch gestattet, mich einzulassen?"

„Ja", sagte er.

„Dann gib ihn mir."

„Nein", sagte er.

„Bist du ein Christ?"

„Natürlich", sagte er.

„Dann kennst du die Geschichte von Sankt Martinus?"

„Die kenne ich genausogut wie du. Aber du kannst nicht von mir verlangen, daß ich meinen Rock auseinanderschneide!"

„Das, lieber Freund, verlange ich nicht von dir. Gib mir den Rock ganz und nur für die Zeit, die ich brauche, um Sankt Peter zu besuchen. Ich bin sicher, du wirst dafür belohnt werden, so wie auch Sankt Martinus belohnt wurde."

„Ich weiß nicht, wie er belohnt wurde."

„Er konnte einen Straßenräuber bekehren, der ihn bewachen sollte, er konnte einen Toten lebendig machen, der noch nicht getauft war, und einen, der sich erhängt hatte!"

Er zögerte noch.

„Er sah die Engel leibhaftig!"

Er zögerte noch immer.

„Durch Gottes Gnade konnte er einem Kaiser den Hintern verbrennen, der sich nicht vor ihm erheben wollte!"

Da zog er den Rock aus und lieh ihn mir. So sah mich Sankt Peter in einem blauen Uniformrock, der mir viel zu weit war und der wegen seiner Länge auf dem Pflaster hinter mir herschleifte.

In Palermo besuchten wir am zweiten Tag unseres Aufenthaltes die Katakomben der Kapuziner, eine Totenstadt unter der Erde mit verzweigten Gängen, Gewölben und Gelassen. An den Wänden lehnen Hunderte und Aberhunderte von luftgetrockneten, guterhaltenen Leichen in den Kleidern, die sie zu Lebzeiten getragen hatten. Andere hängen gebündelt, von schweren Haken gehalten, an den Felswänden. Für Jungfrauen gibt es ein besonderes Gelaß. In ihren toten Haarbüscheln sitzen kleine Blechkronen, in ihren verdorrten Armen halten sie blecherne Palmzweige, Auszeichnungen für ihre lebenslang bewahrte Jungfräulichkeit. Berührt man eine der leblosen Gestalten, so rieselt es leise von ihren Gesichtern, und die schwarzen Flecken, von denen die Haut sich schon abgelöst hat, vergrößern sich um ein Geringes.

Nach dem Besuch der Totenstadt verlangte uns der Padrone in der Pension den Paß ab:

„Neue Vorschriften. Wir müssen die Pässe zum Polizeipräsidium bringen. Morgen sind sie wieder da."

Am nächsten Tag kam kein Paß zurück. Am übernächsten erhielten wir die Aufforderung, den Paß persönlich im Polizeipräsidium abzuholen.

Beunruhigt machte ich mich auf den Weg, erreichte schwitzend das Präsidium, geriet in einen großen Hof, stieg die Treppe zu einer umlaufenden Galerie hinauf und betrat in der Hoffnung auf Auskunft den nächstbesten Raum. An der Türe stand „EINTRITT VERBOTEN".

Zu meinem Schrecken erfaßte ich auf den ersten Blick, daß ich in einen Aktenraum des Präsidiums eingedrungen war. In der Mitte stand ein riesiger, langer Tisch, auf dem ich unsern Paß entdeckte. Er war an ein Aktenstück geheftet. In fliegender Hast las ich trotz des Risikos das oberste Blatt des Faszikels:

> „*Elisabetta Carlo*" – man wird sich erinnern, daß meine Frau mit ihrem Mädchennamen Elisabeth Karl hieß – „*geboren in St. Martinique dann und dann, gesucht wegen Hoteldiebstahls und zahlreicher Schiffsdiebstähle auf internationalen Linien.*"

Die Personenbeschreibung stimmte aufs Haar mit der meiner Frau überein.

> „*Besagte Elisabetta Carlo reist zur Zeit mit einem Kellner, der sich als Musiker ausgibt.*"

Fluchtartig verließ ich den Raum und erfuhr bei der Information, daß ich unseren Doppelpaß nur zusammen mit meiner Frau abholen könne.

In der Pension erzählte ich meiner Frau: „Du bist eine internationale Hotel- und Schiffsdiebin, ich bin ein Kellner, der sich als Musiker ausgibt." Sie dachte erst, ich sei übergeschnappt, aber als sie begriffen hatte, wurde sie sehr nachdenklich.

Am nächsten Tag wurden wir vom Polizeipräsidenten persönlich empfangen. Er war bester Laune und begrüßte uns händereibend. Meine Frau übergab er einigen Herren, die ihre Maße nahmen. Zwischendurch äußerten sie sich befriedigt mit kleinen Interjektionen wie „Ecco", „Appunto".

Der Polizeipräsident legte ein Papier auf den Tisch, von dem er Fragen an mich ablas und die Antworten kontrollierte.

„Was fällt Ihnen bei dem Wort ‚Fuge' ein?"

„DUX, COMES, DUX."

„Bei dem Begriff ‚musikalische Form'?"

‚a b a c a d a'

Das ließ er sich nicht lange gefallen. Er stellte konkretere Fragen und verlangte kategorisch verständlichere Antworten.

„Welche Orchesterbesetzung hat Wagner für ‚Il Vascello fantasma' vorgeschrieben?"

„Was ist Dodekaphonie?"

„Wie viele Akte hat der ‚Barbiere'?"

„Was verstehen Sie unter Quintenzirkel?"

„Welche Hauptpartien finden sich in Verdis ‚Un ballo in maschera'?"

Ich bestand das Examen. Bei jeder richtigen Antwort wurde er unfreundlicher, zuletzt war er wütend. Ich auch. Bei einem Versuch, die Prüfung fortzusetzen, empfahl ich ihm den Besuch des Konservatoriums in Palermo.

Dann endlich legte er die Karten auf den Tisch. Er müsse uns leider verhaften. Unsere Identität werde bezweifelt.

Ich begann die Sache ernst zu nehmen, lieferte ihm genaue Angaben zur Person und bat ihn, sofort den Podesta von Cavi anzurufen. Er hätte uns lieber eingesperrt, aber schließlich rief er an. Als alles geklärt war, warf er uns ohne Entschuldigung hinaus. Aber wir bekamen unseren Paß zurück, und das war die Hauptsache.

Während der Reise durch Italien hatte der Rest unseres Kapitals die Schwindsucht bekommen. Seit der totalen deutschen Inflation von tiefem Mißtrauen gegen die heimische Währung erfüllt, hatten wir auf die Lira gesetzt. Sie strauchelte und fiel.

Wieder einmal hatten die Experten Recht behalten, für die Geld nur eine wandelbare Fiktion ist.

Die Füße hoch über dem Gesetz hatten ehrliche Betrüger, unbewaffnete Räuber und lächelnde Diebe die Lira hinuntergeschubst, sich angemessen bereichert und unsere Rückreise nach Deutschland in eine Flucht verwandelt.

Nachdem ich in Cavi meinen Flügel, den Schreibtisch und andere Sachen, die wir uns angeschafft hatten, unter Zeitdruck verschleudert hatte, dampften wir ab nach Deutschland. Wir hatten das beklemmende Gefühl, in einen endlosen Tunnel einzufahren, ohne zu wissen, was uns an dessen Ende erwartete.

Cavi wurde uns zum verlorenen Paradies, in dem wir unbeschwert gelebt hatten, leicht wie die Vögel in der Luft, von denen es heißt: „Sie säen nicht, sie ernten nicht, sie sammeln nicht in Scheuern, und der himmlische Vater ernährt sie doch.“

Es war uns zugefallen, naiv im Schillerschen Sinn zu existieren. Wir fühlten uns als Teil der uns umgebenden Natur.

Als sich der Zug nach Deutschland in Bewegung setzte, schwand dieses Glück dahin und verlor sich. Wie ein schwarzes Tuch senkte sich die Zukunft auf uns herab. Wo sollten wir bleiben? Wovon wollten wir leben? Sicher war nur, daß wir alle zusammen bleiben wollten.

In Augsburg gaben wir die große Wohnung im Fuggerhaus auf und zogen in ein Einfamilienhaus nach Obermenzing bei München, Waidmannstraße 10. Es stand in einem großen, noch nicht aufgeteilten, mit schönen Bäumen bestandenen Grundstück.

Einen Steinwurf weit vom Haus entfernt, stand eine Waldwirtschaft, die sonntags zum Leben erwachte. Ein Klaviertrio spielte im Wirtsgarten die Schlager der Saison. Die Lieblingsnummer war das bis auf den heutigen Tag perennierende Evergreen „Wenn der weiße Flieder wieder blüht". Sangen die Leute mit, klang es wie heute „Wenndaweißefliedawiedablüht".

Wochentags durchstreifte ich die Straßen Münchens auf der Jagd nach einer Beschäftigung, die uns ernähren sollte. Ich ging zum Rundfunk, keiner wollte etwas von mir.

Ich ging in die Kammerspiele, keiner wollte etwas von mir.

Ich suchte eine Reihe bekannter und weniger bekannter Dirigenten auf, keiner wollte etwas von mir.

Wenn ich mich anschickte, eine Partitur herzuzeigen, erschreckten sie sich, bekamen weiße Nasen, hatten keine Minute mehr Zeit und warfen mich hinaus.

Freund Orff und Frau Langenhan konnten mir auch nicht weiterhelfen. Niemand konnte mir helfen.

Trotzdem glaubte ich: „Es wird schon irgendwie weitergehen." Irgendwie! Ich kannte damals Hermann Scherchen noch nicht, der mir das „Irgendwie" austrieb als einen Begriff, der Nichtssagendes, Unbedeutendes, Minderwertiges,

Unwürdiges im Bodensatz menschlichen Bewußtseins bloßlege. Man müsse bewußt leben und klar sehen.

Davon war ich weit entfernt. Es fehlte mir die Kenntnis der entscheidenden Beweger und Bewegungen, der wichtigsten Voraussetzungen und Verhältnisse sowie der Spielregeln des schwierigen Metiers, dem ich mich verschreiben wollte.

Ich strich wie ein hungriger Wolf in der Hoffnung auf einen Schlitten mit einem lahmen Pferd davor durch die Gegend. Kreuz und quer lief ich durch die Straßen der geschäftigen, reichen, stolzen und schönen Stadt München, die mir mehr als jemals die kalte Schulter zeigte.

Ein Penner, mit dem ich ins Gespräch kam, gab mir aus Mitleid Adressen von reichen Homos in Starnberg. „Du mit deinem Aussehen brauchst doch nicht zu hungern!"

Ein Dirigent bot mir eine Freikarte zum Besuch der Schönheitsgalerie im Schloß Nymphenburg an.

Ein Musiker kaufte mir einen Kontrabaß ab, aber er bezahlte ihn nicht.

Viele taten, was sie konnten, sie konnten aber nicht viel.

Einmal saß ich am Stiglmeierplatz fest. Es war mir nicht möglich, wie gewöhnlich mit der Straßenbahn nach Obermenzing zurückzufahren, weil mir zum Fahrgeld ein einziger kleiner Pfennig fehlte.

Helf', was helfen mag, dachte ich und ging über die Straße zum Taxistandplatz. Sagte dem ersten besten Chauffeur: „Geben Sie mir bitte einen Pfennig!"

„Wozu brauchen Sie einen Pfennig?"

„Ihr Pfennig ist mir zehn Mark wert. Ich habe mit dem Dicken dort drüben gewettet, daß ich Sie um einen Pfennig anbetteln würde."

Er gab mir lachend, was ich wollte, und ich konnte nach Hause fahren.

Am nächsten Tag geriet ich auf meinen verzweifelten Wegen in die Sonnenstraße und betrachtete im Schaukasten des „Phoebus Palast“ nachdenklich das 45 Mann starke Kinoorchester, unterdrückte meine Abneigung gegen alles, was Kintopp hieß, ging ins Büro und bewarb mich um eine Kapellmeisterstelle.

Der Chefdirigent Schmid-Boelke, ein ausgezeichneter und innerhalb der „Branche“ sehr angesehener Musiker, beäugte mich wie ein Meerwunder, wurde noch einen Schein blasser, als er gewöhnlich war, und sagte verdutzt: „Wer sind Sie überhaupt, und wie können Sie wissen, daß wir seit zwei Minuten eine Vakanz haben?“

„Ja, woher? Jedenfalls ist die Vakanz eine Chance für mich.“

Von meinem blitzartigen Auftauchen sichtlich beeindruckt, bestellte er mich nach wenigen Fragen „woher“ und „wohin“, „warum“ und „wieso“ zum Probedirigieren.

Ich bekam die Stelle und wurde Nachmittagskapellmeister. Die Abendvorstellungen und die Konzerte am Sonntag vormittag waren dem Chef vorbehalten.

Ich mußte lernen, wie eine Filmillustration gemacht wird. Die Piècen, wie es im Branchen-Jargon hieß, wurden in der Nacht vor dem Programmwechsel zusammengestellt. Die umfangreiche Bibliothek enthielt Symphonien, Suiten, Ouvertüren, Opern und Operetten, Folklore, Tanz- und Unterhaltungsmusik. Dazu kamen die Kinotheken, Serien abgepaßter Illustrationsmusik für alles und jedes vom „Liebesgeflüster“ bis zur „Katastrophe“. Jede fertige Illustration setzte sich aus 70 bis 90 Bruchstücken zusammen, deren Charakter und Dauer vom Bild diktiert wurde.

Sie glich einem Menu, das, keinen kulinarischen Regeln unterworfen, aus Stückchen, Fetzelchen und kleinen Portionen von Gebratenem, Gekochtem, Gesottenem und Gebackenem, Heißem, Kaltem, Süßem, Saurem, von Mijotiertem,

Sautiertem, Passiertem, Flambiertem und Degorgiertem zusammengesetzt war.

Ich mußte auch lernen, den Wechsel der Musikpartikel genau mit dem Bildwechsel durch ein Lichtzeichen auszulösen. Davor hatte ich mich gefürchtet, bemerkte aber bald mit Erleichterung, daß sich die Reihenfolge der Piècen in Verbindung mit dem Bild überraschend schnell einprägte.

Begannen die Steppengräser zu wehen, drückte ich den Lichtknopf für das Evergreen „Halleluja". Lief die Fliege über das Gesicht der sterbenden Kameliendame Norma Talmadge, gab ich Signal für „Bruckner" frei.

So einfach war das. Auf die Dauer aber war es zu einfach.

Hatte ich den mittleren Postdienst umschifft, um am Kintopp zu stranden?

Hatte ich gelernt, Musik zu schreiben, um der zur Knechtschaft erniedrigten Musik als Sklave mechanisch bewegter Bilder zu dienen?

Ich war – frustriert, würde man heute sagen, damals drückte ich mich weniger gewählt aus und erlag der ersten Versuchung, meiner Stimmung und meinem Temperament nachzugeben und den tierischen Ernst meiner augenblicklichen Brotarbeit zu durchbrechen.

Am Faschingsdienstag 1928 ließ ich mich von einem Maskenbildner phantastisch herausputzen. Er machte aus mir ein Zerrbild des dämonischen Künstlers, einen ekstatischen Berlioz, potenziert durch den Hexer Paganini, keinem der beiden ähnlich, aber jedem verwandt, verfremdet durch einen starrenden schwarzen Bart und Koteletten sowie eine wilde, nach allen Seiten hochtoupierte schwarze Perücke.

Im schwarzen Frack, schwarzen Hemd mit schwarzem Jabot, mit schwarzen Handschuhen, so ging ich ans Pult der Nachmittagsvorstellung.

Zuerst spielten die Musiker wie gewohnt. Sie dachten

wohl: „Wo haben sie denn diesen Verrückten aufgegabelt!" Bald aber entdeckte ein Posaunist meine Identität, das Blech konnte vor Lachen nicht mehr spielen, das Orchester wurde angesteckt, und die Musik verendete auf eine wahrhaft klägliche Weise.

In diesem Augenblick, in dem das Bild der Filmhandlung weiterlief und das Orchester nur noch einige erstickte Töne und kaum unterdrücktes Gelächter hören ließ, machte der Direktor des Etablissements, dem ich mich verpflichtet hatte, Major a. D. Demmel, seine Runde über die Ränge.

Außer sich vor Wut über die unerhörte Schändung seines Kunsttempels entließ er mich unter lautem Gebrüll in seinem Büro auf der Stelle fristlos, am Ende einer Vorstellung, aus der ich zusammen mit seinem Orchester eine Farce gemacht hatte.

Ich nahm die fristlose Entlassung mit Recht gelassen hin. Der Tonfilm war im Kommen, und die großen Kinoorchester wurden nach kurzer Zeit aufgelöst.

Der Major Demmel entsprach meinen Vorstellungen von der Kaste, die den Krieg verloren hatte, ihr Selbstbewußtsein aber behielt. Er konnte mich feuern, weil er das Feuern gelernt hatte. Daß eine fristlose Entlassung ohne vorherige Warnung rechtswidrig war, nahm er nicht zur Kenntnis.

Ich war froh darüber, seinem Herrschaftsbereich entronnen zu sein, nahm die Entlassung als höhere Fügung, als einen Akt überirdischer Vernunft, und begann mit der Komposition eines Violinkonzertes. Die Arbeit wurde aber durch den immer fühlbareren Geldmangel so beeinträchtigt, daß wir einen Entschluß fassen mußten. In München konnte ich nicht landen, ich mußte es anderswo versuchen. Die Entscheidung war einfach, sie fiel auf Berlin, die Stadt der Talente und der Talentsucher. Die Familie sollte in Obermenzing abwarten, was dabei herauskam.

Schweren Herzens fuhr ich allein nach Berlin.

Der Podiumstanz blühte in Berlin mehr als anderswo. Die jungen Mädchen, die es sich leisten konnten, ihre Tanzvögel zu füttern, fütterten zwangsweise auch die jungen Komponisten mit, die die Musik zu ihren Kreationen schrieben.

Ihr Themenkreis war *à la mode,* expressionistisch und links. Sie tanzten „Gebärende", „Ausgebeutete", „Gespenster", „Kriegsfurien", „Tote Soldaten", „Gewesenes", „Werdendes", „Wesendes", „Verwesendes".

Ihr Bewegungsrepertoire wirkte auf einen Burschen aus der Provinz etwas monoton, war aber leicht zu kapieren und umzusetzen. Sie rannten verzweifelt in jede ausweglose Ecke, stampften, reckten die Hände zum Himmel und brachen zusammen.

Else Adami, für die ich einiges geschrieben hatte, führte mich ihrem Mann vor, dem Architekten Dr. Alfred Gellhorn, und schon saß ich mitten in der Prominenz.

Seine interessantesten Freunde: Jürgen Fehling, der den Richard-Wagner-Verband Deutscher Frauen mit seinem „Holländer" zu Tränen der Wut gerührt hatte, Erich Mühsam, der Herausgeber der anarchistischen Zeitschrift „Fanal", und Salomo Friedländer-Mynona, den Maximilian Harden zum deutschen Voltaire erklärte.

Man lernte sich bei regelmäßigen Diskussionsabenden, an

denen auch andere Gäste teilnahmen, gründlich kennen. Frauen waren ausgeschlossen. Fehling hatte dekretiert: Jeder Mann wird bei einer Diskussion vor Frauen automatisch zum Gockel. Er schlug sich zur Bekräftigung auf die breite Brust, und keiner wollte es besser wissen. Fehling war dominierend, wie es einem großen Regisseur zukommt. Mühsam liebte ihn, obwohl er gegen das Dominierende war. Mynona war über die Maßen scharfsichtig und so abgründig spitzfindig, daß es manchmal sogar Fehling die Rede verschlug. Gellhorn stand über der Sache und war ganz praktische Vernunft, bei seinem Beruf verständlich. Wenn ich einmal etwas zu sagen hatte, saßen alle still um mich herum mit dem Interesse, das Erwachsene gewöhnlich den Lebensäußerungen eines Babys entgegenbringen.

Der eindrucksvollste Gast war ein weitgereister kommunistischer Agent. Er berichtete, wie er es fertiggebracht hatte, nicht weniger als sechsunddreißig Grenzen ohne Paß hinüber und herüber zu überschreiten. Selbst Fehling litt hinterher an Minderwertigkeitskomplexen.

„Unter uns", sagte einer, „weilte ein Täter, wir aber sind nur Macher." Nach diesem Satz stand er auf und ging schweigend und voll Trauer von dannen.

Mynona war nicht leicht aus der Fassung zu bringen. Er krauste die Stirn und sah einen nach dem anderen schwermütig an, oder er lächelte listig vor sich hin, wenn er sich nicht äußern wollte.

Wir hatten eine Zeitlang den gleichen Heimweg. Auf der langen Strecke von Gellhorns Wohnung nach Halensee sprach er viel mit mir über Himmel und Hölle und das Nichts dazwischen. Er unterbrach aber immer an einem Hauptumschlagplatz der käuflichen Liebe, Ecke Uhlandstraße, seine tiefgründigsten Erklärungen mit der Warnung: „Hüten Sie sich, junger Mann, vor diesen wandelnden Gonorrhöen!"

Für mich, den Siebenundzwanzigjährigen, war der 47jährige Mynona ein uralter weiser Mann, und ich konnte mir nicht vorstellen, daß er vielleicht Grund hatte, die Warnung auch an seine eigene Adresse zu richten. Für mich sah er aus wie ein alter französischer Abbé. Daß er keiner war, wußte ich, war aber doch erstaunt, später zu lesen, was sein Freund Meidner über ihn im Berliner Börsen-Courier schrieb: „Mynona, der Bohemien, der tags schlief und spät nachts erst auflebte, unentwegt lüstern nach Abenteuern, war unermüdlich im Suchen von Bekanntschaften, und wie er das anstellte, war jedesmal anders und höchst phantasievoll – ich aber lief immer wie ein Dackel nebenher und freute mich an den tollen Sprüngen dieses Partners."

Auch ich lief wie ein Dackel neben ihm her und freute mich über die tollen Gedankensprünge bei den Erklärungen zu seinem philosophischen Hauptwerk „Schöpferische Indifferenz" (1918).

„Sie verstehen noch nicht viel von meiner absoluten Freiheitslehre, verbunden mit einer immoralistischen Ethik. Stellen Sie sich das Nichts als Zentralpunkt von Antinomien vor. Sollten Sie jemals beobachten, daß Extreme in der Tat gegeneinander streiten, so rufen Sie mich bitte gleich an. Ich habe festgestellt, daß sie nicht gegeneinander streiten, sondern um Harmonie bemüht sind.

Es wird auch Ihnen unmöglich sein, sich nur mit einem Extrem zu befassen, ob Sie wollen oder nicht, ein Extrem existiert nur durch das andere. Bauen Sie Ihre Mühle ins Nichts, dann können Sie die Gegensätze verwerten. Sie können sich Luzifer vorstellen – aber ohne Gott? Hölle ohne den Himmel? Wie wollen Sie es bewerkstelligen, etwas als schön anzuerkennen, wenn Sie noch nichts wahrgenommen haben, das Ihnen häßlich vorkommt?"

Er war mit dem Oberdada Johannes Baader, mit Hans

Arp, George Grosz, Kubin und Meidner befreundet. Seine Dissertation trug den Titel „Die Stellung Schopenhauers zu den erkenntnistheoretischen Grundlagen der ‚Kritik der reinen Vernunft'". Seine Grotesken „Rosa, die schöne Schutzmannsfrau", „Die Bank der Spötter" waren mein Entzücken. Am innigsten liebte ich den „Antifreud", eine Sammlung von fürchterlichen Geschichten, deren jede schlüssig bewies, daß sexuelle Empfindungen niemals Triebfedern, sondern immer Ergebnisse weit abliegender Ursachen sind.

In einer der üblichen Gellhorn-Diskussionen stellte er einmal die These zur Diskussion: „Naturwissenschaftliche Forschung führt notwendigerweise zur äußersten Brutalität."

Man war schon nahe daran, die Zeiten vorauszusehen, die Mynona ins Exil zwangen, Mühsam den Mördern auslieferten und die Atombombe den Politikern.

Erich Mühsam war der Ärmste von allen. Er war noch ärmer als ich, und das wollte etwas heißen. Ich berichte das, um ein Schlaglicht auf seine unerschütterliche Integrität zu werfen. Eines Tages erhielt er ein phantastisches finanzielles Angebot für eine Vortragsreise in Rußland, in der er über die fünf Jahre Festungshaft, die ihm der Zusammenbruch der bayerischen Räterepublik eingetragen hatte, sprechen sollte. Trotz der Misere, in der er lebte, lehnte er das Angebot ab mit den Worten: „Man soll mir nicht nachsagen, daß es einem Polizeistaat gelungen sei, mich zu kaufen."

Ich war erschüttert und lief ohne viel Erfolg in ganz Berlin herum, um Abonnenten für sein „FANAL" zu werben. Alle waren „links", aber es war genauso, wie es Ernst Josef Aufricht in seinem Buch „Erzähle, damit du dein Recht erweist" geschildert hat:

> *„Wir waren Pazifisten und Sozialisten. Alle Tendenzen und Personen, die diesen Ideologien widersprachen, bekämpften wir.*

Wenn wir nur einen Funken der alten Tradition zu entdecken glaubten, trampelten wir blindwütig mit beiden Füßen auf der bereits kalten Asche der Vergangenheit herum und übersahen das Glimmen eines neuen Brandes."

Mühsam sah schon 1928 die Gefahr der Auslieferung der Staatsmaschinerie an den Faschismus voraus. Er nannte die Leute beim Namen, die, den Ring schon in der Nase, daran glaubten, sie könnten den verachteten Diktaturanwärter als geduldigen Helfershelfer für die eignen Ziele am Nasenring führen.

Durch meinen Augsburger Schulfreund Müllereisert, dem ich in Berlin wiederbegegnete, kam ich mit Brecht in Kontakt. Ich besuchte ihn zum ersten Mal in seiner Bleibe in der Hardenbergstraße 1 und fiel mitten in eine hart geführte Diskussion zwischen ihm und seinen Freunden. Er begrüßte mich flüchtig, das Gespräch wurde kaum unterbrochen, und ich war akzeptiert.

An der Tür hing ein großes Stück Packpapier mit der Aufschrift:

JESUS UND SEINE JÜNGER

Darunter war eine lange Szenenfolge angegeben, jede Szene war durch einen Signalsatz charakterisiert in bezug auf Handlung und Personen. Das Stück wurde in der Diskussion auseinandergerissen, zerfetzt, handelnde Personen flogen heraus und andere marschierten hinein, brauchbarer für das „Herzeigen", für Denunziation durch Gegenüberstellung.

„Wer interessiert sich für Jesus?"

„Die Bäcker, Metzger, Schneider vielleicht?"

„Keiner von denen!"

„Nehmt sie nicht heraus, man braucht sie als Zeugen gegen die Prozeßmacher."

„Der Stoff ist römisch."

„Ihr denkt immer noch zuviel an die Juden!"

„Es ist kein Kolonialstoff, das wäre zuwenig."

„Übt mehr Kritik an Jesus!"

„Denunziert euch auch selbst!" sagte Brecht.

Er hockte auf seiner Couch und streckte seinen nackten Hals nur vor, wenn etwas auftauchte, das ihn interessierte. Dann hackte er wie ein Vogel darauf herum, um auf den Geschmack zu kommen. Er sprach knapp, mit doktrinärem Akzent. Die anderen versuchten das auch. Was er aber voraushatte, war seine weiterreichende Vorstellungskraft, seine konkrete Phantasie und das blitzschnelle Durchspielen einer Idee.

Als er anfing, sich zu langweilen, nahm er seine Klampfe und sang Songs, alte oder improvisierte.

Er hatte einen unverwechselbaren Tonfall. Im Grunde war er der Urheber der Musiken, die andere für ihn komponierten oder arrangierten.

Sein musikalischer Habitus hatte keine Verwandtschaft mit dem der Oper „Der Zar läßt sich fotografieren" oder mit dem Schlager „Bei dir war es immer so schön". Trotzdem sollte man die Leistung von Weill und Mackeben nicht schmälern. Sie haben durch ihre genialische Apperzeptionsfähigkeit das Brechtsche Rohmaterial in die unvergeßliche, musikalisch präzise Form des Welterfolgs „Dreigroschenoper" umgegossen.

An einem Sonntagnachmittag traf ich Bertolt Brecht mit seiner Gesellschaft in der Wohnung von Frau Weigel. Alle saßen im Halbkreis ehrfürchtig schweigend um einen Boxer herum. Die rohe Kraft, die sie im Ring schon oft blutig wirken sahen, hatte es ihnen angetan. Das rote Gesicht mit der gebrochenen Nase unter der niedrigen Stirn, die dicken Pfoten, die gewaltigen Schultern, der stierige Nacken, das war schöner als eine Schiffsmaschine.

Wenn die Formen seines teuren, großkarierten Anzugs bei jeder Bewegung der darunter verborgenen Muskeln nach außen getrieben wurden, erschauerten alle.

Das Schwergewicht war verlegen, weil sie schwiegen und sich nur an ihm festsaugten. Es sagte unvermittelt: „Ich kann auch Klavier spielen."

Es wirkte wie eine Offenbarung aus dem Mund des Idols. Man rückte ihm einen Sessel zurecht und setzte ihn an das alte Tafelklavier mit den vergilbten Tasten. Er drehte sich nochmals um und bemerkte bescheiden: „Ich kann aber nur ein Stück."

„Bitte, spielen Sie es."

Er spielte „Stille Nacht, heilige Nacht", mitten im August. Es war ergreifend. Er, der jeden niederschlagen konnte, war imstande, auch das Klavier zu schlagen, aber so schüchtern, behutsam und zart, daß man weinen konnte. Er war der Gipfel der Poesie.

Alle liebten ihn: Zadie, Nora, Blanche und die anderen Mädchen, genauso auch die Männer mitsamt dem cleveren Paul Kornfeld und dem armen Bert Brecht. Als das Schwergewicht gegangen war, zersprang ihr Glück wie Glas. Allen fehlte der Gegenpol, die Ergänzung der eigenen Existenz. Sie brauchten das, rannten miteinander in jeden Boxkampf und hielten die grellen, schreienden Nächte beim Sechstagerennen durch. Sie wollten den Mond von hinten sehen.

Auch die bürgerliche Gesellschaft besahen sie sich mit Vergnügen von hinten.

„Was willst du denn morgen bei Gericht?" fragte einer der Freunde nachts um 11 Uhr die Blonde mit den Rehaugen.

„Ich will meiner Freundin helfen, das dicke Schwein wieder loszuwerden, das sie irrtümlich geheiratet hat."

„Hat er sie betrogen?" fragte Brecht.

„Sicher, aber man kann es nicht beweisen."

„Was willst du dann machen?"

„Ich spiele die Ehebrecherin."

„Dann mußt du bestimmt Angaben machen."

„Nein, ich verweigere die Aussage."

„Der Richter ist der Zuschauer", sagte Brecht, „auf den es dabei allein ankommt. Du mußt ihm Material vorlegen, das mit den Erfahrungen übereinstimmt, die er mit Ehebrecherinnen gemacht hat, welche vor Gericht die Aussage verweigert haben. Du kannst nur dann erfolgreich sein, wenn es dir gelingt, seine Erfahrungen, eine nach der anderen zu bestätigen. Wenn du versuchst, ihn durch eine Komödie zu überrumpeln, glaubt er dir nicht. Du hast nur einen kurzen Auftritt und dann einen einzigen Satz. Deine Rolle ist sehr schwierig.

Ich spiele jetzt den Richter. Geh dort hinüber und tritt in den Zeugenstand, wenn du aufgerufen wirst."

Irgendeiner rief die Zeugin auf. Sie hatte noch keine drei Schritte gemacht, da begann Brecht mit einer minutiösen Regie. Als die Szene stand, war es sieben Uhr morgens geworden. Man beschloß, zusammenzubleiben und um 9 Uhr gemeinsam zur Verhandlung ins Gericht zu gehen.

Die Vorstellung war ein voller Erfolg, und man feierte im Berliner Hofbräuhaus mit Weißwürsten und Münchner Bier.

Ein anderes Mal half er einem Mädchen aus dem Schwarm seiner Anbeterinnen aus der Klemme, indem er zusammen mit seinen Freunden einen abgründig liebenswürdigen Brief entwarf.

„Du hast kein Geld, mein Kind, aber einen reichen Onkel?"

„Genauso ist es."

„Hast du jemals mit ihm geschlafen?"

„Nie."

„Hat er dich jemals belästigt?"

„Nie."

„Ich meine, solange du klein warst?"

„Nein, nie."

„Ist er an seinem guten Ruf interessiert?"

„Er ist stolz darauf."

Brecht sagte: „Denke einmal scharf nach! Kann es sein, daß er dich im Alter von 12, 13 Jahren einmal auf seinen Schoß gesetzt hat?"

„Ja, das wohl."

„Dabei mußte er dich anfassen?"

„Natürlich."

Brecht sagte: „Das genügt."

Nach diesem Verhör entwarfen alle zusammen einen reizenden Brief für die Nichte an ihren Onkel. Die scharfsinnigsten Vorschläge wurden zu einem hinreißenden Ganzen zusammengefügt. Die Nichte schloß den Brief ab, der Onkel, der an mancherlei Schwächen litt, nicht nur an Gedächtnisschwäche, war zugleich erschreckt und geschmeichelt, schenkte ihr ein grünes Automobil und warf ihr eine großzügige Apanage aus.

„Die Kunst des Schreibens", sagte Brecht, „wird dann einträglich, wenn man sie nicht um des Schreibens willen ausübt."

Nach der Premiere der „Dreigroschenoper" im Theater am Schiffbauerdamm schrien alle wie besessen: „Wir haben ein Theater!" „Oh, wir haben ein Theater!" „Wir haben Berlin erobert!"

Sie konnten nicht wissen, daß sich Brecht mit der „Dreigroschenoper", die er Herrn Aufricht ursprünglich als „Nebenwerk" angeboten hatte, die Tür zur Welt aufstieß.

Um diese Zeit wohnte ich in einer Pension in der Goethestraße. Berlin war vom Dreigroschenfieber geschüttelt. Auch meine Bude widerhallte von Brecht-Weill-Songs. Am perfektesten reproduzierte sie mein Freund Peter Pfitzner, ein Sohn des automanen Genies Hans Pfitzner. Es war mir eine Genugtuung, daß Peter jetzt Brecht-Weill ein- und ausatmete.

Ich mußte immer daran denken, warum und wie ihn sein Vater aus dem Elternhaus vertrieben hatte. Er hatte es mir erzählt:

„Als mein Vater in den Ferien war, dachte ich mir nichts dabei, auf seinem Flügel unter anderem auch Puccini zu spielen. Er erfuhr es, als er heimkam, ließ mein Zimmer ausräumen und heftete einen Zettel auf den Fußboden: ‚Deine Sachen stehen beim Spediteur. Du bist verstoßen, Vater.'"

Trotzdem bemühte sich der Sohn, dem Vater Freude zu machen. Schon Monate vor dessen Geburtstag suchte er nach einem besonderen Geschenk, einem besonderen Buch, das ihm gefallen könnte. Der Apfel fällt manchmal auch weit vom Stamm.

Brecht erschien nach seinem epochalen Erfolg nicht verändert. Er lief nach wie vor in seinem Prolet-Look herum. Gelegentlich sagte er: „Keiner hat an einen Erfolg geglaubt. Was heißt schon glauben! Etwas für wahr halten, was man nicht beweisen kann. Ich habe mich am wenigsten getäuscht, weil ich keine Zeit hatte nachzudenken."

Er hatte sich mit geringen Ausnahmen mit allen herumgezankt. Er mußte Striche machen, Neues schreiben, dieser den Popo tätscheln, jenem einen Tritt in den Hintern geben, dem Direktor Aufricht versichern, daß er dieses Theater für immer verlassen werde, und das Geschwätz der Theaterleute anhören, die während der letzten Proben das Haus füllten, um den Untergang des armen B. B. zu beweisen.

Es war ein einziger Saustall, poetischer ausgedrückt, man befand sich im Zentrum eines Unwetters. Die Blitze schlugen ringsum in alle Bäume ein. Zum Schluß blieb nur noch einer übrig, unter dem sich Herr Aufricht und Herr Brecht gerade wieder versöhnten.

Brecht blieb nach wie vor hilfreich, wenn es ihm angebracht schien. Der Regisseur von Marie Luise Fleissers „Pioniere in Ingolstadt" hatte sich als ungeeignet erwiesen. Brecht übernahm dem Stück zuliebe anonym die Regie.

Er verstand das bairisch-hohe Deutsch der jungen Dichterin, hatte Sympathie für den direkten und hintersinnigen Gebrauch, den sie von der Sprache machte, und liebte den geraden Schritt, mit dem sie ihre Wege und Umwege einschlug.

Brecht führte die Regie lautlos, schlich wie ein Schatten auf der Bühne von einem zum andern und rückte alles zurecht, bis jedes Ding an seinem Platz war.

Die Pioniere veranstalteten in einer Szene auch ein Standkonzert. Auf dem Programm stand der Pilgerchor aus „Tannhäuser". Die Kapelle bestand aus drei Soldaten: Das Bombardon spielte die bekannte Melodie, die große Trommel unterstrich die Deklamation mit f-f-Schlägen auf jedem Notenwechsel, die Klarinette pfiff, so laut sie konnte, die unendlich geschäftigen Sechzehntelfiguren herunter.

Ich ergänzte automatisch Wagners Text zu der eben gespielten Melodie:

„Der Gnade Heil ist dem Büßer beschieden,
Er geht einst ein in der Seligen Frieden;
Vor Höll' und Tod ist ihm nicht bang',
Drum preis' ich Gott mein Leben lang!"

Der Polizei waren so erhabene Assoziationen fremd. Vizepolizeipräsident Weiß bestand darauf, daß die präsumptiven Büßer im Ehrenkleid der Nation ihre Sünden weniger sichtbar begingen. Der Bürger in Uniform durfte beim Strafexerzieren auch keinen Tritt in den Hintern mehr kriegen.

Nach einer Probe fragte mich die Fleisser nach einem preiswerten Quartier, und ich empfahl ihr die Pension in der Goethestraße, in der ich wohnte. Es war ein bei Theaterleuten beliebtes Quartier, 1928 wohnte das ganze Habimah-Ensemble während seines aufsehenerregenden Gastspiels dort.

Um 6 Uhr früh erwachte ich von Lärm auf dem Flur; man hörte Kofferschleifen, Wortwechsel und Türenschlagen.

Um 8 Uhr brachte mir das Zimmermädchen das Frühstück.

„Die Frau Fleisser ist schon wieder ausgezogen."

„Warum denn das?"

„Sie hat sich nachts die Zeit damit vertrieben, ein paar Wanzen zu fangen. Um sechs Uhr morgens hat sie sie der Hauswirtin unter die Nase gehalten."

„Gibt's denn hier Wanzen?"

„In allen alten Berliner Häusern gibt es Wanzen, nur Ihnen scheint diese Tatsache entgangen zu sein!"

Ich zog auch aus, und als ich drei Wochen später meinen letzten Koffer von dort abschleppte, sagte mir die schelmische Kleine maliziös:

„In Ihrem Zimmer haben wir nach Ihrem Auszug in zehn Minuten 36 Wanzen umgebracht. Wovon die bis dahin gelebt haben, bleibt mir rätselhaft."

Von da ab wohnte ich nur noch in Neubauten vom Alex bis Lichterfelde, immer bei der gleichen Hauswirtin, die sofort umzog, wenn ihr etwas in einer Wohnung nicht paßte.

Das noch in München begonnene „Violinkonzert“ beendete ich in Berlin im November 1928. Gellhorn hatte mich dem großen Kritiker Adolf Weißmann ins Haus geschickt. Ich zeigte ihm meine in Italien geschriebene „Symphonie“.

„Was Sie mir da zeigen, können Sie unmöglich in München gelernt haben. Es riecht gut.“

Als Sympathiebeweis schenkte er mir ein Exemplar seines 1918 bei Paul Cassirer erschienenen, üppig ausgestatteten Prachtwerkes „Der Virtuose“. So kostbar diese Gabe war, noch kostbarer war sein Telefonat mit Kurt Weill. Er empfahl mich ihm als Talent.

Weill war gerade im Begriff, an die Côte d'Azur zu fahren, um sich in die Sonne zu legen und Berlin für eine Weile zu vergessen, versprach mir aber, mich mittels einer Postkarte dem im Augenblick von Berlin abwesenden Intendanten der Funkstunde Hans Flesch zu empfehlen. Während Weill meine Partitur durchblätterte, fegte ein über das andere Mal Lotte Lenya durchs Zimmer und besprach mit ihm im Telegrammstil eine Menge mit der Reise zusammenhängende Details.

Betrübt zog ich ab. Wie sollte sich eine der berühmtesten Figuren von Berlin mitten in seinen Ferien noch an einen armen Petenten erinnern!

Gegen jede Erwartung aber traf nach einiger Zeit ein Brief von Hans Flesch bei mir ein. Er bot mir auf Weills Empfehlung hin Kompositionsaufträge für die Funkstunde an.

Ich war gelandet.

Die Neue Musik hatte Ende der zwanziger Jahre in Berlin gesiegt. Trotz grober Angriffe auf jede neue Entwicklung und trotz der häufigen Niveauschwäche ihrer Verteidigung behauptete sie sich selbst gegenüber der unehrlichen Identifikation künstlerischer Tendenzen mit politischen Richtungen. Die Beschimpfungen fanden glücklicherweise nicht vor der Schlacht, sondern hinterher statt. Die Dreckschleudern wurden *post festum* in den rückwärtigen Linien bedient.

Das Berliner Publikum hatte selbst ein geschärftes Organ für die Aktualität einer Musik, aber auch für ihren Wert. Es entschied sich *immediat* in den Konzertsälen oder Theatern. Es war schon in der ersten Aufführung von der Wahrhaftigkeit des „Wozzeck" ergriffen, von der Monumentalität des „Oedipus Rex" erschüttert, geblendet von der grandiosen Inszenierung des „Columbus" von Milhaud und hingerissen von der facettierenden Virtuosität der Musik. Sie jubelten dem neuen Geist, der neuen Ausdrucksform der „Dreigroschenoper" zu, amüsierten sich bei „Neues vom Tage" von Hindemith, nicht ohne daß jeder jedem erzählte, der Meister habe gesagt: „Das nächste Mal lese ich aber den Text, bevor ich ihn komponiere."

Die Berliner waren polytheistisch. Sie duldeten viele Götter und Halbgötter in ihrem Musikhimmel. Sie waren allseitig orientiert und immer neugierig auf neue Erscheinungen und Ausdrucksweisen. Strawinsky wollte damals Paris verlassen und sich im Tiergartenviertel ansiedeln.

Die Zeit in Berlin war eine gute Schule für mich, ich lernte alles kennen und war bemüht, alles zu verstehen. Aber obwohl ich, wie der Berliner sagt, jetzt wußte, wo es lang ging, unterlag ich nicht einmal bei meinem Halbgott Strawinsky der Versuchung der Imitation.

Den ersten Rundfunkauftrag schrieb ich auf einen Text von Robert Seitz, einem Freund von H. H. Stuckenschmidt aus ihrer gemeinsamen Zeit in Magdeburg. Nach den Erzählungen von Seitz war der Magdeburger „Sturm und Drang" eine unterhaltliche Sache gewesen.

Dort hatte man nicht nur einen Oberdada, wie in Berlin, sondern einen seltenen Spezialisten, einen Eisenbahnoberdada. Es gelang ihm jahrelang, die Eisenbahn unentgeltlich zu benützen. Jeder Kontrolleur ging vor seinem ungeheuren Bart, vor seinem imponierenden Auftreten und seinem Ausweis in die Knie:

> *„Der Inhaber dieses Ausweises ist Eisenbahnoberdada und hat Recht, die Eisenbahn auf allen Strecken erster Klasse unentgeltlich zu benützen."*

Unterschrift. Als Stempel genügte der verwischte Abdruck der Rückseite eines Geldstückes.

Die Zeiten von Magdeburg waren 1929 vorbei. Ich komponierte für die Funkstunde den leicht sentimentalen Titel „Ein Cello singt in Daventry".

Ein abgehetzter Großstädter quält sich nach seiner zehnstündigen(!) Bürozeit durch den Berliner Verkehr: *train-lights, sky-signs, traffic-lights, scurring-crowds, fortune-tel-*

lers, match-sellers, paper-sellers. Endlich kommt er durch einige ruhigere Seitenstraßen nach Hause. „Autos" – „Bankdiskont" – „Schreibmaschinen" – „Reklame" füllt sein Gehirn wie mit alten Papierschnitzeln, während er raucht und trinkt. Er stellt das Radio an und hört auf Welle 1600 Daventry, England, ein Cello spielen. Er weiß nicht, wer spielt, aber er weiß, daß der Fremde über dem Meer auch für ihn spielt und findet durch diesen Gedanken Ruhe. Ein Doppelchor schließt das Werk mit dem „Lob des Rundfunks" ab: „Das Abonnement kostet nur zwei Mark. Aber vergessen Sie nie, die Antenne zu erden!«

Das Ganze war zweisprachig komponiert, deutsch und englisch, in der Hoffnung, daß auch einige Engländer den Sender Berlin empfangen würden.

Intendant Hans Flesch hatte ein übriges getan, um meinem Stück einen guten Start zu geben. Er setzte es demonstrativ zur Eröffnung seines neuen „Funkstudio" an, einer Einrichtung, die der Entwicklung musikalischer, künstlerischer, technischer, ideologischer und dramaturgischer Ideen für das neue Medium dienen sollte.

Das Werk wurde nach der offiziellen Eröffnungsrede von Flesch zweimal nacheinander gespielt. Die Presse lobte den Intendanten, den Textdichter und den Komponisten. Die Musik erschien ihr „aktuell und seltsam überzeitlich, eindrucksvoll und gut moduliert". Das Ganze galt als gelungene Apotheose des Rundfunks.

Der Erfolg dieses ersten Kompositionsauftrags brachte mir weitere Aufträge der Berliner Funkstunde und anderer Sender ein und ermöglichte mir Ende 1929 die Rückkehr zu meiner Familie in Obermenzing.

Das schwere Opfer der Trennung hatte sich gelohnt. Ich war glücklich darüber, daß ich bald wieder mit Frau und Kind zu Hause leben konnte, statt in Berlin von Pension zu Pension und von einem möblierten Zimmer zum anderen zu zigeunern.

Daß ich mit den ersten Auftragswerken des Rundfunks „Ein Cello singt in Daventry“, „Weihnacht 1929“ und später mit „Ein neuer Sender sagt sich an“, mit Chören, Orchestern, Solis und Sprechern nur Lyrismen zum Lob einer neuen Erfindung unter Musik gesetzt hatte, befriedigte mich nicht. Um so weniger, als keiner so recht wußte, was man mit dieser Erfindung anfangen sollte.

Schon kurz nach meiner ersten Berührung mit dem Rundfunk verfolgte mich die Vision der Rundfunkanstalt als einer geistigen Arena. Hier sollten Gegensätze unter der Anteilnahme der Massen aufgezeigt und ausgetragen werden.

In den beiden Versuchen „Zeit im Funk“ und „91 Tage“ hatte ich Nachrichtenkomplexe thematisch zusammengefaßt und durch Musik formal gebündelt. In den Zwischenakten der beiden Versuche sollten bekannte weltanschauliche oder politische Antipoden nach strengen Regeln wie bei einem Boxkampf unter der ordnenden Assistenz eines „Unparteiischen“ eine manuskriptfreie, heiße Blitzdiskussion über die Bedeutung je eines Nachrichtenkomplexes führen. Nach den Abrüstungsnachrichten sollte ein General mit einem Pazifisten, nach den Streiknachrichten ein Unternehmer mit einem Arbeiterführer diskutieren.

Das könne sich der Rundfunk aber nicht leisten, meinte Flesch, und der Intendant des Bayerischen Rundfunks meinte das auch.

Allein schon die komprimierte Zusammenfassung von Nachrichten über heiße Themen, die in der gleichen Textfassung einzeln in den Nachrichtensendungen unbeachtet über die Sender gegangen waren, wirkten in der durch die Musik gehaltenen Zusammenfassung aggressiv und provozierend.

Den Arena-Gedanken mußte ich aufgeben, die Idee der unmittelbaren Beeindruckung der Massen durch gezielt komprimierte, musikalisch gegliederte Nachrichtenkomplexe behielt ich in dem für München geschriebenen „Trebitsch Lincoln" jedoch noch bei.

Dieses Werk steht in einer Reihe mit „Zeit im Funk" und „91 Tage". Es dokumentierte die Lebensgeschichte des größten Hochstaplers unserer Zeit, der mit Religion, Öl, Reaktion, Spionage und Diktatur spekulierte.

Der Begriff der dokumentierten Authentizität setzte sich noch in dem erst 1932 geschriebenen „Columbus, Bericht und Bildnis" selbst bis in die Komposition hinein fort.

In den Kinderstücken „Der Löwe und die Maus" und „Der Fuchs und der Rabe" blieb er als Bedürfnis nach dem nicht gemachten oder nachgemachten kindlichen Ausdruck wirksam. 1932 erzählte ich den Zehnjährigen einer Schulklasse der Versuchsschule an der Hohenzollernstraße in München die Fabeln von La Fontaine und ließ sie dann von den Kindern Szene für Szene improvisierend darstellen. Während des Spiels schrieb ich die kindlichen Dialoge mit und machte daraus, mit Auslassungen zwar, aber ohne Hinzufügungen, mein Textbuch.

DIE TIERE BEWEGEN DEN RABEN,
DAS STÜCK KÄSE FALLEN ZU LASSEN,
DAS ER SCHON IM SCHNABEL HÄLT

Friß den Käse nicht gleich, lieber Rabe, wir müssen dir noch etwas sagen!
Du hast prachtvolle Federn, dein Schwanz glänzt wie poliert!
Schaut nur diese Federn an, man kann sich darin spiegeln!

Du hast einen wunderbaren Schnabel!
Du hast Augen, schwarz wie Kirschen!
Du bist ein mächtiger Vogel, du bist ein großer Vogel!
Du könntest sogar mit dem Adler fertig werden!
Du könntest die Tiere regieren!
Deine Stimme klingt so schön wie Kirchenglocken!
Da zittert die Erde, so schön singst du!
Die Nachtigall singt häßlich gegen dich!
Hochverehrter Herr Rabe, singen Sie doch schon,
Es würde uns ein ewiges Andenken sein!

Welcher Erwachsene könnte diesen Dialog erfinden?

Arbeitszimmer in Lochham: Werner Egk am Flügel, daneben Sohn Titus und Frau Elisabeth (1931)

Auf einem ganz anderen Blatt steht die gleichzeitig entstandene textliche und musikalische Bearbeitung des alten österreichischen Puppenspiels, der

HISTORIE

vom Ritter Don Juan aus Barcelona

Hier ging es nicht mehr um Dokumentation und Authentizität, sondern um die dramatische Wirkung eines legendären Stoffes.

Der Gedanke an eine solche Arbeit entstand noch vor der Übersiedlung nach München. 1928 hatte ich mich in Köln mit meiner Frau getroffen. Sie war seit Monaten als Geigerin auf einer Gastspielreise mit dem „Marionettentheater Münchner Künstler" von Paul Brann unterwegs und machte mit diesem Theater Station in Köln. Man spielte dort, engagiert vom „Theater der Münchner Illustrierten", auf der PRESSA, einer internationalen Presseausstellung von Weltformat.

Paul Brann präsentierte „Doktor Faust", „Die Zaubergeige" des bayerischen Grafen Pocci, eine türkische Justizkomödie „Wasif und Akif", die literarische Groteske „Goethe im Examen" von Egon Friedell und „Bastien und Bastienne" von Mozart.

Ich fand meine Frau fröhlich und in guter Verfassung. Wir sanken uns in die Arme. Nach den Bekundungen der ersten Wiedersehensfreude sagte sie:

„Bei Brann verdiene ich 1000 Pfennige täglich. Was denkst du, kann ich mir davon leisten?"

„Du wirst davon essen, trinken und wohnen können. Ich brauche in Berlin wesentlich mehr."

„Du irrst, ich kann mir sogar etwas von meiner Gage ersparen."

Ich riet hoch, um sie ein wenig zu dämpfen und sagte: „500 Pfennige?"

„Falsch."

„Vierhundert Pfennige?"

„Wieder falsch."

„300 Pfennige?"

Sie wurde immer vergnügter und sagte: „Falsch, falsch, falsch. Ich verbrauche hundert Pfennige täglich fürs Essen."

„Mit Frühstück?"

„Natürlich, mit Tee und Brötchen am Morgen, mit gebackenem Schellfisch im Ausstellungsrestaurant am Mittag und mit Käse am Abend."

„Und was kostet die Bude?"

„300 Pfennige."

„Fahrgeld?"

„Brauche ich nicht, ich gehe zu Fuß."

„Dann ersparst du täglich 60 Prozent deiner Gage. Du bist eine Kapitalistin, ich aber bin ein armer Ausgebeuteter und konnte nichts ersparen. Deshalb schlage ich vor, daß wir jetzt in den russischen Pavillon gehen."

Ich war nicht nur neugierig, was sie dort ausstellten, ich erwartete Berge und Wunder. Von außen war der Pavillon einfach, innen auch. An den Wänden hingen Tabellen, Statistiken und graphische Darstellungen.

„Das wissenschaftliche Zeitalter ist angebrochen", bemerkte ich etwas enttäuscht, und wir gingen zu Brann.

Das „Theater der Münchner Illustrierten" stand an einer Budenstraße, Herrn Brann trafen wir vor dem Bühneneingang.

„Gehen Sie weg da", sagte er und zupfte mich am Ärmel, „sonst werden Sie durch einen Tenor umkommen."

Alle mußten jubelnden Menschen Platz machen, die ihren Abgott feierten. Dieser schwebte, im offenen Wagen stehend, über den Köpfen der Menge sanft an uns vorbei. Quer über den imponierenden Kühler seines Horch zog sich in massiven silbernen Lettern die Inschrift RICHARD TAUBER SPEZIAL. Das Monokel des „jungen Goethe" saß wie angewachsen, sein Lächeln schien an eine ferne Geliebte gerichtet zu sein, und alle hörten ihn im Geiste singen: „O Mädchen, mein Mädchen, wie lieb' ich dich!"

Brann war mit der Musik zu „Wasif und Akif" unzufrieden und bat mich, ihm eine neue zu schreiben.

„Vielleicht können Sie sich auch für meine Münchener Spielzeit von Ihren Berliner Verpflichtungen frei machen und die musikalische Leitung meiner Marionettenbühne während unserer kurzen Saison im Ausstellungspark übernehmen? In Berlin versäumt man im August, September nicht viel."

Meine Frau strahlte mich an, und ich sagte zu, falls auch sie im Ensemble bliebe.

„Natürlich bleibt sie", sagte Brann.

Seit meiner vielseitigen Tätigkeit an der Münchner Schaubühne im Steinickesaal glaubte ich, den Theaterbetrieb zu kennen. Aber erst bei Brann ging mir ein Licht auf. Bei ihm wurde die Anzahl der Proben vom Fortschreiten der Inszenierung bestimmt. Ein Premierentermin wurde erst angesetzt, wenn man sicher war, daß keine Szene mehr unter Zeitdruck probiert werden mußte.

„Es fällt mir nicht im Traum ein, das Gehudel zu veranstalten, das fast an allen Theatern durch die vorzeitige Festlegung der Premierentermine die Regel ist."

„Glauben Sie, daß das Theater korrumpiert?"

„Ja, aber beim Schauspiel entspringt die Korrumpierung nicht dem System, wie bei der Oper."

„Können Sie das erklären?"

„Ich habe Opernregisseure schon vor Wut heulen hören: Ist dieser Tenor ein Gott? Bin ich ein Hanswurst?"

Paul Brann ließ sich jedenfalls nicht zum Hanswurst machen. Bei ihm stand die Architektur immer über dem Material.

Brann war nicht nur ein großer Regisseur, sondern auch ein meisterhafter Sprecher. Er sprach ebenso vollendet den Faust wie den Mephisto.

Frau Brann war eine dunkel verschattete Schönheit, ein kostbares Behältnis für tausend und ein Geheimnis. Als Puppenführerin war sie virtuos, als Sprecherin verwandelte sie sich mühelos aus einer Prinzessin in eine Kuhmagd. Aus der Tiefe ihrer von allen angebeteten Schönheit wurden Kräfte wirksam, welche die Organisation des Betriebes mit Grazie, Leichtigkeit und Charme über alle Unfälle, Umfälle, Zwischenfälle und Ausfälle hinwegtrugen, die jedes Theaterschiff immer wieder zu einem leckgeschlagenen Wrack zu machen drohen. Dank ihrer inneren Kraft hielt sie das Schiff von Paul Brann auf dem vorgezeichneten Kurs. Jeder im Theater – außer ihrem Mann – wußte, daß sie ihm die Kenntnis vieler drohender Katastrophen vorenthielt. Tat sie das einmal nicht, brüllte er: „In meinem Theater gibt es keine Katastrophen, das dürftest du allmählich wissen."

Jahrzehnte später wurde ich in Moskau durch die Arbeitsweise des ungeheuren Apparates des Bolschoi-Theaters an die des Miniaturtheaters von Paul Brann erinnert.

Ich kam zu einer Vormittagsprobe der Prokofieff-Oper „Krieg und Frieden". Es war sechs Wochen vor der Premiere. Der komplette Apparat stand zur Verfügung, obwohl es nur um eine Beleuchtungsprobe, genauer gesagt, um die Erreichung einer einzigen Beleuchtungswirkung ging. Der riesige Chor war in Kostüm und Maske und probierte Stunde um Stunde ohne Nachlassen der Spannung und ohne ein lautes Wort: Das mathematisch genaue Zusammentreffen des f-f-f-Tutti-Einsatzes von Chor und Orchester mit einem ungeheuren Lichtschlag der höchsten Beleuchtungsstufe aus dem verdunkelten Saal, dem verdunkelten Orchester und der nachtschwarzen Bühne heraus.

Als sie aufhörten, hatten sie es geschafft. Die Wirkung war ungeheuer. Am Ende der Probe waren alle erschöpft und glücklich. Ein Beweis dafür, daß Brann unrecht hatte mit der Behauptung, daß die Oper als Gattung notwendigerweise korrumpiere. Nur das übliche System korrumpiert, das abgeschliffene, im Lauf der Zeit legalisierte Klischee.

In der Münchner Zeit zwischen 1929 und 1932 war für mich die Begegnung mit Hermann Scherchen entscheidend. Er dirigierte, ohne Honorare und Spesen anzunehmen, fast alle großen Konzerte und Opernaufführungen der 1927 in und für München durch Fritz Büchtger gegründeten „Vereinigung für zeitgenössische Musik". Dabei wohnte er meistens im Hotel Grünwald. Er stand früh fünf Uhr auf und bestellte seine Schüler, darunter auch mich, um diese Zeit ins Hotel. Bei seinem Lever assistierten wir andächtig, wie Ministranten beim levitierten Hochamt. Es war zeremoniell wie im 18. Jahrhundert. Einer kümmerte sich um das Frühstück, ein anderer wärmte ihm die Badetücher vor, ein Dritter rieb ihm den Buckel, wenn er naß aus der Wanne kam, der Rest bemühte sich, Unterwäsche, Kleider, Partituren, Socken und Schuhe bereitzulegen. Mit leiser Stimme sprach Scherchen dabei über die ‚Kunst der Fuge', die IX. Symphonie, über Lully, Perrault, Schönberg, Honegger und über die Werke, deren Aufführung er vorbereitete. Er reagierte ungehalten, wenn man seine Erklärungen nicht verstand.

„Ihr habt Dreck in den Ohren, darüber solltet ihr euch klarwerden!"

Damit erreichte er, daß wir auf Zehenspitzen um ihn herumschlichen, um keines seiner Worte zu verlieren.

Zwischendurch telefonierte er mit halb Europa, seine Freunde waren darauf gefaßt, zu den unmöglichsten Zeiten angerufen zu werden. Ab und zu diktierte er Briefe, und zwar einem Sekretär, der gleichzeitig Schüler und Sklave war.

Wenn er nicht probierte oder im Bett liegend seine Partituren studierte, unterrichtete er, es sei denn, daß er nach weiblicher Gesellschaft schrie. In diesem Fall wurde eine Verehrerin herangeschafft. Wenn sie erwartungsvoll ankam, hatte er schon wieder Wichtigeres zu tun und schob sie wieder ab.

Der Unterricht hatte viele Gesichter. Er bestellte uns zum Beispiel ins Funkhaus. Dort erwarteten uns drei Klarinettisten mit ihren Instrumenten. Klarinettist A wurde angewiesen, die chromatische Tonleiter Ton für Ton von der tiefsten bis zur höchsten Lage langsam anzublasen. Wir mußten bei jedem Ton die Obertöne notieren, die wir hörten. Die Ergebnisse wichen zuerst voneinander ab. Aber schon beim Klarinettisten B wurden wir besser, bei C ging es wieder etwas vorwärts. Als wir wieder mit Herrn A anfingen, schrieb auch Scherchen mit. Bei C war es das zweite Mal soweit: Unsere voneinander unabhängigen Hörergebnisse deckten sich untereinander und mit denen von Scherchen. Damit war das Verfahren nicht beendet. Scherchen ließ die drei Spieler systematisch die Instrumente wechseln. Am Ende des Versuchs machte uns das Hören der Obertöne keine Schwierigkeiten mehr. Außerdem war praktisch bewiesen, daß die Wahrnehmbarkeit der Obertöne nicht nur vom Instrument, sondern auch vom Instrumentalisten abhängig ist.

Bei uns in Lochham, wohin wir 1931 umgezogen waren, ließ er den ersten Trompeter des Bayerischen Staatsorchesters, Herrn Donderer, in unserem mit Steinboden und gekachelten Wänden ausgestatteten Badezimmer einzelne Töne in allen Lagen und Lautstärken spielen.

Dann verlangte er: „Jeder von euch definiere, getrennt nach Qualitäten, was er im Badezimmer gehört hat."

Nach einem unnachsichtigen Examen folgte ein zweiter Versuch.

Zu guter Letzt sagte Scherchen überraschend:

„Lieber Freund Donderer, es ist nicht Gottes Wille, daß die Trompeter bei jedem *pianissimo* den Ansatz hören lassen."

„Lieber Freund Scherchen, Sie täuschen sich. Es ist in der Tat Gottes Wille. Wir können kein *pianissimo* aus dem Nichts entwickeln. Eine Trompete ist keine Klarinette."

Der Meister hatte diese Antwort erwartet. Mit der sokratischen Methode, die Wahrheit fragend allmählich ans Licht zu ziehen, begann er so lange und von so verschiedenen Gesichtspunkten aus zu fragen, bis sich Donderer völlig verwirrt herbeiließ, verschiedene technische Möglichkeiten des Ansatzes in Betracht zu ziehen, die er, wie jeder Trompeter für unmöglich gehalten hatte. Und siehe da, er erzielte nach den Anweisungen des Theoretikers Scherchen einen *pianissimo*-Ansatz, den es bis dahin noch nicht gegeben hatte. Scherchen wurde milde und gratulierte.

1931 war der Höhepunkt der von der „Vereinigung für zeitgenössische Musik" in München veranstalteten Festwochen. Man erwartete mit Spannung die Uraufführung der Vierteltonoper „Die Mutter" von Alois Hába. Dieses Unternehmen war aufregend, ja wahnwitzig, geplant von jungen Leuten, deren Glaube an die unerschöpfliche Kraft Hermann Scherchens größer war als die Einsicht in die außergewöhnlichen Schwierigkeiten der Verwirklichung.

Man brauchte geeignete Solisten, bekannte Opernsänger, welche die Lust und die Fähigkeit hatten, Viertelintervalle zu hören und zu trainieren.

Man brauchte achtzehn qualifizierte Solistinnen und Solisten für den Vierteltonchor, Charaktere, in denen sich Ehrgeiz, Begabung und Selbstverleugnung die Waage hielten.

Man brauchte drei Vierteltonklaviere, ein Vierteltonharmonium und zwei Vierteltonklarinetten, und das schon sechs Wochen vor der Uraufführung.

Man brauchte eine Menge Streicher und zwei Posaunisten mit besonders feinem Gehör, die jede Strapaze auf sich nahmen, um das Vierteltonspielen zu erlernen.

Man brauchte zwei Klarinettisten, die bereit waren, sich auf Vierteltonklarinetten umschulen zu lassen. Außerdem zwei Harfenistinnen, welche die Schwierigkeiten auf sich nahmen, immer wieder ihre Instrumente gegeneinander um einen Viertelton zu verstimmen.

Wie durch ein Wunder fand man alle und alles. Das größte Wunder aber war, daß alle ohne Honorar bereit waren, so schwer zu arbeiten, wie sie vielleicht noch nie im Leben gearbeitet hatten.

Scherchen trug bei den Proben einen weißen Chirurgenmantel. Die Orchesterproben für die Hába-Oper fanden häufig im Saal eines Bierlokals in der Nähe der Universität statt. Es klingt wie ein Märchen, daß es Scherchen einmal mit einem geflüsterten halben Satz nachts um 3 Uhr gelang, die Mitglieder des Bayerischen Staatsorchesters, die nach einer anstrengenden Opernvorstellung ab 23 Uhr schon vier Stunden bis zur Erschöpfung mit ihm probiert hatten, zu bewegen, noch eine halbe Stunde zuzugeben.

Für die Festwoche 1931 probierte Scherchen an manchen Tagen bis zu zwanzig Stunden. Er bestellte die Leute zu den unmöglichsten Zeiten, und sie kamen.

Die Uraufführung der ersten und letzten Vierteltonoper, die das Gärtnerplatztheater in München jemals erlebt hat, wurde zu einem großen Erfolg. Die Aufführung war im einzelnen und im ganzen vollendet. Wer eine dissonanzenreiche Musik erwartet hatte, wurde durch die Weichheit und expressive Schönheit des Klanges überrascht.

Scherchen wurde nach diesem Ereignis durch die Partitur meines Chorwerkes „Furchtlosigkeit und Wohlwollen" überrascht, dessen Uraufführung auf dem Programm stand.

Meine Frau hatte es in aufreibender Tag- und Nachtarbeit erst in letzter Minute geschafft, die kalligraphische Reinschrift der 351 Seiten starken Partitur und des gesamten Orchestermaterials rechtzeitig fertigzustellen.

Die Partitur lag schließlich unter einem Stapel anderer Partituren in Scherchens Hotelzimmer. Weil sie am schwersten war, diente sie als Fundament für Hába, Honegger, Orff und die anderen Komponisten des Musikfestes. Sie hatte eine tragende Funktion, aber nicht die, die ich mir wünschte.

Ich mußte den erschöpften Freund Scherchen eines Morgens um 4.30 Uhr mit sanfter Gewalt dazu zwingen, sie endlich durchzusehen. Er hatte nicht gewußt, was ihm da blühte. Die Partitur wog nicht nur schwer, sie war auch mit Schwierigkeiten ersten, zweiten und dritten Grades gepflastert: Alpträume von Virtuosität für die Streichertuttisten, perennierendes Trompetengeschmetter, das jeden Trompeter mit Sorge um sein Mundwerkzeug, besonders um die Unversehrtheit seiner Lippen erfüllen mußte, und brennend gepfeffert mit Schlagzeugpassagen.

Das lag jetzt endlich im Bett auf Scherchens Bauch und Knien. Von Natur aus war der Meister blaß. Aber die marmorne Blässe, die sein Antlitz nach der Lektüre der ersten fünfzig Seiten überzog, war erschreckend. Auf seiner glatten Stirne bildeten sich große Schweißtropfen. Sie drängten unwiderstehlich ans Licht und fielen ab und zu schwer auf die Noten. Er sagte heiser:

„Ich muß unter die Dusche."

Ich bestellte sein Frühstück, er rührte nichts an, ging wieder ins Bett und studierte den Probenplan. Für „Antigone" von Honegger und mein Oratorium zusammen gab es nur die üblichen Proben für ein Orchesterkonzert und die Generalprobe. Ich versuchte Scherchen zu trösten:

„Der Chor ist ausgezeichnet studiert."

Er antwortete: „Ich muß Ihr Stück leider zusammenstreichen."

Ich sagte „Auf Wiedersehen" und ging.

Bei der Hauptprobe lief die „Antigone" wie geschmiert. Sie war gut und ausreichend probiert. Nach der Pause sagte Scherchen dem Orchester und dem Chor eine Menge von Strichen für „Furchtlosigkeit und Wohlwollen" an. Er kam nicht weit damit. Der 300 Sänger starke Arbeiterchor rebellierte:

„Wir haben das Werk monatelang studiert, wir sind stolz darauf, wir haben alles gelernt, und wir werden alles singen."

Als Scherchen insistierte, nahm der Chor eine drohende Haltung ein. Er rückte langsam, aber unaufhaltsam quer durch die Reihen des Orchesters und um das Orchester herum gegen Scherchen vor. Von der Menge eingeschlossen, erfaßte er, daß dem Chor das „Wohlwollen" für ihn abhanden gekommen war, nicht aber die „Furchtlosigkeit".

Er entschied: „Nachdem Sie darauf bestehen, daß nichts von den Chören gestrichen wird, streiche ich alle Rezitative." An Stelle des Tenors wurde ein Sprecher bestellt. Dann wurde bis 24 Uhr weiter probiert. Der Chor war perfekt, schließlich war auch das Orchester im Bild. „Wir haben uns orientiert", sagten sie. Die Trompeter hatten sich geschont. Keiner konnte zu seinem Kollegen sagen: „Dein Mund ist wie eine blutende Wunde."

Trotzdem lief Gerhard von Westermann, der das Rundfunkorchester zur Verfügung gestellt hatte, jammernd durch den Saal und klagte ein übers andere Mal: „Meine armen Trompeter! Oh, meine armen Trompeter!"

Kaum war die Probe zu Ende, liefen alle mit unglaublicher Schnelligkeit auseinander.

Bei der Generalprobe wurde das Stück einmal durchgezogen. Ich fand es fürchterlich. Die im Gegensatz zu den massiv instrumentierten Chören zart und expressiv gegleiteten Rezitative fehlten. Der Sprecher war kein Schauspieler, sondern ein Literaturprofessor, und so sprach er auch. Im ganzen hatte ich das Gefühl, unter einer rüttelnden, schlecht konstruierten Eisenbahnbrücke zu sitzen, über die endlose Schnellzüge donnerten. Die Worte des Professors fielen wie Schotterbrocken auf meinen Kopf.

Am Abend hörte das Publikum eine makellose „Antigone".

Die Aufführung meines Werkes war besser als erwartet. Scherchen war in Überspannung und in Höchstform als Dirigent. Nach wenigen Minuten war er schweißgebadet, bei jedem seiner wie immer akzentuierten Einsätze spritzten kleine Schweißfontänen auf die armen Solisten, besonders auf die junge Sopranistin.

„Noch nie", sagte sie später, „habe ich mir so sehnlich einen Regenschirm gewünscht."

Das Orchester arbeitete wie ein Lokomotive, der Chor übertraf sich selbst. Die acht Trompeter schmetterten ihre Toccatenachtel in einem nicht nachlassenden ff. Alles rollte, tobte, dröhnte genau nach Plan. Die in Töne verwandelte Kalligraphie begann mir zu gefallen, den Literaturprofessor hatte ich verdaut.

Plötzlich begannen die ersten Geigen wie ein Mann in eine Streicherpause wütende Passagen hineinzuspielen, deren Vortrag erst später vorgesehen war. Die zweiten waren irritiert und einigten sich auf eine andere wilde Stelle. Sie kam wie vom Teufel, nicht vom Dirigenten zitiert. Der Chor sang unbeirrt weiter. Sie trafen ihre Töne, denn die hatten sie gelernt. Sie hätten auch weiter gesungen, wenn der Lüster heruntergekommen wäre. Der Schlagzeuger, umstellt von einer Menge von Instrumenten, begann sich plötzlich um seine Achse zu drehen und hieb und schlug und schmetterte wirr auf Holz, Fell und Metall wie im Irrsinn. Es war Verzweiflung und guter Wille. Aber es war wirkungsvoll, um so mehr als auch der Pauker, von der Wildheit des Schlagzeuges angesteckt, seine vier Pauken auf bewunderungswürdige Weise verprügelte, ohne System, aber virtuos und mit rasender Geschwindigkeit.

Meine Frau war einer Ohnmacht nahe, mir wurde übel. Ganz ohne Grund, da die Produktion in diesem Augenblick von verblüffender Wirkung war. Scherchen stoppte den Tonstrom, der Literaturprofessor sagte etwas, das nach ‚good will' oder „Wohlwollen" klang, der Schlußchor setzte einen dicken Punkt mit Ausrufungszeichen hinter die Unternehmung, und meine erste große Uraufführung war vorüber.

Das Publikum war von dem Lärm, der Gewalttätigkeit der Musik und den unerwarteten Klängen gepackt. Sie hatten schließlich alle etwas Neues gehört – wie auch der Komponist.

Die Avantgarde war entzückt, der Kritiker Katz und andere griffen mächtig in die Saiten, und die Reaktion sah zu meinem Entzücken wieder einmal das Ende der Musik voraus.

Kurz nach der Uraufführung fragte mich eine freundliche alte Dame: „Ich glaube, ich verstehe Sie sehr gut, aber warum haben Sie Ihre pazifistischen Lehren mit der Gewalttätigkeit eines Dschingis Khan vorgetragen?"

Die Frage gab mir zu denken.

Es war schon einige Zeit vergangen, seit die schwarze Reichswehr die russische Armee ausgebildet hatte. Aber die gescheitesten Köpfe dachten immer weniger daran, ihre Mühlen in das Nichts zwischen den Extremen zu bauen. Sie bauten sie ins absolute Nichts.

Dies war der Augenblick, in dem ich meine Parabel hören lassen mußte. Zwar wußte ich, daß ich weder mit *forte* noch mit *piano* etwas ändern konnte, aber es war noch möglich, sich mit radikaler Schärfe auszudrücken.

Scherchen duzte mich zum erstenmal, als er meinte:

„Du hast recht getan."

Der Trompeterzorn Gerhard von Westermanns war unter den wärmenden Strahlen der über „Furchtlosigkeit und Wohlwollen" aufgehenden Pressesonne rasch verraucht. Er bot mir an, im Auftrag des Bayerischen Rundfunks eine abendfüllende „Funkoper" zu schreiben.

Ich sagte ihm, eine „Funkoper" gäbe es gar nicht. Das Beiwort Funk drücke eine Beschaffenheit aus, die mit dem Gegenstand Oper im Widerspruch stünde. Eine Funkoper sei ein Unding, eine *contradictio in adjecto.* Reger hätte gesagt: „Mist".

Er erwiderte mir, heutzutage müsse alles „funkisch" sein, was über den Sender ginge: die Wiedergabe einer Symphonie, die Formulierung von Nachrichten, Operetten, Hörspiele, Reportage, alles.

Ich betonte, auch bei einem großen Auftrag würde ich nicht auf die Verwendung von Hörnern und anderen Instrumenten verzichten, die von den Technikern des Funks vielleicht erst in fünf Jahren befriedigend übertragen werden könnten.

Westermann runzelte die Stirn, riß die Augen auf und rang die Hände. Wie er denn um Gottes willen den Auftrag an mich in der Regiesitzung rechtfertigen solle, wenn ich „funkisch“ mit „blödsinnig“ übersetzte?

Ich erklärte ihm, daß jeder Rundfunkhörer das Interesse an einem unbekannten musikdramatischen Werk verlöre, wenn er nicht mehr verstünde, was vorginge. Ich würde daher Sprecher einfügen, die sich vor jeder Szene dialektisch mit dem jeweiligen Stand der Ereignisse auseinandersetzten. Dann könne jeder der Handlung folgen.

Schließlich gestattete ich ihm ausdrücklich, dieses Verfahren als „funkisch“ zu bezeichnen.

Am Sonntag, dem 2. Oktober 1932, kam ich gegen Abend in Winterthur an und traf mich mit Scherchen wie verabredet im Hotel Krone, wo er bei seinen Winterthurer Konzerten residierte und für mich Quartier gemacht hatte.

Ich war müde und ging früh schlafen. Kaum war ich im Bett, da klopfte er mich heraus und bat mich, in seinem Zimmer zu übernachten. Er sei hellwach und könne nicht einschlafen, aber wir könnten schon anfangen, den „Columbus“ durchzusprechen. Ich zog also um. Aus dem Gespräch wurde nicht viel, weil ich übermüdet wieder einschlief.

Gegen 23 Uhr wachte ich auf und hörte Scherchen in seinem strengen, raschen und etwas heiseren Tonfall telefonieren: „Gut, du bist in Paris, und ich bin in Winterthur. Ich weiß, daß du alles für mich tun wirst. Bitte, behalte den Hörer am Ohr, bis ich mich wieder melde. Ich kann dann vielleicht einschlafen.“

Er legte den Hörer neben sich auf das Kopfkissen und schlief ein. Alle paar Stunden wachte er wieder auf, nahm den Hörer ans Ohr und versicherte sich: „Bist du noch da? Bitte, behalte den Hörer weiter am Ohr.“ Dann schlief er wieder. So ging das bis fünf Uhr früh. Dann dankte er dem Opfer am anderen Ende des Drahtes und erhob sich frisch wie der junge Tag.

Nach der ersten Vormittagsprobe sprach er mit mir: kurz über Gestalt und Form der Musik und lang über akustische Korrekturen.

„Haben Sie bemerkt, daß bei den Forte-Akkorden zu Beginn des ersten Satzes ein Teil der Töne zu laut und ein Teil zu leise kam?"

„Es klang nicht so, als ob alle Forte geblasen hätten."

„Sie haben aber alle Forte geblasen!"

„Wie haben Sie die Balance erreicht?"

„Ich habe die dynamische Bezeichnung jeder Gruppe entsprechend ihrem Klangvolumen korrigiert."

„Gefühlsmäßig?"

„O nein! Während meiner Beschäftigung beim Rundfunk habe ich mich viel mit Elektroakustik befaßt. Selbst die Tätigkeit des Dirigenten ist an wissenschaftliche Grundlagen gebunden."

Während er so dozierte, mußte ich an die arme Carola Neher denken, deren Liebe zu Scherchen an der Elektroakustik scheiterte. Sie war eine große Schauspielerin, die beste Polly in der „Dreigroschenoper". Um 23 Uhr kam sie aus dem Theater, um fünf Uhr morgens riß Scherchen sie aus dem Schlaf, raste mit ihr durch den Tiergarten und sprach über Elektroakustik. Jeden Tag kam sie überanstrengt zur Probe. Als sie nicht mehr konnte, verließ sie ihn.

Beim ersten Gespräch über „Columbus" kam Scherchen auf Claudel: „Wissen Sie, daß dieser Diplomat und Poet als Achtzehnjähriger wie vom Blitz vom Katholizismus getroffen wurde? Er baute seinen ‚Christoph Columbus' auf der mystischen Deutung des Namens auf. Christoph mußte er heißen, weil Christophoros ‚Christusträger' bedeutet, Columbus, weil columba, die Taube, den Heiligen Geist symbolisiert. Claudels Columbus trägt Christus übers Meer ins Jenseits, und die Taube fliegt zum Schluß in die Unendlichkeit."

Ich hatte in Berlin die reiche, sensationell aufwendige Inszenierung des „Columbus“ von Claudel mit der Musik von Milhaud bewundert. Neue Regiegedanken hatten neue Wirkungen erzielt. Sie suggerierten Kolossales, Subtiles, Unerforschliches, und das Ganze befand sich im Einklang mit dem Übermaß, der Subtilität und der Dunkelheit der Dichtung. Ich gestand Scherchen, daß ich beeindruckt war, aber weder den Taubenschwarm, der da überraschend aufflog, noch die Solotaube, noch die tiefsinnigen Zwiegespräche des Columbus mit seinem anderen Ich, noch die im Vordergrund wimmelnden Chorhaufen verstanden hätte.

Scherchen meinte dazu: „Lieber als Claudel, der sich im Mystizismus verlor, ist mir der Wirkliche Geheime Rat. Friedrich Wilhelm Schelling, dem es in München gelungen ist, das Übervernünftige zu erfinden.“

Als Scherchen begriffen hatte, daß mein eigener Plan unabhängig war von der Vorstellungs- und Gedankenwelt Claudels, baute er sein Mißtrauen ab und kam zur Sache. Im Verlauf der Woche untersuchten wir gemeinsam die anzuwendenden Mittel und die daraus resultierende Form. Scherchen examinierte, ich antwortete:

„Was verstehen Sie konkret unter Authentizität?“

„Die Verwendung von Dokumenten.“

„Wollen Sie damit Ihrem Stück Farbe geben?“

„Nein, den Geschmack der Wirklichkeit.“

„Beispiel?“

„Durch einen königlichen Erlaß wurden das Admiralsschiff ‚Santa Maria‘ und die Begleitschiffe ‚Pinta‘ und ‚Nina‘ mit Mördern und Schwerverbrechern bemannt.“

„Im Zusammenhang mit dem Auftrag, Gold zu finden und Christen zu machen, ist der Erlaß interessant. Ein zweites Beispiel?“

„Die Annexionsurkunde, die den Indios am 12. Oktober 1492 in lateinischer Sprache vorgelesen wurde."

„Haben Sie den Text bei sich?"

„Ja."

„Lesen Sie bitte."

„*Gott hat den Papst, genannt Sankt Peter, zum Statthalter des gesamten Erdkreises eingesetzt. Dieser Papst hat alle Länder, welche westlich der Linie liegen, die 100 Leguas westlich von den Azoren vom Nordpol zum Südpol gezogen ist, dem König von Spanien zum ewigen Besitz verliehen, wie ihr es ausdrücklich in gewissen Akten finden werdet, die man euch zeigt, wenn ihr danach verlangt. Seine Majestät ist demnach König und Herr eures Landes. Wenn ihr das anerkennt, tut ihr wohl daran und erfüllt eure Pflicht. Wenn ihr euch aber weigert, dann werden wir euch auf Befehl Gottes mit dem grausamsten Krieg überziehen. Wir bitten und befehlen euch, daß ihr euch sofort reiflich überlegt, was wir euch mitgeteilt haben, damit ihr die Kirche als Souverän anerkennt und Seine Majestät als König.*"

Scherchen wurde ganz aufgeregt: „Die Begründung der Besitznahme ist klassisch. Zuerst kommt die Religion oder die Ideologie. Die Kriegsdrohung hängt damit zusammen wie der Kopf mit dem Hals. Ich fürchte, Ihr Stück könnte nicht nur zur Zeit, sondern auch zur Unzeit begriffen werden. Dann wird die Beleuchtung etwas zu hell sein."

Hinter dem Lamento der Ausfahrt mit dem angstvoll schaudernden Volk und hinter dem Goldfieber und der Grausamkeit der Eroberer sollte kühl und unantastbar die Macht des politisch religiösen Dogmas Spaniens stehen und der Auftrag des Stellvertreters Jesu Christi, Heiden in Christen zu verwandeln, verlorene Seelen in gute Untertanen und in gehorsame Kinder der Kirche.

Scherchen interessierte besonders meine Anschauung, der

geschichtlich handelnde Mensch könne seiner Verantwortung nie ledig werden, auch nicht, wenn man ihn in dem gigantischen Koordinatensystem des geschichtlichen Kräftespiels sieht.

Diskutiert und gut befunden wurde auch die wörtliche Übernahme von Texten aus den Bordbüchern des Columbus für seine Gesänge. Ebenso die musikalische Adaption der letzten zugänglichen Reste der präcolumbianischen Musik und die Verwendung von Teilen der Liturgie, zum Beispiel des „Te Deum" nach der Verlautbarung der Annexion und des „Gloria" bei der ersten triumphalen Rückkehr des Entdeckers nach Spanien.

Nach der anregenden und lebendigen Woche in Winterthur sah ich Scherchen nur noch einmal, bevor er in die Schweiz emigrierte. Es war bei uns in Lochham.

Vor unserer Gartentür entstieg er unter Assistenz eines livrierten Chauffeurs unvermutet einem riesigen Achtzylinder, ersteigert aus dem Nachlaß des Zündholzkönigs Ivar Kreuger, der sich eine Kugel in den Kopf geschossen hatte, als sein Imperium zu wackeln begann. Vor dem Rücksitz hatte Scherchen ein großes Pult für seine Partituren einbauen lassen. So konnte er studierend und dirigierend von einem Ort zum anderen kommen, ohne eine Minute zu verlieren.

„Wo ist Carola?" fragte er verstört. Er wolle sie nicht abends in den Kammerspielen aufsuchen, wo sie die Polly spielte.

Wir wußten, daß Carola Neher seit Beginn ihres Münchner Gastspiels am Wörthsee in einem kleinen Holzhaus mit einem neuen Freund lebte. Er war Rumäne oder Russe. Sie hatte uns ab und zu mit ihm besucht. Er war ein Hüne, ein slawischer Typ mit starken Backenknochen und schrägstehenden grünen Augen. Noch kurz zuvor war er an der

Technischen Hochschule in Berlin als Ingenieurstudent immatrikuliert. „Das war Tarnung", sagte er, „in Wirklichkeit hatte ich die Aufgabe, Aufstände in Berlin vorzubereiten. Jetzt lebe ich mit Carola in München, bis wir miteinander nach Moskau gehen können."

1933 heirateten die beiden und gingen nach Moskau. Er wurde erschossen, warum, wußte niemand. Sie kam in ein russisches Gefängnis und blieb für immer verschollen. Es gibt noch eine Platte von ihr mit Songs aus der „Dreigroschenoper". Ich hörte sie zufällig bei Freunden in Wien, in den fünfziger Jahren. Ich mußte aus dem Zimmer gehen. Ich liebte sie als Schauspielerin und als einen der makellosesten Menschen, die ich gekannt habe.

Scherchen habe ich bei seinem Besuch ihre Adresse nicht gegeben. Es hätte zu einer Katastrophe geführt. Im übrigen verschwieg ich ihm nichts. Er blieb bis 17 Uhr am gleichen Platz sitzen, aß nicht, trank nicht und schwieg. Schließlich erhob er sich wortlos und fuhr zurück nach Berlin.

Ich sollte ihn erst 1947 in Darmstadt wiedersehen.

Waldspaziergang in Lochham: Werner Egk mit seinem Hund.

Nach Fertigstellung der „Columbus"-Partitur versuchte ich so rasch wie möglich einen Aufführungstermin zu bekommen. Das Honorar wurde ja erst nach der Sendung fällig.

Im Funkhaus erreichte ich zunächst nichts. Menschen und Verhältnisse hatten sich verändert. Die einen hatten Angst um ihre Stellung, die anderen empfahlen sich durch „Loyalität". Die Cleversten erschienen mit Parteiabzeichen in ihren Büros.

„Wie kommt die ‚Plombe' auf Ihr Revers?"

„Ich habe mir schon vor vier Wochen das Parteibuch besorgt. Köpfchen!"

Westermann sagte auf meine Frage nach dem Sendetermin des „Columbus", ich ginge am besten zum Sendeleiter. Der Sendeleiter schickte mich zum Programmdirektor, der Programmdirektor zum Intendanten.

Mein Freund Rudolf von Scholz war nicht mehr da. Er überlebte in einem weltabgeschiedenen Nest bei Passau und setzte sich erst nach 1000 Jahren in Ehren wieder auf seinen Stuhl im Funkhaus. Die neuen Herren von 1933 hatten beabsichtigt, ihn in seinem Amt zu bestätigen: Er hätte nichts zu fürchten. „Euch, meine Herren, diene ich nicht", antwortete er, stand von seinem Stuhl auf und ging.

Sein Nachfolger schickte mich zum Programmdirektor

zurück, dieser zum Sendeleiter, und im Handumdrehen war ich wieder bei Freund Westermann.

Innig bat er um Verständnis für seine Lage. Sie sei delikat.

Meine sei es auch.

Ich hätte aber doch keine Stellung zu verlieren.

Gerade deshalb brauchte ich ja die achtzehnhundert Mark so rasch wie möglich, die der Bayerische Rundfunk mir schulde.

Das tat ihm leid.

Was er denn von einer Rundfunksendung über die Entdeckung Amerikas befürchte? Die Gesellschaft auf der „Santa Maria“ und auf den beiden anderen Schiffen hätte aus Verbrechern, Juristen und Geistlichen bestanden. SA-Leute seien keine dabeigewesen.

„Pst, die Wände haben Ohren!“

Ich bat ihn, mir endlich aufrichtig zu sagen, warum er das Stück nicht ansetzen wolle. Er meinte, er wolle sich im Augenblick nicht dazu äußern.

Da ging ich in die Kantine. Kaum sah mich der Sohn eines damals sehr erfolgreichen Schriftstellers, sprang er auf, wie von der Tarantel gestochen, und fauchte mich an: „Was suchen *Sie* noch hier?“

„Ein Glas Bier.“ Es kamen ein paar Lacher.

Die Volksschauspielerin Irene Kohl lief mit rotem Kopf im Funkhaus herum und empörte sich, sie könne die Neger-Musik nicht mehr ertragen. Das richtete sich weniger gegen ehrenwerte Schwarze als gegen das ununterbrochene Dröhnen von Marschmusik aus allen Lautsprechern.

Der Harfenist Günther glühte vor Haß: „Solidarität? Daß ich nicht lache! Alle Räder stehen still, wenn dein starker Arm es will! Sie laufen! Wie abgeschmiert. Die SPD getraut sich nicht einmal mehr, ihre Leichen zu begraben. Und der Kaas ist kein Fels. Wir haben noch Gewerkschaften, sie sind gelähmt. Wir haben noch Gesetz und Recht. Aber die Richter im Gericht verhalten sich wie die Abteilungsleiter im Funkhaus."

Zu meinem Vertrag und der Schwierigkeit, zu meinem Geld zu kommen, meinte er: „Der eine hat den Beutel, der andere hat das Geld. Der eine hat einen Vertrag in der Tasche, der andere einen Revolver. Wenn Ihnen das Orchester helfen kann, werden wir alles für Sie tun."

Eine Anzahl meiner politisch gefährdeten Berliner Freunde konnte rechtzeitig entkommen, Erich Mühsam wurde verhaftet. Durch seine Frau erfuhr ich später, ihr Mann habe, ehe er an seine eigene Sicherheit dachte, alles so geordnet, daß die Polizei weder Aufzeichnungen noch andere Hinweise auf die Mitglieder seiner Weißenseer Gruppe oder auf die Abonnenten des „Fanal" finden konnte. Auch die Einzahlungen auf sein Postscheckkonto Berlin 824 19 ergäben keine Aufschlüsse.

Durch einen Angehörigen der damaligen deutschen Botschaft in London erfuhr ich Einzelheiten vom Besuch englischer Journalisten, die die Erlaubnis bekamen, die Verhältnisse in deutschen Konzentrationslagern und Gefängnissen zu studieren. Auch Mühsam wurde ihnen in Begleitung von zwei Wachen vorgeführt. Die Journalisten fragten, er antwortete:

„Geht es Ihnen schlecht?"

„Es geht mir gut."

„Wurden Sie mißhandelt?"

„Nein, die Behandlung ist human."

„Ist das Essen genießbar?"

„Es ist gut und ausreichend."

„Können Sie lesen, was Sie wollen?"

„Ja.“

„Auch Zeitungen?“

„Ja.“

„Haben Sie irgendwelche Wünsche, Beanstandungen, Klagen?“

Die Wachen sagten: „Sie können ganz offen sprechen, Herr Mühsam.“

Mühsam antwortete: „Ich habe mich über nichts zu beklagen.“

Die Wachen führten ihn wieder durch einen langen Korridor zurück. Plötzlich riß er sich von seinen Begleitern los und rief den Journalisten, die noch in einer Gruppe zusammenstanden, so laut er konnte zu:

„Wenn Sie in der Zeitung jemals lesen sollten, ich hätte mich umgebracht, glauben Sie es nicht! Ich schwöre Ihnen, ich werde nie Hand an mich legen.“ Die Wachen rissen ihn vorwärts.

Erschüttert las ich 1934 klein gedruckt in einer Zeitung, der Schriftsteller Erich Mühsam habe sich in der vergangenen Nacht in seiner Zelle an seinem Hosenträger erhängt.

Nachdem wir finanziell nicht mehr aus noch ein wußten, wurde ich erneut beim neuen Intendanten vorstellig. Er war etwas unwirsch, hörte mir aber aufmerksam zu, als ich sagte: „Ich habe eine Bombe konstruiert. Damit beabsichtige ich dieses Funkhaus in die Luft zu sprengen, falls ich heute wieder keinen Termin für die ‚Columbus'-Sendung bekomme. Die Bombe werde ich zweckmäßigerweise unter Ihrem Stuhl anbringen. Ich hoffe, Sie werden das Ticken überhören."

Kolb fand meine Reden lustig. Er fing an zu lachen und bemerkte, er habe noch einiges vor und ich solle heute noch meinen Termin bekommen. Ich möge zu Westermann gehen, der hätte ihn genug mit meinem ‚Columbus' gelöchert. Er riefe ihn gleich an. Ich bedankte mich und eilte zu Westermann.

Wo ich denn so lange gesteckt hätte. Er hätte einen Termin für mich am 2. Juli.

Am 1. Juli spät abends begann die Generalprobe. Westermann war es nicht wohl in seiner Haut. Er beschwor mich ein übers andere Mal, wenigstens die Hälfte zu streichen, er meine es gut mit mir.

Ich sagte, ich meinte es auch gut mit mir und würde das Stück strichlos spielen.

Am Tag der Sendung waren alle verreist, Westermann, der

Sendeleiter, der Programmdirektor und der Intendant. Einer fuhr in Urlaub, einer nach Berlin, einer mußte auswärts Sänger anhören, und der Intendant fuhr zu einer Konferenz. Wovor sie Angst hatten, habe ich nie erfahren. Vielleicht warteten sie auf „Richtlinien".

Freunde im Ausland zeigten sich nach der Sendung besorgt. Einer schrieb viel Zustimmendes und auf die Rückseite des Briefblattes den Satz: „Schweigen ist Silber – Komponieren Dachau?"

Doch es passierte nichts.

Um diese Zeit traf ich im Münchner Hauptbahnhof zufällig den jungen Burschen, der vor Jahr und Tag einige Wochen in unserem Garten gearbeitet hatte. Er war damals arbeitslos und als Kommunist verschrien. Jetzt sah er fast genauso aus wie früher. Nur seine Nase war eingeschlagen und sein Kiefer verschoben.

„Was haben sie mit Ihnen gemacht?"

„Nichts."

„War es ein Unfall?"

„Ja, aber ich mußte unterschreiben, daß ich nie über diesen Unfall reden werde."

„Waren Sie in Dachau?"

„Heil Hitler!" sagte er mit schiefem Maul und schob ab.

Daraufhin verbrannten wir im Heizungskeller mit rußigen Gesichtern jeden Brief, den wir für gefährlich hielten, ja sogar die Jahrgänge von „Fanal" und „Weltbühne".

Wir kauften ein Exemplar von „Mein Kampf" und lasen es. Wir wollten die Gegenwart scharf sehen und fanden: Das hat einer geschrieben, der sich des Menschenmordes freut.

Wir lasen „De Germania" von Tacitus. *De origine, situ, moribus ac populis Germanorum.* Wir wollten die Zukunft in der Vergangenheit finden. Wir trösteten uns mit der Lektüre der Chinesen:

„Wer sich des Menschenmordes freut,
Kann sein Ziel nicht erreichen in der Welt.“

„Die Welt erobern durch Handeln,
Ich habe erlebt, daß das mißlingt.“

Wir beschlossen, die Lehre zu beherzigen:

„Wer auf des Tigers Schwanz tritt, wird gebissen.“

Und auch die, daß es in Zeiten wie der unseren besser ist:

„.. den Mund zu halten
Und die Pforte zu schließen.“

Die Frage war nur die: Wie war das möglich?

Nachdem die Sendung des „Columbus“ niemanden in Schwierigkeit gebracht hatte, bekam ich wieder kleinere Aufträge vom Bayerischen Rundfunk. Wohl oder übel öffnete ich die Pforte wieder. „Wo niemand herauskommt, kommt auch nichts herein.“

Alois Johannes Lippl, der populäre Verfasser volkstümlicher bayerischer Schauspiele, der „Pfingstorgel“ und des „Holledauer Schimmels“, verschaffte mir durch seinen Freund Dr. Gerst einen zusätzlichen Auftrag zu einem volkstümlichen Mysterium, „Job, der Deutsche“, die Musik zu schreiben. 1948 wurde Lippl unter dem Kultusminister Hundhammer Intendant des Bayerischen Staatsschauspiels. Kurt Eggers, der Verfasser des Mysterienspiels, zielte auf das Verständnis der Massen und stützte sich auf Goethe, Calderón und Hofmannsthal. Was dabei herauskam, war, wenn ich mich eines Ausdrucks von Pierre Boulez bedienen darf: Staub und Scheiße.

Nachdem ich mich vergewissert hatte, daß ich keinen Text komponieren mußte, sondern Orchestermusiken zu Balletten und Bewegungschören, nahm ich an. Regisseur war Hans Niedecken-Gebhardt, international bekannt durch seine Tätigkeit an der New Yorker Met.

Die Organisation lag in den Händen von „Toni“, dem

Leiter der Landesstelle Rheinland des Propagandaministeriums, einem Tempel ewiger Besäufnis. Das Büro stand voll mit Batterien von gefüllten, halbleeren und leeren Bier-, Wein- und Schnapsflaschen. Die Kameradschaft zwischen den Damen und Herren des Büros war total, der Umgangston entsprechend rauh, aber herzlich.

Am ersten Probentag holte mich der Chauffeur der Landesstelle im Hotel ab. Es fiel mir auf, daß er nicht aussah wie ein Chauffeur. Ich fragte: „Wie lange sind Sie schon Chauffeur?"

„Nicht sehr lange. Ich saß auf der Parteileiter schon ziemlich weit oben. Aber dann war auf einmal nichts mehr für mich drin. Hier aber gibt es manchmal Gelegenheit, mit großen Tieren zu sprechen. Das ist meine Chance. Alle suchen Persönlichkeiten, die das Zeug haben, ganz radikale Sachen zu machen. Das kann ich."

Er gab Vollgas, fuhr auf der regennassen Rheinpromenade los wie der Teufel, riß plötzlich am Steuer, stieg auf die Bremse, der Wagen drehte, und wir sausten ohne anzuhalten in entgegengesetzter Richtung weiter. Es war eindrucksvoll. Nach der Wiederholung seiner Nummer sagte er: „Das imponiert. Ich habe noch mehr solche Tricks. Damit werde ich's schaffen!"

Eugen Klöpfer spielte den deutschen Hiob, Flokina von Platen das Laster. Sie drang im Tangoschritt auf ihn ein, er benahm sich wie der heilige Antonius. Die Ballettmeisterin des Kölner Opernhauses, Inge Herting, stieß mit einem gemäßigt lasziven Solo nach. Umsonst. Frau Krull als Seuche drohte mit einer Horde fleckiger Scheusäler den deutschen Hiob zu erdrücken. Umsonst. Seine sieben Söhne fielen. Umsonst. Zum Schluß psalmodierte ein Sprechchor das Deutschlandlied. Ende.

Nach der letzten Aufführung warteten wir alle auf das vereinbarte Honorar. Auch umsonst. „Toni" hatte die Einnahmen aller Aufführungen verjubelt, verspielt und versoffen. Es gab kein Geld, weil keines da war. Damit war der groß aufgeblasene Ballon des „Reichsbundes für Freilicht- und Volksschauspiele" geplatzt.

Kurt Eggers aber, der evangelische Theologe, mauserte sich zum „Deutschen Christen" und brachte es in wenigen Jahren zu außergewöhnlichen Parteiehren.

Nach dieser Pleite erwartete mich in München die nächste in Form einer schleichenden Existenzkrise. Der Rundfunk entzog mir langsam, aber stetig die Aufträge, von denen wir mehr schlecht als recht gelebt hatten. So stand ich eines Tages nackt und bloß im Regen und hatte nicht einmal ein Parapluie für meine Familie. „Wer", fragte ich mich in meiner Verzweiflung, „wer gibt mir eine Hypothek auf meinen Kopf?" Es fand sich keiner, der eine solche Anlage für rentabel hielt.

Eines Tages saß ich wieder einmal bei Orff, mit dem ich inzwischen eng befreundet war, und sprach von einem Opernplan. Er seinerseits sprach von seinem „Schulwerk"-Projekt. 1932 war es so gut wie sicher gewesen, daß ihm der preußische Kultusminister Kestenberg dafür ein staatliches Experimentierzentrum in Berlin bauen würde. Dieses Vorhaben war durch den Aufstieg der „politischen Resl von Konnersreuth" und den damit verbundenen Sturz des Ministers Kestenberg gegenstandslos geworden. „Jetzt", meinte Orff, „muß Schott drucken." Noch war zwar keine Note des Schulwerks zu Papier gebracht, aber im Kopf stand Idee und Aufbau fest, und das war schließlich die Hauptsache.

Ich wollte gerade wieder weggehen, da zeigte mir Orff noch eine Seite der Berliner Illustrirten: „Appell des Reichsarbeitsdienstes": In einer unendlichen Perspektive sah man Reihe über Reihe präsentierter Spaten. Gesichter sah man nicht, sie waren von den Spatenblättern verdeckt. Die Männer wirkten, als hätten sie statt des Kopfes ein Blechblatt auf den Schultern. Orff bemerkte lakonisch: „Das Gesicht des Nationalsozialismus."

In diesem Augenblick läutete die Hausglocke. Ludwig Strecker, einer der beiden Inhaber des Weltverlages B. Schott's Söhne Mainz, trat, freudig von uns begrüßt, auf den Plan.

Orff kämpfte mit eindringlicher Beredsamkeit für die Annahme seines Schulwerks. Strecker wollte Noten sehen. Zufällig lag auf der linken Seite des Flügels ein dicker Stoß unbeschriebenen Notenpapiers.

„Alles Schulwerk", exklamierte Orff und schlug mit der flachen linken Hand nachdrücklich auf das jungfräuliche Papier. Mit der rechten gestikulierte er vor dem Gesicht des Verlegers. „Das alles können Sie drucken. Es sind sechsunddreißig Hefte."

Strecker schrak vor dem Umfang des Unternehmens zurück und sagte wie betäubt, er wolle bestimmt drucken, aber er möchte den ihm so bestechend vorgetragenen Plan noch mit den Herren seines Verlages durchsprechen.

Orff erfaßte den Augenblick und dankte dem Verleger überschwenglich für den soeben mündlich abgeschlossenen Vertrag auf den Druck der ersten sechsunddreißig Hefte. Er zeigte die freudig bewegte Miene eines Mannes, dem es gelungen war, einem Mitmenschen gegen dessen Willen eine Wohltat zu erweisen.

Danach hielt er es für richtig, Strecker abzulenken, sprach kein Wort mehr von seinem Schulwerk, desto mehr aber von meinem bis dahin geheim gehaltenen Opernplan. Der Stoff sei hinreißend, der Erfolg sicher. Nach den Vier Italienischen

Liedern, mit deren Druck der Verlag einen soliden Egk-Stein gesetzt habe, sei es an der Zeit weiterzubauen.

Und schon bekam ich die unwahrscheinliche Hypothek auf meinen Kopf.

Ludwig Strecker sagte mir, vorerst für die Dauer eines Jahres, einen monatlichen Vorschuß auf die erhofften Erträgnisse meiner Oper „Die Zaubergeige" zu, der für unsere bescheidene Lebenshaltung ausreichend war, und ermöglichte mir so die Durchführung eines lang gehegten Lieblingsplanes.

Zu Hause erhob sich ein Freudensturm. Ich begann sofort mit der heiklen Arbeit der Verwandlung des Marionettenspiels in eine Oper. Das Szenarium mußte verändert werden. Auf einem neuen Grundriß entstand ein neues Gerüst. Die Hofgesellschaft flog heraus, einschließlich der Prinzessin Amalia, dem geschwollenen Herzog und der Richard-Wagner-Parodie. Der Jude Mauschel wurde durch die Figur des Guldensack ersetzt, bei dem weder die Rasse noch die Konfession eine Rolle spielt, ausgenommen die *confessio*, bei der vorwiegend auf Geld und Gut, Beschiß und Betrug geschworen wird.

Jetzt fehlten mir nur noch die Ziegelsteine und der Mörtel für den weiteren Bau des Librettos: die Wörter für die Rezitative, für Arien, Duette und Ensembles.

Ich hatte nie vorgehabt, das Libretto selbst zu schreiben. Das sollte ein gelernter Literat, ein Spezialist oder ein Dichter von Gottes Gnaden tun. Wir, das heißt Strecker und ich, kamen zunächst auf den Gedanken, den wortgewandten bayerischen Stückeschreiber Alois Johannes Lippl zum Librettisten zu machen. Lippl sagte uns mit Freuden zu, lieferte aber keinen Satz, keine Zeile und kein Komma, sondern nur einen Gag: Die beiden Räuber Fangauf und Schnapper sollten keinen Fußgänger überfallen, sondern eine Kutsche. Das sei besser für die große Dimension der Oper.

Jedesmal, wenn ich ihn fragte: „Wo bleibt mein Text?“, antwortete er: „Der Einfall mit der Kutsche wird Ihr Glück machen.“

Ich konnte aber keine Kutsche komponieren. Jeder Tag, den ich keinen Text hatte, war für mich verloren und schwächte meine Position gegenüber einem großzügigen Verleger. Lippl war überbeschäftigt, aber seine liebenswürdige Natur hinderte ihn daran, mir ins Gesicht zu sagen, daß er den Auftrag nicht ausführen konnte, weil er keine Zeit dazu hatte. So vergingen kostbare Monate. Ich wartete und wartete und bekam mit der Zeit Angstkomplexe und Zwangsvorstellungen. Ich sah mich schon auf eine Pantomime abgedrängt, in der die Kutsche durch Felder, Wälder, Wiesen, Parks und über Freitreppen in Schlösser hinein- und wieder herausfuhr, immer mit Alois Johannes Lippl auf dem Kutschbock.

Eines Tages, als ich es nicht mehr aushielt, sagte ich meinem Spezi Alois Johannes ab mit den Worten: „Die Kutsche allein genügt nicht.“ Er seufzte erleichtert auf, und ich ging traurig von dannen.

Nach der Absage an Lippl versuchten wir es mit dem Dichter Eugen Roth. Er servierte mir auf Zinntellern in seinem gepflegten Münchner Haus das beste Rindfleisch, das ich jemals geschmeckt hatte, und wenige Tage später den Entwurf eines Arientextes. Dieser zerstörte durch seine opernfremde, nicht mehr komponierbare Überlänge unsere Hoffnungen. Eugen Roth war ein einfallsreicher Kopf, ein Original und ein Dichter, aber kein Librettist. Wir trennten uns von dem vortrefflichen Mann in bestem Einvernehmen und als gute Freunde.

Nach langen Überlegungen im Mainzer Verlagshaus besuchte Ludwig Strecker mit mir zusammen den Dichter der „Portugalesischen Schlacht“, Ernst Penzoldt. Er sah das Marionettenstück von Pocci durch und gab es uns, ehrlich, wie er war, nach wenigen Tagen zurück. Es sei wohl doch nicht seine Sache, ein Libretto zu schreiben, und der Pocci gefiele ihm am besten ohne Penzoldt.

Was nun? Strecker sagte zu mir: „Schreiben Sie's selbst. Ich werde Ihnen helfen. Schicken Sie mir jeden Abschnitt, und ich werde notfalls ändern, umschreiben oder verwerfen."

Im Verlauf der Arbeit entwickelte sich ein umfangreicher Briefwechsel, Strecker schickte mir seine Vorschläge mit der generösen Anmerkung, ich könnte sie nach Belieben verwerten oder auch nicht. Ich hatte den Einfall, mir durch den Sprachduktus der Wanderbühne des Barock ein stilistisches Korsett anzulegen und verstieg mich für eine Arie der Gretl und eine der Ninabella zu je einer Anleihe bei Hoffmannswaldau und Klopstock.

So war das Libretto in ziemlich kurzer Zeit bis auf die letzten Szenen gargekocht. Ich hatte Pocci sorgfältig durchsucht und gewaschen, mit saftigem Demi-Barock versetzt, mit der Sauce *bonne volonté* dick angerührt, mit Streckers *expérience* schnell über dem Feuer geschwungen, das Ganze gehörig *assaisonniert* und angerichtet.

Das Komponieren der Musik ging dank meiner Seelenfreude an dem Stück und der Kraft der barocken Beimischungen zügig voran. In der qualvollen Wartezeit auf ein Libretto hatte ich als musikalische Einübung für die „Zaubergeige" die „Georgica", drei Bauernstücke für Orchester, geschrieben, was mir dann bei der Komposition der Oper zustatten kam.

Mitten in der Arbeit am dritten Akt erhielt ich ein Telegramm des Generalintendanten der Städtischen Bühnen in

Frankfurt am Main, Hans Meissner. Er lud mich ein, meine Oper vorzuspielen.

Vorspielen? Es gibt unter den Komponisten Vorspielgenies, Persönlichkeiten mit stark entwickeltem Selbstbewußtsein und großer Suggestivkraft. Manche von ihnen sind darüber hinaus bemerkenswerte Klaviertalente, effektsichere Klaviermimen oder flinke Klavierwiesel. Sie verführen jeden zweiten Generalintendanten, Generalmusikdirektor und Oberspielleiter durch das Brausen, den Wind und das Getöse, das sie in überraschender Manier veranstalten. Es sind Selbstinszenierer. Wenn sie erreicht haben, daß sie ihr Werk vorspielen dürfen, haben sie meistens schon gewonnen.

Ich dagegen hatte Angst vor dem Vorspielen. Die Operngötter- und Halbgötter, in Gedanken noch bei Organisationsformen, Dispositionen und Tarifen, würden mißmutig aufhören, ihre Welt zu regieren, um sich zu mir herabzulassen. Mein Selbstbewußtsein würde dahinschmelzen wie Schnee in der Märzsonne.

Ich würde auf einem knarzenden Stuhl vor einem verstimmten Klavier sitzen. Es war kein Geheimnis, daß diese Instrumente in jedem Opernhaus Tag für Tag bis zu ihrem Ende rücksichtslos verdroschen werden. Meine Finger würden mir nicht mehr gehorchen. Ich würde immer mehr falsche Akkorde und falsche Bässe erwischen. Was ich auch produzierte, es würde zu Staub und Asche zerfallen.

Es kam aber alles anders. Am festgesetzten Tag stieg ich pünktlich um 18 Uhr die Treppe zur Frankfurter Opernintendanz hinauf. Zuerst geriet ich an einen lispelnden Eierkopf, der mich an eine Sekretärin weitergab. Sie versetzte mir mit einem sachlichen Berufslächeln die niederschmetternde Nachricht, der Generalintendant, der mich eingeladen hatte, ihm persönlich meine Oper vorzuspielen, sei aus zwingenden

Gründen unvorhergesehen verreist, stelle mir aber frei, seinem Stab vorzuspielen. Er würde sich im Verlauf des Abends telefonisch berichten lassen.

Der Dirigent Bertil Wetzelsberger wurde herbeigerufen. Ich klammerte mich an ihn, weil ich ihn kannte und wußte, daß er als Freund des Verlagshauses Schott das Vorspielen angeregt hatte.

„Ich führe Sie durch unser Haus", sagte er, „inzwischen werden die anderen wohl auch kommen."

Er zeigte mir die riesige Bühne, den pompösen Zuschauerraum und den Treppenaufgang mit seinen zahllosen Kandelabern, seinen Bogengängen und der reich ornamentierten Kassettendecke. Ich war von der Pracht, die über mich herstürzte so benommen, als sei mir die Krone Kaiser Wilhelms I. auf den Kopf gefallen, der die Deutsche Kunst bei dem europäischen Ereignis der Eröffnung des Hauses im Jahre 1880 persönlich vertreten hatte.

Schließlich fand ich mich mit „Wetz", wie Bertil Wetzelsberger von seinen Freunden genannt wurde, in einem kahlen kleinen Probezimmer, das sich mit jungen Leuten, den Assistenten des Stabes, füllte. Weil in dem engen Raum zu wenig Stühle waren, verschwanden sie, einer nach dem anderen, nachdem der Regisseur Oscar Wälterlin und der von mir seit meiner Berliner Zeit hochverehrte Bühnenbildner und Brecht-Freund Caspar Neher erschienen waren.

Neher fragte mich: „Ist es wahr, daß wir in Ihrer Oper einen Galgen machen dürfen?"

„Ja", sagte ich.

Er freute sich über den Galgen wie ein Kind, „denn", sagte er, „ich habe schon lange kein Stück mehr mit einem Galgen machen dürfen."

Der Galgen entzückte ihn, weil er schlecht zu den hehren Symbolen paßte, die damals dem Theater den aufbauend-optimistischen Sinn geben sollten. Es war alles überraschend für mich, nur der Stuhl knarzte, und das Klavier war verstimmt.

Ich begann mit der Ouvertüre.

„Die brauchen wir nicht“, sagte Neher, „die Musik einer Ouvertüre begegnet einem oft genug im Verlauf einer Oper.“

Also startete ich mit dem ersten Bild. Nach zehn Minuten verschwand Wetz ohne Erklärung. Es störte mich nicht, schließlich hatte er Teile der Partitur im Verlag kennengelernt und daraufhin das Vorspielen vorgeschlagen. Bald aber ging auch Wälterlin mit einer unverständlich gemurmelten Erklärung und zuletzt Neher. Er sagte, jeder von ihnen sei zeitlich im Druck, ich sollte aber ruhig allein weiterspielen, man würde von Zeit zu Zeit hereinschauen.

Jetzt, dachte ich, kann mir nichts mehr passieren und spielte in dem kleinen Zimmer allein weiter. Ich kam in Fahrt und freute mich, wenn wieder einer seinen Kopf zur Tür hereinsteckte. Gegen 20 Uhr erschien Wetz, entschuldigte sich, er habe „Bohème“ zu dirigieren und müsse sich umziehen: „Spielen Sie zu Ende, ob einer da ist oder nicht. Das Wichtigste ist eh, daß wir Meissner nach der ‚Bohème‘ ans Telefon bekommen. Warten Sie auf mich.“

Später kam noch einmal Wälterlin und fragte: „Wo ist Neher?“ Kurz darauf fragte Neher: „Wo ist Wälterlin?“

Ich war fertig mit „Vorspielen“ und hörte mir hinter der Bühne den Rest der „Bohème“ an. Nachher traf ich mich, wie verabredet, mit Wetz. Er erreichte Meissner in irgendeinem Hotel im Rheinland. Ich konnte nicht hören, was der Generalintendant fragte, war aber von den Antworten seines Musikchefs freudig bewegt: „Natürlich, wir haben das Werk alle angehört. Der Eindruck war vorzüglich. Ich schlage vor, daß wir sofort den Uraufführungstermin mit dem Komponisten vereinbaren.“

Meissner war mit allem einverstanden.

Ich fuhr noch in derselben Nacht nach München zurück und verkündete die Freudenbotschaft. Nur der nahe Uraufführungstermin lag mir schwer im Magen, aber ich rechnete mir aus, daß auch der letzte Akt noch rechtzeitig fertigwerden konnte, wenn ich mein bisheriges Tempo einhielt.

Der Haken war nur, daß ich noch nicht wußte, wie die Oper enden sollte.

Zu Beginn des dritten Aktes sollte unser Held Kaspar gehenkt werden. Die Rettung des Unschuldigen durch einen *deus ex machina* allein war nicht befriedigend. Ich brauchte auch Zeugenaussagen. Die einzigen Zeugen für seine Unschuld waren aber die Täter selbst. Wie konnten die sympathischen Räuber Fangauf und Schnapper die Wahrheit aussagen, ohne sich selbst an den Galgen zu bringen? Das war das *eine* Problem.

Bald schlief ich keine Nacht mehr. Ich war in der Lage der Leute, von denen Lichtenberg sagt, sie hätten nicht mehr Licht im Kopf, als gerade nötig ist zu sehen, daß sie nichts darin haben. Oft weckte ich Elisabeth mitten in der Nacht auf und fragte sie: „Glaubst du, man könnte das oder jenes machen?"

Immer wieder antwortete sie unerschütterlich: „Schlaf gut in der Nacht, dann findest du am Morgen das Richtige." Sie übte „Furchtlosigkeit und Wohlwollen" und gab mir eines Abends heiße Milch mit Honig.

Ich schlief ausgezeichnet, und am nächsten Morgen sah alles einfach aus: Fangauf hatte bei der Beraubung des bewußtlosen Guldensack am Kreuzweg die Geldkatze an sich genommen und sie später an Schnapper weitergegeben. Er konnte mit dem Finger auf Kaspar zeigen und sagen:

„Das Geld hat dieser nicht geraubt,
Drum gebt ihn billig frei,
Ich weiß, daß er nicht schuldig ist,
Denn ich war selbst dabei."

Es war die Wahrheit.

Und Schnapper, der das Geld hatte, konnte behaupten:

„Hier ist das Geld,
Ich hab' vollbracht ein' große Heldentat,
Ich zwickt' es ab dem Bösewicht,
Der's selbst gestohlen hat!"

Auch das war die Wahrheit.

Daß Kaspar nach seinen gefährlichen Aventuren wieder zu seiner geliebten Gretl zurückfinden würde, war klar. Was aber sollte der Chor singen, um das Stück freundlich zu beschließen? Das war das *zweite* Problem.

Die Kasperl-Larifari-Weise war nicht das Richtige:

„Jetzt is' aus, jetzt is' aus, jetzt is' aus,
Der Kasperl geht nach Haus
Und 's Bett is' aa scho gmacht,
Gut' Nacht, gut' Nacht, gut' Nacht."

So konnte man die Moritat vom Ritter Don Juan aus Barcelona abschließen, aber nicht meine Oper.

Elisabeth legte mir eines Morgens den Text auf den Tisch. Er war ihr über Nacht eingefallen:

„Die Sonne muß scheinen, die Wolken verweh'n,
Der Himmel muß ruhen, die Erde sich dreh'n.
Der Reichtum, die Ehren, sie können vergeh'n,
Die Lieb' und die Treue muß ewig besteh'n."

„Ist das nicht etwas naiv?" fragte ich unsicher.

Elisabeth konterte: „Genauso naiv, wie du selbst bist. Hast du bei unserer Heirat nicht aus meinen Initialen für immer einen neuen Namen für uns beide gebildet? Für mich war das mehr wert als ein Schwur, es war das schönste Bekenntnis zur ‚Lieb' und zur Treu', das ein Hochzeiter jemals abgelegt hat. Du wärst nicht der erste Schwabe, der seines Vaters Namen Mayer abgelegt hat. Ein gewisser Johann Mayer, der seine Werke hier in Augsburg verlegte, ist zum Beispiel für immer unter dem Namen des schwäbischen Dorfes verschwunden, in dem er geboren war."

Sie hat ein fabelhaftes Gedächtnis und vergißt weder Haupt- noch Nebensachen. Ich erinnerte mich wieder des Gespräches über den Doktor Eck, den fanatischen Gegenspieler von Martin Luther, und auch, daß ich mich partout nicht so schreiben wollte, wie der. Deshalb verbanden wir Elisabeths Initialen E und K nicht mit dem Konsonanten c, sondern mit einem ebenso stummen g. In dieser Form wirkte das Schriftbild *E g k* wie ein Signet, wie ein Schlüsselwort. Wir wollten es niemals aufschlüsseln und entschlossen uns erst dazu, nachdem ein Schlaubauch in die Welt posaunt hatte, der Name Egk sei ein übles Selbstlob und bedeute nichts anderes als „Ein Großer Künstler". Diese Ente tauchte in vielen Pressetümpeln auf und schwamm sogar über den Ozean.

Als der Text des dritten Aktes feststand, schrieb ich mit neuer Freude im alten Tempo weiter. Durch einen Ruf aus Frankfurt wurde ich noch einmal unterbrochen. Der Komponist sollte zu einer Besprechung mit Regisseur, Bühnenbildner und der Kostümbildnerin erscheinen. Am nächsten Morgen trat ich um einhalb elf Uhr erwartungsvoll durch den Bühneneingang, auch Bühnentürl genannt.

Aus allen Probezimmern tönte meine „Zaubergeige". Die

verdroschenen und verstimmten Klaviere bellten meine Musik mit richtigen und falschen Harmonien, wie sie den Korrepetitoren gerade unter die Finger kamen. Die Sänger sangen dazu unbeirrt richtige und falsche Töne, wurden aber korrigiert und wieder korrigiert. Da man aus jedem Zimmer eine andere Szene hörte, entstand ein akustisches Chaos, ein Zaubergeigen-Eintopf, ungenießbarer als Schweinebraten mit Schlagsahne, Senf und Zibeben.

Man war mitten im Studium, und ich erschrak weniger über das chaotische Getön, als über die Tatsache, daß man hier schon einstudierte, während der letzte Akt noch nicht fertig war.

Elisabeth schrieb damals für den Verlag die kalligraphische Urschrift für den Druck der Partitur. Beim besten Willen konnte sie pro Tag nicht mehr als etwa drei Seiten mit dem dickflüssigen Scriptol, einer Art Tusche, auf das schwierig zu beschriftende, glatte und etwas fettige Durchleuchtungspapier übertragen. Sie hatte noch genau 72 Stunden bis zum endgültig letzten Ablieferungstermin, und es fehlten ihr noch zwanzig Seiten. Also schrieb sie drei Tage und drei Nächte pausenlos durch und stärkte sich nur ab und zu mit einen Schluck Tee.

Sie kam nicht mehr zum Frühstück, nicht mehr zum Mittag- und Abendessen und geriet in einen sonderbaren Zustand. Schon im Laufe der zweiten Nacht schlief sie tief, während sie schrieb. Nur ihr Pflichtgefühl war wach, ihr Bewußtsein funktionierte mechanisch, soweit es sich um die Kopie der Vorlage handelte. Sie dachte nicht mehr, sie fühlte nicht mehr, aber sie schrieb. Als die letzte Seite fertig war, fiel sie buchstäblich ins Bett und war im gleichen Augenblick nicht mehr ansprechbar und wie betäubt.

Als sie am zweiten Tag ihres langen Schlafes wieder nicht zum Mittagstisch erschien, führte mich mein Sohn Titus besorgt an ihr Bett und sagte mit großer Bestimmtheit: „Wir müssen unsere Mammina jetzt unbedingt wecken, sonst wacht sie vielleicht überhaupt nicht mehr auf."

Trotz meiner eigenen, immer schwerer zu ertragenden Besorgnis gelang es mir, ihn für den Augenblick zu beruhigen: „Sie hat drei Tage und drei Nächte geschrieben, also muß sie auch drei Tage und drei Nächte schlafen."

Merkwürdig erschien mir, daß nach einer telefonischen Mitteilung des Verlages alle zwanzig Seiten einschließlich der letzten fehlerfrei waren. Der Verlag war entzückt, daß es nicht eine einzige Korrektur gab. Es klappte gerade noch mit der Herstellung des restlichen Aufführungsmaterials.

Als die Mammina wieder zum Leben erwacht war, fiel uns ein zentnerschweres Gewicht vom Herzen, und wir verwöhnten sie, so gut wir konnten. Sie hatte alles vergessen und war ganz erstaunt darüber, daß sie drei Tage und Nächte geschrieben und ebensolange geschlafen hatte.

Einige Zeit später überschlug sie, wie viele Seiten an Partituren, Klavierauszügen und Stimmen sie in den zwölf Jahren unserer Ehe schon für mich geschrieben hatte. Es waren an die zehntausend.

Die Uraufführung war für den 22. Mai 1935 festgesetzt. Sie rückte näher und näher. Wir erwarteten eine Einladung zu den letzten Proben. Sie kam nicht.

Dafür schickte der Verleger Ludwig Strecker (in Personalunion mit dem Textdichter Ludwig Andersen) zu meinem Geburtstag ein Paket in Form eines Violinkastens. Der Zaubergeigen-Kaspar, unsere Hauptfigur, pflegt auf dem Höhepunkt seiner Laufbahn „fürstlich zu fressen und königlich zu saufen". Weder die spanische Ollapotrida, noch Pasteten, Krebse, Würste, Eier, Fleisch und allen „Bettelment untereinander", nichts verachtet er. Dazu genehmigt er sich Reinfal, Malvasier, spanischen Wein und canarischen Sekt.

Was man an dergleichen Köstlichkeiten auftreiben konnte, alles hatten die Hände der Damen Strecker, Frau und Tochter, mit Freundlichkeit und Geschick eingepackt und mit barockem Geschmack fürstlich dekoriert.

In der Sprache der „Zaubergeige" sagte ich: „Meiner Lebtag habe ich schon viele Violinkästen gesehen, aber dergleichen ist mir noch niemals vorgekommen."

Am nächsten Tag kam die Einladung der Frankfurter Oper für die letzte Probenphase.

Der gute Wetz hatte uns bei seinen Freunden, der bekannten Frankfurter Bankiersfamilie Andrae untergebracht.

Es waren kultivierte Mäzene, die viel für die Frankfurter Oper, für das Musik- und Kunstleben der Stadt taten. Sie luden uns auf die großzügigste Weise ein. Wir konnten nicht nur bei ihnen wohnen, sondern über das ganze Haus verfügen und einen beliebig großen Kreis von Bekannten und Freunden zu uns bitten. Frau Andrae, eine aristokratische Erscheinung, war von vornehmer spanisch-jüdischer Abstammung. Man schrieb immerhin 1935, und es war schon so viel Schlimmes geschehen, daß uns nichts übrigblieb, als den Gleichmut der Familie zu bestaunen. Sie fühlte sich sicher. Niemand von ihnen dachte daran, daß der österreichische Anstreicher „mit seinem Propagandageschwätz von anno dazumal" Ernst machen könnte.

Er hätte sein Ziel mit Hilfe der Schwerindustrie und dem Geld der Konzerne und Großbanken, mit dem Ansehen des Herrenclubs und der Zustimmung der preußischen Offizierkaste erreicht. Mit den Streiks hätte er aufgeräumt, die Wirtschaft angekurbelt, Autorität und Disziplin wiederhergestellt und die Kriminellen eingelocht oder in ihre eigenen Löcher zurückgescheucht.

Man hielt es für unmöglich, daß sich die Kreatur Hitler jemals von der Leine reißen konnte. Mit einer Austreibung der Juden würde er sich selbst schaden. Er konnte nicht so dumm sein, zuerst aufzurüsten und aus dem machtpolitischen Vakuum Deutschland eine expansive politische Potenz zu machen, um dann mit einem Schlag alles Erreichte durch einen sinnlosen Krieg, in dem er nur eine Chance gegen hundert hätte, wieder zu verspielen.

Wir hatten die Fressen von 1923 nicht vergessen und ihre Identität mit denen von 1933 bald begriffen. In der Gesellschaftsschicht, in der Frau Andrae zu Hause war, regte man sich gelegentlich darüber auf, daß die Damen jetzt auf öffentlichen Ämtern nicht mehr bevorzugt, sondern der Reihe nach abgefertigt wurden. Oder daß die Jüdische Gemeinde neuerdings verlangte, daß die vornehme jüdische Gesellschaft unkultivierte, aus dem Osten zugewanderte Juden in Scharen zum Tee empfangen sollte. Aus Solidarität. Was sollte man mit ihnen anfangen? Es gäbe nicht einmal die Möglichkeit der Konversation, klagten sie.

Mit Wetz sprach ich oft über das Thema: Wieso wissen sie nicht, was geschehen ist und was bevorsteht? Resigniert zitierte er seitenweise den Fackel-Kraus und meinte, es sei hoffnungslos.

Der Regisseur Oscar Wälterlin hatte eine schöne, junge jüdische Freundin. Er nahm mich ein übers andere Mal zum Mittagessen in ihre Groß-Familie mit. Der Tisch war immer für 24 Personen gedeckt. Zwischen 12 und 14 Uhr konnte jeder kommen, wann er wollte. Großväter und Großmütter saßen oben an der Tafel, Väter, Mütter und erwachsene Kinder in der Mitte, die Kleinen unten und die Kleinsten ganz unten. Gäste wurden plaziert, wie es gerade ausging. An diesem Tisch fühlte man sich geborgen. Die Alten waren ruhig und ernst, die Jungen vergnügt und manchmal ausgelassen.

Der Schweizer Wälterlin sagte mir: „Diese hier wissen, was geschehen ist und was geschehen wird. Sie haben ihren Exodus vorbereitet, ich den meinen übrigens auch."

Der 22. Mai rückte näher und näher. Ohne Wanken, Zweifel und Schwanken baute ich auf die außerordentliche Qualität der Aufführung. Trotzdem konnte noch viel geschehen. Es konnte einer nervös werden und bei der Premiere „schmeißen“, es konnte einer heiser werden und seine hohen Stellen eine Oktave tiefer singen, als sie dastanden, oder nur noch röchelnd markieren. Was zum Teufel schützte mich davor, daß alle zusammen vielleicht durch einen katastrophalen Wettersturz nervös oder heiser oder beides wurden? Vielleicht blieb der Sänger verschont, der nur einen einzigen Satz zu singen hatte: „Im Namen des Landesherrn, Ihr seid verhaftet!“ Und der konnte sich noch versprechen. Ein Versatzstück konnte umfallen, die Versenkung konnte steckenbleiben oder sich unbeabsichtigt öffnen, der Hauptdarsteller konnte hineinfallen, die Vorstellung ausfallen, und ich konnte durchfallen.

Einmal fürchtete ich die Presse und setzte auf das Publikum, im nächsten Augenblick fürchtete ich das Publikum und hoffte auf die Presse. Wo waren die festen Größen, mit denen man rechnen konnte? Das Publikum veränderte sich, die Presse war verändert worden. Doch standen zum Glück noch die besten Kritiker-Namen aufrecht wie Säulen: Oboussier, Strobel, Holl, von der Nüll, Jacobs und viele andere. Man wußte, daß sie genug hatten von der späten Wagner-Nachfolge, aber von den „Neuen“ wußte man nur, daß sie wenig Unterscheidungsvermögen und noch weniger Qualitätsgefühl hatten, dafür aber den Ehrgeiz, ihren Herren um jeden Preis zu gefallen.

Ich fragte mich, ob ich denn selbst erreicht hatte, was ich wollte. Vor weniger als vier Wochen hatte ich schwarz auf weiß proklamiert:

„*Meist schon im zweiten Akt einer Oper beschlich mich häufig eine gewisse Schläfrigkeit, wenn die Handlung zu oft stehenblieb, um den Sängern Gelegenheit zu geben, sich auszubreiten. Sicher handelte es sich um zauberhafte Gesänge, gegen die man nur schwer etwas sagen konnte. Aber sie dauerten einfach zu lange. Die Melodie wurde oft auf einem raffinierten Prokrustesbett gestreckt, gedehnt und gewendet, was zwar ein kunstvolles Verfahren darstellt, leider aber der theatralischen Spannung abträglich ist.*“

Ganz deutlich hatte ich festgestellt, daß an den betreffenden Stellen auch andere Leute als ich, ja die Mehrzahl, „richtige Schlafaugen“ bekamen. Deshalb wollte ich in meiner Oper alles vermeiden, was die Leute einschläfern konnte. Vielleicht schliefen sie doch ein? Ich wollte denen, die das Einfache lieben, das Rührende als rührend, das Komische als komisch, das Gute als gut und das Schlechte als schlecht empfinden, ein Stück schreiben, an dem sie sich freuen konnten. Würden sie sich freuen? Das war noch die Frage. Vorläufig freute sich Caspar Neher, weil er eine Welt bauen konnte, wie sie ihm gefiel, Oscar Wälterlin, weil es so viel Möglichkeiten für die Regie gab, und die Sänger, weil sie sich aussingen durften.

Mein Stück wandte sich an Arm und Reich, an Jung und Alt, an Bäckermeister, Briefträger, Kaminkehrer, Regierungsräte, Direktoren und Professoren. Aber vielleicht kamen sie gar nicht oder wollten es nicht wissen!

Es gab doch in der letzten Spielzeit eine Überflutung der Bühnen mit Uraufführungen: „Maja“ von Vogl, den „Tod des Johannes A. Pro“ von Riedel, einen „Ulenspiegel“ von Fischer, „Münchhausen“ von Dransmann. Jetzt arbeitete Joseph Haas an „Tobias Wunderlich“, Paul Höffer an „Der falsche Waldemar“, Peters an „Der Sohn der Sonne“. In der gegenwärtigen Spielzeit gab es „Die Stadt“ von Sehlbach, „Der abtrünnige Zar“ von Bodart und Wagner-Régenys „Der Günstling“. Im Hintergrund standen noch etliche „Erwünschte“, wie Graener und Vollerthun, nicht Gewehr bei Fuß, sondern ante portas. Wie konnte ich mir einbilden, in diesem Gewühl bemerkt zu werden?

War es ein Trost, daß sich zu der „Zaubergeigen“-Premiere nicht weniger als 150 Theaterleute und Kritiker angemeldet hatten? Leute, die ihre Karten nicht bezahlen müssen, applaudieren nicht. Ein Eisblock von solchen Ausmaßen in einem vielleicht mäßig besuchten und dadurch schwach angewärmten Haus!

Alles war unsicher. Nur eines schien mir glücklicherweise sicher: Es nützte keinem Komponisten etwas, von den neuen Herren protegiert zu werden. Selbst die Oper von Vogl, der Hitler einst in die Mysterien des Wagnerkultes eingeweiht hatte, war trotz der Gnadensonne von ganz oben in Köln schon bei der Uraufführung ruhmlos untergegangen. Der „Günstling“ aber von Wagner-Regeny hatte sich durchgesetzt, obwohl, oder vielleicht weil er „weltanschaulich und musikalisch anrüchig“ war.

Je näher die Entscheidung heranrückte, desto mehr war ich von Zweifel und Verwirrung gepeinigt. Ein Interviewer schrieb, es mache Mühe, mir die Worte aus den Zähnen zu ziehen: „Egk ist schlank, elegant, aber schüchtern.“

Zur Generalprobe erschien Dr. Ludwig Strecker. Wir saßen neben ihm und warteten mit Spannung auf seine Reaktion. Er sah sich eine Zeitlang alles an. Nach einer guten halben Stunde bemerkte er lakonisch: „Schon durchgefallen. Der Kaspar muß blond sein." Er war aber schwarz. Man hatte aus ihm, ganz in meinem Sinn, einen dunkelhaarigen, bayerischen Waldler gemacht. Über die Musik äußerte sich mein Verleger nicht. Wir bekamen es mit der Angst. Strecker war wohlmeinend und erfahren. Beklommen verfolgten wir den Fortgang der Probe. Hinter uns saß einer, der ein belegtes Brot nach dem anderen aus seiner Aktentasche zog und geräuschvoll aus dem Papier wickelte. Das Knistern machte uns nervös. Streckenweise hörte man bei Pianostellen nur noch Papierrascheln.

Bei der Uraufführung war das Haus brechend voll. Auf der Bühne und in dem von Wetz souverän gesteuerten Orchester gab es keine Malheurs. Nach anfänglicher Verblüffung des Publikums durch den ungewohnten Stil der Musik gedieh die „Zaubergeige" zu einem Erfolg. Elisabeth und ich, wir konnten uns endlich entspannen, und unser Sohn Titus war vor Staunen und Gück ganz aus dem Häuschen.

Noch im Mai schrieb ich einem ausländischen Freund, der sich für das Presseecho interessiert hatte:

„Die meisten schreien: Erfolg, Erfolg. Jeder zweite lobt und meckert. Ein gut besetzter Pressechor intoniert: ‚Egk ist kein Epigone.' Einer verwechselt Pocci mit Puccini. Oboussier stellt fest: So etwas gelingt nicht alle Tage. Von der Nüll bekennt freudig: Theater, daß uns das Herz lacht. Strobel gibt den Berliner Opernhäusern eine aufs Dach: ‚Der Günstling' in Dresden, ‚Die Zaubergeige' in Frankfurt, das sollte eine Mahnung sein für Berlin. Welche Zeitung aber beweint das Unheil und die Verwirrung, die dem Anreger Strawinsky zugeschrieben wird? Ihren Namen sollen Sie nie erfahren: Es war der Völkische Beobachter."

Nach kurzer Zeit hatten 24 Bühnen das Werk angenommen und gespielt. Bis Kriegsende waren es 35. Das war mehr, als man erwarten konnte. 1953 entschloß ich mich zu einer Überarbeitung, einigen Kürzungen und Verbesserungen der Instrumentation und der Bezeichnungen auf Grund der Erfahrungen, die ich als Zuschauer, Komponist und Dirigent gemacht hatte. Nach dem Stuttgarter Start der Neufassung hat es die unter schwierigen Verhältnissen entstandene Erstlingsoper bis heute im ganzen auf mehr als hundert Inszenierungen gebracht. Seit dem Uraufführungsjahr 1935 gab es außer der traurigen Zeit, in der bei uns die Theater geschlossen waren, keine Spielzeit, in der die „Zaubergeige" nicht da und dort über die Bretter ging.

Drei Tage nach der Uraufführung in Frankfurt saßen wir in der Generalprobe der „Zaubergeige" in Bremen. Nach dem szenischen Raffinement der Dekorationen von Neher staunten wir hier über die Naivität der Ausstattung: das Birkengrün im „wilden Tann", die Lichtspiele bei der Erscheinung des Cuperus und über einige Prospekte und Requisiten, offensichtliche Anleihen aus dem Fundus. Der Liebespavillon im Park der Ninabella aber war brandneu, simpel und eng. Die einfache Konstruktion stand knapp hinter der Rampe.

Die Darstellerin der verführerischen Ninabella war beeindruckend. Sie war eine starke Persönlichkeit. Ihre Anatomie, Fundament wie Konturen, schien von Rubens entworfen zu sein. Ihr ins Hochdramatische getriebener Ausdruck war elementar. Wenn sie in der Verführungsszene sang: „Laßt mich Euch zutrinken", genügte für den bestellten Sekt kein gewöhnliches Sektglas. Sie hob das Requisit aus der leidvollen Mär von „Tristan und Isolde" in gekonntem Zeitlupentempo an die Lippen, den Blick starr und entrückt auf das Objekt ihrer Lüste gerichtet. So erlag Kaspar ihren Künsten, wie es im Buche steht. Die Szene war gefüllt, der Pavillon auch.

In der Pause unterhielt ich mich mit Hermine Körner, der großen, verehrten Schauspielerin, die um diese Zeit in Bremen gastierte und mit einigen Kollegen die Generalprobe besuchte. Auf Anhieb sagte sie: „Die Hauptsache ist, daß Mittel und Leistungen adäquat sind. Sie haben hier die erste Besetzung des Hauses, den besten Dirigenten und den besten Regisseur. Alle stehen hinter Ihrem Stück und tun, was sie können, weil sie das Werk lieben, Dirigent, Regisseur, Sänger, Orchester und Chor. Sie werden nicht jetzt, aber bei der Aufführung feststellen, daß die Wirkung nicht schwächer sein wird als in Frankfurt."

Hermine Körner behielt zu unserer Freude recht.

Kaum waren wir wieder zu Hause, fragte der Intendant Becker an, ob ich die nächste Aufführung am 12. Juni nicht selbst dirigieren wollte. Generalmusikdirektor Walter Beck sei erkrankt.

Und ob ich wollte! Ich sollte mein Werk im Herbst in Frankfurt dirigieren, das Angebot aus Bremen kam mir gerade recht. Ich hatte zwar alle meine Kompositionen für den Rundfunk selbst dirigiert und auch einmal den „Columbus" im Konzert, aber Opernerfahrung hatte ich nicht.

In Bremen bekam ich die übliche Verständigungsprobe. Es lief alles fast zu gut. In der Vorstellung aber gab es Zwischenfälle, die auch einen Routinier erschreckt hätten.

Im zweiten Bild ließ einer der beiden Räuber acht Takte aus. Ich holte ihn mit dem Orchester durch das übliche rasche Wegschlagen der Takte wieder ein. Das war kein Kunststück. Aber als alles wieder in Ordnung war, teilte der zweite Räuber seinem Kollegen auf der Bühne ziemlich vernehmbar mit: „Mensch, du hast ja acht Takte ausgelassen." Daraufhin sprang dieser, nervös geworden, wieder zurück und damit war es passiert. Ich war geschockt, tat aber trotzdem automatisch das Richtige. Ich kroch mit meinem Orchester weiter, langsam wie eine Schnecke. Da die Sänger ihr einstudiertes rascheres Tempo festhielten, trafen wir uns wieder. Dann ging es wieder normal weiter.

Später hatte ich Gelegenheit, das Verhalten eines Stardirigenten zu bewundern, der mitten in einer glanzvollen Vorstellung von einem ähnlichen Mißgeschick heimgesucht wurde. Er ging, genau wie ich, auf „Schleimspur", kompensierte aber gleichzeitig. Durch eine Largo-doloroso-Pantomime, suggestiv, virtuos, gekonnt, lenkte er die Aufmerksamkeit des Publikums von der Bühne weg auf seine Person, bis sich Bühne und Orchester wieder gefunden hatten.

Während er keinen Lidschlag lang irritiert war, hatte ich bei meinem Unfall das entsetzliche Gefühl, ich könnte mich nicht mehr sehen lassen. Das Publikum, dachte ich, wird mir die Quittung spätestens nach dem ersten Akt überreichen. Keine Rede davon. Es stellte sich zu meiner Überraschung heraus, daß nicht einmal der Intendant in seiner Loge etwas bemerkt hatte.

In der fünften Szene des dritten Aktes entwickelte sich unsere Ninabella zur Höchstform und sang mit ungezähmter Leidenschaft:

„Will nicht küssen in Gedanken,
Will nicht lieben ohne Tat,
Meiner Sinne Zirkel wanken,
Will nicht hoffen ohne Rat!"

Unser Held schien zu fallen. Der Pavillon begann zu wanken. Ich dachte zuerst, ich hätte eine vorübergehende Sehstörung und kniff die Augen zusammen. Als ich sie wieder öffnete, wankte der Pavillon immer noch. Eine Verriegelung der Dekorationsteile hatte sich gelöst.

Im Hintergrund des Parks klagte die betrogene Gretl:

„Angst und Not hält mich in Banden,
Und ich wache sonder Ruh',
Meiner Hoffnung Schiff will stranden
Und eilt wilden Klippen zu!"

Der Pavillon schaukelte noch stärker. Es sah nach Zusammenbruch aus. Wenn es so weiterging, würde er ins Orchester stürzen. Ich wußte: Ein Opern-Kapellmeister darf sich durch nichts aus der Fassung bringen lassen. Dies ist die Voraussetzung für den Bestand der Institution. Ich hatte gehört, daß ein guter Kapellmeister bei einem Brand des Opernhauses weiter dirigiert, bis er verkohlt ist. So behält das Publikum seine Ruhe, und es entsteht keine Panik.

Ich habe vielleicht etwas Talent, aber keines zum Heroismus und drückte alle Tasten des Bühnentelegraphen. In den Kulissen stand der ganze Chor, der Inspizient und der Abendregisseur. Einer mußte doch sehen, was auf der Bühne vorging, oder durch das Flackern des Bühnentelegraphen alarmiert werden. Als ich schon alles verloren glaubte, während ich meine komplizierten, hausgemachten Taktwechsel herunterschlug, stürzten endlich zwei Choristen auf die Szene und hielten die wankende Front.

Der Intendant bedankte sich nach der Vorstellung herzlich, nicht zuletzt für meine Umsicht und meine eisernen Nerven, während er mir beide Hände schüttelte: „Sie haben heute, abgesehen von Ihrer Leistung als Dirigent, bewiesen, daß Sie trotz Ihrer Jugend auch Opernerfahrung haben."

„Gerade die habe ich nicht", replizierte ich bescheiden, „heute abend stand ich zum ersten Mal am Pult eines Opernhauses."

Der Intendant wurde blaß und gestand, er hätte mich niemals engagiert, wenn er das gewußt hätte. Er fühlte sich wie der Reiter überm Bodensee und gleichzeitig als weitblickender Entdecker einer Dirigentenbegabung.

Nach dem Gastspiel in Bremen dirigierte ich in Trier. Eine städtische Kommission fing mich vormittags am Bahnhof ab und verschleppte mich zu einer Weinprobe durch die Weinkeller der Stadt. Das war für mich eine Premiere, und ich trank alles aus, was man mir bot. Anschließend wurde ich im Hotel abgeladen und hörte gerade noch, daß ich um 17 Uhr vor einem kleinen, aber erlesenen Kreis über meine Oper sprechen sollte. Dann fiel ich ins Bett und erwachte in der Badewanne. Zimmerkellner und Portier, die den strikten Auftrag hatten, mich rechtzeitig zu wecken, hatten mich gewassert. Anders war ich nicht wach zu kriegen.

Der Vortrag verlief reibungslos. Reichlich spät ins Hotel zurückgebracht, stürzte ich mich in den Frack und fuhr ins Theater. Mit dem ersten Takt war ich nüchtern und klar, nach dem letzten fiel die Trunkenheit wieder über mich her.

Während der ausgedehnten Nachfeier mußte ich plötzlich abgeschaltet haben und eingeschlafen sein. Ich erwachte, weiß-Gott-wo, in einer fremden Wohnung, als es von allen Kirchtürmen elf Uhr schlug. Eine reizende Sängerin aus dem Zaubergeige-Ensemble servierte mir ein opulentes Frühstück. Ein Taxi war nicht aufzutreiben. So mußte ich im hellen Sonntagssonnenschein unrasiert und im Frack durch die ganze Stadt bis zum Hotel spießrutenlaufen.

Seitdem habe ich gelernt, die Regeln zu beachten, die für Weinproben gültig sind.

Nachdem Hannover, Kassel, Antwerpen und Mannheim Schlag auf Schlag Aufführungen der „Zaubergeige“ angekündigt hatten, interessierte sich auch die Staatsoper Berlin für mein Werk. Der von dem Operndirektor und Publikumsabgott Clemens Krauss hochgeschätzte Dirigent Hans Swarowsky hatte die Initiative ergriffen. Der Verlag und ich, wir hätten es gerne gesehen, wenn die Premiere noch im ersten Viertel der Spielzeit 1935/36 ermöglicht worden wäre. Das ging aber nicht.

„ Die Schweigsame Frau‘ kann nicht mehr warten. Sie muß ’raus“, erklärte Krauss mit dem Schatten des großen Richard im Rücken.

„La fiamma“ von Ottorino Respighi, auf der interessanten Strecke Rom–Berlin bereits angerollt, stand verdrossen vor sich hinwabernd auf dem Abstellgleis. Hitler trug sein musikalisches Lieblingstörtchen „Fra Diavolo“ höchstens noch bis Dezember geduldig auf dem Servierbrett vor sich her. Dann kam man nicht mehr darum herum, es ihm abzunehmen. „Così fan’ tutte“ (oder besser tutti) war hochaktuell – wenigstens vom Titel her. Das Christkind schrie „nach einer besonders starken Sache“ für Weihnachten. Das sollte „Don Carlos“ werden, natürlich in der Wiener Fassung.

Die Operndirektion drängte mich, einer „Berliner Neufassung" der Zaubergeige zuzustimmen, und verlangte eine schriftliche Bestätigung, daß man sofort in Berlin damit beginnen dürfe. Der Mainzer Verlag erklärte: Wozu sollen wir einer Neufassung zustimmen, wenn wir keinen Aufführungsvertrag haben! Berlin beendete die Diskussion autoritativ mit der Erklärung: Erst die Neufassung, dann den Vertrag.

Am 8. Oktober wurde ich zu Clemens Krauss zitiert. Er hatte ein unnachahmliches Air, eine großartige Allüre von Eleganz, Weltläufigkeit, Raffinement und verfeinerter Kultur. Es war mir rätselhaft, wie er sich in unser Jahrhundert verirrt hatte. Er gehörte ins achtzehnte, nicht ins zwanzigste. Sein Vater, Hector Baltazzi, war eine Berühmtheit als Herrenreiter, seine Mutter, Clementine Krauss, dramatische Sängerin, eine Großtante war Primadonna der Grand Opéra in Paris gewesen, ein Großvater Sekretär des Grafen Metternich in Wien.

Krauss fragte mich zuallererst: „An wen denken Sie als Bühnenbildner?"

„An Rochus Gliese."

Krauss verblüfft: „Sie sind ein Diplomat!"

Fein, dachte ich, diesmal habe ich blind ins Schwarze getroffen. Wieso habe ich nie erfahren.

Dann kam er auf die „Berliner Fassung". Er wünschte mehr Lametta und Psychologie. Mein Guldensack sollte etwas umgeschminkt werden. Zwar nicht in einen „militärischen Funktionär mit Begleitung", aber wenigstens in einen Hofmarschall mit Suite in gehobener Beamtenuniform. So, meinte Krauss, könnte der Auftritt glanzvoll aufgezogen werden, ohne daß er militärischen Charakter hätte, was ohne Zweifel nicht richtig wäre. Als ich vernahm, daß er die „Neufassung" seinem Oberspielleiter Rudolf Hartmann in Zusammenarbeit mit mir anvertrauen wollte, war ich einverstanden.

Nachdem ich am Ende der langen Unterredung mit Clemens Krauss zu der Bearbeitung ja gesagt hatte, zog er sein berühmtes weißes Seidentüchlein aus der Brusttasche, schwenkte es in Dirigierpose, genau wie er es bei dem großen Choreinsatz im Schlußbild der „Meistersinger" zu tun pflegte, und verabschiedete mich großartig mit *„Fanget an!"*

Ludwig Strecker schloß persönlich den Verlagsvertrag mit der Operndirektion in Berlin ab. Als Erstaufführungstermin wurde der 15. Februar 1936 vereinbart.

Zwischen Hartmann und mir entwickelte sich in der Folge ein fruchtbarer Briefwechsel, in dem sich jeder mit den Vorstellungen des anderen auseinandersetzte. Was dabei herauskam, waren berechtigte Striche, Umformulierungen und eine psychologisch durchdachte Regie. Die umwerfendste Wirkung hatte ein von Rochus Gliese virtuos ausgeführter Regieeinfall Hartmanns. Bei der Ehrung des durch sein Zauberinstrument berühmt gewordenen Kaspar begann dieser unter dem Einfluß übermäßig genossenen Alkohols zu schwanken. Im gleichen Augenblick sah das Publikum auf der Bühne alles doppelt. Häuser und Menschen verschoben sich bis zum Ende des Bildes, leise in Gegenbewegungen schwankend, so daß der Zuschauer die Szene gewissermaßen in Kaspars Zustand, jedenfalls mit Kaspars Augen erlebte.

Allmählich hörte ich mehr und mehr von den „komplizierten Verhältnissen“ an der Berliner Staatsoper. „Angstvoll flüsternd, hinter gewölbter Hand“ erzählte der und jener, im Haus gebe es eine Krauss- und eine Tietjen-Partei. Der eine stütze sich auf seine aus Wien importierten Starsänger, der andere auf seine berühmte Berliner Equipe. Tietjen, der Generalintendant der Preußischen Staatstheater sei auch im Opernbereich nur als Alleinherrscher denkbar, aber Krauss würde sich nie beugen. Beide seien als Gegenspieler furchtbar, jeder sei gleich gefährlich und letzten Endes unüberwindlich. So gäbe es einen gnadenlosen unterirdischen Krieg mit Sappeuren, Mineuren, Spitzeln hin und her, mit Spionen, die für eine Seite, und solchen, die für beide arbeiteten, Ohrwürmchen, Zwischenträgern, Lauschern an der Wand auf den Gängen und hinter jeder Tür.

Schrecklich, dachte ich, wenn sie in ihrem großartigen Kunsttempel bei jeder Probe erst nachsehen müssen, ob jemand hinter den Vorhängen oder im Schrank steckt. Vielleicht hatten sie auch schon verborgene Mikrophone in den Garderoben.

Anfang Februar 1936 dirigierte ich die „Zaubergeige“ in Antwerpen. Sie hieß dort die „Wonderfedel“. Auf dem

Rückweg machte ich Station in Kassel, um auf Einladung des Intendanten Ulbrich ebenfalls meinen Opernerstling zu dirigieren. Man hatte mir dafür eine Orchesterprobe zugestanden.

Das Schwierigste bei jedem Dirigiergastspiel mit einer neuen Oper ist, den Sängern die einstudierten Tempi, die gelegentlich nicht unwesentlich von den eigenen abweichen, abzunehmen, sie ihnen vom Mund abzulesen. Wenn man in einer fremden Einstudierung seine eigenen Tempi mit Gewalt durchsetzen will, gibt es ein Fiasko. Ich hatte Gott sei Dank ausgezeichneten Kontakt mit den Sängern, und alles klappte.

Damals war mir nicht klar, daß auch Kassel als Preußisches Staatstheater dem Generalintendanten Tietjen unterstand. Deshalb sagte mir die Nachricht nicht viel, man habe ihn in der Vorstellung gesehen. Bei der Nachfeier fand ich mich in einem angeregt lärmenden Schwarm von Freunden, Fremden, Bekannten und Mitwirkenden, der in der hell erleuchteten Halle des Hotels Schirmer sich um mich drängte. Als mir ein Ober ausrichtete, Herr Tietjen sei im Hotel und bäte mich zu sich, reagierte ich nicht sofort, weil mich ein Journalist in ein Gespräch über die Dramaturgie der griechischen Tragödie verwickelt hatte. Nach kurzer Zeit kam ein heftig schnaufender älterer Herr auf mich zu und sprach mit Würde: „Herr Tietjen läßt bitten!"

Ich fand ihn in einem kleinen, abgedunkelten Schreibzimmer des Hotels, das nur durch eine Leselampe matt erleuchtet war. Ihr Schein wurde von einem grün bezogenen Tisch schwach reflektiert. Tietjen saß im Halbdunkel neben seinem Außenminister, Herrn von Prittwitz und Gaffron. Der Herr, der mich hergebracht hatte, setzte sich auf die andere Seite. Es war Tietjens Protokollchef, Baron von Holthoff. Er hatte, wie ich später erfuhr, noch in kaiserlichen Zeiten Dienst gemacht. Seine Exzellenz konnte sich rühmen, mehr Orden zu besitzen, als er auf seinem Frack plazieren konnte.

Die plötzliche Stille und das Halbdunkel des kleinen Raumes hatten nach dem Lärm und der Helligkeit, aus der ich kam, etwas überraschend Eindruckvolles.

Mit einer gemessenen, leisen, aber distinkten Sprache drückte mir Tietjen seine Anerkennung und sein Wohlwollen aus. Ich solle mit dem Nachtzug, der um 1 Uhr hier abging, unverzüglich nach Berlin fahren, um nicht erst bei der Generalprobe, sondern schon zur Hauptprobe meiner Oper anwesend zu sein. Ich wußte wenig von Tietjen, eigentlich so gut wie nichts und konnte seine Art erst viel später aufschlüsseln.

Er liebte es, aus dem gewichtigen Hintergrund seiner Position zu wirken und selbst unsichtbar zu bleiben. Symbol dieser Zurückhaltung aus Prinzip wurde für mich die unscheinbare graue Strickweste, die er in Berlin und Bayreuth bei den Proben und bei den Premieren hinter der Bühne zu tragen pflegte. Nach der Uraufführung eines meiner Werke, das er selbst inszeniert hatte, bestürmten ihn die Mitwirkenden nach den ersten Beifallssalven, doch mit vor den Vorhang zu kommen. „Nein", sagte er, „das werdet ihr nicht erleben, aber ihr könnt meine Strickweste mitnehmen und vorzeigen!"

Tietjen trug das zum Symbol gewordene Kleidungsstück schon, als er Anfang der dreißiger Jahre, zusammen mit seinem Freund Emil Preetorius in Bayreuth die Revolutionierung der Wagner-Regie gegen den erbitterten Widerstand der Bayreuther Gralshüterinnen durchsetzte, die sich an jedem falschen Bart und an jedem Bärenfell festklammerten. Sicher trug er die Strickweste auch, als er bei den ersten Aufführungen seiner Neuinszenierung des „Siegfried" in Bayreuth im ersten Akt heimlich hinter dem Herd saß und von vorn aus unsichtbar den sekundengenauen Ablauf der szenischen Vorgänge unter Kontrolle hielt. Er saß damals sozusagen am kalten Herd zur Sommerszeit, nachdem er seinen „Siegfried" während des Winters, besser gesagt, während der vorhergehenden Spielzeit in Berlin bis ins kleinste vorbereitet hatte.

In meiner früheren Berliner Zeit begegnete ich vielen, die mit dem musikalischen Leben Berlins aufs engste verbunden waren. Aber kaum einer konnte sich rühmen, Tietjen, dessen eminente künstlerische Wirksamkeit sich tagtäglich offenbarte, persönlich begegnet zu sein. Seine Freunde waren Persönlichkeiten, wie François-Poncet, der Nuntius Pacelli (der spätere Papst Pius XII.), Stresemann oder der englische Botschafter. Die Zeit des „Wozzeck" von Alban Berg oder der Uraufführung des „Christoph Columbus" von Milhaud hatte seinen Ruhm für immer gefestigt. Milhaud berichtete mir noch 1961 bei einem Musikfest in Los Angeles, daß er die Aufführung seines Werkes an der Berliner Oper nie vergessen könne. Auch, daß er nie mehr etwas annähernd Bedeutungsvolles erlebt habe, als die Zeit, in der Klemperer unter der Ägide Tietjen in der Krolloper die vielbewunderten Musteraufführungen der Werke der Zeitgenossen Strawinsky, Křenek, Hindemith und anderer leitete.

Viele sagten damals: „Hat Tietjen jemals gelebt?" oder: „Tietjen ist keine Person, sondern eine Methode." Erst später verstand ich, daß die „Methode Tietjen" darin bestand, daß seine Person in der Institution aufging, der er diente. So wurde er schließlich selbst zur Institution.

Seine notorische Unsichtbarkeit war seltsam mit einer Art von Allgegenwart verbunden. Jeder, der das Haus Unter den Linden betrat, fühlte fast körperlich die Präsenz des unsichtbaren Chefs. Wenn einer aber bei einer Bühnenprobe das Gefühl hatte, Tietjen sei im Augenblick weit vom Schuß, dann stand er mit Sicherheit hinter ihm.

Nach dem Gespräch mit Tietjen stopften wir in aller Eile

unsere Sachen in die Koffer. Wir bestellten die Hotelrechnung und eilten zum Bahnhof. Der Zug fuhr an, ein Ober lief neben unserem Abteil mit dem schon fahrenden Zug um die Wette. Uns fiel ein, daß wir die Rechnung in der Hotelhalle vergessen hatten. Ich warf das Geld zum Fenster hinaus, und der Zug trug uns schneller und schneller fort von Kassel und immer weiter in Richtung Berlin.

Am nächsten Vormittag begrüßten Elisabeth und ich in der Oper Unter den Linden unseren Freund Swarowsky. Als das Haus dunkel war, drückten wir uns ab und zu die Hände, wenn uns etwas besonders gefiel oder wenn wir Angst hatten. Im Ganzen war es eine ausgezeichnete, mit aller Sorgfalt vorbereitete Vorstellung, mit Prohaska als Kaspar und Erna Berger als Gretl.

Nach der Probe packten die Musiker ihre Instrumente zusammen, und weg waren sie. Die Bühnenarbeiter schufteten, um so rasch als möglich das Schlußbild abzubauen. Da nahte Seine Exzellenz, Herr von Holthoff, und beorderte mich „ergebenst" zum Generalintendanten, dem G.I., wie er genannt wurde. Elisabeth mußte warten, die Unterredung sollte ohne Zeugen stattfinden.

Tietjen saß mit steinernem Gesicht aufrecht und undurchdringlich hinter seinem Schreibtisch und eröffnete das Gespräch:

„Waren Sie mit der Hauptprobe zufrieden?"

„Mehr als das."

„Haben Sie die Unebenheiten im Orchester nicht bemerkt?"

„Kleinigkeiten, unwesentlich."

„Würden Sie gegebenenfalls die Leitung Ihres Werkes von der Generalprobe an selbst übernehmen?"

„Nein", wehrte ich ab, „auf keinen Fall. Ich fühle mich Herrn Swarowsky verpflichtet, schließlich verdanke ich diese Aufführung seiner Initiative."

„Gut", sagte Tietjen, „dann behalte ich mir vor, notfalls für die Premiere den Generalmusikdirektor Schüler aus Essen zu holen."

Er stand auf, damit war ich entlassen. Die Gerüchte über den Opernkrieg schossen mir wieder durch den Kopf.

Elisabeth meinte: „Am besten wird es sein, du sprichst mit Swarowsky."

Das tat ich. Er vermutete eine neue Runde in der Auseinandersetzung zwischen Tietjen und Krauss. Begreiflicherweise regte er sich darüber auf, daß er dabei ins Schußfeld geraten war.

Am nächsten Morgen läutete das Telefon ungewöhnlich früh. Fräulein Graeger meldete sich am Apparat. Sie war Tietjens Chefsekretärin, eine Dame von unbestechlicher Ergebenheit, Zuverlässigkeit und Diskretion. Der G.I. erwarte mich sofort in der Oper. Swarowsky habe wegen Erkrankung abgesagt. Schüler sei nicht erreichbar. Würde ich nicht bereit sein, die Generalprobe und die erste Aufführung zu übernehmen, so ergäben sich bedauerliche Konsequenzen. Der Spielplan ermögliche keine Verschiebung der Premiere. Klick. Ende.

Gestern hatte mich Tietjen gefragt: „Wollen Sie die Generalprobe dirigieren?" und heute sagte Swarowsky wegen Erkrankung ab. Ich griff mir ein Taxi und fuhr nicht geradewegs zur Oper, sondern direkt in die Keithstraße 19 zur Wohnung des Patienten. Ich wollte wissen, ob er wirklich so schwer erkrankt war, daß er absagen mußte.

Er war es. Er lag mit hohem Fieber im Bett. Seine Augäpfel, die gestern noch weiß schimmerten wie Porzellan, zeigten jetzt eine erschreckend gelbliche Verfärbung. Mit schwacher

Stimme bestätigte er seine Absage. Ich wünschte ihm eine rasche Genesung, er belohnte meine guten Wünsche mit einem matten Augenaufschlag.

Ich holte Elisabeth im Hotel ab, und wir fuhren zur Oper. Etwas gefiel mir nicht an der ganzen Geschichte. Aber kaum war ich im Theater, vergaß ich alles und machte die Runde in den Garderoben, um wenigstens noch ein Minimum an persönlichem Kontakt mit den Sängern herzustellen. Am Eingang zum Orchesterraum starrte ich auf das Pult, an dem ich in wenigen Minuten stehen würde. Es war das Pult, an dem Kleiber, Blech, Klemperer, Furtwängler und Krauss gestanden und von dem aus Komponisten wie Spontini, Meyerbeer, Richard Wagner und Richard Strauss gewirkt hatten.

Meine Situation war mehr als schwierig. Vor dem Berliner Publikum, das blasiert, kritisch und verwöhnt war, mußte ich ohne Proben eine fertige Einstudierung übernehmen. Ich konnte nicht wissen, ob sich das weltberühmte Orchester routinemäßig arrangieren würde oder ob es geneigt war, mir zu helfen.

Sie halfen mir vom ersten Takt an, ich mußte nur *pianissimo* denken, und sie spielten ein schöneres *pianissimo*, als ich es jemals gehört hatte. Schon bei der Ouvertüre versetzte mich dieses Orchester in einen rauschartigen Zustand von Begeisterung und Klarheit.

Als der Vorhang aufging, gab es einen Aufenthalt, weil das Orchester mir, dem Jungen, Unerfahrenen und Unbekannten, applaudierte. Das war unerwartet und außergewöhnlich. Im Rücken fühlte ich die Bewegung des zur Generalprobe eingeladenen Publikums. Im weiteren Verlauf der Probe gingen die Sänger auf jede meiner Intentionen ein. Ob ich anders schlug, als sie es gewohnt waren, spielte keine Rolle, wir verstanden uns.

Tietjen lächelte mir nach der Probe zu. Das war eine seltene Auszeichnung. Die Nachrichten über die Ereignisse liefen wie ein Lauffeuer durch die Stadt, die Telefone summten, die Kundigen dachten darüber nach, was sie daraus machen sollten, die anderen kolportierten die Berichte derjenigen, die dabei gewesen waren.

Nach der glücklich verlaufenen Berliner Premiere besuchte uns Herr von Holthoff mehrmals, jedesmal nach einer formellen Anmeldung in unserem Hotel.

Das hatte ich noch nicht erlebt, daß jemand immer wieder offizielle Besuche machte, nur um „ergebenst" anzufragen, was er ohnehin wußte. Ob ich mit der Premiere zufrieden war, mit dem Chor, mit der Staatskapelle, ob ich die Besetzung erstklassig fand und so weiter.

Was wollte er eigentlich?

„Das verstehst du nicht", meinte die kluge Elisabeth, „er sondiert."

Das war es. Er sondierte à la Guillaume II. Beim dritten Mal wurde er feierlich, natürlich ohne die Katze aus dem Sack zu lassen und bestellte mich „ergebenst" für den 28. Februar 1936 elf Uhr fünfzehn zu einer Besprechung in die Oberwallstraße ins Büro des Generalintendanten.

Es war keine Besprechung, es war eine Eröffnung! In einer mit dem Vermerk *geheim* gestempelten Aktennotiz, die mir anschließend überreicht wurde, hieß es:

G.I. begrüßte den Komponisten Egk und gab ihm seine günstige Einstellung ihm gegenüber zum Ausdruck und eröffnete Egk, er habe einige interessante Punkte mit ihm zu besprechen:

1. *Egk sicherte G.I. zu, ihm das Manuskript zur Komposition seiner nächsten Oper zuerst zugänglich zu machen, ehe er sie dem Verlag einreicht. G.I. wird dann freundschaftlich beratend sich mit Egk einigen, ob die Uraufführung im Interesse Egks in Berlin, in Kassel oder, wenn G.I. es nicht für so geeignet hält, einem anderen Theater im Reich überlassen werden soll.*
2. *G.I. will nach dieser nächsten Oper Egk einen Kompositionsauftrag für ein großes, abendfüllendes Tanzdivertissement geben.*
3. *Da G.I. Egk in jeder Weise für einen Mann der Zukunft hält, möchte er ihn, „ohne den Komponisten totzuschlagen oder lahmzulegen" als Kapellmeister an die Staatsoper haben.*

   Am 7. März wird der General-Intendant mit ihm den Vertrag perfekt machen und kann ihm bis dahin nach Prüfung des Etats angeben, in welcher Höhe er ein festes Gehalt beziehen kann.

Ein festes Gehalt! Halleluja! Das hatte es für uns noch nicht gegeben! Ich feierte mit Elisabeth die vielversprechende Eröffnung. Wir waren davon überzeugt, daß Tietjen für uns das *große Los* bedeutete. Die Besprechung berührte auch Einzelheiten von ausschlaggebender Bedeutung, welche die Absichten des G.I. erhellten. Ich sollte kein Repertoire dirigieren, sondern im ersten Jahr zwei bis drei Mustervorstellungen herausbringen, in glänzenden Inszenierungen und erster Besetzung, und jede acht bis zehnmal selbst dirigieren. Von der Residenzpflicht würde man im Interesse meiner kompositorischen Tätigkeit Abstand nehmen. Über meine eigenen Honorarvorstellungen sollte ich mich am 7. März äußern.

Wir diskutierten Programmvorschläge und überschlugen, welche Forderungen wir stellen mußten, wenn wir den

Wohnsitz in Lochham behalten wollten. Und dazu waren wir auf Biegen und Brechen entschlossen. Die häufigen Reisen nach Berlin, die wochenlangen Aufenthalte im Hotel während der Einstudierungen würden viel Geld verschlingen.

Am 7. März legte ich in der Oberwallstraße meine Vorstellungen zum Programm auf den Tisch. Sie wurden angenommen. Bei der Frage nach meiner Honorarvorstellung nannte ich mit Zittern und Zagen die mir hoch erscheinende, mit Elisabeth besprochene Summe.

„Das von Ihnen genannte Honorar kann ich beim besten Willen nicht bezahlen", erklärte Tietjen.

„Es wäre für mich sehr schön gewesen, aber das Unmögliche kann man nicht erzwingen", erwiderte ich und zitierte La Fontaine: Ne soyons pas si difficiles, les plus accommodants, ce sont les plus habiles."

Ich stand auf, stolz auf meinen guten Abgang.

„Halt, halt, junger Freund, wollen Sie den zur Unterzeichnung vorbereiteten Vertrag nicht wenigstens lesen? Vielleicht revidieren Sie dann Ihre Vorstellungen."

Mit spitzen Fingern nahm ich das Papier. Als ich auf § 3 mit der Gesamtjahresentschädigung stieß, fiel ich fast vom Stuhl. Die Summe war genau doppelt so hoch wie die von mir vorgeschlagene.

Ich unterschrieb, dankte und ging zurück in unser Hotel. Elisabeth war ausgegangen, ich fühlte mich erschöpft. Den Vertrag legte ich auf den Tisch, mich selbst ins Bett und schlief ein. Plötzlich schrak ich auf, geweckt von einem leisen Schrei und sah gerade noch, wie mein Weib mit dem Vertrag in der Hand auf ihr Bett sank. Der Vertrag, stellte ich fest, hat eine umwerfende Wirkung. Ich nahm das Papier und wollte meiner Frau einen Erholungsschlaf gönnen. Sie schlief aber nicht, sie war nur ohnmächtig und kam nach wenigen Minuten wieder zu sich.

Nachdem wir uns erholt hatten, begannen wir den Vertrag Punkt für Punkt zu prüfen. Alles schien in Ordnung. Was aber stand da unter § 4?: „Die Kosten an Stempelgebühr tragen beide Parteien je zu Hälfte." Wir dachten an die Gebührenordnungen der Rechtsanwälte und der Architekten. Das konnte teuer werden. Der Betrag unter § 3, nach dem sich die Gebühren richteten, war doch ziemlich hoch. Wir versuchten die Zahl auf der Stempelmarke zu entziffern. Ein Teil der Druckschrift auf dem rostroten Rechteck mit der gelblichen Füllung war von der Staatsoper grau überstempelt und durch ein mit der Hand breit darüber weggeschriebenes Aktenzeichen, Ort und Datum des Vertragsabschlusses fast unleserlich geworden. Nur am oberen Rand stand deutlich lesbar in gotischer Schrift „*Preußen*". Das sagte uns nichts. Darunter schwebte in der Füllung der traditionelle preußische Adler, das Schwert in der einen, die gebündelten Blitze in der anderen Kralle. Auf der Brust des Adlers entdeckten wir ein winziges Hakenkreuz. Auch das sagte nichts. Schließlich gelang es uns mit Hilfe einer Lupe die geschwollenen Ziffern unter dem Adler zu lesen: „Eineinhalb" und schließlich darunter wieder in gotischer Schrift das erlösende Wort „Reichsmark".

„Für fünfundsiebzig Pfennige! Das klingt wie ein Lied von Strauss", schrie ich, und wir hatten wieder etwas zu lachen.

Warum Tietjen unmöglich auf meinen Honorarvorschlag eingehen konnte, erfuhr ich erst viel später. Die höchste Tenorgage an der Staatsoper betrug mehr als das Fünffache. Was er mir anbot, war die normale Gage für einen Repertoirekapellmeister. Darunter konnte er nicht gehen. Ungewöhnlich war nicht die Gage, sondern seine weitreichenden Absichten.

Die „Zaubergeige“ hatte uns mehr Glück gebracht, als wir uns träumen ließen. Ich war von Anfang an merkwürdig stark von dem Stoff beeindruckt, ohne mir voll bewußt zu werden, woher diese Beeindruckung kam. Die „Zaubergeige“ scheint auf den ersten Blick heiter, naiv und erfüllt von einer ungebrochenen, eher vordergründig-bayerischen Lebensfreude. Handlung und Charaktere sind einfach und klar, so einfach, daß jedes Kind sie verstehen kann.

Ist die „Zaubergeige“ also eine kindliche Oper, eine simple Geschichte? In gewissem Sinne ja. Wenn aber einer den finalen Sonnenschein für den Schlüssel hält, hat er falsch geraten. Dieser findet sich in der Szene, in der Kaspar der „armseligen Gestalt“ seine letzten drei Kreuzer schenkt. „Wer alles von sich wirft, dem helfen wir.“ So heißt es da.

Der ersten „Entäußerung“ aus gutem Herzen, die mit Reichtum und Ehren belohnt wird, folgt gegen Ende der Geschichte eine zweite: Kaspar verzichtet auf die Wunderfiedel und so auch aus freien Stücken darauf, die Macht über andere zu behalten. Die Rebhühner und Fasanen, den Malvasier und den Kanarischen Sekt und dazu die preziöse, in Milch gebadete Dame Ninabella läßt er ohne Reue zurück und gewinnt mit der zweiten „Entäußerung“ ein einfaches Leben und ein großes Glück.

Heinz Tietjen (1881–1967)
Als Generalintendant der Preußischen Staatstheater und Intendant der Städtischen Oper, Berlin, war er der langjährige Gönner und darüber hinaus der persönliche Freund Werner Egks

Die naiv erscheinende Einfachheit ist der Ausdruck einer unverrückbaren Ordnung, in deren Geborgenheit sich jedermann wohlfühlt. Es ist die gleiche Ordnung, der die Weisheit der Volkssagen und die Ausdruckskraft der Mythen entspringt. Dies ist sicher, abgesehen von der barocken Theaterfreudigkeit des Stückes, eine Ursache der Faszination, die es ausgeübt hat. Hinter der Gestalt des Kasperl, der sich „zu Höherem geboren" fühlt und der, von unstillbarem Drang in die Ferne getrieben, seinen Umkreis sprengt, erheben sich die bedeutenden Gestalten der großen Dichtung, die Schatten eines „Peer Gynt", „Don Juan" und „Faust". Dieser Kasperl ist nicht nur ein Urviech, sondern auch ein Urbild.

Um die Zeit des Vertragsabschlusses mit der Staatsoper fand, begünstigt durch den Erfolg der „Zaubergeige", in der New Yorker Philharmonie die Uraufführung meiner „Georgica", dreier Bauernstücke für Orchester, statt. Ursprünglich hieß das Werk „Bayerische Musik". Der Titel wurde ausgewechselt, weil in Deutschland damals alle Titel, die nach den früheren Ländern klangen, verpönt waren. Selbst die „Bayerischen Funkschrammeln" wurden aus diesem Grund in „Münchner Funkschrammeln" umgetauft. Die Bezeichnung *bayerisch* galt allen Ernstes eine Zeitlang als „separatistisch". „Georgica" war ein bukolisches Lehrgedicht von Vergil. Dagegen gab es keinen nationalen und keinen sozialistischen Einwand.

Auf einem Musikfest in Baden-Baden dirigierte ich am 3. April 1936 die Uraufführung meiner „Geigenmusik mit Orchester", des letzten Werkes, das dem musikalischen Duktus der „Zaubergeige" verwandt ist.

Man hatte mir um diese Zeit das Plakat um den Hals gehängt: „Egk, der bayerische Strawinsky", teils positiv, teils abwertend. Ich hatte in Baden-Baden das Vergnügen, den echten Strawinsky zu treffen und auch die persönliche Bekanntschaft seines Sohnes zu machen, dem ich im besetzten Paris, Jahre später, wiederbegegnen sollte. Vater und Sohn schlugen das „*Concerto per due Pianoforti*" mit ebenbürtiger Virtuosität und Präzision aus den Tasten. Es war eine Freude.

Mein erstes größeres Orchesterwerk, das nichts mehr mit der Bayerischen Folklore und ihren interessanten Metren zu tun hatte, war die Musik zu dem Festspiel „Olympische Jugend". Der Generalsekretär des NOK, Herr Dr. Diem, hatte zusammen mit dem Regisseur des Festspiels, Dr. Niedecken-Gebhardt, dem NOK Carl Orff und mich als Komponisten für das von Diem entworfene Festspiel vorgeschlagen.

Orff operierte bei dem eindrucksvollen Einfluten von 10000 Kindern in das Stadion und ihren wechselnden choreographischen Gruppierungen mit Schulwerkklängen. Mich hatte man beauftragt, die orchestralen Ballettmusiken für Mary Wigman und Harald Kreutzberg mit je 80 Tänzern und Tänzerinnen und ein Solo für Gret Palucca zu schreiben.

Alle künstlerischen Fragen waren mit Dr. Niedecken abzustimmen. Trotz vielerlei Verpflichtungen war ich rechtzeitig fertig geworden. Bei den Proben marschierte Niedecken mit seiner überdimensionalen Flüstertüte unermüdlich auf dem Gelände herum und lenkte mit Donnergetöse und großer Erfahrung alles nach Wunsch und Willen. In einer Pause kam er schwitzend angerannt und wiederholte seine vor Tagen geäußerte Bitte, ich möchte doch zustimmen, daß er meine Musik beim IOK nachträglich für den Kunstwettbewerb einreiche. Man hätte zu wenig Auswahl, und ich könnte ihm damit einen Gefallen tun. Ich sagte ja.

Dadurch kam ich zu einer Goldenen Olympischen Medaille in der „Sportart Kunst, Orchestermusik". Am Tag der Siegerehrung stand ich im Stadion als Goldkind zwischen dem silbernen Liviabella und dem bronzenen Höffer. Kaum sprachen die Lautsprecher von der „Sportart Kunst", verschwand der OSAF* mit seinen Paladinen aus seiner Loge. Das riesige Oval des Stadions leerte sich blitzschnell, und die Zuschauer liefen weg, wie die Flöhe von einer toten Katze. Dafür zogen die Putzkolonnen ein. Die Olympiagirls drückten uns einen Eichenkranz auf den Kopf und einen Blumentopf in die Hand. Während die Nationalhymnen aus den Lautsprechern tönten, sahen wir keine ergriffene Menge, sondern nur die Hinterteile schrubbender Putzweiber.

Während der Olympiade verbreitete sich eines Tages im Stadion von Mund zu Mund die Schreckensbotschaft: „Feuer in der Staatsoper"! So schnell wie möglich fuhr ich zum Haus Unter den Linden.

Der Bau stand unberührt. Von Feuer keine Spur. Es waren die Magazine, die bis auf die Grundmauern niederbrannten. Die Dekorationen der Staatsoper waren vernichtet. Seltsam: Die Flammen schonten nur „Die Flamme" von Respighi.

Alle Nachrichten über den Brand wurden hastig unterdrückt. Die Polizei stellte Brandstiftung fest, die Täter wurden nie ermittelt. Merkwürdig, daß sich die Brandherde in den Kabinen von „Siegfried" und „Zaubergeige" fanden, zwei Werken, die Tietjen damals besonders am Herzen lagen.

Wer konnte ein Interesse daran haben, den Betrieb der Staatsoper wie mit einem Schlangenbiß zu lähmen?

Mancher Finger zeigte verstohlen auf Goebbels. Ihm

---

* OSAF = Oberster SA-Führer.

unterstanden alle Bühnen des Reiches, nur die Preußische Staatsoper nicht, sie war dem Preußischen Ministerpräsidenten unterstellt. Tietjen würde die Spielzeit nicht eröffnen können, das Haus mußte wahrscheinlich auf unbestimmte Zeit geschlossen werden.

Der G.I. handelte aber blitzschnell. In Rekordzeit wurden in seinem Auftrag in 40 über ganz Deutschland verstreuten Ateliers die für das Repertoire notwendigsten Dekorationen nach erhalten gebliebenen Unterlagen wiederhergestellt. Tietjen eröffnete rechtzeitig. Leider mußte die „Zaubergeige" auf der Strecke bleiben, man hatte sie vom Februar bis Juni immerhin schon zwölfmal gegeben.

Während der Spiele gab es Empfang über Empfang. Ich wollte den „Mann mit dem kleinen Bart und dem großen Maul" auf fünf Schritte Distanz studieren und ging als Sieger in der „Sportart Kunst" mit den Siegern der anderen Sportdisziplinen zu einem Empfang in die Reichskanzlei. Der Gröfaz* stand mitten in einem Haufen von Sportlern. Sie erzählten Fußballanekdoten. Reichssportführer Herr von Tschammer und Osten landete eine Pointe, über die alle in schallendes Gelächter ausbrachen. Alle, außer dem Gastgeber. Ich spürte das krampfhafte Arbeiten hinter Hitlers Stirn: Er hatte den Ehrgeiz, seinen Reichssportführer zu übertreffen und erzählte auch eine Geschichte. Niemand lachte. Die Pointe war nicht explodiert, sondern geplatzt. Er war klar unterlegen, stampfte vor Wut auf den Boden und drehte sich brüsk ab.

Wenig später offerierte er einer Gruppe von Diplomaten eine Führung durch die Reichskanzlei. Ich mischte mich unter das vornehme Volk. Die Führung endete im Arbeitszimmer. Hitler stand an seinem gewaltigen Schreibtisch. Mit der

---

* Gröfaz = „Größter Feldherr aller Zeiten".

flachen Hand schlug er auf ein in Leder gebundenes Exemplar von „Mein Kampf“. Alle Gespräche verstummten, und man vernahm den erstaunlichen Satz: „Glauben Sie mir, meine Herren, ich hätte es schon längst nicht mehr nötig, mich politisch zu engagieren. Allein die Tantiemen aus diesem Buch“, und wieder schlug er auf den Einband, „dessen Erfolg ein gewaltiger ist, würden mir ein bequemes Leben in Wohlstand und Luxus ermöglichen!“

Nach der Olympiade begann ich meine Tätigkeit als Kapellmeister der Staatsoper mit der Einstudierung des „Don Carlos“ von Verdi, der, glücklicherweise für mich, 1935 nicht herausgekommen war. Ich bekam eine Elitebesetzung: Manowarda, Dobay, Völker, Schlusnus, Klose. Regie hatte Josef Gielen, der Deutschland damals noch nicht verlassen hatte.

Von Manowarda lernte ich begleiten: „Kapelle“, sagte er jedesmal, wenn er mich vor der Vorstellung oder in der Pause sah und das hieß: „Mensch, deck' mich nicht zu. Ihr seid doch achtzig, und ich bin nur einer.“ Von Völker lernte ich die Anpassung der Tempi an schwere Stimmen. Die Dobay lernte zu ihrer Freude von mir, daß ihr *ppp* bis in die letzten Reihen trug. Ich machte ihr Mut, eine der ergreifendsten Stellen ihrer Rolle, den Oktavsprung auf das Wort „Frankreich“ im *ppp* zu singen. Bei Schlusnus lernte ich das Orchester zurückzunehmen und es entsprechend dem Klang der Stimme so einzufärben, daß seine differenziertesten Nuancen zur Geltung kamen und vom Orchesterklang getragen wurden.

Frau Klose beschenkte mich, ohne daß es ihr bewußt war, durch ihre Linienführung, Phrasierung, Atemtechnik und ihre hinreißenden Crescendi und Decrescendi, durch die Zartheit und Gewalt ihrer dramatischen Gestaltungskraft.

Der Regisseur Gielen brachte mir die Kunst der Übergänge bei: „Halten Sie die Musik im Fluß, binden Sie alle Teile, sonst gibt es Löcher und der Strumpf ist kaputt."

Von Tietjen lernte ich: Unterbrich nie einen großen Tenor während einer Orchesterprobe, wenn dir etwas nicht paßt. (Recht hatte er. Der große Dirigent de Sabata, der deutsch weder sprach noch verstand, unterbrach während seiner Berliner Einstudierung des „Othello" eine Bühnenprobe mit Orchester. Vom Pult aus überschüttete er den Tenor mit einem italienischen Wortschwall. „Capito?" fragte er zum Schluß. Der Tenor ging langsam und beherrscht zur Rampe, verbeugte sich formvoll und sprach mit dem Ausdruck aufrichtiger Dankbarkeit: „Jawohl, Sie Arschloch!")

Im Anschluß an meine Carlos-Proben ließ mich Krauss oft in sein Dienstzimmer im Haus Unter den Linden kommen. Er liebte es, mit mir über die Oper als Einrichtung, über das musikalische Drama und den Zusammenhang der Künste zu sprechen. Auch die Identität von Künstler und Werk beschäftigte ihn. Eines Tages sprach er lange über Calderón:

Der Dichter Calderón, tapfer als Soldat, fromm als Priester, geziert mit einer Narbe, die ihn für immer an eine Rauferei bei einer Theaterprobe erinnern sollte, sei, so heißt es, „fast singend wie ein Schwan" gestorben. Der Dritte Orden, dem die Erbschaft zufiel, ehrte sein Andenken durch sechs Totenmessen, dreizehn stille und zweiundneunzig gesungene Messen und durch siebzig Almosensammlungen. So sei sein rechter Arm und seine Zunge im Grabe unversehrt und sein Werk unvergessen geblieben.

Dann stimmte der große Dirigent einen Lobgesang auf Philipp IV. von Spanien an, unter dessen Herrschaft das Theater zur Blüte gekommen war. Bei einer der üblichen theatralischen Improvisationen habe Philipp einmal den Gottvater gespielt, während er Calderón die Rolle des Adam zuwies. Für Clemens Krauss lag in dieser Rollenverteilung ein hoher Sinn, da in seiner Vorstellungswelt das Feudale immer mit dem Göttlichen und das Poetische mit dem Humanen zusammenfiel.

Diese Anschauung korrespondiert mit den Anschauungen der Antike, mehr noch mit denen der Renaissance und des Barock.

Nach einigen „Strophen" zu Ehren des vierten Philipp kam der Maestro wieder auf Calderón zurück, wobei sich zeigte, daß bei ihm das Poetische mit dem Prächtigen auf ewig vermählt schien. Die prunkende Opernszene sei das prädestinierte Hochzeitsbett der Künste. Die Sänger, Tänzer, Maler und Musiker seien Priester des strahlenden Rituals, das sich unter Anleitung des Oberpriesters am Pult unaufhörlich erneuere.

So tönte der Gesang aus dem Munde des großen Dirigenten, floß über seine unübersehbare habsburgisch geformte Unterlippe unter der Maximilianeischen Nase und erreichte das Ohr des Komponisten, seines einzigen Zuhörers.

Inzwischen war es spät geworden, und nach einer kurzen Preisung der wunderbaren Zusammenarbeit von Richard Strauss mit Hugo von Hofmannsthal im allgemeinen und bei der „Frau ohne Schatten" im besonderen kehrte der „Gesang" ein letztes Mal zu Calderón zurück und beschwor kristallene Adler, goldene Bäume, die sich öffnen konnten, Berge aus Malachit, prächtige Gefährte, auf denen Sternbilder, Monate oder Götter auf Philipps Hoftheater in Buen Retiro bei Madrid erschienen waren, und verweilte dann längere Zeit mit hohen Tönen bei der dreiaktigen Komödie „El mayor encanto amor" von Calderón und bei der wollüstig grausamen Circe, dem von Abenteuer zu Abenteuer schiffenden Ulysses und der ganzen Gesellschaft von Prinzen, Hofdamen, Riesen, Zwergen, Nymphen, wilden Tieren, Tritonen und Sirenen, welche die Romanze begleiten, die von Seestürmen, Gewittern, Balletten, heftigen Feuern, Regenbogen,

Falkenjagden, akademischen Streitgesprächen, Verwandlungen, Versenkungen, Kriegslärm, Liedern, aufsteigenden Grabmälern und musikalischen Delphinen kunstvoll unterbrochen wurde.

Der Abgesang endete mit der bedeutungsvollen Bemerkung, daß nur ein phantasievoller, begabter Komponist würdig sei, sich mit diesem Stoff zu beschäftigen.

Ich beschloß, gelegentlich meine Calderón-Ausgabe mit „El mayor encanto amor" vorzunehmen, meine Sammlung spanischer Dramen zu durchforschen und bei Tieck, vielleicht auch in den „Vorlesungen über die dramatische Kunst und Literatur" von A. W. Schlegel einiges nachzulesen. Im Augenblick aber dachte ich trotz des bestechenden Vortrags des großen Dirigenten nicht an den Zauberer Calderón, sondern an den Realisten Ibsen. Ich hätte damals nicht geglaubt, daß ich mich später dreimal und über Jahrzehnte hinweg mit „El mayor encanto amor" auseinandersetzen würde, einmal naiv, einmal satirisch und einmal kritisch-heiter.

Jetzt war ich besessen von der Idee, daß sich die Oper seit ihren Anfängen auch als „Reinigung“ in Form einer an die Musik gebundenen Zeremonie gezeigt hatte, als kritischer Prozeß, bisweilen sogar als Antizipation des „Jüngsten Gerichts“, bei welchem vor einem immensen, von Klängen und Stimmen widerhallenden Prospekt die Böcke von den Schafen geschieden werden.

Diese Überlegungen hatten mich zu Ibsens Schauspiel „Peer Gynt“ geführt. George Bernard Shaw sprach schon in seiner frühen Zeit als Musikkritiker in London über die Chancen, die gerade dieses Schauspiel einem Opernkomponisten bieten könnte: „Nun ist ‚Peer Gynt‘ großes Theater, ein Meisterwerk norwegischer Literatur, wie ‚Faust‘ ein Meisterwerk deutscher Literatur ist. Wie ‚Faust‘ auch ist es ein phantastisches Drama in gebundener Rede. Wie ‚Faust‘ wiederum ist es voll von Szenen, die einen Komponisten bedrängen müßten, ihnen einen musikalischen Ausdruck zu verleihen.“

Shaw zielt damit auf die Oper und läßt deshalb die Schauspielmusik von Edvard Grieg völlig außer Betracht. Der Welterfolg der an das Schauspiel gebundenen Charakterstücke von Grieg, von „Aases Tod“, „Anitras Tanz“, „In der Halle des Bergkönigs“ oder „Solveigs Lied“ schien weder ihm noch mir ein Hindernis für die Verwandlung des Schauspiels in eine Oper.

Auch Shaws pessimistische Bemerkung, der Durchschnittsbürger verabscheue ein Stück, das einen Sinn hat, weil es sagt: „Hier ist eine Tatsache, um die du dich kümmern solltest", schreckte mich nicht ab, sondern ermutigte mich. Ibsen tat im „Peer Gynt" nichts anderes, als mit dem Finger auf Tatsachen zu deuten, „um die man sich kümmern sollte", als Moralist und als großer dramatischer Dichter, der nach Shaw wie alle Dramatiker gezwungen war, „außerordentlich interessante Stücke zu schreiben, um ein Publikum von Drückebergern und Träumern dahin zu bringen, daß es die Pille schluckt".

Das wollte auch ich, aber es war nicht einfach, aus diesem Schauspiel ein Libretto zu machen. Die Schwierigkeit lag in den ungeheuren Dimensionen des Weltgedichts.

Ein Katarakt von Erscheinungen, Gestalten, Ereignissen, Schauplätzen, ein Wirbelsturm von Visionen, eine Architektur aus Gedanken, eine Hölle aus Ängsten, Rätseln, Geflüster und Geschrei und ein Himmel aus Kristall, das ist Henrik Ibsens „Peer Gynt". Ein hartes Theaterstück, gleich rücksichtslos gegen Bühne und Publikum, szenisch kaum zu realisieren mit einem Personenverzeichnis von siebenunddreißig Einzelrollen, außer der Titelrolle, und einem Heer von Hexen, Erdgeistern, Erscheinungen, Kobolden und Statisten.

Sucht jemand eine legendäre Gestalt, eine skandinavische Jägersage, leicht und hübsch in skandinavische Folklore zu verpacken, er findet sie in den weiten Räumen zwischen dem ersten und fünften Akt. Sucht jemand einen gewaltigen Verführer, einen leibhaftigen Don Juan, er findet auch ihn, im Gewande des Abenteurers und in der rasch wechselnden Gesellschaft der bremsigen Sennerinnen, in Kompagnie der Sexpute Anitra, der jungen, vor Liebe bebenden Solveig und der gerissenen, erfahrenen, lasterhaften „Grünen". Er trifft ihn nicht nur an den Orten der Sehnsucht und der Lust, sondern wie bei Mozart oder Strawinsky auch auf dem Kirchhof oder bei der Auktion und im Irrenhaus.

Sucht jemand einen Philosophen, einen Grübler, einen Faust, er begegnet ihm im verzweifelten Kampf mit dem Schiffskoch zwischen Schären und Brandung, im angstvollen Dialog mit dem fremden Passagier, im Gespräch mit dem Knopfgießer, bei den qualvollen Auseinandersetzungen mit den Trollen und auf der langen Reise durch die Zeiten. Er sieht ihn zu den Ursprüngen hinabsteigen und beobachtet ihn, wie er dem Gesang der Memmonsäule lauscht und der dunklen Frage der Sphinx.

Der Sinn und Unsinn der eigenen Existenz, das Gebot „stirb und werde", die Begriffsschwestern „Sünde und Strafe" bedrängen Peer Gynt wie Faust, und er flieht wie Faust von Ort zu Ort, verfolgt von den Gedanken, die er nicht gedacht, den Liedern, die er nicht gesungen, den Tränen, die er nicht geweint und den Worten, die er nicht gekündet. Schließlich blüht auch ihm die Erlösung in der Glorie der Reinheit und zieht auch ihn das „Ewig-Weibliche" hinan, wie seinerzeit den deutschen Heinrich.

Aber nicht nur die Dimensionen des Weltgedichts mit ihren verwirrenden, vielfältigen thematischen Aspekten, auch seine stilistischen Perspektiven liefern dem Opernkomponisten weitere Problemketten.

Das Stück beginnt als deftiges, realistisches norwegisches Volksstück auf einem Bergabhang mit Laubbäumen, in der Nähe der Dorfstraße und auf dem Hofplatz des Hägstadtbauern, entgleitet aber mit der Flucht des Helden ins Hochgebirge in eine menschenferne Traumwelt, springt wieder zurück in die Wirklichkeit, entfernt sich dann endgültig in das schillernde Reich der Phantasie, ins türkische Märchen, in die ägyptische Symbolwelt, in den modern-makabren, surrealen Bezirk des Doktor Begriffenfeldt, um endlich wieder in einem Norwegen zu landen, das vom Fieber, vom Wahnsinn, vom Glauben und Hoffen erfunden ist, aber mit dem Volksstück-Norwegen der Ingrid-Tragödie nichts zu tun hat.

Ibsens Meisterwerk läßt sich weder stofflich noch thematisch, noch stilistisch in die Form einer Oper pressen, wenn man es nimmt, wie es ist – außer man beabsichtigt, ein auf mehrere Abende zerlegtes Opernungeheuer zu schaffen wie den „Ring“ oder einen Opernkoloß, gegen den sich „Krieg und Frieden“ von Prokofieff wie ein Puppenspiel ausnehmen müßte. Oder aber eine Serie, eine Batterie verschiedener Opern, etwa eine: „Der Brautraub“, eine andere: „Aases Tod“, eine dritte: „Anitra“, eine vierte: „Der Weltkaiser“, eine fünfte: „Das Trollmärchen“, eine sechste: „Don Juan und Faust“ und eine siebente: „Das Lied der Solveig“.

Der Musiker muß in einer zeitlich anderen Ordnung denken als der Dichter. Er weiß, daß sich auf dem Weg vom Drama zum musikalischen Theater alle Proportionen verschieben, einerseits durch die Schnelligkeit, mit der die Musik Stimmungen, Gefühle, Farben und Valeurs ausdrücken kann, andererseits durch die zeitlupenhafte Zerdehnung, die sie mit dem Wort vornimmt.

Die Inhaltsangabe des Ibsenschen „Peer Gynt“ beansprucht bei Josef Gregor fünf eng bedruckte Seiten, das ist schon fast die Hälfte des Umfangs eines Opernlibrettos.

Alle komplizierten, gedanklichen Formulierungen gehen in der Musik hoffnungslos unter, und jede Philosophie, auch die aufregendste, ersäuft mit Sicherheit im Orchester, wenn sie nicht durch den Ablauf der Handlung klar wird.

Die meisten Operngänger sind der Musik gerade deshalb so ergeben und dankbar, weil sie das direkte Auftreffen der Musik lieben und das Vermögen dieser Kunst, die Seelen ohne den Umweg über die widerspruchsvolle Ratio zu bewegen.

Was aber kann dann den Entschluß, gerade eine „Peer-Gynt"-Oper zu machen, rechtfertigen, und was an diesem Stück kann auf einen Komponisten einen so zwingenden Reiz ausüben, daß er die notwendigen tiefgreifenden Veränderungen der Dramaturgie, das Wegstreichen ganzer Entwicklungszüge, den Rotstiftmord an zahlreichen Figuren, die Zusammenziehung verschiedener Gestalten in eine einzige und die Erfindung und Einfügung neu konzipierter Bilder hinnimmt und unternimmt? Was zwingt ihn zu dem schwierigen Balanceakt, den eine so weitgehende Verschiebung aller Gewichte und eine so schmerzhafte Begrenzung im ganzen und im einzelnen mit sich bringt, vor allem, wenn er versucht, in der Verwandlung des Dramas zur Oper die Dichtung in einer neuen Form neu und unverfälscht entstehen zu lassen? Warum will er gerade eine „Peer-Gynt"-Oper schreiben, warum nimmt er seinen Vorwurf nicht aus einem leicht übertragbaren Theaterstück oder aus dem Leben? Die Zeitungen sind voll von merkwürdigen Geschichten, von wirkungsvollen, dramatischen Ereignissen. Die Prozeßberichte der letzten Jahrhunderte enthalten die interessantesten Fälle, leicht zugänglich, behende zu bearbeiten.

Für mich waren es die einzigartigen Bildkräfte des Gedichts, die Visionen, die grell aus der Nacht, die uns umgibt, beleuchtet vom Blitz der Erkenntnis aufscheinen, die Aufrichtigkeit, Wahrheit und Bedeutung der Gestalten, der aus den Abgründen des Mythos beschworenen ganz nahe an unser Wahrnehmungsvermögen herangerückten Archetypen.

Das sind unschätzbare Vorzüge für ein musikalisches Bühnenwerk, Vorzüge, die der Bühne großartige Wirkungen und der Opernmusik den vollen dramatischen Ausdruck und eine Spannweite vom niederträchtigen Idiom der Trollwelt bis zur schmetternden Sprache des unerbittlichen Gerichtstages einräumen, Vorzüge, die das Publikum dazu bringen können, ein Stück zu akzeptieren, das deutlich sagt: „Hier ist eine Tatsache, um die du dich kümmern solltest."

Die Tatsache, die ich neunzehnhundertsiebenunddreißig für den gemeinsamen Orgelpunkt des Dramas und meiner Oper hielt, ist die Freiheit der Wahl, mit dem Trollblick zu schielen oder mit Menschenaugen zu schauen, sich mit Aas zu ernähren oder mit der Speise der Götter, ein Schubjak, ein schiefes Gesicht, eine Maske oder ein Mensch zu sein.

Anfang 1937 begann ich mit der Arbeit am Libretto der „Peer-Gynt"- Oper. Alles, was nicht musikträchtig war oder nur als Variante erschien, schied aus. Was sich nicht unmittelbar auf meinen „Orgelpunkt" beziehen ließ, fiel. Das Personenverzeichnis wurde entscheidend reduziert.

Aber schon bei diesen und ähnlichen Arbeiten und genauso später bei der Arbeit am Text wurde ich immer und immer wieder unterbrochen. Das Jahr 1937 war mit drei Neueinstudierungen und zahlreichen Reprisen befrachtet. Die erste Neueinstudierung war die der „Zaubergeige" im Münchner Nationaltheater. Sie war mir schon 1936 von dem damaligen Intendanten Walleck übertragen worden.

Die Proben liefen Anfang Februar an, und ich sah Clemens Krauss in neuer Glorie auf dem Münchner Intendantensessel sitzen. Die „Zaubergeige" gehörte nicht zu seinen, den staunenden Münchnern verhießenen, großartig geplanten Opernwundern, sie war ein Relikt aus der Zeit seines Vorgängers und wurde als Relikt behandelt. Krauss bewilligte für die Dekorationen und Kostüme insgesamt 1800 Mark. Damit konnte man nicht einmal das Schäbigste auf die Bühne stellen.

Man sah sich gezwungen, die bescheidene Summe auf 3500 Mark zu erhöhen. Das war etwa der dreißigste Teil von dem, was Krauss für ein einziges seiner eigenen Opernwunder auswarf. Dafür lernte ich schon in den ersten Probentagen einiges über Solidarität, Organisation und Tradition.

Solidarität

Die vier Hornisten des Orchesters spielten bei der ersten Probe anstelle eines hauchzarten *ppp* ein kräftiges *mf*. Sie waren nicht davon abzubringen. Während der Pause befragte ich dieserhalb einen Hornisten, den ich gut kannte.

„Ja", sagte der, „früher war der Kollege Suter unser bester Hornist. Jetzt ist er alt und hat für ein *ppp* nicht mehr die nötige Lippenspannung. Bliesen wir nicht so laut wie er, käme er auf."

Zaubergeige hin, Zaubergeige her, ich war gerührt.

Organisation

Mein alter Freund Fehling inszenierte als Gast am Münchner Staatsschauspiel, und ich rief das Betriebsbüro an, um zu erfahren, wo er wohnte. Es entwickelte sich folgender Dialog:

„Wo wohnt, bitte, Herr Fehling hier?"

„Wie heißt der Herr?"

„Jürgen Fehling, berühmter Regisseur, er inszeniert gerade bei Euch."

„Augenblick", drei Minuten Pause ...

„Ein Herr Fehling ist hier nicht bekannt."

„Aber, das ist doch ..."

„Fragen Sie den Portier, da kommen die Herren immer vorbei, vielleicht weiß er was."

Ende.

Ich frage den Bühnenportier am Max-Joseph-Platz nach der Telefonnummer des Chordirektors. Er gibt sie mir wortlos.

Ich rufe an. Ein erbostes Weib teilt mir schreiend mit: „Der wohnt doch schon seit drei Jahren woanders."

Der Portier meint dazu: „Kann schon sein. Gehen's zu meinem Kollegen an der Maximilianstraße. Einer von uns hat die richtige Nummer. Das war schon immer so."

Sie waren etwas konservativ. Noch in den dreißiger Jahren rechneten sie am Nationaltheater auf der Bühne mit Fuß und Schuh. Mit dem Metermaß kamen sie erst später zurecht.

Honny soit qui mal y pense!

Die Münchner Einstudierung hatte für mich nach einer Serie von Berliner „Don-Carlos“-Vorstellungen im Februar begonnen. Sie mußte wiederholt unterbrochen werden, einmal wegen meines Konzertes mit der Berliner Staatskapelle, dann wieder wegen der mir auferlegten Mitwirkung beim Musikprogramm des Berliner Opernballes 1937 und ein drittes Mal knapp vor der Münchner Hauptprobe für eine weitere „Carlos“-Vorstellung.

Als am 19., 20. und 21. Februar ein Gastspiel des großen englischen Dirigenten Sir Thomas Beecham an der Berliner Staatsoper zelebriert wurde – zweimal „Entführung“, einmal „Orpheus“ –, arbeitete ich gerade wieder in München. Das englische Gastspiel ist wieder ein Pluspunkt für Tietjens Opernpolitik, dachte ich damals und hatte keine Ahnung davon, daß mir der „Pluspunkt“ auch etwas bescheren würde. Beecham regte als Gegengabe für sein eigenes Gastspiel kein Gastspiel eines unserer Dirigenten in London an, sondern eine Neueinstudierung von „Mignon“ in Berlin.

Er protegierte ein Fräulein von fünfzig mit gut erhaltenem Liebreiz und einem erwachsenen Sohn, der Sir Thomas, wie es hieß, wie aus dem Gesicht geschnitten war. Sie wollte in Berlin partout mit „Mignon“ Furore machen, also mußte „Mignon“ irgendwann einstudiert werden.

In jedem Theater werden die Spielpläne auf lange Sicht festgelegt. Die Daten stehen schwarz auf weiß auf dem Papier. In Wirklichkeit aber kann man sich allein darauf verlassen, daß das Theater selbst stehenbleibt, vorausgesetzt, daß es nicht einstürzt oder abbrennt. Die Spielpläne dagegen bleiben im Fluß, einiges wechselt die Farbe, anderes verschwindet spurlos, Neues taucht auf. „Die Oper ist ein Himmel" habe ich einmal geschrieben, und dabei bleibe ich auch. Aber die Spielpläne sind Kartenhäuser.

In der internen Spielplan-Vorschau steht oft vor einigen Daten „etwa", vor anderen „voraussichtlich" oder „bald nach". Mit Sir Thomas war das nicht zu machen. Er sang nicht „Ich will den Kopf des Johanaan", sondern „Sie will den 16. Oktober". So wurde dieser Termin für Mignon eisern gehalten.

Unmittelbar nach Beechams Gastspiel begannen an der Berliner Staatsoper die Vorbereitungen zum Opernball 1937. Das Haus war tagelang vor- und nachher geschlossen und konnte nur nach strenger Kontrolle mit Sonderausweis betreten werden. Als Hausherr beehrte sich Ministerpräsident Generaloberst Göring einzuladen.

Der Prachtliebende ließ für einen einzigen Abend den Zuschauerraum einschließlich der Logen mit weißem Samt ausschlagen. Über den Orchestergraben und die Bestuhlung des Parketts wurde in Bühnenhöhe ein Parkettboden gelegt, so daß für den Ball eine riesige Tanzfläche entstand.

Mit Ausnahme von Leo Blech waren alle Kapellmeister des Hauses zur Leitung des „Künstlerischen Programms" abkommandiert. Mir hatte man „Ein Künstlerleben" von Johann Strauß für Chor und Orchester zugedacht. Glanzpunkte waren das Quintett aus den „Meistersingern", das Quartett aus „Rigoletto" und das Terzett aus dem „Rosenkavalier", besetzt mit den schönsten Stimmen der Oper. Für Zwischengericht und Nachtisch sorgte das Ballett mit Renommiernummern aus dem Repertoire.

Nach den künstlerischen Darbietungen verkrümelten sich die Sänger, Tänzer und Dirigenten in die noch nüchternen Kapellmeisterzimmer und Garderoben hinter der Bühne. Alkohol und Freßplatten organisierte man sich bei den Oberkellnern und Mädchen, die ununterbrochen Nachschub in den riesigen Festsaal schleppten und auf ihrem beschwerlichen Weg vom Souterrain zum Saal an den Garderoben vorbeikamen.

Die Stimmung dort stieg rasch, die Temperatur auch. Ab und zu wurde einer losgeschickt, weil man neugierig war, was sich im Ballsaal abspielte.

„Eben inspiziert der Generaloberst seine Truppen." Er hatte Reichswehrsoldaten in frederizianische Uniformen gesteckt. Die Burschen mußten die ganze Nacht als lebende Dekoration bewegungslos wie Statuen in historischer Habacht-Stellung aushalten. Sie säumten Treppenhaus und Gänge.

„Jetzt schröpft er die Schwerindustrie, er geht von einem zum anderen und kassiert." Die Großen zahlten mit Schecks für erwiesene oder erwartete Auftragsschuld. Zehntausend „Emm" galten als schäbig.

„Jetzt spielt er Hahn im Korb und verteilt Lose für die Tombola." Die Haupttreffer steckten in der linken Ärmelstulpe seiner Paradeuniform, die gewöhnlichen Lose in der rechten. Die Favoritinnen gewannen sicher, die anderen vielleicht.

Am 23. März kam die „Zaubergeige" in München heraus. Ärmlich, aber sauber. Oscar von Pander schrieb in den Münchner Neuesten Nachrichten an Stelle einer Kritik ein Gedicht, durch das festgehalten wurde, noch nie sei auf der Bühne des Nationaltheaters so ausgiebig gefressen, gesoffen und gerülpst worden wie in meiner Oper. Ich antwortete ihm mit einer *ad hoc* gezeichneten Postkarte, auf der er sich als „Oscar von Larifari" im klassischen Kasperlstil der Münchner Bilderbogen von Braun und Schneider bewundern konnte.

Nach der Münchner „Zaubergeige" brannten mir die Vorbereitungen für meine nächste, nach einigen Schwankungen auf den 29. Mai festgesetzte Staatsopernpremiere auf den Nägeln. Ich hatte mich für eine Berliner Erstaufführung entschieden: „Die Legende von der unsichtbaren Stadt Kitesch" von Rimski-Korssakow. Die Partitur beeindruckte mich, nicht zuletzt durch die ungezügelte, bestürzende Wildheit des zweiten Bildes, das schon im Jahre 1907 „Les noces" von Strawinsky vorweggenommen hatte. Der verklärende Schluß blieb ein Problem. Alte Sache: Etwas Hölle, Laster und Unheil gibt mehr an eindrucksvoller Musik her als Himmel, Tugend und ewige Seligkeit.

An der Staatsoper hatte keiner das Stück erlebt oder die Partitur gesehen. Ich hörte nur Bemerkungen wie: „Dicke Schwarte", „Russischer Parsifal" oder „Nie davon gehört". Ich zitierte dagegen Richard Strauss: „Mir g'fallt's." So sprach dieser nach der Uraufführung der „Salome" in Dresden während der unsicheren Stille zwischen Vorhang und Applaus.

Ich war wild nach authentischen Informationen über die Uraufführung der „Legende" im Jahre 1907. Vielleicht gab es noch einen Musiker in Berlin, der damals dabei gewesen war. Russen gab es genug hier. Viele traf ich bei Novikow, dem Bühnenbildner unserer Erstaufführung, viele auch bei Maria Cebotari, viele bei meinem Freund, dem griechischen Tenor Vasso Argyris, dessen Frau aus Kiew stammte.

Unter diesen allen entdeckte ich gegen alle Wahrscheinlichkeit zwei Musiker, die 1907 dabei gewesen waren und sich an jedes Detail der Uraufführung erinnerten. Sie waren begeistert davon, daß sie mir Entscheidendes für die Wiedergabe des Werkes mitteilen konnten und viel Wissenswertes auch über Ursprung und Wesen der russischen Musik, nicht zuletzt auch über den wichtigen Zusammenhang ihrer Sprache und ihrer Musik.

Die Premiere gedieh zu einem Ereignis. Dirigent, Regisseur, Bühnenbildner, Sänger und Chor, alle hatten ihre volle Kraft eingesetzt. Die Presse sprach von einer Glanzleistung, Höchstleistungen, fabelhaftem Können und einem riesigen Erfolg, bezeichnete aber die Aufführung dieses schwierigen und nicht problemlosen Werkes gleichzeitig als Verdienst und Wagnis. Sie hatte recht. „Kitesch“ brachte es bis zum Ende der Spielzeit auf vier Aufführungen, verschwand aber dann für immer vom Spielplan.

Bald nach der Premiere erhielt ich eine Einladung zum CISAC-Kongreß in Paris. Herr Ritter, Direktor der deutschen Gesellschaft für musikalische Aufführungsrechte, schien an meiner Zusage mehr als interessiert zu sein. Ich examinierte ihn und begann zu fragen:

„Was ist CISAC?"

„Die Dachorganisation der Urheberrechtsgesellschaften aus aller Welt."

„Und was machen sie in Paris?"

„Sie diskutieren."

„Worüber diskutiert der Kongreß?"

„Über Fragen der internationalen Zusammenarbeit der einzelnen Gesellschaften, über Inkasso-, Verteilungsplanfragen und so weiter."

„Können Sie das nicht konkreter formulieren?"

„Sie diskutieren auch über *Ihr* Geld."

„Aha", sagte ich und war auch nicht gescheiter als vorher. Ritters letzte Antwort war eine Behauptung, aber keine Erklärung. Ich hörte nicht auf, ihn anzuzapfen. Ich wollte verstehen, warum ich dabei sein sollte, und ließ ein massives Trommelfeuer von Fragen auf ihn los. Er verlor etwas an Großartigkeit, ging aus sich heraus und legte los:

„Es ist eine Schande, daß sich nach Richard Strauss kaum mehr ein bedeutender Komponist ernster Musik für Urheberrechtsfragen interessiert hat. Ich weiß, ihr seid weder Juristen noch Geschäftsleute, Strauss hat auch nicht Jura studiert, aber er begriff rasch, daß es nicht genügt, wenn sich nur die Funktionäre der Urheberrechtsgesellschaften dafür abstrampeln, bessere Entgelte für die Verwertung von Musik aus den zäh zu bearbeitenden Musikanstalten herauszuholen. Wir brauchen Komponisten, deren Namen Gewicht haben. Kommen Sie mit nach Paris, sagen Sie ja. Dort werden Sie rasch lernen, was Sie und Ihre Kollegen längst wissen müßten."

Ich sagte „ja" und fuhr mit nach Paris. Der Kongreß tagte in einem historischen Spiegelsaal mit viel Marmor und reichem goldenen Dekor. Die Franzosen fühlten sich hier zu Hause und beherrschten nicht zuletzt auch durch ihre überwältigende Rhetorik die Versammlung der zahlreichen Delegationen. Ihre Funktionäre begannen Reden meist mit Fassung, wie mit mühsam, aber rücksichtsvoll unterdrückter Emotion. Sie steigerten sich von Phrase zu Phrase und konnten ausbrechen, wie ein Gewitter in der Nacht.

Ihre Plädoyers verwandelten die Szene zum Tribunal. Sie rissen sich Fragen über Fragen, Anklagen über Anklagen aus der Brust und schleuderten sie in den Saal. Man bekam Angst für die Spiegel.

Alles wurde aber wieder gut mit einem gekonnt plazierten Seufzer, einem Blick gen Himmel, einer ermatteten Geste. Im Vergleich mit ihnen wirkten die Italiener aufgeregt, die Spanier, ja sogar die Südamerikaner kühl, die Angelsachsen fad und die Deutschen, die sich Gott sei Dank zurückhielten, gar nicht.

Bei den großen offiziellen Essen mischte sich die ganze Gesellschaft und wurde lebendig, fröhlich, ja ausgelassen. Ich saß öfter mit Arthur Honegger zusammen, und unsere damalige gegenseitige Sympathie sollte sich in späteren Jahren zu einem freundschaftlichen Verhältnis vertiefen.

In den Tagen des Kongresses machte ich eine frappierende Entdeckung. Unter dem klassischen französischen Ballett hatte ich mir bisher eine strenge Schule, eine martervolle Disziplin, einen bis zur Langeweile systematischen *gradus ad parnassum* vorgestellt.

Was aber erlebte ich schon bei dem ersten Ballettabend in der Opéra! Choreographien, schön wie Bilder von Ingres oder Degas, Tänzer und Tänzerinnen vollendet wie griechische Götterbilder. Musikalität, Anmut, Heiterkeit, besiegte Schwerkraft. Neben dem klassischen Repertoire sah ich mit Verblüffung moderne Choreographien, kühn wie Bilder von Picasso, ausführbar nur durch Körper, die zu vollendeteren Instrumenten gebildet waren, als selbst die Musik sie kennt. Damals habe ich begriffen, was ich später aussprach:

Im Tanz erhebt der Mensch sich selbst unabhängig von fremdem Werkzeug und Werkstoff zum Kunstwerk. Er dichtet mit sich selbst und verwandelt sich durch Geist und Willen zur gebändigten, ja ausdrucksvollen reinen Form. Durch die räumliche Gestaltung ist die Tanzkunst der Poesie und der Plastik, durch die Variabilität einer gesetzmäßig gebundenen Bewegung der Musik verschwistert. Sie kennt die Vollendung der plastischen Form und die Schönheit der melodisch bewegten Linie und die musikalische Terminologie ist weitgehend ein Bestandteil ihrer eigenen: Lento, andante, allegro, presto, accelerando, allargando, legato, staccato ...

Der Tanz befreit den Menschen vom Gefühl, an die Erde gefesselt zu sein, und erfüllt die alten Ikarus-Sehnsüchte auf eine edlere Weise als Jets und Raketen. Tanzen bedeutet Triumphieren und überall auf der Welt entspringt die Leidenschaft für den Tanz dem Enthusiasmus für die Freiheit.

Ich nahm mir vor, in meinem von Tietjen schon vorgesehenen Ballett den Gottheiten zu opfern, die mir in der Pariser Oper erschienen waren.

Anschließend an den Pariser Aufenthalt fuhr ich nach Göttingen und dirigierte dort zur 250-Jahrfeier der Georg-August-Universität. Ich hatte eine Kantate auf Texte des Hainbunddichters L. C. Hölty für Baß und Kammerorchester geschrieben. Er war mir als Dichter vertraut und lieb wie Mozart als Komponist. Das erste der Gedichte wurde mir und meiner Frau zum Trost, als die Zeiten immer bedrohlicher und kälter wurden. Es schildert einen kleinen Buchsbaum inmitten einer winterlich erstarrten Welt:

„In Silberhüllen eingeschleiert steht jetzt der Baum
Und strecket seine nackten Äste dem Himmel zu.
Wo jüngst das reife Gold des Fruchtbaums geblühet,
Hängt jetzt Eis herab, das keine Sonne zerschmelzen kann.
Nur du, mein kleiner Buchsbaum pflanzest dein grünes Haupt
Dem Frost entgegen und verhöhnest des Winters Macht . . .

In München besuchten wir die Ausstellung „Entartete Kunst". Sie sollte auf den „Deutschen Menschen" abschrekkend wirken. Er erschien in Massen, um zu sehen, was man ihm vorenthielt.

Ich fragte den Saalwächter: „Wie gefallen Ihnen die Bilder, die Sie tagtäglich acht Stunden lang vor Augen haben?“

„Ja mei“, sagte er ohne Hemmung, „je länger i des anschau, desto besser g'fallt's mir. I war vier Jahr im Krieg an der Front. ‚Der Krieg‘ von dem Dix erinnert mich wieder dran, wie's wirklich war. Und bei dem gekreuzigten Christus mit der Gasmaske und mit der Inschrift drunter ‚Maul halten und weiter dienen‘, da lauft's mir kalt den Buckel runter.“

„Wie reagiert das Publikum?“

„Ja prima, begeistert! Die stehn und stehn und schauen und verstehen's genau so guat wie i die ‚Entartete Kunst‘.“

Der nächste Saalwächter äußerte unverblümt: „Da hams doch amal was Guats g'macht, die Nazi, wo d'Leut was zum Nachdenken ham.“

Etwa um die gleiche Zeit fand in Düsseldorf die Ausstellung „Entartete Musik“ statt. Dem besseren Verständnis diente die Broschüre:

Entartete Musik
Eine Abrechnung von
Staatsrat Dr. H. S. Ziegler

Das Titelblatt zeigt einen Saxophon blasenden, mit dem Judenstern dekorierten Neger.

Was sagten damals die Leute über den Staatsrat Hans Severus Ziegler? „Der hat Schwein gehabt, daß er neunzehnhundertvierunddreißig der blutigen Säuberung der Partei durch seinen vegetarischen Führer entgangen ist!“ Wie nannten sie ihn? „Hans Perversus“.

Was verstand er unter „Entarteter Musik“? Er formulierte präzise:

„*Bei der zielbewußten Umfälschung aller Werte und aller Ideen des Wirtsvolkes hat der Jude sozusagen kein Gebiet ausgelassen.*“

„Entartete Musik“ war also jüdische oder „verjudete“ Musik. Ein paar Zeilen weiter unten erfuhr man, daß die Juden –

– *„unentwegt versucht haben, das Volk von seinen schöpferischen Kräften, von seinen Talenten und Genies zu trennen.“*

Die Klemperer, Kleiber, Walter, Blech dirigierten zwar Bach, Beethoven, Bruckner, Brahms, aber sie trennten damit unser Volk gleichzeitig von diesen Genies. Raffiniert! In der Broschüre finden sich auch zwei gute Porträtzeichnungen unter der Überschrift:

Zwei prominente Vorkämpfer des Musikbolschewismus

Neben der einen steht:

Der Jude Adolf Weißmann, der Verfasser der „Musik in der Weltkrise“ (aufgezeichnet von dem Juden Fingesten).

Unter der anderen:

Dr. Heinrich Strobel, der die Zeitschrift „Melos“ zum Tummelplatz aller Dolchstöße gegen das Deutsche in der Musik machte und als „Avantgardist“ des jüdischen Kunstbolschewismus Geschichte zu machen glaubte (gezeichnet von dem Juden Dolbin).

Der Jude Weißmann hatte mich in Berlin dem Juden Weill empfohlen, um mich so von meinem Volke zu trennen. Der Arier Strobel aus Regensburg hatte sich mit mir angefreundet, um mich auf dem „Tummelplatz aller Dolchstöße gegen das Deutsche in der Musik“ laut zu preisen und dem „jüdischen Kunstbolschewismus“ in die Fangarme zu treiben.

Die Broschüre wurde nicht viel gekauft, die Kabinen aber, in denen man mit Kopfhörern das „Entartete“ hören konnte, waren überfüllt. Das Volk stand Schlange vor der Koje des „Juden Kurt Weill“ und nutzte die Gelegenheit, die Schlager der „Dreigroschenoper“ zu genießen. Die Jugend vor allem war entzückt. Beide Ausstellungen waren erfolgreich, aber nicht für die Veranstalter.

Am 20. September war es soweit, daß ich Tietjen in Berlin den fertigen Text der „Peer-Gynt"-Oper vorlesen konnte.

„Sehr konzentriert, sehr konsequent, bildhaft und angreifend", sagte er. Dann stützte er den Kopf in die Hand, schloß die Augen und wurde steinern.

Ich fürchtete die ganze Zeit, während er so dasaß, er könnte auf die Aktennotiz vom 28. Februar 1936 zurückkommen. Danach war er nicht verpflichtet, mein Werk an der Berliner Staatsoper uraufzuführen. Unter dem Motto „Vertrauen gegen Vertrauen" konnte er die Uraufführung „einem anderen Theater im Reich überlassen, damit sie sich erst in der Provinz einen sicheren, erfolgreichen Namen macht". So hieß es in dem Dokument und darunter stand: „G.I. und Egk einigen sich freundschaftlich, ob in erster Linie Berlin, Kassel oder die Provinz für die Uraufführung in Frage kommt."

Endlich hob Tietjen den Kopf und wurde wieder lebendig: „Ich bin neugierig, ob es ihnen in die Nase fährt!"

„Wem", fragte ich entsetzt.

„Dem hinkenden Teufel in der Wilhelmstraße zum Beispiel." So nannte er mir gegenüber unter vier Augen den Propagandaminister des tausendjährigen Reiches. „Und was könnte ihm oder anderen in die Nase fahren? Wollen Sie mir das sagen?"

Nach einer spannungsgeladenen Pause, während er mich ruhig braten ließ, begann er seine Rede wie ein Professor: „Für die Oper ist der Identifikationsprozeß besonders wichtig. Unbewußt identifizieren sich die Opernbesucher mit der einen oder anderen Figur. Davon hängt der Erfolg einer Oper ab, das wissen Sie. Es gibt aber auch entgegengesetzte Effekte, Spiegelwirkungen, eine Art negativer Identifikation. Ich denke an Ihre Trolle. Nach der Regieanmerkung vor dem dritten Bild dürfen diese ‚keinesfalls als Fabelwesen' wirken. Sie entsprechen also einer bestimmten Anschauung der Wirklichkeit. Welcher Wirklichkeit entspricht Ihr organisierter Sauhaufen von Strebern, Rohlingen und Sadisten, die brutale Staatsmaschinerie der Trolle, der Eid, den sie schwören, und die Hymne, die sie singen? Welcher Wirklichkeit die grausame Gleichschaltungsprozedur mit den widerlichen Requisiten, dem Rasiermesser, der großen Schere und dem dreckigen Kübel? An wen, glauben Sie, wird man denken, wenn in Ihrer Oper ‚Kunst' verkündet wird und als Sinnbild dafür der Tanz eines Ziegenbocks mit einer Kuh stattfindet?"

Ich war beunruhigt, daß man mich so klar verstehen konnte. Als ob er meine Gedanken gelesen hätte, fuhr Tietjen fort: „Wir werden die Uraufführung hier machen. In meinem Hause sind Sie sicher, hier gelten andere Gesetze als anderswo."

Er hatte mich immer geschützt von Anfang an. Bei der ersten dienstlichen Besprechung hatte er meinen Fragebogen mit Fragen nach Zugehörigkeit zur Partei, zu Parteiorganisationen, parteinahen Verbänden, nach Verdiensten jeder Art für „Partei und Staat" weggeschlossen und für immer verschwinden lassen, damit die „totale" Fehlanzeige nicht ruchbar werde. Er hatte mich von der Einladungsliste nach Karinhall und von der der Kunstempfänge gestrichen.

„Für Berlin", formulierte er, „residieren Sie in München, arbeiten Sie in Berlin. So bleibt Ihnen manches erspart."

Als mich Tietjen am 20. September verabschiedete, teilte er mir noch mit: „Für ‚Mignon' kommt aus taktischen Gründen nur ein großer Dirigent in Frage. Außer Ihnen ist um die kritische Zeit niemand da. Die Aufführung von ‚Mignon' mit Fräulein Lisa Perli ist ein Sonderfall. Sie sind auch einer, also werden Sie dirigieren."

Schon unter der Türe sagte er noch: „Machen Sie sich keine Gedanken mehr über das Risiko ‚Peer Gynt'. Eventuelle Angreifer müßten das ganze System aus den Angeln heben, das die Balance zwischen dem Preußischen Ministerpräsidenten und dem Reichspropagandaminister aufrechterhält. Das wird ihnen nicht gelingen. Verlassen Sie sich auf mich!"

Am nächsten Tag bekam ich schriftlich: „Betrifft ‚Mignon' und ‚Troubadour'. Diesbezüglich hat G. I. angeordnet: Herr Kapellmeister Egk wird am 16. Oktober 1937 ‚Mignon' dirigieren. Die für ihn vorgesehene Neueinstudierung des ‚Troubadour' wird einem anderen Dirigenten übertragen. Egk soll komponieren. G. I. beabsichtigt, ‚Peer Gynt' unter allen Umständen noch 1938 herauszubringen."

Ich übernahm also „Mignon“, wie angeordnet. Es war mein Freund Vasso, der griechische Tenor, der mich schon zu Beginn der Einstudierung auf Touren brachte, obwohl Wittrisch und nicht er die Premiere sang. Vasso war ein einziger Superlativ, als Mensch, als Freund, als Sänger und als Erscheinung. Er war der schönste Tenor, den ich gekannt habe, er hatte die meisten Verehrerinnen und kassierte Waschkörbe voll mit verrückten Liebesbriefen. Die Frauen rannten ihm nach, als gelte es ihr Leben, sie warfen sich auf offener Straße vor ihm in den Staub, umklammerten seine Knie und schluchzten ihre Leidenschaft gen Himmel.

In jeder Situation war er außerordentlich bis maßlos. Mit eigenen Augen habe ich gesehen, wie er im Franziskaner in München sechzehn Weißwürste in Rekordzeit hinter dem makellosen Gehege seiner Zähne verschwinden ließ.

Er war es, der mir „Mignon“ beibrachte: „Mensch, stell dir das Ding nicht zu leicht vor. Das Rührstück mit aller glühenden Liebe, aller verzehrenden Eifersucht, mit den verschollenen Kindern, der wiedergefundenen Tochter, dem brennenden Schloß, allem Unglück und dem ‚Ende gut, alles gut‘ rührt keinen Menschen, wenn du aus der Musik nicht mehr herausholst, als drin steckt. Du mußt dich dazugeben, mit allem, was du bist und kannst. Du mußt wissen, daß du ein Chef d'œuvre dirigierst, das mehr Temperament und Beherrschung erfordert, als zehn Repertoirekapellmeister zusammen aufbringen. ‚Mignon' ist ein Schmachtfetzen und ein Meisterwerk. Denk an Midas! Was dein Taktstock berührt, muß zu Gold werden. Drück das Kreuz durch und vergiß die Überheblichkeit gegenüber dem virtuos gemachten, gekonnten Kitsch."

Das tat ich und arbeitete während der kurzen Vorbereitungszeit wie ein Pferd an jedem Takt und an jeder Phrase. Die deutsche Besetzung war erstklassig. Erna Berger aber war mehr als das. Sie sang wie ein Wunder und strahlte wie ein Stern. Alle Herzen flogen ihr zu, ihr, der Kind-Frau, dem Engel, dem Naturwesen, der verkörperten Musik.

Wir arbeiteten nicht nur in der Oper, sondern auch in ihrer Wohnung. Wie schon oft, wohnte ich bei ihr und ihrem norwegischen Mann. Sie hatten ein zauberhaftes, individuelles Heim. Die Türfüllungen im Eßzimmer waren von einem der besten Porzellanmaler der Meissner Manufaktur mit Szenen aus den Opern geschmückt, in denen Erna geglänzt hatte.

In diesem Raum versammelten sich die Freunde und aßen, was Sverre Wundervolles gekocht hatte. Es waren fröhliche Gesellschaften, die da zusammenkamen. Man aß, trank, hielt Reden und lachte, bis man unterm Tisch lag.

Sverre erfüllte mit Liebe alle Pflichten, die dem Mann einer großen Sängerin auferlegt sind. Er verteidigte sie gegen Regisseure, Kapellmeister, gegen das Betriebsbüro, ja gegen die Intendanz, wenn es nötig schien. Er managte sie und reiste mit ihr. Zu Hause lief er alle Läden ab, kaufte das Beste ein, das ihm für seine Küche gerade gut genug war. Wenn er einmal nichts anderes zu tun hatte, saß er gerne auf seinem bequemen Polsterstuhl und stickte wie sein norwegischer König. Hier war man glücklich.

Durch Erna verstand ich, was Singen bedeuten kann: Sich

mit Leib und Seele ausliefern, alles beherrschen, was man ist, und alles einsetzen, was man kann. Am liebsten arbeitete ich mit ihr, gerne auch mit den anderen, aber gar nicht mit dem englischen Gast.

Benno von Arent war es, der sie begriff. Er fabrizierte mit Lust geschleckte Bühnenbilder für das leckere Fräulein. Zu allen Proben erschien sie mit einer Anstandsdame aus Old England. Diesem Wau-Wau gelang es, bescheiden auf einem Stühlchen sitzend, durch seine bloße Anwesenheit und ständiges Stricken jeden Gedanken an eine unpassende Annäherung von vornherein zu ersticken.

In Kostüm und Maske sah das Fräulein aus wie ein handkolorierter englischer Stich. Ihr sittsam-edles Gebaren in der Rolle der verlorenen und wiedergefundenen Tochter erinnerte weniger an Goethe als an den englischen Roman aus der Zeit, in der die Queen Victoria noch ein anmutiges Baby war.

Die Aufführung wurde zum Triumph. Schon nach der Ouvertüre gab es Ovationen. Erna brachte das Haus zum Kochen, und alle Sänger wurden gebührend gefeiert.

Die Presse fand die Wiedergabe besser als das Stück, lobte den Dirigenten für die Entsentimentalisierung und feierte das englische Fräulein für ihr Sentiment. Ihr Liebreiz wurde mit Ehrerbietung zur Kenntnis genommen. Erna bekam natürlich von jedem Kuchen das größte Stück. Mit Recht.

Am 1. November 1937 konnte ich mit der Niederschrift der Peer Gynt-Partitur beginnen. Die Arbeit wurde ein gutes Dutzendmal durch Blitzreisen nach Berlin für die Leitung der Aufführungen von „Carlos", „Kitesch", vor allem aber von „Mignon" unterbrochen.

Die jeweils fertigen Teile meiner Partitur gingen sofort beim Verlag B. Schott's Söhne in Mainz in Druck, der Klavierauszug wurde gleichzeitig hergestellt und seitenweise an die Staatsoper geschickt, die mir und dem Verlag hart auf den Fersen blieb.

Im Frühjahr 1938 liefen bereits die Vorbereitungen für die Uraufführung im November an: Regie – Bühnenbild – Kostüme – Besetzung. Wenn das neunte und letzte Bild bis zum 31. August fertig wurde, konnte die Uraufführung zum vorgesehenen Termin stattfinden.

Die Partitur war am 1. September fertig, obwohl sich noch im Juni ein dicker Balken quer gelegt hatte. Ich erhielt mitten in der Arbeit am achten Bild folgendes Schreiben:

Siusi, prov. di Bolzano, den 8. Juni 1938

An den Herrn Komponisten Werner Egk
Lochham, Post Planegg, Bayern.

Geehrter Herr Komponist!

Mit größtem Befremden sehe ich aus den Zeitungen, daß die Staatsoper die Uraufführung eines Opers ankündigen, ohne daß meine Einwilligung für die Oper-Bearbeitung eingeholt worden ist.

Durch Herrn Sigvard Abrahamsen, Berlin-Charlottenburg 2, Uhlandstraße 183, haben Sie seinerzeit meine Bedingungen für die Oper-Bearbeitung von „Peer Gynt" erhalten.

Ich bitte Sie nun, einen diesbezüglichen Vertrag mit Herrn Abrahamsen bis zum 1. Juli 1938 abschließen zu wollen, da ich sonst gegen weitere Ankündigungen für diese Oper einschreiten müsse.

Ich bin nicht gewillt, die Frist über den 1. Juli hinaus zu verlängern, auch bin ich nicht bereit, irgendwelche Änderungen bezüglich meiner Bedingungen vorzunehmen.

hochachtungsvoll

Bergliot Ibsen-Björnson

Bis zu diesem Brief hatte ich auf Grund einer irrigen Information von kompetenter Seite geglaubt, daß in Norwegen die dreißigjährige Schutzfrist Geltung habe und daß infolgedessen keinerlei Genehmigung für die Verwendung des Dramas von Ibsen nötig sei.

Jetzt aber mußte ich zur Kenntnis nehmen, daß die norwegische Schutzfrist auf fünfzig Jahre verlängert worden war. Mit dem Anwalt, Herrn Abrahamsen, wollte ich nicht reden, weil er eine Diskussion der Bedingungen von vornherein abgelehnt hatte, also mußte ich mit der Familie selbst reden. Ich war bereit, die geforderte Summe zu bezahlen, nicht aber die geforderte Beteiligung an meinen Tantiemen.

Frau Bergliot Ibsen, Tochter des Dichters Björnstjerne Björnson, Witwe Seiner Exzellenz, des Herrn Ministers Sigurd Ibsen und Schwiegermutter von Olaf Gulbransson war die Repräsentantin der Familie des großen Dichters. Sie lebte in Siusi, dem ehemaligen Seiss, das nach dem ersten Weltkrieg an Italien gefallen war.

Es gelang mir in aller Eile eine zuverlässige und wirksame Empfehlung an ihren Bruder, einen entschiedenen und erbitterten Gegner der Naziherrschaft, den Regisseur und Schauspieler Björn Björnson zu bekommen. Er lebte während des Sommers in nächster Nähe seiner Schwester.

Am Sonntag, den 19. Juni, fuhr ich mit Elisabeth in aller Herrgottsfrühe nach Siusi. Wir kamen dort um 10 Uhr vormittags an und meldeten uns schnurstracks bei Herrn Björnson.

Er las meine Empfehlung mehrere Male sehr aufmerksam durch und fragte dann freundlich nach unserem Anliegen. Ich erklärte ihm meinen Fall und bat ihn um die Liebenswürdigkeit, mich bei seiner Schwester anzumelden.

„Lieber Freund", sagte er, „ich kann alles Mögliche für Sie tun, aber das kann ich nicht. Mein Haus liegt zwar nicht mehr als dreihundert Meter von dem ihrigen entfernt, aber ich habe diese Frau seit mehreren Jahren nicht mehr gesehen."

In Wirklichkeit sagte er nicht „diese Frau", sondern etwas Schlimmeres, das man im engsten Familienkreis zu sagen pflegt, wenn man andeuten will, daß sich das Denken eines Familienmitgliedes den normalen Maßstäben entzogen hat.

Als er meine Verzweiflung sah, meinte er: „Gehen Sie ruhig ohne Anmeldung hinauf. Wenn Ihnen niemand das Parktor aufschließt, kommen Sie eben wieder herunter. Ihre Frau lassen Sie aber besser hier. Betreten Sie das Grundstück nur in Begleitung von Fräulein Lehmann. Diese dürre, alte Ziege ist Hausdame bei meiner Schwester und die einzige Person, welche mit ihren Bluthunden fertig wird."

Ich ging hinauf und läutete an dem großen eisernen Parktor. Lange Zeit blieb alles still, dann erschienen zuerst sechs kolossale Hunde und zuletzt Fräulein Lehmann, eine zarte alte Dame. Unter den interessierten Blicken der schweigsamen Bestien erklärte ich ihr mein Anliegen durch die Gitterstäbe des Tores. Sie sagte kurz: „Kommen Sie in einer Stunde wieder, jetzt schläft sie noch."

Um zwölf kam ich wieder und wurde von Fräulein Lehmann eingelassen. Ich hielt mich dicht an sie wegen der Bluthunde, die uns stumm begleiteten, kam glücklich ins Haus und wurde in den ersten Stock geführt.

Auf der Treppe fuhr meine Begleiterin plötzlich nervös zusammen und warf mir einen mißtrauisch-prüfenden Blick zu, warum, verstand ich erst später. Ich folgte ihr in den Salon, sie ließ mich allein. Der Salon war vollgestopft mit vergilbten Photographien weltberühmter Dichter, Schauspieler und großartiger Persönlichkeiten. Verwelkte Lorbeerkränze mit verblaßten, ausgebleichten Schleifen bedeckten die Wände. Es war wie in einem Mausoleum.

Plötzlich öffnete sich die Türe, und eine Erscheinung, eine Art Papst weiblichen Geschlechts, stand vor mir, in ein schimmerndes weißes Moiréekleid gehüllt, mit einem enormen, mystisch leuchtenden Amethystkreuz auf der Brust und einem Glorienschein wunderschöner weißer Haare um das mächtige Haupt. Es war Frau Ibsen.

Ihre Exzellenz eröffnete die Konversation: „Wissen Sie eigentlich, daß ich nicht nur Violine spiele, sondern auch singe? Wollen Sie mich singen hören?"

Sie stürzte sich auf den Flügel, entriß ihm einige Akkorde und produzierte laute, metallisch hohe Töne mit einem Ausdruck, der in der Oper der Ankündigung unmittelbar bevorstehender Katastrophen dient. Sie kletterte im Fortissimo bis zum dreigestrichenen C und hielt es so lange aus, als wollte sie sagen: „Hier laßt uns Hütten bauen.“

Als ihr endlich die Luft ausging, fragte sie fordernd: „Was sagen Sie dazu?“

Was sollte ich sagen? Es war klar, daß von meiner Antwort viel für mich abhing, und so murmelte ich errötend: „Man kann sich eine überraschendere Verbindung von Kraft und Anmut in einer Stimme kaum vorstellen.“ Anmut, das war sicher nicht das Richtige, aber es fiel mir nichts Passenderes ein.

Frau Bergliot war tief befriedigt und bedauerte, daß sie sich mir gegenüber eines Rechtsanwalts bedient hatte, und lud mich zum Essen ein. Vorher durfte ich im Garten noch zwei Puppenhäuser besichtigen, die so groß waren, daß ihre Enkel in ihnen herumgehen konnten.

Dann zeigte sie mir ihr Automobil, eine gewaltige Maschine, der sie 14 Tage vor meinem Besuch bei ihrer Ausfahrt aus Berlin zu einer unbeabsichtigten Fühlungnahme mit einer Straßenbahn verholfen hatte.

„Ich bin mit diesem Wagen allein bis hierher gefahren. Und da sagt mein Fahrlehrer, ich könnte nicht Auto fahren, verstehen Sie das?“

Ich verstand es nicht.

Ihre Äußerungen waren kraftvoll, dynamisch und verständlich. Besonders rückhaltlos sprach sie über die Presse im allgemeinen und über die norwegische Presse im besonderen: „Kaum hatte ich wieder einmal norwegischen Boden unter den Füßen, da fragten sie mich, was ich über Hitler denke. ‚Ich bewundere ihn nicht nur, ich liebe ihn!‘ Ja, das habe ich gesagt, Sie hätten erleben müssen, was dann losging!“

Ich versuchte, endlich auf mein Anliegen zu kommen. Ich kam und kam nicht dazu, auch nicht während des ausgezeichneten Essens. Erst beim Kaffee konnte ich sie bitten, meinen Vorschlägen zuzustimmen, und erklärte ihr alles.

Sie akzeptierte sofort und sagte: „Wenn ich gewußt hätte, daß Sie ein so sympathischer junger Mann sind, hätte ich Herrn Abrahamsen gar nicht bemüht."

„Ihre Zustimmung freut mich ungemein, und ich danke Ihnen von ganzem Herzen dafür. Sie werden sicher verstehen, wenn ich Sie nach dem vorhergegangenen Briefwechsel um eine schriftliche Formulierung bitte."

„Das geht leider nicht so schnell, mein lieber junger Freund. Vorher muß ich noch mit meinem Mann sprechen."
Auf alles war ich gefaßt, aber nicht darauf, daß sich der schon seit zwanzig Jahren verewigte Staatsminister Sigurd Ibsen auch noch mit mir befassen sollte. Ich muß ziemlich dumm ausgesehen haben, als sich herausstellte, daß die eheliche Gemeinschaft über den Tod hinaus durch die Mitwirkung von Fräulein Lehmann aufrechterhalten wurde.

Man benutzte dazu einen runden Tisch, ein auf Papierschnipselchen geschriebenes Alphabet und ein Weinglas. Die beiden Nekromantinnen saßen Abend für Abend im verdunkelten Mausoleum und unterrichteten Seine Exzellenz über die Tagesereignisse, holten seinen Rat ein und nahmen seine Anordnungen entgegen.

Soviel stand fest: Ohne Sigurd kam es zu keiner Aufführung meiner Oper. Jedenfalls nicht vor 1956, dem Jahr, in dem die Schutzfrist erlöschen würde.

Mit dem Mute der Verzweiflung flehte ich meine Gastgeberin an, sie möge mir doch am selben Abend Gelegenheit geben, meinen Fall Seiner Exzellenz persönlich vorzutragen.

„Er spricht kein Wort, wenn außer mir und Fräulein Lehmann noch jemand im Raum ist. Es hat wirklich keinen Zweck, ich kann Ihnen aber versprechen, daß ich Ihnen die Entscheidung meines Mannes umgehend mitteilen werde."

Als sie sah, wie niedergeschmettert ich war, sagte sie: „Er ist ein guter Mensch!"

Die Damen begleiteten mich zur Türe. Als Fräulein Lehmann auf der Treppe wieder zusammenfuhr, erklärte mir Frau Ibsen das Phänomen: „Mein Schwiegersohn Gulbransson hat unser liebes altes Fräulein Lehmann im Evakostüm gezeichnet. Ich habe die Zeichnung hier aufgehängt. Fräulein Lehmann fährt jedesmal zusammen, wenn sie vorbeigeht. Ihre Nerven sind nicht mehr die besten." Ich konnte Fräulein Lehmann gut verstehen, die Zeichnung war sehr realistisch.

Nachdem ich die Bluthunde, eng an das alte Fräulein geschmiegt, hinter mich gebracht hatte, holte ich Elisabeth ab, dankte den gastfreien Björnsons und fuhr nach Hause.

Noch in der gleichen Woche erhielt ich die Mitteilung, daß Frau Ibsen nicht vermocht hatte, ihren Mann dazu zu bewegen, meine Vorschläge anzunehmen.

Wahrscheinlich hatte er auf einer magischen Leinwand in Walhall oder im Paradies den „Peer Gynt"-Film mit Hans Albers gesehen, den er das Jahr vorher erlaubt hatte.

Unsere letzte Hoffnung war Tietjen. Er meinte nur: „Lassen Sie mich das ordnen." Wie er es fertiggebracht hat, von der seligen Exzellenz einen tragbaren Kompromiß zu erreichen, habe ich nie erfahren.

Am 31. Oktober fand die erste Orchesterprobe für die Premiere von „Peer Gynt“ statt, die erste von insgesamt 13 Orchesterproben. Post festum habe ich mir geschworen, nie mehr 13 Proben zu einer Premiere zu akzeptieren, sondern allenfalls 12 oder aber 14.

Um die Zeit dieser ersten Orchesterprobe war „eine bedeutsame kulturelle Neueinrichtung ins Leben gerufen worden, die der Verständigung zwischen Kunstschaffenden und Kunstbetrachtern“ dienen sollte, ein Einfall des Propagandaministers. Bei der ersten derartigen Pressekonferenz sprach Professor Arthur Kusterer über seine vom Deutschen Opernhaus in der Bismarckstraße angenommene neue Oper „Katharina“. Er bezeichnete „Einfachheit und Leichtverständlichkeit der musikalischen Sprache als oberstes Gesetz des Schaffenden“. Das hat er gut getroffen, geholfen hat es ihm nichts. „Werner Egk war“, die Presse hielt das ausdrücklich fest, „leider durch Krankheit verhindert.“

Trotzdem entkam ich der aufgestellten kleinen Pressemühle nicht, in der jedes Mißverständnis zwischen Kunstbetrachtern und Kunstschaffenden zermahlen werden sollte. Am Mittwoch, den 3. November, mußte ich meinen Auftritt im „Haus der deutschen Presse“ nachholen. Die Konferenz begann jedoch nicht mit dem Thema „Peer Gynt“-Oper, sondern mit Ausführungen über die aktuelle Entwicklung der Hausmusik. Sehr spannend war das nicht. Vor Beginn der Veranstaltung war der Saal wie elektrisch geladen, vertrug aber das viele Reden über Hausmusik so schlecht wie ein Paukenfell den Platzregen. Viele gähnten verstohlen, manche offen. Ich rieb mir den Nasenrücken und mahlte mit den Kiefern. Als die Musikerzieher endgültig aufhören mußten zu reden, weil auf ihren Vortrag hin keine einzige kleine Frage kam, war die Reihe an mir.

Ich war gut disponiert und sprach ohne Manuskript frei von der Leber weg. Die Spannung stieg wieder an. Ich erzählte: Warum, trotz Grieg, und einiges über das Wie und das Was.

Dann kamen die Fragen. Da hatte ein Kunstbetrachter tatsächlich den Klavierauszug und selbst die Regie-Anweisungen gelesen. „Sie wollen die Trolle also nicht als Fabelwesen gelten lassen?"

„Nein."

Das war ihm zu wenig: „Was mißfällt Ihnen an der traditionellen Darstellung der Trollwelt?"

„Das Gewürge und Gewühle, das sich üblicherweise in den Schauspielaufführungen des ‚Peer Gynt' um die Füße des Helden wickelt."

„Sie wollen also eine andere Impression?"

„Nein, ich will eine andere Expression."

„Sie schreiben auf Seite 69 des Klavierauszuges, daß die Trolle die ‚erschreckende Verkörperung menschlicher Minderwertigkeit' sind. Wo finden Sie diese Minderwertigkeit heute?"

„Heute? Genau wie immer: überall, unten und oben."

„Wie sehen Sie zum Beispiel das Kostüm eines Obertrolls?"

Ich wurde langsam wütend über seine zielstrebige Hinterfotzigkeit und sagte eiskalt: „Stecken Sie einen fetten Statisten in Generalshosen, ziehen Sie ihm ein Netzhemd über und dekorieren Sie das mit einer Menge Orden und Ehrenzeichen, dann haben Sie ein perfektes Kostüm!"

„Bravo Egk", kam es gedämpft, aber deutlich vernehmbar aus der Ecke, in der ich Herrn von der Nüll stehen sah.

Der Frager war bedient. Alle dachten das Gleiche: „Hermann heesst er!"

Die Presse berichtete neutral, der „Angriff" fand meinen *speach* ironisch und sarkastisch gewürzt. Das war nicht schlimm. Niemand, der mich verstanden hatte, konnte es wagen, das zuzugeben. Schon der Gedanke war strafbar. Ein unschätzbarer taktischer Vorteil für Subversive.

Die Generalprobe am 22. November verlief eindrucksvoll. Die Chefredaktion der Berliner Illustrirten verständigte mich, daß fünf Seiten Photos von dieser sensationellen Aufführung erscheinen würden. Am Tage der Uraufführung, am Donnerstag, den 24. November, hatte „man" ihnen vier davon gestrichen.

Nach der Generalprobe traf der Schweizer Musikkritiker Oboussier unsere Freundin Agathe von Tiedemann, die damalige Sekretärin Furtwänglers, auf dem Opernplatz und erzählte ihr, daß die Musikbetrachter gruppenweise, je nach Ausrichtung, die Köpfe zusammengesteckt hätten. Die einen fürchteten, das Ding könnte ins Auge gehen, die anderen hofften es. Einer meinte: „Mir egal, fällt mir doch im Traum nicht ein, darüber zu schreiben. Ich setze mich nicht in die Nesseln." Ein zweiter: „Wir werden das Schwein schon schlachten."

Die Gerüchte schwirrten nur so durch die Wandelgänge: Egk hat die Oper gar nicht selbst geschrieben, sie stammt von dem Emigranten Křenek, der sich hinter dem Strohmann Egk versteckt. *Klatsch.* Ein Kunstbetrachter nahm die Sache von der heiteren Seite und amüsierte sich damit, die Texte zu verdrehen. In der Pause sang er statt: „Erklärt mir das Warum und Weil“: „Erklärt mir das Warum Kurt Weill.“ *Klatsch*. „Das Stück ist ein Schlüsselstück: Der Obertroll Göring, der Ziegenbock Goebbels und die Kuh La Jana!“ *Klatsch*. Jeder weiß doch, daß der Name der bildschönen Tänzerin in Goebbels Katalog steht! (Leporello: Madamina, il catalogo è questo delle belle che ama il padron mio.) Der Ziegenbock favorisiert sie in letzter Zeit!“ Alle fanden meinen „Peer Gynt“ ein starkes Stück – oder „ein starkes Stück“.

Die Premiere verlief ohne Zwischenfall. Nur im dritten Bild entrüstete sich eine Dame im Parkett über den Tanz der Kuh mit dem Ziegenbock: „Eine Kuh hat nichts in der Oper verloren!“ „Wieso sind Sie dann hier?“ konterte ein Nachbar. Höflich war das nicht, aber saftig genug, um den Berliner Klatsch zu nähren. Der Schlußapplaus steigerte sich bis zu der Anzahl von Vorhängen, welche die heute schon legendär gewordene „Zauberflöte“ am gleichen Ort in der Inszenierung von Gustaf Gründgens und mit dem „Wunder Karajan“ am Pult (von der Nüll in der BZ) erreichen konnte. Mehr kann man nicht verlangen.

Ahlersmeyer, „unser Mathieu“, war und blieb als Sänger-Darsteller der Titelrolle unübertroffen. Als ihn das rothaarige Aas in der südamerikanischen Hafenkneipe lockte und lockte, sang er mit einer mitreißenden Verve ohnegleichen:

„Dein Hähnchen bin ich, dein glückseliges,
Pick mich, du kleine Henne,
Ei sieh’, wie gern ich renne....“

Er war umwerfend als tollgewordenes Mannsbild, als titanischer Übergockel, erschütternd als Zurückgestoßener, Verschmähter, wie später auf dem Grunde des Elends.

Seine Partner waren ebenbürtig: Tegetthoff, Rödin, Heidersbach. Nach dem Krieg war Rödin schon in die Kulissen der Ewigkeit abgegangen, aber ich hatte die Genugtuung, seiner Frau in Schweden noch einmal durch die Erinnerung an seine Leistung das Herz zu erfreuen. Frau Heidersbach traf ich um die gleiche Zeit in Stockholm anläßlich einer Aufführung des Balletts „Abraxas" an der Kgl. Oper. Wir feierten Wiedersehen, und sie war glücklich über den immer noch nachwirkenden Glanz ihrer Solveig.

Anschließend an die Uraufführung fuhren wir nach Kopenhagen, genossen das fabelhafte Buffet auf der Fähre (bei uns wurde Görings „Kanonen statt Butter" schon groß geschrieben), genossen eine ausgezeichnete Aufführung der „Geigenmusik" und ein trotz der Zeitumstände ungetrübtes Wiedersehen mit unserem Freund Knudage Rijsager, dem großen dänischen Komponisten.

Am 3. Dezember waren wir wieder in Berlin, lasen zustimmende Briefe von Freunden und Fremden und wußten die folgenden Zeilen besonders zu schätzen:

z. Z. Berlin, den 25-11-1938

Sehr geehrter Herr Werner Egk!

Vor meiner Weiterreise nach Kopenhagen sende ich Ihnen meine herzlichsten Glückwünsche anläßlich der Uraufführung Ihrer Oper „Peer Gynt"! Ich hatte die Gelegenheit, der Aufführung beizuwohnen, und ich habe sowohl Ihr Talent, Fantasie und Schöpfergeist bewundern müssen. Ich glaube, es ist Ihnen gelungen, eine Musik etwa im Sinne Peer-Gynt-Ibsen zu schreiben.

Die herzlichsten Grüße!

Bergliot Ibsen

Der verblichene Sigurd wird bei der nächsten Konversation via Lehmann zustimmend das Tischbein gehoben haben. Vielleicht aber war er auch unsichtbar mit Papa Henrik neben Bergliot in der Loge gesessen? Wer kann das wissen?

Wir ruderten durch die inzwischen unmäßig angeschwollene Presseflut. Die skandinavische Presse war wider Erwarten uneingeschränkt positiv. Erstaunlich, ich hatte ihr literarisches Nationalheiligtum auf den Opernsockel gestellt und das ohne Unterstützung durch ihren musikalischen Nationalheiligen Edvard Grieg.

Das Gros der deutschen Presse würdigte den Erfolg von Werk und Wiedergabe, dichtete und trachtete aber so, daß man von ihrer spaltenfüllenden Schreibe sagen konnte: „Das Unverfängliche, hier wird's Ereignis."

Nur Herr von der Nüll stellte in der BZ die Grundsatzfrage, ob es erlaubt sei, auf dem Theater auch die Nachtseiten der menschlichen Existenz darzustellen, und antwortete ohne Umschweife, es müsse erlaubt sein, weil nur die ganze Wahrheit Voraussetzung der Kunst sei.

Im „Haus der deutschen Kunst" in München war das nicht erlaubt. Der Künstler Adolf Hitler hatte dort am Vorabend der Eröffnung der großen deutschen Kunstschau ein Bild von der Wand gerissen und in die Ecke gefeuert, weil es die Ludwigstraße bei Nacht zeigte: Regennasses Pflaster, matte Reflexe der Straßenlaternen, Häuserfassaden, die sich nach oben im Dunkel verlieren. Warum um Gottes willen? Er sagte es selbst: „Bei *uns* gibt es kein Dunkel, sondern nur den strahlenden, hellen Tag." Das Lichte, Höhere, Erhabene, Erhebende, das war richtig.

Von der Nüll bekam sein Plädoyer für die Darstellung der Nachtzeiten schlecht. Im Januar 1939 wurde er dafür an den Pressepranger gestellt. Man las in den „Nationalsozialistischen Monatsheften", dem Organ „zur weltanschaulichen Schulung und Ausrichtung der Partei": „Immerhin hält der zuständige Musikbetrachter der BZ eine Linie, die bereits an mehreren hervorstechenden Beispielen verfolgt werden konnte. Ein durchgreifender Wandel wird hier unumgänglich sein!"

Lieber, mutiger, töricht tapferer, lebensfroher Freund von der Nüll! Sie hatten dich schon lange aufs Korn genommen, im Januar hatten sie dich im Visier, bald nach Kriegsbeginn wurdest du als entbehrlich eingezogen und warst unter den ersten Opfern des Wahnsinns. Sie haben dich, wie sie selbst zu sagen pflegten, abgeschossen. Heute weiß kaum noch einer, woran du gestorben bist, ich aber vergesse es nicht.

Es gab aber auch jemanden, dem die Oper „in die Nase gefahren" war. Wer hatte denn da so böse im „Angriff", der Zeitung der „Deutschen Arbeitsfront", geschrieben? Irgendein orthodoxer Parteischnüffler? Weit schlimmer: Es war der Referent der Musikprüfstelle im Propagandaministerium. Entsprechend sah sie aus, die *Bilanz:*

Ich stank nach Bert Brecht, den sie verfemt und aus dem Lande gejagt hatten. Meine Musik stank nach „Verjudung". Sie stank auch nach „Negermusik". Ganz besonders stark und durchdringend stank sie nach der berüchtigten Systemzeit.

Der Zeigefinger des Referenten zeigte auf „brechtisch anmutende Worte" in meinem Libretto, wies wiederholt hier auf Einflüsse Kurt Weills, des verhaßten jüdischen Komponisten der „Dreigroschenoper", deutete lange auf Jazzeinflüsse, blieb auch bei dem Negerboxer stehen, den das Adlerauge des Referenten im sechsten Bild entdeckt hatte, und warnte vor der „zweiseelischen Ibsen-Oper mit Allüren aus der Schreckenskammer der System-Oper."

Das war alarmierend, und wir wurden nervös. Ein Zivilist in Begleitung eines Arbeitsdienstführers hatte die Staatsoper während der zweiten Vorstellung unter lautem Protest verlassen. Das bedeutete aber nichts, es war, wie sich herausstellte, nur der hoffnungslose Intendant Spring aus Köln. Daß aber zahlreiche, ganz offenbar interessierte Bühnen um keinen Preis dazu zu bewegen waren, einen Aufführungsvertrag abzuschließen, das bedeutete, daß sie Angst hatten. Angst wovor? Es gab kein ausdrückliches Verbot und kein offizielles „Unerwünscht". Es gab im Gegenteil Versicherungen des Wohlwollens durch Leute, die wissen mußten, was unter der Decke gespielt wurde. Über dem Ganzen lag wie dichter Nebel ein ungreifbarer anonymer Widerstand.

Endlich, am Sonnabend, dem 17. Dezember, erhielt ich einen Hinweis. Ein blasser bebrillter Herr, mir kaum dem Namen nach bekannt, meldete sich: „Ich bin Mitglied einer maßgebenden Gruppe von Kulturpolitikern. Wir tagen regelmäßig und bestimmen ‚die Marschrichtung'. Ich komme zu Ihnen, weil mir die Methode nicht gefällt, mit der man Sie erledigen will. Übermorgen in der nächsten Aufführung des ‚Peer Gynt' wird eine Einheit SA in Zivil, verteilt auf alle Platzkategorien, eine Kundgebung des ‚gesunden Volksempfindens' veranstalten. Wenn Sie das nicht verhindern können, sind Sie erledigt. Ich bitte Sie um absolute Diskretion."

Ich dankte dem blassen Herrn für seine Mitteilung und rannte im Schrecken in die Oberwallstraße zu Tietjen. Außer Atem flehte ich ihn an, etwas zu unternehmen. Ich erinnerte ihn an das Staatsopernkonzert im Jahre 1934, in dem Alban Bergs unerwünschtes Werk „Fünf Stücke aus Lulu für den Konzertgebrauch" von Kleiber uraufgeführt wurde. Wie man sagte, unter dem Schutz von dreihundert Geheimpolizisten in Zivil. Damals wurde doch auch eine organisierte Kundgebung des „gesunden Volksempfindens" verhindert.

„Nein", sagte Tietjen, „diesmal werde ich nichts unternehmen."

„Aus welchem Grund, bitte?"

Er antwortete nur mit zwei Sätzen: „Wir stehen unmittelbar vor einem Krieg, der verloren ist, bevor er begonnen wird. Sie und ich, wir beide werden nach dem Krieg eine starke Position haben, wenn sie uns jetzt herausschmeißen."

Ich war verzweifelt. In meiner Angst rief ich den blassen Herrn an und bluffte: „Am Montag werden dreihundert Geheimpolizisten im Haus Unter den Linden wirksam für Ruhe sorgen."

Wir bedankten uns gegenseitig, dann wurde aufgelegt.

Am Sonntag jagten Motorradstaffetten der SA durch Berlin und bliesen das Unternehmen Staatsoper ab. Nur ein paar SA Leute waren nicht erreichbar und fingen am Montag während meiner Aufführung an, Krach zu machen. Sie wurden niedergezischt. Als sie merkten, daß etwas nicht nach Plan gegangen war, blieben sie stumm. Hinterher war alles sehr komisch.

Auch im Januar warteten wir vergeblich auf einen Vertragsabschluß mit einem der interessierten Opernhäuser. Dafür wurden in der Januar-Nummer der „NS-Monatshefte" nicht nur von der Nüll, sondern auch ich an den Musikpranger gestellt. Ich war ein „schlimmerer Grenzfall als Strawinsky". Mein Fall mußte „ganz anders beurteilt werden, wenn weitere Bühnen des Reiches die Neigung zeigen, diesen ‚Peer Gynt' herauszubringen". Das war eine unverhüllte Drohung. Wir konnten nicht mehr schlafen, fühlten uns wie in einen Kohlensack geschnürt, mit Bleiplatten auf der Brust.

Wir dachten nach, was die anonymen Späher notiert haben konnten: Meine „unselige, pazifistische Weltanschauung" anläßlich der Konzertaufführung von „Furchtlosigkeit und Wohlwollen" mit Hermann Scherchen am Pult, den „kommunistischen Musikrummel", in dem „der ganze Klüngel wieder einmal wunderschön beisammen" war, einschließlich Egk und Scherchen, das „Unheil", das Arnold Schönberg in meiner musikalischen Sprache angerichtet hatte, die „Wirkungen des Sowjetstern auf unser Kulturleben", die ich begünstigt hatte – und das in den Spalten der Zeitschrift

„Völkische Kultur“ (1934–1936), schließlich die „Meistersingerparodie“ in der „Zaubergeige“ und „Schönberg und Strawinsky“, die mich „als Paten meiner Musik“ in Köln kompromittiert hatten...

Bisher hatte man immer nur Stinkbomben, drei Stück zu zwanzig Pfennig, geworfen.

Auch durch Tietjens Bemerkung, der Krieg stehe vor der Tür, waren wir niedergeschmettert. Die „Geheime Reichssache“, die uns unter dem Datum des 17. August ins Haus geschneit war, kam uns wieder hoch, der Fragebogen mit den Rubriken „Wehrpaß“, „Zuständige Wehrersatzdienststelle“, „Tauglichkeitsgrad“ und „Kriegsbeorderung“. Damals hatte mir Elisabeth einfach verboten, einem eventuellen Gestellungsbefehl Folge zu leisten. Ich glaubte nicht an diese Möglichkeit, aber sie sagte: „Wenn du in diesen Krieg gehst, sind wir geschiedene Leute.“ Dabei blieb sie auch im Januar 1939, als es dann soweit war. Die Monate nach der glanzvollen Uraufführung waren ein Alpdruck.

Vor der Vorstellung des „Peer Gynt“ am 31. Januar 1939 kam hinter der Bühne für Mitwirkende und Technik eine Durchsage: Die Vorstellung wird heute aus technischen Gründen zehn Minuten später beginnen. Als das Haus dunkel wurde, ging ich wie immer ans Pult, bedankte mich für den Auftrittsapplaus und wollte anfangen.

Da bedeutete mir der Solocellist mit seinem Bogen, daß im Zuschauerraum hinter mir etwas los war. Ich drehte mich halb um und sah in der noch matt erleuchteten Mittelloge eine gedrängte Menge brauner Uniformen. War das da nicht der Chef des Protokolls, der lange Kerl? Und war der, welcher sich zuerst setzte, nicht Adolf Hitler?

„Jetzt“, dachte ich, „ist die Abrechnung fällig.“

Ich dirigerte, wie besessen von einer kalten Wut; was ich nicht an Text hören lassen wollte, deckte ich mit dem Orchester zu, die „Trollhymne“ nahm ich in einem Affentempo, so daß kein Wort vom Text zu verstehen war.

In der Pause stand ich verloren hinter der Bühne, Tietjen wischte vorbei und schlug mir auf die Schulter, als wollte er mir Mut machen und war weg.

Ich stieg wieder ein und hatte nur den einzigen Gedanken im Kopf: Vielleicht ist er zu dumm, um das Stück zu verstehen, vielleicht blendet ihn sein eigener Größenwahn. Der

Schlußapplaus kam gedämpft, die Leute beobachteten die Mittelloge, die sich rasch leerte.

Ein Logenschließer brachte mir die Botschaft ins Kapellmeisterzimmer, ich solle mich umziehen und dann in Tietjens Kabinett kommen, in das gleiche, in dem er mich vor einer Ewigkeit gefragt hatte: „Wollen Sie die ‚Zaubergeige' nicht selbst dirigieren?"

Ich riß mir den Frack vom Leib, zog mich um und ging schweren Herzens zu Tietjen.

Er saß ausdruckslos und undurchdringlich hinter seinem Schreibtisch. Ich wagte nicht, ihn zu fragen. Nach einer tödlich langen Pause fing er mit einem Male an zu lachen, daß es ihn schüttelte, lachte und lachte und sagte mir endlich in mein dummes Gesicht:

„Wir haben gewonnen, Mensch, wir haben gewonnen!"

Mein erster Gedanke war, er freut sich, daß sie uns herausgeschmissen haben. Dann begann er wieder zu lachen, und ich schöpfte Hoffnung, daß wir *jetzt* gewonnen hatten, und lachte mit. Allmählich beruhigte er sich, und es kam heraus, was er mich wissen lassen wollte.

Göring hatte ihn vor der Pause von Karinhall aus angerufen. Kaum hatte er sich gemeldet, brüllte er: „Ich befehle Ihnen, dem Führer sofort mitzuteilen, daß ich bedaure, daß er in diesen Scheißdreck gegangen ist!"

Tietjen: „Ich bedaure, daß Sie sich das Stück nicht angesehen haben."

Göring: „Keiner meiner Kammersänger singt." Gemeint waren wohl seine Lieblinge.

Tietjen: „Die Besetzung ist erstklassig."

Göring in höchster Wut: „Führen Sie endlich meinen Befehl aus." Und hinterher: „Ich habe meine Berichte!"

Damit hieb er den Hörer auf die Gabel. Er dachte wahrscheinlich an meinen Kostümvorschlag für den Obertroll, an den fetten Statisten, die Generalshosen, das Netzhemd und die Orden. Sicher hatte er „seine Berichte“. Auch in Karinhall gab es das Ohr des Dionysos.

„Und Hitler?“ fragte ich beklommen.

„Der war nur noch wütend über Görings Anruf: Ich brauche ihn nicht zu fragen, wenn ich in die Staatsoper gehen will, schrie er. Der faule Kerl steht nie vor 11 Uhr vormittags auf. Morgen hole ich ihn um acht Uhr früh aus dem Bett!“

„Und was mich betrifft?“ fragte ich kleinlaut.

„Sie sind zum nächsten Kunstempfang befohlen. Bis dahin habe ich alles geordnet.“

Wie er das machen wollte, verriet er nicht. Er ließ seine Wege im Dunkeln.

Am Abend des nächsten Kunstempfangs dirigierte ich „Don Carlos“, kam also recht spät in die Reichskanzlei. Am Ende eines Korridors saßen SS-Wachen, spielten Karten und soffen. Sie wollten keinen Ausweis sehen. „Gehen Sie da rauf“, sagte einer, und das war alles. „So leicht kann man hier hereinkommen. Ein Frack genügt als Ausweis...“, dachte ich.

Oben empfing mich der Protokollchef und schleifte mich in eine Ecke zu einem Herrn Hanke. Ich hielt ihn für den Gauleiter von Breslau, er war es aber nicht, es war der Staatssekretär im Propagandaministerium.

„Sie dürfen sich nicht wundern“, begann er, „daß die Partei Sie angegriffen hat. Sie haben die Übersetzung von Morgenstern benutzt und nicht die von Dietrich Eckart. Vielleicht war man mit Ihnen zu streng. Ihr Werk wird auf das Programm der Reichsmusiktage in Düsseldorf gesetzt. Zufrieden?“

„Ja“, sagte ich und ließ ihn stehen.

Ganz zufrieden war ich nicht, als im März in der Presse eine „Neufassung", sogar eine „gereinigte Neufassung" des „Peer Gynt" für die Reichsmusiktage angekündigt wurde. Ich dementierte, konnte aber den Blödsinn nicht ganz ersticken. Deshalb stellte ich die Realität der Trollwelt in der Presse erneut heraus:

Ich habe nicht beabsichtigt, an Stelle eines starken und gefährlichen Gegenspiels Attrappen aufzubauen. Die grausame Realität des Gegenspiels ist eine der ersten dramatischen Notwendigkeiten überhaupt, wenn die Tragödie nicht zu einer abgekarteten Spiegelfechterei erniedrigt werden soll. Stücke, in denen gegen diese Grundregel gesündigt wird, erinnern an Boxkämpfe, vor deren Beginn erst insgeheim Sieger und Besiegte ausgelost werden, die sich zum Schluß brüderlich in die Börse teilen.

Ende April war ich zur Vorbereitung der „Aufführung im Rachen des Löwen" nach Düsseldorf gefahren. Ich sollte selbst dirigieren. Düsseldorf, was war das für eine Stadt! Dort gab es keine schlimmen Zeiten und keine ernsten Probleme. Man war, zum Beispiel, im Mai immer noch damit beschäftigt, sich unter Gelächter zu erzählen, wie viele Männer im vergangenen Fasching ihre Weiber getauscht hatten. Sie lebten einfach drauflos. Man fühlte sich nicht „belauscht mit

Ohr und Blick" wie in Berlin. Man atmete leichter, die Atmosphäre war ansteckend.

Vormittags probierte ich, nachmittags stärkte ich mich durch einen guten Schlaf für die Nacht. Abend für Abend fand sich eine Bande von Mitgliedern der Oper, vor allem des Balletts unter Anführung des Ballettmeisters Denis oder einer seiner unternehmungslustigen Balletteusen zusammen und trat den langen Marsch von Kneipe zu Kneipe an. Alle interessanten Lokale der Altstadt wurden abgeklappert. Überall gab es etwas zu trinken und zu lachen.

In der ersten Kneipe schritt eine majestätische Dame von Tisch zu Tisch. Sie trug einen wippenden Kopfputz wie ein Zirkuspferd, goldene Sandalen an den Füßen und ein purpurrotes Abendcape. An jedem Tisch leierte sie wie der Kastellan eines alten Schlosses die Beschreibung der Sehenswürdigkeiten herunter, die sie zu bieten hatte. Auf Wunsch konnte man sie besichtigen: Die Seeschlacht von Trafalgar, die Rose von Jericho, durchbohrte Herzen, magische Symbole, lyrische und dramatische Szenen. Die Dame war von oben bis unten tätowiert und zeigte Vorderfront, Rückfront, Busen, Schenkel, Arme, indem sie ihr Cape öffnete, anhob, verschob und sich dabei graziös drehte und wendete. Alles für fünfzig Pfennig pro Kopf.

Es gab noch viele andere Attraktionen in der Altstadt. Zum Beispiel das „Museum", eine verräucherte Bude mit einer absurden Sammlung von „Sehenswürdigkeiten". Sie hingen an Drähten, die unter dem Plafond von Wand zu Wand gespannt waren: Verrostete Gießkannen, verbeulte Kotflügel, Fahrradglocken, Beißzangen, Straußeneier, vertrocknete Blumen und Früchte und alles mögliche andere Gerümpel. Der Spaß ging los, wenn das „Museum" von dem dicken Kneipenwirt erklärt wurde. Es geschah in Verbindung mit einem „Kußwettbewerb im Zeichen der bevorstehenden

Reichsmusiktage". Der Dicke begann mit einer hervorragenden Definition seiner Vorstellung von „Musik". Willige Paare sammelten sich unter dem Gejohle der Gäste auf einem Podest, dem sogenannten „Prüfstand". Sie sollten sich so lange als möglich küssen, ohne zu lachen. Der Wirt, ein ortswüchsiges Original, begann die Paare zum Lachen zu reizen, indem er sein Museum erklärte: „Und hier meine Damen und Herren, sehen Sie die ... des Columbus vor der Ausfahrt und hier nach der Heimkehr." Er deutete mit seinem langen Stock erst auf zwei Straußeneier und dann auf ein paar verschrumpelte Backpflaumen. Brüllendes Gelächter, einige Paare fielen aus.

„Und hier sehen Sie dies, und dort sehen Sie das." Eine Pointe schlug die andere. Dazwischen gab der Dicke technische Anweisungen an die Küssenden, bis schließlich ein Paar nach dem anderen vor Lachen nicht mehr konnte und aus der Konkurrenz ausschied. Die zwei, die bis zuletzt mit tierischem Ernst und verbissener Entschlossenheit durchgehalten hatten, waren die Sieger.

Jeder Teilnehmer am Wettbewerb mußte an die beiden einen Doppelten ausgeben und für sich selbst einen bestellen, um ihnen zuzuprosten. Der Alkoholpegel stieg beängstigend an. Das war das große Geschäft: Das war Stimmung!

An Abenden, an denen man keine Lust auf die Altstadt hatte, gab es improvisierte Feste, zum Beispiel bei Denis. Im Vorgarten seines Hauses jagten mich die Ballett-Mänaden, schrien „chassez, chassez", und ich machte mit ihnen in einer Kette „chassez, chassez". Als es mir gelungen war, mich ins Haus zu retten, saß ein Solotänzer, der liebe K., auf dem Fußboden und schmierte aus einer großen Kristallschüssel den Pudding für fünfzehn Personen auf den Teppich.

Denis: „Aber K., du Idiot, das kannst du doch nicht machen, ich habe den Teppich erst vorige Woche gekauft, er war teuer! K., zum Teufel, hör auf damit!"

„Halt's Maul", sagte der ruhig, „du sollst nicht kommandieren, ich bin Norweger und bin für die Freiheit!"

Der hübsche Schwarm fiel wieder über mich her und wollte mir um jeden Preis etwas Ballett beibringen: *Croisé en avant, en arrière, effacé en avant, en arrière,* für mehr war nicht Platz. Sie lachten sich tot über mein „sourire stéréotypé" und über meine Versuche. Beim Morgengrauen fuhr ich in die Stadt zurück, Fahrer und Insassen waren blau, aber umsinken konnte keiner. Wir waren zu acht in einem Volkswagen.

Am 14. Mai war es aus mit dem Spaß. Die Reichsmusiktage brachen mit voller Wucht über die Stadt herein. Am Eröffnungstag begann es mit Reden plus „Eroica“ im Saal. Gleichzeitig mit Blasmusik auf allen größeren Plätzen der Stadt.

Es folgte eine verwirrende Fülle von Symphonie-Kammermusik- und Chorkonzerten, von sieben verschiedenen Tagungen, Volksmusikveranstaltungen und Werkkonzerten in Fabrikhallen.

Zwei Abende waren der Oper vorbehalten, die Schlußkundgebung dem Doktor Goebbels mit der Verkündung des „Nationalen Musikpreises“ an den Konzertmeister der Berliner Philharmoniker Siegfried Borries und die Münchner Pianistin Rosl Schmidt. Drei Komponisten erhielten Kompositionsaufträge: Theodor Berger und Paul Höffer für symphonische Musik, ich für eine Oper. Keiner von uns dreien hat je die Auftragskomposition abgeliefert, und niemand hat sie jemals von uns verlangt.

Interessant war das persönliche Zusammentreffen der Preisträger mit Dr. Goebbels anschließend an die Kundgebung. Ein Ausspruch von ihm blieb mir im Gedächtnis: „Was will denn dieser Furtwängler mit seinen lächerlichen zweitausend Zuhörern in der Philharmonie. Was wir brauchen, sind die Millionen, und die haben wir mit dem Rundfunk!“

Es war eine sehr taktvolle Anmerkung in Anwesenheit des Konzertmeisters der Berliner Philharmoniker, den er soeben selbst ausgezeichnet hatte. Goebbels war unruhig, mißtrauisch und unverschämt.

Die Monstreveranstaltung der Reichsmusiktage beschloß eine Aufführung der IX. Symphonie. Auf Beethoven verzichtet kein Regime.

Bei „Peer Gynt" war das Düsseldorfer Opernhaus überfüllt. In den Zeitungen war die Rede von Triumph, Jubel, Ovationen und Begeisterung. Persönlich habe ich mich besonders über die Besprechung von Walter Dircks gefreut (Frankfurter Zeitung), einem der konsequentesten Nazigegner in der Presse des Dritten Reiches, und über die Zustimmung von Josef Rufer, dem Freund und Schüler Arnold Schönbergs, besonders auch über die von Karl Laux, der mir von Anfang an die Stange gehalten hatte.

Nach München zurückgekehrt, entkam ich der Gegenwart und tauchte tief in die Zeiten. Ich stürzte mich wieder in die trotz aller Unterbrechungen schon ziemlich fortgeschrittene Arbeit an der Partitur des Balletts „Joan von Zarissa", von dem bis jetzt noch nicht die Rede war.

Dieses Ballett stellt eine Abwandlung des Don-Juan-Stoffes dar, eines europäischen Urstoffes. Er hat mich durch Jahrzehnte begleitet, bis er in „Joan von Zarissa" neue Gestalten und neue Schauplätze fand. Ich siedelte ihn im Burgund des XV. Jahrhunderts an, im Zentrum einer höfischen Kultur, die in Pracht und Dekadenz ihrem Untergang entgegeneilte.

Den Anstoß dazu gab die Bilderwelt des Jean Fouquet. Zuerst im Jahre 1935, als ich in Antwerpen lange vor „La Vierge et l'Enfant entourés de Séraphins et de Chérubins" stand, und später durch die mirakulöse Bilderfülle des Codex gallicus VI. in der Münchner Staatsbibliothek.

Genau wie Germain Bazin Fouquet in „Les trésors de la peinture française" beschrieb, genauso habe ich ihn verstanden:

„Fouquet hat den Krieg und den Frieden gesehen, er weiß, wie sich Männer töten, wie man Schläge austeilt und wie man sie pariert. Er durchdringt die organische Einheit dieses mon-

strösen Daseins, geformt von tausend Schicksalen, die ineinander verknäult, unlösbar verbunden sind ...

Das Unsichtbare wird bei ihm auf die Dimensionen der sichtbaren Welt zurückgeführt. Bei ihm sind die Engel Chorknaben, und die Heilige Jungfrau trägt die Züge der Maitresse des Königs ..."

Die Visionen Fouquets haben die Handlung mitgeformt, wie die Beschreibungen seiner Zeitgenossen die Bühne. Die Schilderung eines Banketts des Herzogs von Burgund im Jahre 1453 gab die Anregung zur Gestaltung des Bühnenbildes als riesigem Emblem mit den Figuren einer nackten Frau und eines Löwen, der in seinen Pranken die Tafel mit der Inschrift trägt: „Ne touchez pas ma Dame."

„*Inmitten des Saals, nahe der Seitenwand, war auf einem hohen Pfeiler das Bild einer nackten Frau, die langes Haar hatte, das sie hinten bis zu den Lenden einhüllte; und auf ihrem Kopf war ein prächtiger Hut. Sie war, um das zu verbergen, was zu verbergen sich ziemt, mit einem Tuch bedeckt, wie mit einem herabgelassenen Fenstergitter, worauf an mehreren Stellen in griechischen Buchstaben geschrieben war. An einem anderen Pfeiler, der breit war wie eine Turnierhürde, war mit eiserner Kette ein lebendiger Löwe gebunden, als Schutz und Verteidigung dieses Frauenbildes; und auf einem Schild an seinem Pfeiler war in goldenen Buchstaben geschrieben: Rührt meine Dame nicht an.*"

Welch ein Bild für eine Don-Juan-Handlung!

In einem gesprochenen Prolog und Epilog des „Joan von Zarissa" spielen die durch die Renaissance wiedererweckten und seltsam verspiegelten antiken Sinnbilder des am Mastbaum festgebundenen „Herrn von Ithaka" und der ihn in Gestalt großer Vögel umschwebenden Sirenen ihre Rolle. Der antike Bezug äußert sich auch in dekorativen Figuren. Den Sprecher umgeben Satyrn und Nymphen, Komödie und Tragödie, Pfau und Löwe. Im Epilog wird das Wirken Gottes mit den Werken des Hephaistos umschrieben. Die Gestalt des Joan von Zarissa steckt im „phrygischen Geschlecht des Paris, der die Helena geraubt". Sie trägt im Vorgriff auf mein späteres Ballett „Abraxas" aber schon faustische Züge. Joan ist nicht nur der von Abenteuer zu Abenteuer getriebene Verführer, er ist auch ein Kenner jener Literatur, die in bedenklicher Nähe der „Höllenzwänge" beheimatet ist, er verhandelt gleich auf gleich mit dem Teufel und versucht, sich Übermenschliches anzueignen. Der Prolog sagt von ihm, er habe das Buch Smagorad gekannt, das Buch, aus dem sich Adam Trost geholt in seiner Trauer um des Abels Tod. Er habe auch den Teufel aufgesucht im wilden Schottland, des Ortes kund zu werden, wo der Schatz des Antichrist geheim verborgen ist.

Die im Prolog und Epilog literarisch gefaßten Bezüge durchziehen das ganze Werk in Bild und Handlung, so daß das häufige, ja zur Regel gewordene Weglassen der gesprochenen Teile und der Schlußapothese keinen Eingriff in die Substanz bedeutet. Die Vorstellung einer engen Durchdringung des Antiken mit dem Medievalen haftet der Handlung und ihren Gestalten nicht nur an, sondern hat sie erzeugt und geboren. Die Szene mit den angeketteten Barbaren, dem gefangenen Fürstenpaar und allen Requisiten eines römischen „Triumphs" hat antikes Gesicht. Auch in der Theseushandlung der „Pantomime" mit dem Ungeheuer, den greisen gebeugten Bürgern, dem jungfräulichen Opfer und dem siegreichen Helden scheint der Mythengrund der Antike auf.

Im Zweikampf mit dem gepanzerten, hünenhaften Ritter siegt Joan mit einer nur imaginierten Waffe und tötet den Gatten seiner Angebeteten mit einem gewaltigen Luftstreich, einer perfekten magischen Gebärde. Die Wut der rasenden Isabeau vermag er durch sein bloßes Da-Sein noch über der

Leiche des getöteten Gatten in Vergessen, Ergebenheit und glühende Leidenschaft zu verwandeln. Seine tiefe Melancholie, der grundlose, überdrüssige Lebensekel zu Anfang des vierten Bildes ist faustisch, wie der zynische Realismus Lefous – beinahe hätte ich gesagt: Leporellos – mephistophelisch ist. Joans Untergang, das Ende einer unersättlich zügellosen Existenz mit den von Reue bitter getränkten Visionen, mit DIES IRAE-Klängen und Glockengeläute ist christlich, wie sein Ursprung heidnisch ist.

Gegen das Heute wird das Werk nicht zuletzt durch die dem Ballett eingefügten, für zehnstimmigen Chor komponierten Gedichte des Charles d'Orléans abgeriegelt und verteidigt, die gegen die moderne, individualistisch-subjektive Empfindungswelt eine unüberwindliche Zeitsperre errichten.

Auch Tietjen hat das gefühlt, als er unbeirrt von den Zeitläuften anordnete, daß diese Intermezzi auch während des deutsch-französischen Krieges bei allen Aufführungen der Preußischen Staatsoper in der Originalsprache gesungen werden sollten:

Chanson I

mit seiner gefaßten Klage über unser aller peinvolles Dasein:

„C'est grand paine que de vivre en ce monde
Encore esse plus paine de mourir."*

Chanson II

das von der Blendung durch den Liebesblitz singt:

„Il fait perdre la constenance
A toutes gens, jeunes et vieux."**

und das monumentale

---

* „Größer als die Pein, in dieser Welt zu leben, ist die Pein zu sterben."

** „Er läßt die Menschen, ob jung oder alt, die Haltung verlieren."

Rondau
„Vous y fiez vous en Mondain Espoir?
S'il est decevoir, demandez a tous!"***

Zur Zeit der Entstehung des „Zarissa" begnügte sich das Ballett in Deutschland mit geringen Ausnahmen mit dem Genrehaften, Fabulösen, Idyllischen und Episodischen. Im Gegensatz zu den großen Ballettländern spielte die technische Brillanz des klassischen Balletts keine entscheidende Rolle.

Nach einigen Versuchen über die Vorstellungs- und Formenwelt des Expressionismus mit seinem „O-Mensch"-Pathos, seiner hehren Weltanschauung, dem stier ins Unendliche gerichteten Auge, dem dröhnenden Stampfen, dem stummen Schrei, den verquält gerungenen Händen zu einer neuen eigenständigen Theaterform vorzustoßen, war das deutsche Ballett nur zu rasch wieder zum bloßen Opern-Appendix herabgesunken.

Die große Thematik des „Zarissa", die Verbindung mit den mächtigsten Strömen des abendländischen Lebensgefühls, der damit aufgerichtete spirituelle Maßstab, stellte das Ballett erneut vor die Aufgabe, großes Theater zu realisieren.

Schon am 28. Januar 1939, mitten in der niederdrückenden Zeit der Angriffe auf den „Peer Gynt", las ich Lizzie Maudrick, Ballettmeisterin der Staatsoper, das Exposé vor.

Mit dem Bühnenbildner Josef Fenneker sprach ich zum ersten Mal Anfang Mai und begeisterte ihn durch die Vorstellung, die Farben auf Fouquet zu stellen und das Bild auf „Emblem".

Anfang Juni schrieb ich ihm von München aus, er fände in der Iconographie de l'art profane au moyen-age et a la Re-

*** „Vertraut ihr dem Weltkind Hoffnung? Wenn es zu täuschen ist, verlangt's von allen!"

naissance par Raimond van Marle alles, was uns aus der Zeit überhaupt erhalten sei, Reproduktionen von Gobelins, Zeichnungen, Bildern, Plastiken etc. Auch Abbildungen von Prunk- und Triumphwagen.

Fenneker fuhr ad hoc nach München und studierte mit großer Freude den Codex.

Pas de deux aus „Joan von Zarissa“ mit Gerd Reinholm und Yvette Chauviré.

Im September, als die Partitur noch nicht beendet war, erhielt ich einen Einberufungsbefehl und sollte zum festgesetzten Zeitpunkt mitsamt meinem Fiat einrücken. Getreu den Wünschen Elisabeths zog ich mich aus der Affäre und gab den Wagen, die Wagenpapiere und den Einberufungsbefehl einem uns gut bekannten Fahrer. Er wollte lieber „die Herren Offiziere spazieren fahren" als den explosiven Nachschub. Er rückte tatsächlich an meiner Stelle ein. Kein Mensch kontrollierte seine Identität. Er wurde eingekleidet und bekam mit dem ganzen Haufen einen dreistündigen Unterricht im Grüßen. Das war alles.

Ich glaubte mich schon gerettet, aber nach sechs Wochen erschien ein Meldefahrer an unserer Türe und überbrachte mir den Befehl, mich sofort „wegen Nichtbefolgung eines Gestellungsbefehles" beim Wehrbezirkskommando zu melden.

Dort vernahm mich ein Oberstleutnant zur Person und schrie mich an, was ich eigentlich glaube. Ich wollte ihm schon mitteilen, daß ich katholisch getauft sei, unterließ aber dann doch jede Äußerung, bis er sich mit seinem „Saustall, Schweinerei, Kriegsgericht, an die Wand stellen" und ähnlichem erschöpft hatte. Sein Wortschatz war nicht sehr groß.

Während einer Atempause, die er nötiger hatte als ich, beglotzte er mich wie ein Mondkalb und fragte mich nochmals: „Beruf?“

Ich antwortete wieder: „Komponist.“

Unerklärlicherweise wurde er plötzlich sanft: „Ah“, wiederholte er wie ein Echo, „Komponist.“ Dann verkündete er mit Emphase: „Ich bin mit Hans Pfitzner befreundet. Ich schreibe Gedichte. Leider hat er noch keines komponiert.“

Ich sagte freundlich: „Vielleicht sollte ich das versuchen. Wenn Sie mich aber einziehen, kann ich Ihnen leider auch nicht helfen.“

Das gefiel ihm: „Hier, nehmen Sie den gelben Schein, dann haben Sie zwei Jahre Ruhe vor uns.“

Das ließ ich mir nicht zweimal sagen, ich nahm den Schein, richtig ausgefüllt und gestempelt und fuhr ab wie der Teufel.

Elisabeth triumphierte: „Ich habe ja immer gesagt: ‚Was du nicht willst, mußt du nicht müssen!“ Es war wie im Märchen, und der Oberstleutnant war die Fee.

Am 9. Oktober 1939 schrieb ich den letzten Takt, Ende Dezember sollte Premiere sein. War aber nicht. Nach der Hauptprobe lieferte Tietjen wieder einmal ein stupendes Beispiel seiner überlegenen Unabhängigkeit. Ohne Rücksicht auf Presse, Publikum und Spielplan verschob er die Premiere um drei Wochen auf den 20. Januar 1940.

Die Choreographie, sagte er, sei sehr schön, er beabsichtige nicht, sie zu ändern, werde aber dem Werk als Regisseur den dramatischen Atem einhauchen, den es brauche.

Trotz Krieg und der damit verbundenen Überlastung probierte er täglich stundenlang.

„Liebe Frau Meudtner", machte er sich unserer Primaballerina begreiflich, „Sie können alle Schritte behalten, die Sie einstudiert haben, aber vergessen Sie sie. Wenn Sie auf der Flucht vor dem Mörder Ihres Gatten über die Bühne rasen, genügt nicht nur der Gedanke an Flucht um jeden Preis. Denken Sie an Kerker lebenslänglich oder an Kloster lebenslänglich oder an den schlimmeren Schrecken, der Sie zwingt, vor sich selbst davonzulaufen! Denken Sie all das blitzartig, ungeordnet, in einer Panik, in der sich die Gedanken und Empfindungen überlagern, und jetzt: Los!"

So arbeitete Tietjen mit allen, mit Wosien als Joan, Michaelis als Florence, Jahnke als Lefou, Zarell als Perette, den großen und den kleinen Solisten und dem corps de ballet.

Das Resultat war ungewöhnlich: „Das Ballett hat einen verzaubert", sagten die Leute, „die Körper haben nicht nur getanzt, sie haben auch gesprochen und gesungen. Man hat alles verstanden." Das war etwas ganz Neues. Gewöhnlich sind Handlungsballette für das Publikum eine Art Kreuzworträtsel. Ich selbst habe schon einmal in einem Ballett drei lockere Mädchen mit den frommen Gestalten von Glaube, Hoffnung und Liebe verwechselt.

„Zarissa" kam noch 1940 in Hamburg heraus und erreichte bis zur Schließung der deutschen Theater im Jahre 1941 achtzehn Bühnen, darunter auch ausländische, wie Zürich und Bern, abgesehen von dem Sonderfall Paris.

„Peer Gynt" dagegen blieb praktisch bis nach dem Krieg liegen. Von den großen Bühnen spielten nur Dresden und Frankfurt das Werk nach. Die meisten Intendanten sagten sich wohl: „Vorsicht, Vorsicht, man kann ja nicht wissen, ob das Ding noch einmal kippt!"

Seit der „Zaubergeige“ flogen mir von Jahr zu Jahr immer mehr Opernlibretti ins Haus, jungfräuliche Entwürfe, die noch kein tatenfroher Komponist wachgeküßt hatte. Sie schleppten sich auf Wagners Spuren weiter, humpelten hinter frühen Verdi-sujets her oder versprachen sich etwas von der Nachfolge des Wagnersohnes Siegfried oder Engelbert Humperdincks. Auch Martin Luther, Bismarck und Friedrich der Große wurden angeboten. Und immer mehr Volkstümliches und Zeitgemäßes:

Das liebe, blonde Mädel vom Rhein gerät in einen abscheulichen Verdacht: Heini (in äußerster Wut): „Sag, wie viele hast du schon geküßt vor mir?“

Lore (tränenüberströmt): „Bei der heiligen Muttergottes von Kevelaer, keinen noch!“

Er glaubt es ihr, weil die Verleumdung zu teuflisch war.

oder:

Ein älterer Handarbeiter verliebt sich beim Betriebsausflug in eine blutjunge Stenotypistin. Daraufhin zieht die verwelkte Gattin den Geisteszustand ihres untreuen Eheliebsten in Zweifel. Ein gütiger Irrenarzt führt sie auf den Weg der Pflicht zurück: zum heldischen Verzicht zugunsten der bevölkerungspolitisch wertvolleren Stenotypistin.

Ein Berliner hatte die politische Volksoper entdeckt, mit

hochpolitischen Arien, deren Refrains vom Opernpublikum mitgesungen werden sollten.

Titel: „Glaube – Liebe – Treue"

Inhalt: Viel Seelenleid, das sich bei der Vormittagsarbeit in der NSV und in der SA-Kameradschaft löst.

Refrains:

„O Frankreich, o Frankreich, du bist doch so schön,
Schad', daß an deiner Spitze kein Führer kann stehn."

„Ihr könnt nicht treu sein, nein, nein, das könnt ihr nicht,
Trotzdem der Führer euch alles verspricht."

„Deutschland erwachte und Europa lachte.
Nun, Europäer: Danket alle Gott!"

„Im Deutschen Reich zu leben, das ist schön,
Das Ausland kann dies alles nicht verstehn!"

Der Berliner Volksdichter hat das dann auf meinen Rat der Musikprüfstelle des Propagandaministeriums eingereicht. Ich hoffe, der „Referent" hat sich gefreut.

Ich wurde aber nicht nur von schwachsinnigen Dilettanten verfolgt, sondern auch von klinisch Verrückten. Ein Herr im Frack schlich während einer meiner Vorstellungen hinter die Bühne und versuchte die Bühnenmusik zu dirigieren. Eine wahnsinnig gewordene Putzfrau drang ein anderes Mal während der Vorstellung in den Orchesterraum ein und hieb auf die Pauke. Eine Verrückte aus Wandlitz in der Mark schickte mir kleine Holzstückchen, Miniaturspielzeug aus der Puppenstube, eine winzige Trommel mit Schlegelchen, klitzekleine bunte Pillen in zusammengedrehten Papiersäckchen, aus Teig gebackene Schuhsohlen und sorgfältig aufgerollte, meterlange schmale Papierstreifen, die fortlaufend beschrieben waren.

Erna Berger sagte dazu: „Das ist noch gar nichts. Ich könnte Dir noch ganz andere Sachen erzählen." Das tat sie aber nicht.

Anfang 1940 beschäftigte mich ein neuer Opernplan nach Lope de Vegas „Der Stern von Sevilla". Diese Tragödie war ein „Kartenspiel der Hölle, gemischt von falschen Teufelsfingern, mit blutdunkler Schuld befleckt, mit Mordbefehl und Todesspruch" (Zitate aus Lope de Vega), aber geadelt durch Ehre und Edelmut.

Im Februar las ich Tietjen das Exposé vor. Aber schon während der Lesung fand ich den Entwurf schal, fern und unwirklich. Das Kartenspiel der Hölle hatten wir jeden Tag, aber wo war Ehre und Adel? Ich zerriß den Entwurf. Das Jahr verging mit unzähligen Reisen, immer und immer wieder nach und von Berlin und zu Premieren nach Halle, Hamburg, Nürnberg, Dresden und in andere Städte.

Einmal saß ich im Zug mit einem Gauleiter im Abteil. Wie es sich herausstellte, war es der von Ostpreußen. Er regte sich über eine Ausstellung kostbarer Möbel in München auf:

„Lauter kleinbürgerlicher Kram, das ist nichts für unsereinen!"

„Und wie", fragte ich, „stellen Sie sich Ihren Stil vor?"

Die Antwort kam wie aus der Pistole geschossen: „Global, mondial, imperial!"

Ein anderes Mal fuhr im überfüllten Abteil ein Provokateur mit. Er versuchte sein Glück, aber die Leute blieben auf seine tastenden Fragen stumm wie Austern. An einer größeren Station stiegen alle aus, außer mir und dem Spitzel.

„Jetzt können Sie mir doch sagen, wie Sie denken. Ich interessiere mich für die Lage, wie sie wirklich ist!"

„Soso", gab ich ihm heraus, „hier haben Sie einen Groschen, kaufen Sie sich auf dem Bahnsteig eine Zeitung und lesen Sie den Leitartikel. Dann wissen Sie, wie das deutsche Volk denkt."

Wütend verließ er das Abteil, ich sah ihn nicht wieder.

Ein drittes Mal saß ich allein mit einem spannenden Mädchen im Abteil. Sie gab mit ihren Auslandsreisen an, ich tat ungläubig, bis ich sie so weit hatte, daß sie ihren Paß herzeigte. Visum über Visum!

„Aha, Sie sind eine Art Beauftragte?"

„So kann man es nennen."

Ich brachte sie dazu, daß sie eingestand, sie kenne mich und man habe sie speziell auf mich angesetzt. Mahlzeit!

Nach Berlin fuhr ich meistens, um „Joan von Zarissa" zu dirigieren, aber auch noch wegen eines anderen Geschäfts. Ich hatte dem Regisseur R. A. Stemmle die Musik für seinen Film „Jungens" zugesagt.

Das Filmhonorar sollte das Loch in meinem Beutel stopfen, das die empfindliche, kriegsbedingte Verringerung meiner Staatsoperngage gerissen hatte.

Das Thema war harmlos: „Fischerjungen von der Kurischen Nehrung jagen Schmuggler." Daß sie bei der Schlußapotheose für ihren Erfolg in HJ-Uniform ausgezeichnet wurden, störte mich wenig. Das war Milieu, sonst nichts. Daß sie dabei ein HJ-Lied singen sollten, freute mich nicht. Aber HJ-Lieder gab es in Massen. Ich würde keines schreiben müssen.

Uraufführung der Egk-Oper „Peer Gynt“ (1938, Staatsoper Berlin).

Gegen Ende der Filmaufnahmen aber wurde die Verwendung echter Produkte der HJ-Kultur für diesen unpolitischen und weltanschaulich unwirksamen Film untersagt. Mein Pech.

Ein Vierteljahrhundert später kratzte einer die Filmmusik aus dem Archivdreck, und ich avancierte vom Kulturbolschewisten zum Nazi. Karriere muß sein.

Seit der Entdeckung der „Zaubergeige“ durch die Städtischen Bühnen in Frankfurt unter dem Generalintendanten Hans Meissner waren meine Beziehungen zu dieser Bühne sehr herzlich. Am 28. November 1940 sollte ich dort die Erstaufführung des „Peer Gynt“ in der aufregenden Regie von Herbert Decker in der apokalyptischen Dekoration des genialen Bühnenbildners Helmut Jürgens dirigieren. Das Trollgericht und der verbrannte Wald mit den drei Unheilsvögeln waren durch ihn zu optischen Symbolen geworden. Mitten im ersten Akt heulten die Sirenen und jagten Künstler und Publikum in die Keller.

Ich war, wie jedermann, schon öfter in Luftschutzkellern festgesessen, meistens in Berlin bei Sverre und Erna. Dort empfand ich die Situation nie so ernst, wie diesmal. In Berlin würfelten wir, Sverre und ich, wenn es lange bis zur Entwarnung dauerte, wer wieder einen frischen Kasten Bier aus der Wohnung im zweiten Stock holen sollte. Das Scheppern der Flaksplitter im Hof erschreckte uns nicht. Das war wohl ein Anzeichen von Gefahr, aber wir hatten das Gefühl, die Gefahr selbst sei fern. Im Keller erzählte man sich Geschichten: Am Savignyplatz habe es einen Bombeneinschlag gegeben. Ein Liebespaar, das im vierten Stock zusammengekrochen war, sei nicht in den Luftschutzkeller gegangen, weil sich das

Mädchen vor den Hausbewohnern genierte. Wie auf einer Rutschbahn sei das Paar zu Bett unter Donner und Blitz durch das Bombenloch unbeschädigt in den Keller gefahren. Die Oper hieß „Unnütze Vorsicht". Gelächter. Extrabier.

Jetzt unter dem Frankfurter Opernhaus war alles anders. Man tappte durch die matt erleuchteten verzweigten Katakomben, man wich sich gegenseitig aus, bedrückt und wortlos, Angst, Beklemmung und Furcht breitete sich aus, die Szene oben bedeutete nichts mehr.

Zwei Tage später wurde die Premiere nachgeholt. Danach trafen sich einige Gäste, die Mitwirkenden und der Intendant im Spiegelsaal des Frankfurter Hofs.

Hans Meissner hielt eine formvollendete Rede, wortreich, ausdrucksvoll, ohne einen Gedanken an das Vorgestern. Was sagte er da?

„*Die Zeit wartet nicht.*
Sie eilt weiter und weiter,
von Gegenwart zu Gegenwart."

Was gestern war, was morgen sein würde, das schien ihn nicht zu berühren. Ich bewunderte seinen Gleichmut und mußte an Mucius Scävola denken und wie er unbewegt die Hand ins Feuer hielt, bis sie verbrannt war.

Im April 1941 brannte die Preußische Staatsoper bis auf die Grundmauern nieder. Im Einvernehmen mit Heinz Tietjen kündigte ich zum 1. September 1941 meinen Berliner Vertrag und schloß mit den Städtischen Bühnen in Frankfurt einen fünfjährigen Werkvertrag ab, der mich verpflichtete, der Frankfurter Oper in diesem Zeitraum die Uraufführung meiner neuentstehenden Bühnenwerke zu überlassen.

Trotz der Brandkatastrophe, welche das Haus Unter den Linden vernichtet hatte und trotz meiner „Abwanderung" nach Frankfurt blieb ich dank der freundschaftlichen Gesinnung Tietjens „Ständiger Gast" der Berliner Staatsoper.

An eine Wiederaufnahme des „Peer Gynt“ war freilich nicht zu denken, ebensowenig an die mir noch zugedachte Neuinszenierung der Gluckschen „Iphigenie“. Dagegen konnte ich noch viele Male im „Ausweichquartier Krolloper“ den „Zarissa“ dirigieren und in der Spielzeit 1941/42 die Wiederaufnahme von „Carmina Burana“ meines Freundes Carl Orff, ein Werk, das Tietjen seinerzeit auf meine wiederholten Vorstöße hin angenommen hatte.

Frankfurt brachte am 13. Januar 1942 die Uraufführung der Bühnenfassung des „Columbus“ als episches Theater in der Regie von Hans Meissner, den Bühnenbildern von Helmut Jürgens und mit Franz Konwitschny am Pult.

Meissner, bekannt als der „rote Hans“, war 1933 als Intendant in Stettin von den Nazis der ersten Stunde fristlos entlassen und herausgeschmissen worden. Er fiel wie durch ein Wunder nach kurzer Zeit in seiner Heimatstadt Frankfurt am Main wieder auf die Füße.

Meissner war von einer explosiven Lebhaftigkeit des Geistes, immer wie gejagt, gepeitscht von neuen Einfällen. Zugleich handelnd und betrachtend, vermochte er wie Julius Cäsar die gegensätzlichsten Vorgänge gleichzeitig zu verfolgen und zu ordnen. Seine Vorstellungskraft erzeugte im Augenblick Bild auf Bild. Er war wie ein sprudelnder Brunnen, aus dessen Tiefe ohne Unterlaß immer neue Ideen aufstiegen. Er brannte vor Begeisterung für das Theater und schien sich zu verzehren, wie eine an zwei Enden gleichzeitig entzündete Kerze.

In Frankfurt regierte er nicht weniger als vier Theater: die Oper, das Schauspielhaus, das Kleine Haus und die Freilichtspiele am Römerberg. Er regierte sein Reich wie ein guter Herr. Hinter ihm stand seine Frau Hansi, die ihre schwer erkämpfte Bühnenlaufbahn für ihn aufgegeben hatte und bis zu seinem Tod nur für ihn da war.

„Columbus“ als Werktypus kam Meissner entgegen. Er war durch keine festgelegten Regieanweisungen beengt. An ihrer Stelle gab es nur lapidare Überschriften:

Columbus beim König
Columbus bei der Königin
Das Konzil
Die Anwerbung
Abschied und Ausfahrt
Überfahrt und Landung
Jubel in Spanien
Verschwörung und Verrat
Der Tod des Columbus

Der bedächtige Helmut Jürgens baute einen monumentalen Bühnenrahmen. Rechts und links erhob sich bis zur Bühnenhöhe eine strenge, klassische Architektur, Standort der Chöre. Für die Spielfläche war die volle Tiefe des Raumes ausgenutzt in zwei Ebenen gegliedert. Eine Weltkarte schloß sie ab. Columbus aber starb unter der Darstellung einer Weltkugel von riesigen Dimensionen, Symbol des durch die Tat des Entdeckers veränderten Bewußtseins der Welt und des unaufhaltsamen Wechsels aller bewegenden Kräfte und Ideen.

Dieser „Columbus“ war die letzte Uraufführung vor dem Ende des Krieges. Das Werk erlebte in Frankfurt noch eine Kette von Aufführungen bevor am 29. Januar 1944 das langsame Sterben des Opernhauses durch eine Serie von Luftangriffen begann.

In der Nacht vom 18. auf den 19. März wurde das Kulissenhaus zerstört. Am 23. März wurde der Zuschauerraum durch eine Sprengbombe zerrissen, Phosphor entfesselte rings um das zerstörte Haus Großbrände von riesigen Ausmaßen. Die Orchestermitglieder kämpften sich von allen Seiten durch Qualm und Flammen und konnten unter Einsatz ihres Lebens einen Teil ihrer kostbaren Instrumente retten. Die Löschversuche waren vergeblich, die einzige noch verfügbare Schlauchleitung hatte ein unbekannter Täter durchschnitten. Das Haus starb an Goethes Todestag. Bei Kriegsende stand nur noch eine verlassene Ruine in der verlorenen Stadt.

„Columbus". Bericht und Bildnis in drei Teilen von Werner Egk. Hier: Bühnenbild der Landung.

Anfang 1941 hatte die Saat zu keimen begonnen, die Clemens Krauss mit seinem Lobgesang auf das Theater Philipps IV. und auf Calderóns Meisterwerk „El mayor encanto amor" mir vor Jahr und Tag ins Gemüt gesenkt hatte. Ich beschäftigte mich ernsthaft mit dem Stoff und war froh darüber, daß Calderón mich mit seinem unversehrten rechten Arm und seiner wunderbarerweise wie vor Jahrhunderten beredten Zunge der grausamen Wirklichkeit entrückte.

Die schillernden dekorativen Möglichkeiten, die Krauss so wirkungsvoll ins Licht gesetzt hatte, waren reizvoll. Weit stärker erschien mir aber die interessante psychologische Konfliktsituation: Zwischen dem glühend liebenden Weib und dem in Leidenschaft für sie entbrannten Mann steht eine unübersteigbare Mauer des Mißtrauens. Jeder der beiden Liebenden muß glauben, daß der Partner seine Liebe nur vortäusche, um durch diesen gemeinen Trick den anderen desto leichter übertölpeln und ins Verderben stürzen zu können.

Liebe als Leimrute für Gimpel, das gibt es. Das funktioniert immer wieder wie geschmiert zwischen einem Hochstapler und einer alten Jungfer. Hier aber stand Ulysses, der listenreiche Held, gegen Circe, Zauberin und Tochter der Sonne. Und bei beiden war die Liebe echt.

Schon im Februar wurde ich in die Wirklichkeit zurückgerissen. Sie kam durchs Telefon. Die Musikabteilung des Propagandaministeriums bat: „Kommen Sie bitte sofort nach Berlin!"

„Soll das ein Befehl sein?"

„Hören Sie doch, bevor Sie Fragen stellen."

„Also sprechen Sie schon."

„Richard Strauss hat am 28. Februar vormittags 10 Uhr eine Unterredung mit dem Minister."

„Wer wollte die Unterredung, Strauss oder Goebbels?"

„Keiner von beiden, wir haben das arrangiert."

„Und warum?"

„Es geht um das bekannte STAGMA-Problem. Wir wollen euch helfen, mehr kann ich nicht sagen."

„Und was soll ich dabei?"

„Strauss braucht die Unterstützung eines bekannten Komponisten Ihrer Generation. Sie werden erwartet, kommen Sie!"

STAGMA war die staatlich genehmigte Gesellschaft zur Verwertung musikalischer Urheberrechte. Die Frage, um die es ging, war mir bekannt. 1934 hatte Strauss als Präsident der Reichsmusikkammer eine wesentliche Besserstellung der Komponisten symphonischer, Kammer-, Chor- und Kirchenmusik durchgesetzt. 1939/1940 wurde diese Regelung angegriffen und nur noch „in verkürzter Form" beibehalten. 1940/41 war sie bereits abgeschafft. Auf Befehl von Goebbels. Strauss würde sich schwertun, ein Äquivalent herauszuholen.

Ich wollte helfen und fuhr nach Berlin. Am 28. Februar gegen 10 Uhr war ich im Ministerium. Kurz darauf erschien Richard Strauss mit dem Leiter der Musikabteilung und zwei oder drei seiner Beamten.

Strauss war sichtlich nicht wohl in seiner Haut, er stand

da, gebeugt wie unter einer schweren Last. Er überlegte, ob es nicht besser wäre, zunächst allein unter vier Augen mit dem Minister zu sprechen, und entschied sich dafür: „Er läßt doch immer alles abfahren, was nach Deputation aussieht."

Also ging er allein, als wir aufgerufen wurden. Die Zurückbleibenden setzten sich auf das Wartebänkchen. Schon nach wenigen Minuten drang aus dem Ministerzimmer ein immer erregter werdender Dialog. Verstehen konnten wir nichts, beunruhigt waren wir alle. Der Dialog endete mit einem langen, hysterischen Schrei des Doktor Goebbels. Die Türe wurde aufgerissen, wir vom Wartebänkchen wurden aufgerufen, kurz begrüßt und im Ministerzimmer wie Zuschauer auf Stühlchen plaziert, während die Akteure standen.

Der drahtige kleine Goebbels stand mit zornrotem Gesicht vor seinem Schreibtisch. Ihm gegenüber Strauss, verstört, gebeugt, wie gebrochen, mit einem Ausdruck im Gesicht, als habe er das Schlangenhaupt der Medusa gesehen. Etwas abseits von den Protagonisten stand Leo Ritter, Direktor der STAGMA, devot und verlegen mit einem Aktendeckel unterm Arm.

Goebbels befahl mit schneidender Stimme: „Lesen Sie vor, Herr Ritter, was Herr Strauss Ihnen geschrieben hat."

Leo Ritter räusperte sich, öffnete den Aktendeckel und las vor: „Sehr geehrter Herr Ritter! Nach der genehmigten Satzung der GEMA entscheiden wir selbst über unsere Verteilungsplanfragen. Der Doktor Goebbels hat sich hier nicht einzumischen."

Goebbels nahm Ritter den Brief aus der Hand, schlug auf das Papier und schrie: „Herr Strauss, haben Sie das geschrieben?"

Strauss: „Ja, das habe ich geschrieben."

Goebbels: „Schweigen Sie, und nehmen Sie zur Kenntnis,

daß Sie keine Vorstellung davon haben, wer Sie sind und wer ich bin!"

Strauss kam nicht mehr zu Wort.

Goebbels: „Außerdem höre ich, daß Sie Léhar als Gassenmusikanten bezeichnet haben!" Ohne Luft zu holen, brüllte er weiter: „Ich habe die Möglichkeit, Ihre Unverschämtheiten in die Weltpresse zu lancieren! Ist Ihnen klar, was dann geschieht? Léhar hat die Massen, Sie nicht! Hören Sie endlich auf mit dem Geschwätz von der Bedeutung der *Ernsten Musik!* Damit werden Sie sich nicht aufwerten! Die Kultur von morgen ist eine andere als die von gestern! Sie, Herr Strauss, sind von gestern!"

Mit einer plötzlichen Wendung gegen mich sagte er in einem kalten, durchartikulierten Tonfall: „Und Sie, Herr Egk, unterlassen in Zukunft besser jede Teilnahme an verbotenen Versammlungen!"

Erst begriff ich nicht, worauf er anspielte. Langsam dämmerte es mir. Ich hatte mich in München mit ein paar Kollegen im Hotel „Vier Jahreszeiten" zum Essen getroffen, um die aktuellen STAGMA-Fragen zu erörtern. Das war also für den „Doktor" eine verbotene Versammlung. Ich konnte mir nicht vorstellen, wer gepetzt hatte.

Dann begann Goebbels wieder zu schreien, versprach nichts und warf uns alle hinaus.

Ich stand noch eine kurze Weile mit dem völlig erschöpften Strauss auf den Stufen vor dem Ministerium. Er war nicht mehr ansprechbar. Die Hände vor das Gesicht geschlagen, murmelte er vor sich hin: „Hätte ich doch meiner Frau gefolgt und wäre in Garmisch geblieben." Die Tränen liefen ihm über die Wangen, als er die Hände vom Gesicht nahm.

Für Strauss war es eine unerträgliche persönliche Demütigung. Das Ministerbübchen hatte den großen Mann heruntergeputzt wie einen Schuljungen. Abgesehen davon war die

Szene ein unüberhörbares Signal für die im Gange befindliche Umfunktionierung der *staatlich genehmigten* Urheberrechtsgesellschaft in eine *staatlich gegängelte.* Es war für Strauss der Zusammenbruch seiner lebenslangen Bemühungen um den Schutz geistigen Eigentums.

1898 hatte der große Mann sein berühmt gewordenes Schreiben zur Reform des Urheberrechtsgesetzes von 1870 verfaßt. Damals hatten schon „Don Juan" und „Tod und Verklärung" seinen Weltruhm begründet. Große Pläne beschäftigten ihn und reiften heran. Er war in München als Königlicher Hofkapellmeister gebunden. Als international begehrter Dirigent reiste er im gleichen Jahr nach Brüssel, Madrid, London und Paris. Und trotz aller Pflichten, Pläne, Kompositionen und Konzertreisen wirkte er mit Weitblick und eiserner Konsequenz weiter für das Urheberrecht. Mit seiner tatkräftigen Hilfe konnte 1903 die Anstalt für musikalische Aufführungsrechte AFMA gegründet werden, getragen von der Genossenschaft deutscher Tonsetzer. Strauss hatte, trotz der gewaltigen Anspannung seiner künstlerischen Kräfte, den Vorsitz übernommen. In seinem Freunde Friedrich Rösch fand er den geeigneten Mann für die Führung der Geschäfte. Er litt unter den Streitereien der Verleger und Komponisten und dem unfruchtbaren Dualismus konkurrierender Gesellschaften. Er warf seinen Namen und seinen Einfluß in die Waagschale, wenn es um die gerechte Verteilung der erreichten Einnahmen ohne Ansehen der Person ging.

1933 bürdete er sich das Amt des Präsidenten der Reichsmusikkammer auf. Er ertrug, daß man ihn als „Stiefelputzer des Regimes" beschimpfte. Diese Abwertung traf ihn persönlich. Dafür buchten seine Kollegen den Zusammenschluß der sich befehdenden Gesellschaften und die Einfügung der Verlegergründung AMMRE, einer Anstalt für mechanische musikalische Rechte in ihre eigene Organisation…

Professor Dr. h. c. Paul Graener, seit 1920 Mitglied der Preußischen Akademie der Künste, Komponist zahlreicher Opern und Konzertwerke, war von Erfolg und Mißerfolg, von einem unruhigen und bewegten Leben und nicht zuletzt von persönlichen Schicksalsschlägen gezeichnet. Er war bis 1941 Leiter der Fachschaft Komponisten in der Reichsmusikkammer und damit Vertreter der Interessen seiner Kollegen in der STAGMA. In Anbetracht der Entwicklung war er unpopulär geworden und trat zurück.

Die Berufung zu seinem Nachfolger traf mich aus heiterem Himmel. Bevor ich annahm, ging ich in das Büro der Fachschaft, um herauszufinden, was das war. Ich fand einen trüben Laden, die Fiktion eines nur auf dem Papier wahrnehmbaren Zusammenschlusses der Komponisten. Eine schlecht gelüftete Stube, einen finsteren Gang, eine schlampige Registratur, ein paar verdiente Hintern auf den Stühlen, Fliegen an den Fenstern.

Was trieb die Besatzung? Erließ sie vielleicht Verordnungen? Nein, das durfte sie nicht. Was mir noch besser gefiel: Sie durfte Verordnungen nicht einmal durchführen. Dafür durfte sie organisieren, zum Beispiel Konzerte feldgrauer Komponisten.

Im Falle der Annahme des Amtes hatte ich kaum Verpflichtungen außerhalb des Beirates der STAGMA. Ich beriet mich mit meinen Freunden. „Du mußt es machen", sagten alle. Ich nahm an, hoffte etwas zu erreichen und riskierte es zu scheitern.

Eines Tages ging der „Doktor" wieder einmal aufs Ganze. Leo Ritter verkündete dem Beirat der STAGMA ernst, aber gefaßt: „Schreiben des Ministers: Die STAGMA ist durch die kriegsbedingten Einberufungen wegen Personalmangels nicht mehr in der Lage, die Tantiemen satzungsgemäß zu verteilen. Deshalb soll die Verteilung in Zukunft durch das Ministerium erfolgen. Der Beirat wird aus formalen Gründen gebeten, einstimmig die einschlägigen Satzungsbestimmungen außer Kraft zu setzen."

Einer: „Was wird mit dem Beirat?"

Ritter: „Das ist noch unklar."

Ein anderer: „Nach welchen Grundsätzen will das Ministerium verteilen?"

Ritter: „Das ist Sache des Ministeriums."

Wieder einer: „Vielleicht nach dem letzten Jahresdurchschnitt?"

Ritter: „Kaum."

So ging das eine Zeitlang weiter, dann erklärte ich schlicht: „Wir sind nicht berechtigt, den geforderten Beschluß zu fassen. Liegt ein Notstand vor, so sind wir gezwungen, soweit als möglich satzungsgemäß zu verteilen."

Ritter: „Das nimmt uns das Ministerium nicht ab."

So ging das weiter im Kreis herum, wie ein Karussell auf dem Oktoberfest. Ratlosigkeit, Vertagung. Monatelang entschuldigte ich mich und kam nicht zur Sitzung. Man brauchte einen einstimmigen Beschluß.

Als mir keine stichhaltige Ausrede mehr einfiel, fuhr ich endlich wieder nach Berlin und schlug vor: „Der Beirat sieht sich außerstande, die Satzung ganz oder teilweise außer Kraft zu setzen. Er würde sich damit der Gefahr aussetzen, in die Kompetenzen des Gesetzgebers einzugreifen."

Das schlug durch. Sie wollten auf keinen Fall in die Kompetenzen des Gesetzgebers eingreifen. Die Einfrierung unseres Apparates in den Staatsapparat fand nicht statt.

Bei meinem ersten offiziellen Besuch in der dumpfen Stube in der Bernburger Straße hatte ich mir einen Packen Briefpapier mit Briefkopf „Reichsmusikkammer Fachschaft

Komponisten" gegriffen. Ich verlangte auch einen Stempel, bekam ihn aber nicht. Der Briefkopf war aber auch ohne Stempel wirkungsvoll. „Überragende kulturelle Bedeutung", „musikalisches Genie", „persönliche Notlage" und Gott weiß was noch bestätigte ich gerne jedem Komponisten, der Scherereien oder Schwierigkeiten mit dem Regime hatte. Nicht selten mit Erfolg.

Das sprach sich herum, und ich mußte oft an die alte Dame aus Zürich denken, jene Freundin unserer Signora in Rapallo, um die sich die „armen Seelen" drängten, weil sie einmal für sie gebetet hatte. Ich versuchte wie sie, jedem aus dem Fegefeuer zu helfen.

Einmal flehte mich sogar ein Orchestermusiker an, ihn zu retten. Ihm drohte ein Berufsverbot, weil er als Mitglied einer Band auf Wehrmachtstournee im Suff mit unschöner Regelmäßigkeit Wehrmachtsunterkünfte verkotzt hatte. Auch diesem half ich. Das ging aber nicht mit dem Briefbogentrick. Ich mußte in die Reichskulturkammer gehen, in die Höhle des Löwen, der Hinkel hieß.

Ich erzählte ihm von meinem Kinderstück „Der Löwe und die Maus" und rezitierte im Hinblick auf meinen Schützling:

„Schau, du großes Ungetüm,
Laß doch den Kleinen frei!
Vielleicht bleibt er dir im Zahn stecken,
Dann kriegst du Zahnweh ..."

Er ließ den Burschen laufen. Man hat später nichts Nachteiliges mehr über ihn gehört.

Einmal, es ging um unsere nächsten Freunde, konnte ich nicht helfen. Es war beim Mozartfest in Wien. Mein Freund

Wiedersehen Werner Egk – Arthur Honegger (1892–1955) beim Kongreß der CISAC in Bergen (Norwegen), 1954

war in Panik: „Er ist wieder da. Hilf mir, bitte hilf, wenn du kannst." „Er" war ein hoher politischer Funktionär und haßte meinen Freund. Um ihn tödlich zu treffen, verfolgte er die Frau. Sie war Jüdin.

„Warum ist denn die noch nicht vergast? Warum lebt sie noch?" Damit ging „er" bei den Fahrplanmördern hausieren. Stand erst einmal ihr Name auf einer Transportliste, war das Unglück geschehen.

„Er wohnt im gleichen Hotel wie du. Sprich mit ihm, wenn du kannst!" Am nächsten Morgen sah ich den Mann beim Frühstück. Obwohl ich wußte, daß er mir nicht grün war, setzte ich mich an seinen Tisch und ging ihn an: „Warum verfolgen Sie diese Frau über halb Europa? Sie hat Ihnen nichts getan."

Die Antwort kam wie eine Granate: „Notfalls werden wir in unserem neuen europäischen Haus die Tapeten wieder von den Wänden reißen, bis die letzte jüdische Wanze zerquetscht ist." Damit ging er.

Wunderbarerweise hat unsere Freundin überlebt. Mit Gift im Handtäschchen, Jahr um Jahr. Für alle Fälle.

1942 bis 1944 wurde mein Ballett „Joan von Zarissa“ an der Pariser Oper etwa dreißigmal gegeben. Vor Jahren erzählte ich davon einem interessierten Musikologen:

Frage: *Paris? Vor einiger Zeit wurde darüber geredet, daß das Propagandaministerium Sie der Pariser Oper aufgedreht habe. Das scheint mir nicht wahr zu sein. Das hat doch, wenn ich nicht irre, Herr Dr. Piersig gemacht. Was für eine Rolle hat er gespielt?*

Antwort: *Dr. Fritz Piersig war Organist und Musikwissenschaftler, hatte den Westfeldzug mitgemacht und wurde als Leutnant in Paris auf Empfehlung von Hans Joachim Moser in die Propagandastaffel, eine militärische Einrichtung, abkommandiert. Er baute ein Musikreferat auf und arbeitete auf seine Weise. Als Arthur Honegger seinen fünfzigsten Geburtstag feierte, sollte auch „Pacific 231“ gespielt werden. Das Stück war in Deutschland „unerwünscht“. Piersig: „Hören Sie, Herr Honegger, mit diesem Stück könnte es vielleicht Schwierigkeiten geben. Es gilt als ‚Maschinenmusik‘. Spielen Sie doch etwas anderes.“ Honegger: „Ich weiß einen besseren Ausweg: Wir schreiben einfach ‚Thema mit Variationen‘ in das Programm und spielen unter diesem Titel ‚Pacific 231‘.“ So wurde es auch gemacht. – Die Geschichte der Annahme des „Zarissa" an der Pariser Oper ist geklärt. Piersig ließ sich „in eigener Verantwortung", wie er sich ausdrückte, von den deutschen Verlagen Partituren neuerer Ballette schicken und gab vier davon an die Pariser Oper weiter: „Zarissa" von Egk, „Die Kirmes von Delft" von Reutter, „Das Fest im Süden" von Blacher und „Josephslegende" von Strauss. Der Administrator der Oper, Jacques Rouché, ein prachtvoller alter Herr, wählte mit seinem Ballettmeister Serge Lifar „Joan von Zarissa" zur Aufführung aus. Das Propagandaministerium erfuhr erst später davon.*

Frage: *Und was tat Goebbels?*

Antwort: *Er schickte ein Gesamtgastspiel des Deutschen Opernhauses mit der „Fledermaus" nach Paris und Lastzüge mit Kisten voll Aufführungsmaterial deutscher Unterhaltungs- und Schlagermusik. Die Noten wurden unentgeltlich an alle Kapellen verteilt. Die deutschen U-Komponisten, die beim französischen Publikum ankamen, wurden in Paris und im besetzten Frankreich trotz Krieg, Niederlage und Besatzung über Nacht zu gefeierten Stars. Was hatte Goebbels in Düsseldorf gesagt? „Wir brauchen die Millionen."*

Frage: *Erinnern Sie sich noch an die Richtlinien, die in den letzten Kriegsjahren für das Musikprogramm der Rundfunkanstalten herauskamen?*

Antwort: *Sie denken an die „Filtervorschrift", die Goebbels persönlich zugeschrieben wird. An klassischer und zeitgenössischer Ernster Musik durfte nur das gespielt werden, was die Massen bereits akzeptiert hatten. Von „Tannhäuser" kam nur das „Lied an den Abendstern" durch den Filter, von „Lohengrin" nur der „Brautzug". Er brauchte die Millionen.*

Frage: *Zurück zu Paris. Sie haben an der Oper doch viele Aufführungen gesehen. Haben Sie auch die „Antigone" von Honegger in der berühmten Inszenierung von Cocteau erlebt?*

Antwort: *O ja. Cocteau war nicht nur der Regisseur der „Antigone", er entwarf auch die Bühnenbilder und die Kostüme selbst. Die Inszenierung begann mit Schwierigkeiten. Die Oper verfügte über den perfektesten Beleuchtungsapparat der Welt. Er hatte so viel Geld gekostet und war so kompliziert, daß die Direktion jede Inbetriebnahme verboten hatte. Aus Angst vor Beschädigung durch fehlerhafte Bedienung. Cocteau zog sich einfach aus der Affäre. Er brachte zu den Beleuchtungsproben drei seiner Filmbeleuchter in die Oper mit, die den Opernbesuchern zum erstenmal das Pariser Beleuchtungswunder vorführten. Die weißen Häuser von Theben standen gegen einen blauen Himmel wie im griechischen Licht, das keiner vergißt, der es geschaut hat. In Cocteaus Inszenierung begleiten wie in der Wirklichkeit unbedeutende, insignifikante, gleichgültige Ereignisse die erschütternde Tragödie. In einem Gewölbe buk ein Bäcker Brot, die Wachen holten mit ihren Spießen das Brot aus der Bäckerei und aßen es, Radfahrer fuhren über die Szene, der Chor trat auf und ging wieder ab, ungezwungen und ungeordnet, so natürlich, wie man es kaum jemals in der Oper gesehen hatte. Cocteau sagte zu mir: „Es war ganz einfach, dieses Resultat zu erzielen, ich habe ihnen nur gesagt: ‚Jetzt gehen Sie in die Metro hinein, und jetzt gehen Sie aus der Metro heraus.' Jeder macht das, wie er es immer macht."*

Frage: *Können Sie noch etwas über Cocteau erzählen?*

Antwort: *Seine Wohnung im Palais Royal hat mich beeindruckt. Im Schlafzimmer stand ein prächtiges Bett. Darüber hing eine nach unten zeigende, rotlackierte, überdimensionale Hand, ein gewaltiges Ding aus Blech, das offenbar als Aushängeschild für ein Handschuhgeschäft gedient hatte. Am Fußende stand eine meterhohe türkische Laterne, deren durchbrochene Verkleidung diffuse Lichtspiele auf die Wände zauberte. Im Arbeitszimmer bemerkte ich mit Erstaunen eine*

Plastik des Zeichners Gustave Doré, einen heiligen Georg, hoch zu Roß, den sich ringelnden Drachen tötend. Der Gaul stand, sich aufbäumend, nur auf einem Fuß. Das Kunstwerk zeigte alle Merkmale der Zeichnungen des phantasievollen Doré, hatte aber eine Eigenheit, die bei Plastiken nicht geschätzt wird. Wenn man durchs Zimmer ging, wackelte der Heilige und zitterte mitsamt Roß und Drachen wie ein Pudding. Ein zweites Kunstwerk, ein hellenistisches Porträt aus gelblich getöntem Marmor, ein eindrucksvoll schöner Männerkopf sah einen aus einem kubischen Gehäuse blicklos an wie aus tiefer Vergangenheit.

Frage: *Hat er Ihnen auch etwas von seinen Zeichnungen gezeigt?*

Antwort: *Ja, französische Bürgerfamilien auf dem Sonntagsausflug mit ihren artigen, hübschen kleinen Töchterchen. Geziert gezeichnet, wie in Anführungszeichen. Und unzählige Hände: alte und junge, gefaltete, locker verschlungene, solche mit gespreizten Fingern, mit lose aneinandergelegten, kurz Hände aller Arten.*

Frage: *Können Sie einen Begriff von seiner Konversation geben?*

Antwort: *Wir saßen in einem Bistro und warteten auf das Essen. „Es soll Anzüge geben", bemerkte er, „mit Jacken, an deren Ärmel man die kleinen Knöpfe nicht öffnen kann! Schrecklich!" Gleichzeitig öffnete er die Knöpfchen an seinen Ärmeln. Er schlug sie etwas zurück und ließ das Futter sehen. Es war kardinalsrot. Dann zelebrierte er das Essen, sozusagen mit kardinalsroten Manschetten, und überschlug sich in überraschenden bonmots. In einem seiner Bücher spricht er von einer Kutsche, die für eine Sekunde im grellen Licht eines Blitzes in stockfinsterer Nacht auf einer verlassenen Straße erscheint. Seine Konversation erinnerte mich daran, sie war wie ein Feuerwerk von Blitzen.*

Frage: *Wie stand er zu Ihrem „Zarissa"?*

Antwort: *Er bewunderte Werk, Musik und Choreographie.*

Frage: *Und wie stellte er sich zu Ihrem „Peer Gynt"?*

Antwort: *Ursprünglich sollte er die Regie machen, aber Deutsche und Franzosen intrigierten gegen ihn. Über die Regie von Rouché sagte er bissig: „La France et l'Allemagne se sont compromises aujourd'hui."* Doppelsinnig, wie oft.*

Frage: *Und Giraudoux?*

Antwort: *Wir waren zum Essen verabredet. Er erschien weiß behandschuht mit zwei weißen Pudeln. Sie legten sich artig unter den Tisch. Während des Essens erzählte er einiges über seine Arbeitsweise.*

Am leichtesten arbeitete er bei Freunden auf einem Schloß, unweit von Paris, an einem einfachen Stehpult, wie sie früher in Kanzleien und Büros benutzt wurden. Nie schrieb er mit der Maschine, immer nur mit der Hand, und immer lagen die Pudel zu seinen Füßen. Wir sprachen auch über die Oper. Er hatte viel darüber nachgedacht und hatte Lust, einen Text für mich zu schreiben. Sein Wesen war von stiller Liebenswürdigkeit, von seltener Sanftmut der Gesinnung und des Umgangs. Es gab keine Spitzen gegen irgend jemand oder irgend etwas.

Frage: *Sprach er auch über Deutschland?*

Antwort: *Vor allem viel über Bayern, über München, Ludwig II. und seine Schlösser. Trotz seiner Bavaromanie hatte er keine Ahnung von Bayern, sondern eine phantasievolle, artifizielle Vorstellung von spezifisch französischer Färbung. Sein Ludwig II. war nicht der unsere, er hatte ihn neu erschaffen. Natürlich sprach er auch von seinem „Siegfried".*

---

* Wortspiel mit „compromises". Kann sowohl heißen, daß Frankreich und Deutschland heute miteinander einen Kompromiß geschlossen haben, als auch daß sie sich gegenseitig kompromittieren.

Hinter jedem Wort war eine unterschwellige Germanophilie fühlbar. Es gab keine Wirklichkeit, die ihn seinen Träumen entreißen konnte. Was könnte man Schöneres über einen Dichter sagen?

Frage: *Können Sie mir einen Eindruck von der Pariser Aufführung des „Joan von Zarissa" vermitteln?*

Antwort: *In den langen Korridoren der Opéra hingen damals die Theaterzettel der Ballettaufführungen des 18. und 19. Jahrhunderts und herauf bis zur Gegenwart, mit den Namen der „Tänzer und Springer" des Königs, der tanzenden Bürger und Bürgerinnen der Revolution, der Damen und Herrn der Restauration und so fort. Sie bezeugten die imponierende Tradition des französischen Balletts. Als ich in der coupole der Oper bei den Proben zu meinem Ballett saß, die Lifar mit dem Aufstoßen seines Tanzmeisterstockes auf den Boden dirigierte wie die lange Kette seiner Vorgänger, bekam ich allmählich einen Begriff vom Ballett nicht nur als Ausdrucksform, sondern auch als vollendeter künstlerischer Disziplin, auf die Frankreich mit Recht stolz ist. Der Ballettmeister Serge Lifar war damals in Paris eine Art Halbgott. Eines Abends gingen wir in der banlieu in ein kleines Restaurant und bekamen einen Raum für uns im ersten Stock. Im Dunkel hinter der halbgeöffneten Türe standen plötzlich Inhaber und Personal des Restaurants still und andächtig. Die Kellner servierten nicht mehr, die Köche kochten nicht mehr, alle waren alarmiert durch die Nachricht: Lifar speist bei uns. Eine Weile sahen sie ihm mit großen Augen beim Essen zu und verschwanden dann wieder, leise, wie sie gekommen waren, glücklich, daß der Zufall ihnen die Gnade geschenkt hatte, einen so großen Mann aus der Nähe zu sehen. – In einem nach dem Krieg erschienenen Buch („Le Ballet contemporain, 1920–1950") berichtet Pierre Michaut, ein hervorragender Kenner des Balletts, höchst anschaulich auch über die Auf-*

führung des „Joan von Zarissa". Erlauben Sie, daß ich aus dem Gedächtnis einiges zitiere:

In der Pariser Oper wurden während des Krieges, mit einem Jahr Abstand, zwei Tanzdramen kreiert: „Le Chevalier et la Demoiselle" und „Joan von Zarissa". Im Zusammenhang mit beiden Werken tauchen zwei große Namen in der Erinnerung auf: Diaghilew und Noverre. Beide Ballette müssen als Meisterwerke und Höhepunkte der Entwicklung betrachtet werden. Durch ihre Logik und Kontinuität, durch ein menschlich bewegendes Thema und durch ihren Aufbau, der dem Gesetz der Einheit in Spannung und Entspannung folgt.

Die Aktion des „Joan von Zarissa" war auf die Titelrolle konzentriert, alle anderen Figuren ordneten sich dieser unter. Aber das Umfassende der szenischen Disposition gab dem Ganzen Größe und Kraft.

Für das pathetische, dichte und strenge Werk hatte Lifar eine eigene Choreographie entwickelt: Wenig Elevationen, wenig Anleihen bei der nur dekorativen Klassik. Der Charakter des Joan, verstrickt in Mord, Leidenschaft, Gewissensbisse und infernalische Rache gestattet dem Tanz nicht die Symbole der Leichtigkeit und der Spiritualität. Und doch gab es in diesem Ballett beredte Kontraste durch den Ausdruck der Reinheit und durch die Sehnsucht nach dem Guten. Diese Gegensätze verstärkten die expressive Kraft der Tragödie.

Der Chor, der während der Intermezzi die wunderbaren Texte – magische Beschwörungsformeln – von Charles d'Orléans sang, war auf der Bühne in zwei stufenweise ansteigenden, rechts und links postierten Blöcken aufgebaut. Er repräsentierte das Volk und drückte durch stilisierte Bewegungen die kollektiven und einfachen Reaktionen der Menge aus: Er erhob sich beim Auftritt der Großen, er freute sich mit ihnen, trauerte mit ihnen und wandte den Blick verhüllten Hauptes vom Unheil ab.

Solange Schwarz, bewundert und geliebt von ganz Paris, führte ein stupendes Feuerwerk von Rapidität, Brillanz, Akrobatik und Souplesse mit einer ans Unglaubliche grenzenden, unfehlbaren technischen Sicherheit. Die Darsonval war durch ihre Expressivität, die Chauviré durch ihre Lyrik und Lifar durch seine présence im Rahmen einer höchst anspruchsvollen Choreographie überwältigend.

Der neugierige Musikologe interessierte sich in diesem Gespräch nur für Musik. Für mich war in Paris ebenso interessant gewesen, was abseits der künstlerischen Ereignisse geschah.

Kaum in Paris angekommen, rissen mir die Freunde, die mich an der *gare de l'est* erwarteten, mein Boino* vom Kopf und regten sich auf: „Mensch, du bist wohl wahnsinnig, hier mit einem Boino herumzulaufen! Das ist die Kopfbedeckung der Gaullisten. Ein Deutscher mit einem Boino auf dem Kopf wirkt als gemeine Provokation. Kauf dir einen Hut und laß das Boino verschwinden."

Am gleichen Abend geriet ich in eine Gott weiß von wem arrangierte große Gesellschaft. Genaugenommen, kiebitzte ich an der Türe. Auf einem veritabeln Thronsessel aus dem achtzehnten Jahrhundert saß erhöht, die Füßchen auf einer Fußbank, eine Marquise de … und hielt Hof. Ihre Robe war ein Meisterwerk aus schwerer weißer Seide mit goldenen Ornamenten und zarten Blüten bestickt, ihre weißgepuderte Frisur war das Werk eines der größten Künstler unter den Pariser Coiffeuren, ihre Sprache eine einzige Kaskade von perlendem Gelächter und ausgesuchten Liebenswürdigkeiten.

---

* Baskenmütze

Zu ihren Füßen bemühte sich ein anbetender Kreis hoher deutscher Offiziere um die Gunst, ja um ein Wort, ein Lächeln, einen Blick der Göttin. Jeder Neuankömmling drängte sich durch die Menge und hatte die Ehre, flüchtig die Fingerspitzen der Erscheinung zu küssen. Das heißt, wenn er Glück hatte. Keiner der Strategen war in der Lage, auch nur annähernd so rasch zu replizieren, als die Dame denken konnte. Ein bemerkenswerter Anblick: Eine Königin thront über einem ungeschickten Haufen von uniformierten Fröschen in Ausgehuniform.

Ein Diner mit Soulima Strawinsky: Neben mir saß ein frischer junger, sympathischer Franzose. Normalerweise habe er Dienst im Maquis, er, Widerstandskämpfer aus Überzeugung. Samstag und Sonntag fahre er regelmäßig mit seinem Velo nach Paris, um sich dort zu amüsieren.

„Lieber, junger Freund, vielleicht haben Sie übersehen, daß ich Deutscher bin."

„O nein, wir wissen Bescheid, für uns verläuft der trennende Graben in einer anderen Richtung, als Sie gedacht haben."

In einem Nachtlokal unter der betäubenden Lärmbrause einer Band: Ich feierte mit Lifar und einigen Damen und Herren des Balletts. Irgendeiner hatte Geburtstag. Neben mir war ein Sousministre plaziert. Als ich einiges getrunken hatte, ritt mich der Teufel, und ich fragte ihn: „Wie fühlen Sie sich eigentlich als Franzose, wenn Sie mit Ihrem Staatsauto durch die volkreichen Straßen von Paris rasen und Ihre Landsleute mit der Ihnen von der Besatzung konzedierten blau-weiß-rot blinkenden Staatsrosette von den Straßen jagen?"

„Recht gut", sagte er zu meiner Überraschung mit einem gewissen Lächeln. „Ich bin ein Spieler. Früher war ich Kommunist, jetzt bin ich Nazi. Mein Privatflugzeug steht aufgetankt bereit, mein Geld ist im Ausland. Was soll mir schon passieren?"

„Haben Sie keine Angst, solche Confidencen zu machen?"

Er fing an, unmäßig zu lachen, und meinte: „Ich bin ein ehrlicher Mensch. Das ist alles. Wenn Sie aber neugierig sind, probieren Sie doch aus, wem man glauben wird, einem Sousministre oder einem Komponisten!"

Ich war nicht neugierig.

Im Vergleich zur Heimat war Paris auch noch 1943/44 eine Oase. Es gab zwar auch dort Luftangriffe, und manche Nacht schoß die Flak wie verrückt. Meistens aber ging im Hotel kein Mensch bei Alarm in den Keller. Der Portier stand in Pantoffeln vor dem Eingang, betrachtete die bleichen über den Himmel fingernden Scheinwerfer, hörte auf das Rumoren der Flugzeuge und auf die wilde Schießerei und brummte verdrossen: „Ils nous emmerdent, ces Anglais cette nuit."*

Der *marché noir* funktionierte prächtig. Seine großangelegten Aktionen waren generalstabsmäßig geplant und mit Sorgfalt ausgeführt, wie heutzutage jeder bessere Banküberfall und jede erfolgreiche Flugzeugentführung. Die französischen Bosse besorgten sich bei ihren deutschen Teilhabern echte Papiere und die nötigen Informationen und Transportmittel über jeden Sumpfpfad, ohne Spuren zu hinterlassen. Zu fassen war kaum einer, die Verknüpfung der Interessen war zu eng.

---

* „Sie ärgern uns, abscheulich diese Engländer, heute nacht."

Im Januar 1943 arbeitete ich wieder einmal zu Hause in Lochham bei München an der „Circe". In diesem Augenblick der Konzentration auf ein klassisches Thema störte mich die Toterklärung der Klassik und die Verdammung des europäischen Kulturbegriffs durch die „progressiven Intellektuellen" ganz besonders. Ich war nicht nur zornig, ich war wütend und erleichterte mein Gemüt durch einen Brief an meinen lieben Freund Karl Laux:

„Dann ist das Gretchen ja auch nichts anderes als eine doofe Ziege. Warum ist sie nicht Jungmädelführerin, warum läßt sie sich von einem halbgebildeten Intellektuellen schwängern, statt mit einem SS-Mann zackige und gebärfreudige Erotik zu exerzieren! So was wie die Kerkerszene ist unter diesen Umständen doch kalter Kaffee. Soll sie doch ihren Balg beim Lebensborn abgeben!

Und erst Hamlet! Der Mann muß vergast werden als unheilbarer Nervenkranker. Weg mit der Weltliteratur, fort mit Schaden, sonst vergiftet sie noch unsere herrliche deutsche Jugend! Im Faust kann ich gerade noch vier Zeilen finden, die für die Jugend, wie sie heute sein soll, brauchbar sind:

„Wenn einer mir ins Auge sieht,
Werd ich ihm mit der Faust gleich in die Fresse fahren!
Und eine Memme, wenn sie flieht,
Fass ich bei ihren letzten Haaren!“

Im August wurde auch die Grablegung der „Frankfurter Zeitung“ angezeigt. Den verehrten Musikreferenten Dr. Karl Holl versuchte ich damit zu trösten, ich hielte die Zeitung schlimmstenfalls für scheintot. Sie würde nach dem Kriege im gleichen Geist auferstehen, der 1000 Jahre lang selbst in der Verlarvung trostreich war.

Notiz vom Januar 1944:

„Was will ich mehr? Gott sei Dank haben wir noch keine Zwangsmieter im Haus, aber Kohlen, Licht, einen Flügel und genügend zu essen, um nicht zu verhungern.“

Im April 1944 schrieb ich an Gottfried von Einem:

„Nach Berlin fahre ich nicht gerne, und hier bleibe ich auch nicht gerne. Gerade geht das Ticke, Ticke, Voralarm wieder los. Ich bin gespannt, ob es dem K. bei der Uraufführung in Berlin gelingt, den Nerv Deines neuen Werkes zu treffen. Ich bin aber sicher, daß Dein Erfolg in den Ruinen von Groß-Berlin und Umgebung schauerlich widerhallen wird.“

Im Mai 1944 bekam ich noch einen sarkastischen Bericht meines Freundes H. S. über den in Paris ausgebrochenen Musikschlendrian:

„A propos Glockenspiel. Ich hatte gestern das Vergnügen, einer Probe oder vielmehr Generalprobe von Igors kleinem Kartenspiel beizuwohnen. Dabei waren zwei Umstände un-*

---

* „Jeu de cartes“ von Igor Strawinsky.

gewöhnlich. Erstens, daß die orchestralen Künstler dauernd lebhafte Gespräche miteinander führten, während sie das Kartenspiel von den Saiten strichen und in die Rohre bliesen, und zweitens, daß ein zufällig Anwesender sich dazu auf einem Glockenspiel einübte, das, soviel ich weiß, in der Partitur nicht vorgesehen ist; so klang es auch, jedenfalls für mein ungeübtes Ohr. Am Abend hörte ich dann Herrn Bartóks Saitenmusik, welche der unwiderstehliche Charles zuverlässigen Aussagen zufolge mit einer Probe in den Äther schleuderte."*

Im selben Monat erhielt ich ein gefährlich tapferes Manifest eines jungen Soldaten aus Rußland. Ich antwortete ihm:

„Ihr Manifest war mir eine Freude. Es scheint nicht nur, es ist eine Prophetie. In Frankfurt wächst kein Gras mehr, an den Ruinen des Goethehauses hängt ein Plakat: ‚Nicht sprengen! Unersetzliches Kulturgut'. O hinge doch dieses Plakat über dem ganzen Erdteil mit Flammenschrift! Statt dessen fließen die Bomberströme durchs Firmament, und es bereitet sich ein Blutbad ohnegleichen vor. Trotzdem, solange man atmet, hofft man. Aber auch die Hoffnung ist vergiftet; neulich sagte ein Dichter, die Natur wäre es auch, die menschliche ist es sicher."

Im Juni schrieb man mir, daß es mit der Sendung des „Columbus" im Deutschen Rundfunk in Paris wohl nichts würde. Wegen der Stromeinschränkungen könnte man nur noch leichte Ware senden. Aber vielleicht gäbe es am 25. 6. nachmittags doch noch eine Chance.

Im Juli schrieb mir Solange Schwarz, die „Lady des Balletts", „la plus belle" des „Zarissa":

---

* „Musik für Saiteninstrumente" von Béla Bartók.

*„Il a eu lieu le fameux débarquement, on se bat sur notre sol et tout près de nous. Verra-t-on un jour la fuite de cet enfer et dans quel état sera alors notre pauvre France?“**

Im August erhielt ich ein Schreiben der NSDAP – Ortsgruppe Gräfelfing: „Betreff: Sofort-Einsatz“ (mit beunruhigenden Fragen).

Ich fing an, Notausgänge auszuschaufeln.

Im September platzte unsere Heizung bei einem Luftangriff, ein kleines Malheur. Aber von da an froren wir zwei Winter lang, ohne Heizung, ohne Notheizung und fast ganz ohne Strom. Zweimal flog uns das Dach über dem Kopf weg, die Ziegel lagen im Schnee und waren noch brauchbar. Wir sammelten sie ein und deckten unser Dach wieder. Auch die Fensterscheiben gingen zum Teufel. Wir organisierten Karton. Holz gab es nicht.

Inmitten der tiefsten Finsternis und grimmigsten Kälte hörten wir erschreckend plötzlich das leise Anrollen der Entköpfungsmaschine. Ich war zum Denunziaten geworden. Ein Denunziat ist kein Träger eines geistlichen Amtes, sondern ein von einer Denunziation Betroffener. Unser Fahrradmechaniker tröstete mich. Er zeigte mir die lange und schwere Schneide, deren Schliff ihm nach jeder Exekution anvertraut war, und sprach: „Da spüren's schon gar nichts mehr, wenn ich das schleife, brauchen's Ihnen nichts denken.“

Ich dachte mir aber doch etwas und fuhr nach Berlin. Dort gelang es mir, die Hand vorzuhalten, so daß die Entköpfungsmaschine stehenblieb und langsam wieder zurückrollte.

---

* Die berühmte Landung hat stattgefunden, auf unserem Boden und ganz in unserer Nähe wird gekämpft. Wird diese Hölle eines Tages zu Ende sein, und in welchem Zustand wird sich dann unser armes Frankreich befinden?

Unter der über meinem Haupte schwebenden Drohung „Sofort-Einsatz“ bemühte ich mich um einen Film. Ich war bereit, auf der Ufastraße auf den Strich zu gehen, brachte es aber nicht über mich. Der Film hieß „Das Leben geht weiter“. Das war das reine Glatteis. Ich wollte nicht darauf tanzen, nicht einmal nach der Melodie: „Bevor ick mir hängen lasse, gloobe ick an den Endsieg.“

Ende 1944 wurde ich zum Frontvolkssturm kommandiert und lernte: „Das Gewehr ist die Braut des Soldaten. Es besteht aus sieben Teilen.“ Ich war weder an der Braut noch an ihren Teilen interessiert und versäumte – nie ohne Grund – die Ausbildungsabende. Am 7. Januar 1945 sollte ich einrükken. Der Transport ging, wie sich später herausstellte, nach Frankfurt an der Oder, wo die Einheit schon beim Ausladen weggemäht und weggeblasen wurde. Es war kein Schaden für die Armee, daß ich nicht nach Frankfurt an der Oder, sondern mit dem Veloziped auf einen Bauernhof in der Nähe von Ingolstadt gefahren war.

Wir hatten dort Bekannte, die uns in den schlimmsten Hungerzeiten schon manches Mal geholfen hatten. Sie ließen mich auch jetzt nicht im Stich. Ich ging zum Ortsbürgermeister und zeigte ihm mein ärztliches Zeugnis. Darin standen in lateinischer Sprache ziemlich schlimme Sachen über meinen Gesundheitszustand. Darunter prangte ein wundervoller Stempel und die Unterschrift der Ärztin Maria D.

O du kluge, weit voraussehende Maria D., *dottoressa* der Heilkunst, hochgelehrte Schülerin des Asklepios, du hattest mich gerade noch rechtzeitig in Berlin untersucht, so gründlich, daß alle meine Leiden, auch die verborgensten, aufs Papier kamen! „In ein Krankenhaus einzuweisen, notfalls Landaufenthalt", hattest du daruntergeschrieben.

Der Bürgermeister sagte: „Ich bin verpflichtet, jeden Mann zu melden, der noch laufen kann. Sie sind zu Fuß gekommen, ohne Rollstuhl, ja ohne Stock. Trotzdem gebe ich Ihnen hier genau sechs Wochen, mehr kann ich nicht tun. Aber lassen Sie sich nicht viel auf der Straße sehen, die Häuser haben Augen, die Wände haben Ohren." Er lächelte schlau, als er beim Weggehen versprach: „Inzwischen bemühe ich mich für Sie um ein Bett im Krankenhaus".

„O ja, tun Sie das, ich bin Ihnen dankbar."

Daraufhin lachten wir beide, und ich ging erleichtert in das Haus zurück, das mich ohne viel Fragen und Worte aufgenommen hatte.

Der Hof war wie eine Festung, mit einer hohen Mauer und einem schweren Tor von der Straße abgeschlossen. Ich lebte in der Küche mit der Bäuerin und ihren vier Töchtern, der Mann war im Krieg. In der Küche wurde gekocht und gegessen, in einem großen Zuber gewaschen und gebadet. Zu den Mahlzeiten erschienen die Polen, die auf dem Hof arbeiteten, und immer liefen Hunde und Katzen, Hühner, Enten und Gänse aus und ein. Mein Platz war unter dem ständig quakenden Lautsprecher an einem kleinen Tisch. Dort saß ich im Küchendunst und schrieb.

Im Dorf war man ziemlich sicher vor Denunziation. Die Schweine pflegten zu schreien, auch wenn sie schwarz geschlachtet wurden. So kannte jeder die Sünden des anderen und sagte sich: „Reden ist Silber, Schweigen ist Gold.“ Selbst damals, als ein Schwein, das schon als tot galt, beim Brühen wieder zum Leben erwachte und unter ohrenzerreißendem Geschrei durch den Kuhstall und über den Hof rannte, schwieg jeder. Auch die Polen. Sie taten ihre Arbeit und blieben friedlich.

Wo die Bauern ihre Kostbarkeiten und Nahrungsreserven versteckt hatten, wußten sie zwar genau, kamen aber erst später unter dem Schutz der amerikanischen Besatzung darauf zurück. In der Nacht tanzten viele von ihnen aus dem ganzen Dorf im Kuhstall unseres Hofes, einem großen Gewölbe, und ich hörte im Schlaf oft Stunde um Stunde die falschen Harmoniefolgen der Ziehharmonika, einen wilden, animalisch ausbrechenden Gesang, das rhythmische Stampfen der Tänzer und Tänzerinnen und das Gerassel der Kuhketten.

Was schrieb ich in der Küche auf meine großen mitgebrachten Partiturbogen? Musik? Nein, sondern eine literarische Paraphrase zu Calderóns „El mayor encanto amor“ unter dem Titel „Das Zauberbett“.

An Musik war dabei nicht gedacht. Ich zitiere einige Sprüche und Maximen aus dem Stück, das im Grunde eine Liebesgeschichte geblieben war, aber am Rande, zum Beispiel bei dem Aufstand des „Marschalls“ Brutamonte und bei den Aktionen des „Unterführers“ Arsidas, bei den Unterhaltungen der Gefährten des „Ulyss“ über ihre Heimkehr recht aktuelle Akzente erhielt.

Was der Soldat vor dem Endsieg glauben muß:

Du wirst sein wie ein Halbgott am Himmel. Fleisch und Brot sollen dir nie ausgehen, selbst Kindsblut kannst du trinken, wenn dich danach dürstet, Feindgut vergeuden mitten im Hunger, und die da hungern, sollen dich selig preisen! Dein seien Beutewein und Beuteweiber und immerwährendes Zitherspiel von Ewigkeit zu Ewigkeit! Amen!

Wiederholungen:

Da es nur wenige Töne gibt, besteht jede Musik notwendigerweise aus Wiederholungen. Wiederholungen sind staatserhaltend.

Der Marschall spricht:

Feldherrn und Staatsoberhäupter sind darauf angewiesen, alles Mögliche glaubhaft vorzutäuschen. Darauf beruht die Ordnung.

Bericht eines Ausbilders der Armee:

Jeder Soldat, der Anlage oder auch nur Neigung zum Denken hatte, wurde so lange geschlagen, bis er unfähig war zu denken. Auf dieser Grundlage entwickelte ich den Trieb, rudelweise zu handeln, den Beutetrieb und den Trieb, sich auf den Feind zu stürzen. Den Geschlechtstrieb betrachtete ich als eine Spielart des Beutetriebes. Als solcher wurde auch er gepflegt.

Erfahrungen:

Ein hungriger Kämpfer ist dem Heere hinderlich. Die Feldherrn sind vor der Niederlage am zuversichtlichsten.

Ein Heimkehrer:

Wenn wir heimkommen, ist es besser, wir sehen zuerst durchs Fenster. So sind wir imstande, die Veränderungen wahrzunehmen, und können uns danach richten. Vielleicht haben sie schon lange verabredet, was sie mit uns machen werden, wenn wir zur Türe hereinkommen.

Ein anderer Heimkehrer:

Im Krieg hatten wir mehr Flöhe, dazu noch Kopf-, Kleider- und Filzläuse. Es hat mir nichts ausgemacht. Jetzt machen mich die Flöhe allein unglücklich. Auch mißfällt es mir, daß mich niemand mehr anschreit oder ohrfeigt. Es ist traurig, wenn man keine Obrigkeit über sich hat.

Ein pensionierter General:

Ich habe den Krieg verloren, aber es geht mir gut. Die Allgemeinheit ist verpflichtet, für meinen Unterhalt zu sorgen. Sogar meine Uniform darf ich behalten. Das freut mich, weil ich nackt keine Persönlichkeit bin.

Allgemeine Erfahrung:

Die Gedanken der Sieger sind prachtvoll!

Politisches Postulat:

Verbrechen müssen vor der Tat bestraft werden. Dann geschehen sie nicht.

Notwehr:

Ableugnen ist immer von Vorteil.

Liebe:

Auf Kostbares fliegen die Weiber so, daß sie schon schwach werden, wenn sie nur daran denken.

„Wenn dir ein Mädchen nicht gefällt, kannst du die Liebe nicht mit ihm bewerkstelligen.“

„Warum denn nicht?“

„Weil es nicht geht!“

„Du brauchst dir nur vorzustellen, unter dir wäre die Königin von Saba, dann geht es!“

Was die Verzauberten sagen:

Der Baum, der ein Ruderknecht war: „Stark, schwer, weit bin ich. Nicht wie einst taub der sausenden Erdbahn und anderen offenbaren Geheimnissen! Nicht haltlosen Fußes schwach und wurzellos! Nicht im Staub und schmählich liegend! Wissend, stark, zwei Göttinnen aufrecht vermählt, dem Himmel wie der Erde, und von Wind und Vögeln geehrt! Das bin ich jetzt!“

Die Wolke, die eine Hetäre war: „Jetzt bin ich glücklich nur, im Spiegel aller Gewässer immer nackt, daß jeder mich sieht ohne Unterlaß und ohne Schlaf mich verschlingen und ausspeien und niemals müde und nur mir selbst zur Lust.“

Der Wurm, der Journalist war und Bücher schrieb: „Einstmals dachte ich viel an mich und durch mich vieles. Jetzt denke ich, da ich bin, und nur an mich. Ich bin vollkommen, da ich einfach bin. Durch mein Inneres ist nur ein Weg. Den wandert die Erde! Dazu ist sie gemacht!"

Das „Zauberbett" wurde nach dem Krieg bei Kurt Desch verlegt. Dort liegt es noch jetzt. Es wurde nur an zwei Orten gespielt. Das eine Mal in Frankfurt bei Freilichtspielen im Hof des Dominikanerklosters. „Der Platz war nicht der gebührende." Es wurde eine Pleite. Das zweite Mal bei den Festspielen in Pitlochry in Schottland. Dort war es ein Erfolg, und die Londoner Presse war des Lobes voll.

Wenn in der Küche meiner dörflichen Zuflucht die Vorhänge zitterten, bedeutete das einen schweren Angriff auf München, und ich zitterte um Elisabeth. Sie war allein in unserem Haus. Aber ich wußte: Wenn bei ihr nach dem „Ticke-Ticke-Voralarm" die Sirenen heulten und unser Planquadrat als mutmaßliches Ziel angesagt wurde, ging der große, schwarze Hund Bingo mit ihr in den Keller und legte sich schützend über sie.

Als meine sechs Wochen um waren, fuhr ich in tiefer Nacht mit dem Rad zu Elisabeth nach Hause. Vierundzwanzig Stunden später floh ich zu Freunden am Ammersee.

Als alles zusammenbrach, quartierte sich in deren Haus die SS ein. Ich versteckte mich auf dem Speicher. Sie erwischten mich nicht. Als man am Ammersee die amerikanischen Panzer rollen hörte, radelte ich zurück zu Elisabeth. Ich wurde unterwegs, Gott sei Dank, nur von Tieffliegern angegriffen, die „Hasenjagden" veranstalteten, warf mich mitsamt meinem Fahrrad dutzende Male in den Straßengraben und dankte Gott, daß ich nicht unterwegs von einer Streife aufgegriffen wurde.

Zu Hause kam urplötzlich die Durchsage der Freiheitsbewegung Bayern durch den Lautsprecher. Sie bliesen zur „Fasanenjagd". Unsere kleine Straße war mit einem Male voll von jubelnden Menschen, aber als sich der Gauleiter Giesler wieder des Senders bemächtigt hatte, war die Straße wieder leer. Aus den Lautsprechern schrie er drohend: „Laßt euch nicht durch das Stichwort ‚Fasanenjagd' betören!" Als amerikanische Panzer in unseren Garten rollten, war für uns der Krieg aus.

Was aber blieb, war die Angst um unseren Sohn. Ich kann auch heute noch nicht darüber sprechen. Zehn Jahre und mehr haben wir Tag für Tag auf ihn gewartet, bis die Hoffnung langsam erlosch und die Trauer blieb. Er war zuletzt im Osten – unbekannt wo – verschwunden, als wäre er nie gewesen.

Die Amerikaner verließen unser Haus sehr schnell, weil sie froren. Ohne ihren Captain Romo aus Kalifornien. Er war wegen Fraternisation mit uns denunziert und vorher abgeführt worden.

Die Heizung war nach wie vor kaputt, dafür funktionierte wenigstens das Finanzamt München-Land. Es räumte unser Konto bis auf den letzten Heller aus.

Aber ich hatte ja noch den Frankfurter Vertrag. Auf abenteuerlichen Wegen gelang es mir, Frankfurt zu erreichen. Von Würzburg an ritt ich zuoberst auf einem ungeheuren leeren Weinfaß, das auf einem Lastwagen schaukelte. In jeder Allee mußte ich Baum für Baum blitzartig den Kopf einziehen, um nicht abgestreift zu werden. Mein Genick schmerzte wochenlang. In Frankfurt erklärten die Deutschen: „Ihr Vertrag ist Sache der Amerikaner." Die Amerikaner sagten: „Ihr Vertrag ist eine deutsche Angelegenheit. Geht uns nichts an."

Ein kluger Kopf riet mir ein beschleunigtes Entnazifizierungsverfahren gegen mich zu beantragen. „Sind Sie nicht vom Gesetz betroffen, müssen die Frankfurter zahlen." Also beantragte ich das Verfahren gegen mich mit der Bitte um Beschleunigung.

Zwei Jahre lang fühlte ich mich wie Josef K. im „Prozeß" von Franz Kafka. Seine Schuld war, daß er sich für unschuldig hielt, meine vielleicht auch. Am 17. Oktober 1947 kam der Prozeß endlich zum Abschluß: Der Öffentliche Kläger beantragte fünf Jahre Berufsverbot und Einziehung des halben Vermögens. Wegen Mitwebens am Kulturvorhang, hinter dem die KZ-Öfen rauchten.

Daraufhin stand ich auf und sprach: „Ich beantrage eine Erhöhung des Strafmaßes auf zehn Jahre und auf Einziehung des gesamten Vermögens, falls zwischen meiner beruflichen Tätigkeit und den KZ-Verbrechen ein ursächlicher Zusammenhang besteht."

Die Kammer zog sich zurück und erkannte: Das Verfahren wird eingestellt. Werner Egk ist vom Gesetz nicht betroffen. Die Kosten des Verfahrens trägt die Staatskasse.

Die Frankfurter zahlten trotzdem noch nicht, setzten aber den Vertrag von 1941 durch eine „Vereinbarung" wieder in Kraft. Sie bemühten sich jetzt ernsthaft um die Uraufführung der „Circe". Die Dispositionen in Frankfurt waren dadurch erschwert, daß sich Oper und Schauspiel das gleiche Ausweichquartier im Börsensaal teilen mußten.

Ein erster Anlauf mit dem Regisseur Günther Rennert scheiterte. Endlich, am 24. Mai 1948, war es so weit, daß der große Regisseur im Börsensaal anfangen konnte zu probieren. Es war alles da: Er selbst, die Sänger, der Inspizient, die Bühnenarbeiter, die Podeste, das Klavier und der Pianist. Am nächsten Tag aber, am 25. Mai, wurden alle zusammen aus dem Börsensaal herausgeworfen: Der Zweizonenrat tagte im Börsensaal.

Die Proben sollten im Foyer des Schauspielhauses fortgesetzt werden. Dort versammelten sich die Sänger, der Regisseur, der Inspizient, die Bühnenarbeiter und der Pianist.

Wenn es regnete, war kein Klavier da. Das Foyer war nicht dicht. Es regnete nicht, und das Klavier war da. Aber man konnte es trotzdem nicht spielen, weil es heillos verstimmt war.

Kein Grund zur Aufregung: „Der Klavierstimmer ist bestellt." Leider erschien er nicht.

„Wo sind denn die Podeste?" fragte der Regisseur. Er brauchte sie dringend.

„Sie kommen noch", hieß es.

„Wieso sind sie nicht da?“

„Die Oper verfügt über keinen Lastwagen. Man darf aber hoffen, daß sie einen Spediteur auftreiben.“

Rennert machte auf der Hinterhand kehrt und reiste ab. Die Premiere war geplatzt, und der Generalmusikdirektor klagte: „Der Tag des Zweizonenrates ist für die Städtischen Bühnen immer ein schwarzer Tag!“

Mein Frankfurter Vertrag war schon in seiner frühen Jugend durch Brandbomben angesengt und durch Luftminen verschüttet worden. Als ich ihn nach dem Krieg ausgrub, war er blaß und dem Tode nah. Die Beatmung von Mund zu Mund durch Beamte der Stadt Frankfurt und mich ließ ihn zu einem kurzen Scheinleben erwachen. Jetzt aber war er tot.

Die Zwangspause zwischen 1945 und 1947 nutzte ich als Komponist. Als erstes schrieb ich eine Sonate für Klavier für Gerty Herzog, die Frau von Boris Blacher. Sie lief im „Haus am Waldsee“ in Berlin von Stapel, flottgemacht durch Gertys Geläufigkeit und Empfindungskraft.

Das „Haus am Waldsee“ war das aktivste Zentrum für neue Musik und tagsüber der beliebteste Schlafplatz der noch sehr jungen Sekretärin des Hauses. Sie hatte die Figur einer Germania formosissima. Nachts arbeitete sie unermüdlich an der Verbesserung der deutsch-amerikanischen Verhältnisse. Der Direktor hielt es für angebracht, die Mutter ins Bild zu setzen. Diese sprach unbewegt: „Aber Herr Direktor, lassen Sie ihr doch, was der kleine Körper halt so braucht.“

Ähnlich wie mit dem Frankfurter Vertrag ging es mir mit einer Zusatzvereinbarung zum Verlagsvertrag „Circe“. Die Stadt Mainz lag nach einem schweren Fliegerangriff in Trümmern. Das wunderbare, traditionsreiche Privathaus meines Verlegerfreundes Ludwig Strecker war untergegangen, der Verlag B. Schott's Söhne war ein Schutthaufen bis auf den ursprünglich vom Verlagsgründer Bernhard Schott als Firmensitz erbauten Trakt, dessen historische Räume – wenn auch mit Blessuren – glücklicherweise erhalten blieben.

Zuoberst auf seinen noch rauchenden Trümmern standen drei einsame Stühle gegen den fahlen Himmel. Auf dem einen saß Ludwig, auf dem zweiten sein Bruder Willy und auf dem dritten ich. In Nebel- und Rauchschwaden vereinbarten wir ein inflationssicheres Honorar für das damals noch halbverschleierte Teufelsweib „Circe". Damals war unser Papier gut, aber nach dem Krieg ließ es die Feuerkraft der Alliierten hinter einem deutschen Gesetz zu Staub und Asche zerfallen.

Lieber Ludwig, für deinen Heldenmut und den deines Bruders bewundere ich euch heute noch und liebe dich für deine Freundschaft, die mir damals neue Hoffnung gab.

In einem Münchner Antiquariat fand ich drei Bände der Anthologie „Françoise ou Chansons choisies" (Depuis le 13e Siècle jusqu' à présent – M. DCC. LXV.). Die Titelblätter waren mit Kupfern im Stil der Zeit geschmückt, die einen Begriff davon geben, was die Franzosen unter „Chanson" verstehen.

Band I: Eine Gesellschaft von Troubadours und Ministrels am Hof des Grafen und der Gräfin der Provence.

Band II: Die drei Grazien in Gesellschaft von Kindern, die eine Lyra, Wein und eine Pansflöte darbieten.

Band III: Ein symbolisches Tableau, welches die wichtigsten Sujets aller Chansons darstellt: Die Liebe / Venus und den Gott des Weines. Im Hintergrund tanzen Nymphen mit Satyrn.

Da die Zeiten nicht gerade lustig waren, erheiterte mich der Humor und der scharf gewürzte Witz von M. Sedaine, einem Maurermeister und Meisterlibrettisten des 18. Jahrhunderts. Er war Autor der komischen Oper „Man ist nie auf alles gefaßt" und anderer Texte des gleichen Genres, die ohne Ausnahme erfolgreich waren. Zu der Anthologie hatte er etwas ganz Besonderes beigesteuert. Unter dem Titel „La Tentation De S. Antoine – Pot-Pouri!" unterlegte er dreizehn der beliebtesten Melodien der Zeit (heute würde man sagen *hits*) neue zusammenhängende Texte über die Versuchung des Heiligen Antonius. Wo immer er die ursprünglichen Texte durchscheinen ließ, wurde die Geschichte für die Kenner noch komischer. Man kann M. Sedaine nachsagen, was man will, aber nicht gerade, daß er prüde war.

Ebensowenig wie Dr. Heinrich Strobel, dem Leiter der Musikabteilung des Südwestfunks. Und doch schrieb mir dieser, nachdem er meine Antonius-Partitur für Alt und Streichinstrumente zum ersten Mal bei Schott in Mainz gesehen hatte, daß er wegen des Textes ernste Bedenken habe. Sein Sender stand „inmitten eines urkatholischen Landes". Er riskierte es aber doch und engagierte für die Uraufführung die hervorragende Altistin der Pariser Oper Eliette Schenneberg. Sie hatte viel Spaß bei den Proben. Ihr Mann beschäftigte sich währenddessen mit ernsteren Dingen, nämlich mit dem Aufkauf von größeren Waldstücken im Schwarzwald. Als er bester Laune zurückkam, beteuerte er: „Ich habe noch eine ganze Menge von schönen Bäumen stehen lassen." Damit hatte er sicher recht.

Ich dirigierte selbst. Eliette sang wunderbar und riß die Franzosen des Hauptquartiers der französischen Zone in Baden-Baden zu fröhlichem Gelächter hin, besonders an Stellen, welche die deutschen Zuhörer nicht so recht verstanden.

Von diesem Abend an riß der Kontakt zu Dr. Heinrich Strobel und zum SWF nie mehr ab. Ich dirigierte dort viel: Konzerte und Produktionen. Am 5. 10. 1947 unter anderem auch eine der frühesten Kompositionen des 21jährigen Hans Werner Henze, das Concertino für Klavier und Blasorchester mit Schlagzeug. Die Melodie „Letzte Rose" diente als Thema des langsamen Satzes.

„Warum Letzte Rose?" wollte ich wissen.

Henze antwortete nur: „é pater!" (Um zu verblüffen!)

In der Zeitschrift „Melos" stand unter der Überschrift „Angriff auf das goldene Gemüt": „... ein unbeschreiblich dreistes Konzertstück, dessen jugendlicher Übermut auf alle empfindsamen und philiströsen Gemüter geradezu alarmierend und aufreizend wirkt."

Das tat es auch. Ein Herr der guten bürgerlichen Gesellschaft war schließlich so aufgebracht, daß er in weitem Bogen ausspuckte, als der Komponist auf dem Podium erschien, um für den herzlichen Beifall zu danken. Henze, Strobel und ich registrierten diese Geste als Erfolg und feierten bis tief in die Nacht.

Alle Reisen von Zone zu Zone oder auch die Einreise aus dem Ausland waren damals nur mit einem S.R.T.I.P. *(Single Round-Trip Interzonal Pass)* möglich. Man hatte viele Vorschriften zu befolgen in Verbindung mit dem Transport, gemachten Unterbrechungen und Lebensmittelzuteilungen. Man hatte nicht das Recht, irgendeinen der verbotenen Bezirke zu betreten, die im Paß nicht angegeben waren.

Der weltberühmte Dirigent Otto Klemperer hatte zwar einen amerikanischen Paß, aber kein *Laissez-passer* zum Betreten der französischen Zone. Wie erstaunt waren wir, daß die Sicherheitspolizei einen Aufruf „Gesucht wird ein gewisser Klemperer" auf allen Litfaßsäulen in Baden-Baden direkt unter das große Plakat geklebt hatte, auf dem das Auftreten Klemperers im Saal des Kurhauses mit Riesenlettern angekündigt war. Die französische Sicherheitspolizei, berühmt für ihren Spürsinn, hat den „gewissen" Klemperer damals nicht entdeckt – vielleicht auch nicht entdecken wollen.

Das Ballett „Abraxas“ hatte ich schon 1946 beendet. Am 7. Dezember 1947 dirigierte ich auf Einladung von Heinrich Strobel die Uraufführung der gesamten Ballettmusik in einem Sinfoniekonzert des SWF. Vorher stand „Eine kleine Nachtmusik“ von Mozart und ein brillantes Saxophonkonzert von Pierre Vellones auf dem Programm, ein Virtuosenstück für den gefeierten Saxophonvirtuosen Marcel Mule aus Paris.

Das Programmheft enthielt eine Erklärung des rätselhaften Wortes Abraxas und eine Inhaltsangabe der Ballethandlung, alles in französischer Sprache. Baden-Baden war in dieser Zeit ein Vorort von Paris. Für Franzosen, versteht sich.

Der Erfolg des Konzertes war rauschend. Wir gingen in bester Stimmung nach dem Konzert mit dem Honorar in der Tasche nebenan in die Spielsäle, und ich gewann im Handumdrehen fünfhundert Mark.

Anweisung für Spieler:

Betritt einen Spielsaal nur, wenn du bei bester Laune bist, bei voller Gesundheit und ohne Sorgen, bei Verstand, also nicht abgelenkt von junger Liebe, und mindestens mit dem Tausendfachen des kleinsten Einsatzes in der Tasche und gegebenenfalls freudig bereit, den letzten Heller zu verlieren, den du in der Tasche hast. Nur dann hast du Chancen.

Die Presse schrieb über das Konzert im allgemeinen und über die Abraxas-Musik im besonderen lauter feine Sachen:

Arkadisches Leuchten, immaterielle Klänge – Das war lieb.

Zwingende Übertragung visueller Vorstellungen ins Akustische – Das war naheliegend.

Verwandtschaft mit dem Ritter von Gluck – Das war ermutigend.

Starke Sinnlichkeit – Das war schmeichelhaft.

Irreale Magie – Das war einleuchtend.

Einer aber schrieb: *Nichts für Banausen* – Das war prophetisch!

Georg Hartmann, damals Intendant der Münchner Staatsoper, erwarb nach einigem Hin und Her die Uraufführung des Balletts. Ich hatte mich für München entschieden, obwohl ich bei der Niederschrift an die Große Oper und an Lifar denken mußte, der mir in den entschwundenen Pariser Zeiten immer in den Ohren gelegen hatte mit seinem: „Faismoi un Démon!" Aber 1948 gab es für mich keine Straße nach Paris, und Lifar war damals *out.* Ich hatte auch an eine Uraufführung an der Deutschen Staatsoper im Admiralspalast in Berlin gedacht. Der Intendant Legal war daran interessiert, schon für seine Meisterchoreographin Tatjana Gsovsky, aber er mußte zu lange auf die amtliche Bewilligung der Aufführung durch die russischen Kontrolloffiziere warten, und so ging das auch nicht.

Ich war darüber traurig, weil meine gute Freundin Tatjana, sprühend von schöpferischer Vitalität und umgetrieben von ihrer überreichen choreographischen Phantasie, sich mit „Abraxas" sicher selbst übertroffen hätte.

Wie hinreißend war ihr „Zarissa" in den letzten Kriegsjahren in Leipzig gewesen, und welch ein Wunder hatte sie mit dem gleichen Ballett im Kongreßsaal des Deutschen Museums in München vollbracht! Es war ein Jammer sondersgleichen für mich, daß der Kongreßsaal nach vier Aufführungen durch einen Fliegerangriff zerstört wurde. Tatjana hat den „Abraxas" erst Jahre nach der Uraufführung in Buenos Aires choreographiert, und ein bayrischer Politiker, von dem noch die Rede sein wird, hätte auch von dieser Aufführung sagen können: „Wer die Schweinereien sehen will, soll ihnen nachlaufen." Ich konnte es leider nicht, Buenos Aires war zu weit.

Uraufführung des berühmten Faust-Balletts „Abraxas", 1948 in der Bayerischen Staatsoper, München.

Die Vorbereitungen zur Uraufführung des „Abraxas“ in München begannen im Frühjahr 1948. Der unfruchtbare Morgenthau lag noch auf der Stadt und mit ihm Hunger und Not. Die Währungsreform war noch weit. Man litt unter der Kollektivschuld, kaum daß man der Sippenhaft entronnen war. Aus Erschöpfung streikten die Sänger. Man gab ihnen eine Sonderration von einem Pfund Brot und 100 g Käse, und sie versuchten wieder zu singen.

Die Trambahnfahrer streikten auch, sie beherrschten das einzige Massenverkehrsmittel. Was die Regierung ihnen bewilligen mußte, damit das Gras nicht zwischen den Schienen wuchs, weiß ich nicht. Jedenfalls mehr als den Sängern.

Für Theaterdekorationen gab es kein Material, für Kostüme keinen Stoff. An Seidentrikots für das Ballett war nicht zu denken. Schon über plumpe Baumwolltrikots mußte man in Jubel ausbrechen. Zunächst aber mußte man an die Besetzung denken. In Marcel Luipart hatten wir einen ausgezeichneten Choreographen und einen trefflichen Faust. Die schöne Nika Sanftleben war eine Margarete von unmittelbar lyrischer Ausstrahlung.

Wo aber war die „Erzbuhlin des Teufels“, der Super-

Vamp? Eine, die imstande war, den betörten Faust dem Satanas so anziehend in die Krallen zu spielen, daß das ganze Parkett entflammte und sich nichts sehnlicher wünschte, als entweder Archiposa oder Faust zu sein?

Luipart und ich, wir redeten Nächte lang, bis ich sagte: „Ich hole die Archiposa aus Prag und die Bellastriga, coûte que çoûte, aus Paris!"

„Ist doch zum Lachen, die Tschechen und die Franzosen werden jetzt gerade in der Laune sein, uns Geschenke anzubieten!"

Ich ließ mich auf nichts ein, sondern forschte nach, ob meine tschechische Archiposa Irina Kladivova nicht vielleicht in Deutschland war. Gegen Kriegsende hatte ich sie noch in der Leipziger Gsovsky-Inszenierung des „Zarissa" als Isabeau gesehen. Ich war felsenfest davon überzeugt, daß sie noch mehr Archiposa, Erzbuhlin des Teufels sein würde als Isabeau, Herzogin von Burgund.

Es war ein hartes Stück Arbeit, sie zu finden, aber ich ruhte nicht, bis ich entdeckte, daß sie doch in Deutschland geblieben war. Ich fand sie in einem Lager für *displaced persons* in Württemberg. Mit Freuden war sie bereit, nach München zu kommen und die ihr zugedachte Rolle zu übernehmen. Den Vamp hatten wir also auch.

Das Schwierigste vom Schwierigen aber war, eine Bellastriga, eine vollendete Primaballerina des klassischen Balletts, zu finden. Ich fuhr zu den Franzosen nach Baden-Baden und verlangte von Michel Crochot, dem zuständigen Kontrolloffizier, nicht mehr und nicht weniger als eine Sondergenehmigung für Solange Schwarz, *première danseuse étoile* in Paris für ein Abraxasgastspiel in München. Das bedeutete sechs Wochen Urlaub von der Grand Opéra. Das Wunder geschah: Crochot war früher selbst Tänzer gewesen, kannte und liebte „Zarissa", kannte und liebte auch die Musik des „Abraxas“ und hatte selbst für die Druckerlaubnis des Librettos gesorgt.

Voilà, jetzt hatten wir auch unsere Bellastriga. Solange Schwarz sagte zu.

Wir probierten in der gewaltigen Ruine des Nationaltheaters. In einem ausgebombten, ausgebrannten Chaos. Man gelangte zu den wenigen für Ballettproben geeigneten und einigermaßen erhaltenen Räumen vom Gitterpförtner an der Marstallstraße aus. Hinter dem Gitter, das die Ruine abschloß, ging es über eine stehengebliebene Außentreppe zu einem schmalen, kaum gesicherten Holzsteg, der über dem grünen Tümpel der Bühnengrube mit dem Blick auf die zerklüfteten Schächte des Zuschauerraums und auf das wirre Durcheinander von Schutt, Eisenträgern und verbogenem Röhrenwerk zu einem halb zerstörten schmalen Gang führte. Bei dem schwindelnden Weg über den Steg stand über den Schluchten, dem Rost, Schlamm und Dreck der Ruine hohnvoll der offene Himmel. Der schmale Gang führte zu den erhaltenen Proberäumen.

Als die Kladivova ankam, fand sie Unterkunft bei Freunden. Sie kannte Deutschland unzerstört und zerstört.

Als Solange Schwarz ankam, trug sie elegante Pariser Schuhe mit hohen dünnen Absätzen und war immer in Gefahr, sich auf den ungeräumten, schuttübersäten Gehsteigen die Knöchel zu verstauchen.

„Was hast du dir denn dabei gedacht, mit solchen Schuhen in eine zerstörte Stadt zu kommen?“

„Rouler voiture“, sagte sie etwas kleinlaut.

Wo sollte sie wohnen? Die Behörden hatten sich um eine Unterkunft bemüht, schließlich war sie als Gast des Nationaltheaters auch Staatsgast. Für sie aber gab es kein Hotelzimmer, kein Zimmer in einer Pension und kein

Privatzimmer. Also wohnte sie bei uns. Aber auch das war auf die Dauer nicht möglich. Es gab keine Taxis, keine Privatwagen, und die Staatsoper hatte nur ein einziges Auto. Manchmal gelang es Frau Fichtmüller, dem guten Geist der Oper, unter Schwierigkeiten das Opernauto nach Lochham zu schicken, um den Gast abzuholen. Auf die Dauer aber war das Quartier bei uns wegen der Entfernung von der Oper unmöglich.

Schließlich lud Nika Sanftleben ihre berühmte Kollegin ein, bei ihr zu wohnen, und das Problem war gelöst. Sicher nicht so, wie der Gast aus Paris sich das vorgestellt hatte. Solange war aber von ihrer Rolle so hingerissen, und die Arbeitsatmosphäre war so ansteckend, daß kein Gedanke an Flucht auftauchte. Das Ballett arbeitete mit einer Hingabe und einem Enthusiasmus wie noch nie.

Mein Vorschlag, Znamenacek für die Dekorationsentwürfe zu verpflichten, war von Georg Hartmann glücklicherweise angenommen worden. „Znam", wie er allgemein genannt wurde, diskutierte mit dem Ballettmeister und mir jeden seiner Entwürfe. Er war von seiner Aufgabe ebenso besessen wie das Ballett von der seinen. „Znam" war ein Genie, und Genies sind fleißiger als Talente. Er bedachte aufmerksam jeden Einwand und hatte schließlich einige Bilder fünf- oder sechsmal neu entworfen. Das Ergebnis war eine einmalige Übereinstimmung von Bild, Tanz und Musik.

Die Ballettproben begannen um zehn Uhr vormittags, und es wurde oft Mitternacht, bis wir aufhörten. Immer im Wechsel von Solist zu Solist, von Gruppe zu Gruppe und zum Ballettcorps. Niemand beschwerte sich über die langen anstrengenden Proben, über die endlosen Fußmärsche von der Wohnung zur Oper. Alle waren von der allgemeinen Begeisterung für die große Aufgabe angesteckt, und mir erschien die Arbeit im Ballettsaal – keine Stunde habe ich davon versäumt – wie eine Insel der Glückseligkeit in der allgemeinen Trübsal.

Der Tag der Uraufführung rückte näher und näher. Irina hatte sich wundgetanzt. Ihr stand das Blut im Schuh und die Gefahr einer Sepsis vor Augen.

Ich schleppte sie in eine Klinik. Der Arzt sagte: „Sie dürfen nicht tanzen, bis das geheilt ist.“ Wir gingen.

Aber was sagte Irina mir nach der ärztlichen Visite: „Ich tanze, und wenn ich draufgehe. Stellt rechts und links hinter der Bühne Statisten auf. Solange ich tanze, werde ich nicht bewußtlos. Sie können mich aber auffangen, wenn ich nach dem Abgehen umfalle. Sobald ich meine Auftrittsmusik höre, bin ich wieder klar.“

Wir schonten sie vor der Premiere, so gut es ging. Bei der Uraufführung war sie hinreißend, ihr Schuh war voll Blut. Wenn sie abgegangen war, fiel sie um, kaum aber erklang ihre Auftrittsmusik, tanzte sie weiter.

Am 5. Juni, dem Tag vor der Uraufführung, wurde ich zu der liebenswürdigen Inquisition geladen, die sich Presseempfang nennt, und ließ mich ausfragen:

„Was hat das Wort *Abraxas* mit dem Faust-Thema zu tun?“

„Das Wort ist eine rätselhafte Kombination von Buchstaben, kurz gesagt eine anagrammatische Formel, eine magische Chiffre. Faust, der Magus Magnus der Sage, trachtet durch Schwarze Magie das Unsichtbare sichtbar, das Unzählbare zählbar, das Unlösbare lösbar und das Unerreichbare erreichbar zu machen. *Abraxas* ist ein Symbolwort der magischen Bemühungen, für die Faust unter Flammengeprassel in die Erde versinkt. Es versinnbildlicht den Frevel, vor dem schon Christopher Marlowe am Ende seiner tragischen Geschichte des Doktor Faust eindringlich gewarnt hat:

Faust ist dahin. Denkt seinem Sturze nach!
Den Weisen möge warnen sein Geschick,
Verbotnen Dingen ja nicht nachzuspüren,
Denn ihre Tiefe macht, daß Mancher glaubt,
Er müsse mehr tun, als von Gott erlaubt."

„Was hat Sie zu Ihrem Ballett angeregt?"

Ich zitierte die letzten Zeilen der Vorrede Heines zu seinem Faustballett: „In der Literatur wie im Leben hat jeder Sohn einen Vater, den er freilich nicht immer nennt oder den er gar verleugnen möchte." (Ich gestehe mit Vergnügen: Der Vater des Abraxas ist Heines Tanzpoem.)

„Hat Ihr Ballett etwas mit Goethe zu tun?"

„Nichts."

„Worin besteht der Unterschied zwischen Abraxas und dem Tanzpoem von Heine?"

„Ich habe wie Heine die wesentlichen Stationen der alten Volkssage vom Doktor Faust beibehalten, aber alles Beiwerk weggelassen."

„Was zum Beispiel haben Sie weggelassen?"

„Den ganzen Requisitenkram: die astronomischen und alchimistischen Gerätschaften, die Welt- und Himmelskugel, die Planetenbilder, die Retorten und seltsamen Gläser, Skelette von Menschen und Tier, Bundeslade, Hirschgeweih, die schwarzen Fackeln, die geistlichen Ornate und die rächende, riesengroße schwarze Hand, die vor der Kathedrale aus dem Boden nach dem Schuldigen greift."

„Wie hielten Sie es mit der Darstellung des Blocksbergs?"

„In meinem Ballett spielt die Szene unter dem Titel Pandämonium in einem abstrakten Raum mit wenigen architektonischen und dekorativen Elementen des *fin de siècle.* Auf die Hexen, die auf gut geschmierten Besenstielen, auf Mistgabeln und Kochlöffeln, auf Katzen oder Wölfen zum Feste reiten, habe ich verzichtet. Ich ließ auch die bei Heine gezeigten

Mönche und Nonnen weg und ihre extravaganten Polkasprünge, den gotischen Wulst und die plump schnöde Verhöhnung der kirchlichen Asketik. Mein Pandämonium ist wie jedes Bild meines Balletts klar im Kern, aber abstrahiert in der Darstellung."

Wieder zu Hause, überlas ich nochmals die ersten Zeilen der „Einleitenden Bemerkung" zu Heines Tanzpoem:

„Herr Lumley, Direktor des Theaters Ihrer Majestät der Königin zu London, forderte mich auf, für seine Bühne ein Ballett zu schreiben, und diesem Wunsche willfahrend, dichtete ich das nachfolgende Poem. Ich nannte es Doktor Faust, ein Tanzpoem. Doch dieses Tanzpoem ist nicht zur Aufführung gekommen theils, weil in der Saison, für welche dasselbe angekündigt war, der beispiellose Success der sogenannten schwedischen Nachtigall jede andere Exhibition im Theater der Königin überflüssig machte, theils auch, weil der Ballettmeister aus Esprit de Corps de Ballet, hemmend und säumend, alle möglichen Böswilligkeiten ausübte. Dieser Ballettmeister hielt es nämlich für eine gefährliche Neuerung, daß einmal ein Dichter das Libretto eines Balletts gedichtet hatte, während doch solche Produkte bisher immer nur von Tanzaffen seiner Art, in Collaboration mit irgendeiner dürftigen Literatenseele, geliefert worden. Armer Faust! Armer Hexenmeister! So mußtest du auf die Ehre verzichten, vor der großen Victoria von England deine Schwarzkünste zu produzieren! Wird es dir in deiner Heimat besser gehen?"

Der Schwarzhandel bemächtigte sich der Karten für die fünf vor dem Beginn der Theaterferien angesetzten en-suite-Vorstellungen. Trotz der überhöhten Preise waren alle Vorstellungen ausverkauft. Die Leute wollten das Werk und die außergewöhnliche Besetzung um jeden Preis sehen. Sie wur-

Aufführung der „Orchestersonate“ bei den Darmstädter Musiktagen (vgl. S. 388), im Jahr 1948.
Von links nach rechts: Das Ehepaar Strobel, Werner Egk, Frau Stuckenschmidt.

den nicht enttäuscht. „Der Spiegel“ schrieb am 12. Juni 1948: „Nach dem 38. Vorhang war der bisherige Beifallsrekord der Münchner Staatsoper seit Jahrzehnten gebrochen. Die Bühnenarbeiter tanzten vor Begeisterung. Erst nach dem 48. Vorhang konnten sich Werner Egk, Komponist des uraufgeführten Balletts Abraxas, und das Tanz-Dreigestirn, Marcel Luipart, Irina Kladivova und Solange Schwarz, von der entfesselt huldigenden Menge verabschieden. Am Bühnenausgang setzten sich die lärmenden Ovationen mit Autogrammkämpfen fort.“

Nichts deutete darauf hin, daß unser Faust nach den Theaterferien und bis zum heutigen Tage auf die Ehre verzichten mußte, seine Künste in der Bayrischen Staatsoper wieder zu zeigen. So reiste ich beruhigt nach Baden-Baden ab.

Mein erstes Auftragswerk des SWF war „La Tentation de S. Antoine“ für Alt und Streichinstrumente gewesen, als zweites schrieb ich eine „Orchestersonate“. Die Uraufführung fand in Baden-Baden statt, als Generalprobe für das ambitionierte Auftreten des SWF-Orchesters bei den Darmstädter Musiktagen in Verbindung mit den Kranichsteiner Ferienkursen für Neue Musik.

Dort dirigierte ich das Abschlußkonzert am 1. August 1948 mit einem anspruchsvollen Programm:

Strawinsky: „Symphonie in drei Sätzen“ (1945), Erstaufführung

Milhaud: „Suite Provençale“

Liebermann: „Une des fins du monde“, nach Worten aus Sodom und Gomorrha von Giraudoux, Uraufführung

Egk: „Orchestersonate“, Erstaufführung.

Ein unschätzbarer Vorteil des Regimes Strobel am SWF war die überlegte Disposition der Orchesterproben. Endlich hatte man Zeit, gründlich zu probieren. Heute noch kann man auf der letzten leeren Seite einer Orchesterstimme der „Orchestersonate“ eine sorgfältig bis ins kleinste Detail von der Hand eines Musikers ausgeführte Zeichnung eines raumfüllenden Blumenstraußes bewundern, unter dem mit kunstvoll verschnörkelter Schrift geschrieben steht:

„Daran, o Freund, kannst du ermessen,
Wie lang wir an dem Werk gesessen."

Seit dieser Entdeckung achte ich bei Proben besonders auf den Eifer der Kontrabassisten. Der Künstler war Kontrabassist.

Während der Musiktage befand sich unser Quartier im Schloß Kranichstein. Eines Morgens flüsterte und tuschelte man während des Frühstücks von Tisch zu Tisch: „Heute soll Scherchen kommen!" – „Nicht möglich!" – „Doch, er hat telegraphiert, er kommt bestimmt!"

Fünfzehn Jahre hatte er im Ausland gelebt und Deutschland gemieden. Er war freiwillig gegangen, nicht gezwungen. Und jetzt kam er zurück. Viele von uns erwarteten den Gast mit Bewegung. Spät am Abend kam er mit einer aus der Schweiz importierten Garde von jungen Adepten. Er schien unverändert nach den fünfzehn Jahren der Trennung. Jeder begrüßte ihn, jeder wollte mit ihm sprechen. Er aber saß stumm, abweisend an einem großen Tisch inmitten seiner alten Freunde. Jeder Versuch, mit ihm ins Gespräch zu kommen, erstarrte unter seinem kühlen Blick. Wir saßen beklommen da, wie Sünder auf der Anklagebank.

Endlich brach Scherchen selbst das Schweigen und fragte, wie immer ohne Umschweife, direkt: „Warum seid ihr hiergeblieben? Ich verstehe euch nicht."

Endlich sagte einer leise: „Warum sind Sie zu uns gekommen?"

„Weil ich sehen wollte, was hier ist."

Einer bekannte sich: „Wir wissen, daß wir alles falsch gemacht haben."

Ein zweiter fügte hinzu: „Eines aber haben wir doch richtig gemacht."

Scherchen: „Und was soll dies gewesen sein?"

„Wir sind weder in die Partei noch in ihre Organisationen eingetreten. Gegen Ihren ausdrücklichen Rat, Herr Scherchen.“

Scherchen empört und bleich: „Gegen meinen Rat?“

„Ja, gegen Ihren Rat, der darauf abzielte, daß wir die Partei von innen her aufrollen sollten.“

Damals hatte er tatsächlich gesagt: Von außen schafft es niemand. Ich erinnerte ihn daran und fügte hinzu: „In München hat nur einer von uns Ihren Rat befolgt, aus Idealismus. Jetzt hat er Berufsverbot und spielt Portier.“

Scherchen wollte sich an nichts erinnern, ich half seiner Erinnerung etwas nach mit kleinen Hinweisen und Details, von denen ich glaubte, die müßten in seinem Kopf wieder auftauchen. Er stand auf und ging grußlos und schweigend mit seiner Schweizer Garde durch die Mitte ab.

Die Stimmung war bis zum Gefrierpunkt gesunken. Einer nach dem anderen ging schlafen. Auch ich ging in meinen Verschlag. Er lag vor Scherchens Zimmer. Wenn er morgens aufstand, mußte er an mir vorbei.

Als ich aufwachte, saß er auf meinem Bettrand. Es war aber ein anderer Scherchen, als der vom Abend vorher. Auf seinen Knien hielt er ein Tablett mit Schweizer Kostbarkeiten: Neskaffee, Butter, Kondensmilch, Zwieback, Zigaretten, Confiture und Zucker. Er fing an, mich wortlos zu füttern, wie ein kleines Kind. Er sagte nicht viel dabei, ich war unfähig, zu sprechen, aber das, was er jetzt tat, bedeutete mehr als Worte.

So war mein Wiedersehen mit Hermann Scherchen. Später erzählte ich ihm von meinem Leben, er mir von dem seinen: „Ich bin als Mensch geboren, zufällig als Arier. Ich bin als Europäer geboren, zufällig als Deutscher“, das war einer seiner Leitsätze. „In Moskau“, sagte er, „habe ich 1923/25/28/30 und 1933 dirigiert, aber irgendwann auch in Valparaiso,

Rio, Buenos Aires, Havanna, Mexiko, Peru, Uruguay und Chile." Bewegt sprach er von Winterthur und auch von Beromünster, Orten der Arbeit und der Ruhe. Er berichtete von seinen Bemühungen um das türkische Musikleben, von der Pariser Erstaufführung des „Musikalischen Opfers" von Bach im Salon Polignac und von der denkwürdigen Aufführung der „Platéa" von Rameau. Von unzähligen Ur- und Erstaufführungen, von der szenischen Aufführung von „Les noces" von Strawinsky und der „Erwartung" von Schönberg.

Er analysierte Werke von Markevitsch, Honegger und Wladimir Vogel. Dessen „Rhythmica ostinata" war ihm ein verzweifeltes und gewaltiges Stück, die „Tripartita" ein Werk von unerhörter innerer Erregung, ausgelöst durch die schmerzlich zornige Betrachtung Hitler-Deutschlands von 1936, gesehen aus der Emigration.

„Dezember 1946", fuhr er fort zu sprechen, „erschien mein Buch ‚Vom Wesen der Musik'. Der erste Teil bezieht sich auf die Grundlagen (Sauveur). Der zweite mit Bach auf das vollendete Kunstwerk. Der letzte Teil auf die Vergeistigung der musikalischen Materie durch Beethoven. Wie habe ich das Vermögen dieser großen Menschen, zu arbeiten, bewundern gelernt! Ihre Arbeitskapazität war für mich eines der intensivsten Erlebnisse."

Als sich Scherchen im Gespräch allmählich löste, war er auch in der Lage, über den Zusammenbruch Deutschlands zu sprechen. Seine Rede darüber war eine einzige, ganz aufs Große gerichtete, ergreifende Klage: „In Friedrich dem Großen mit Voltaire war die Menschheit auf den Thron gestiegen. In Wogen von Erregung äußerte sich dieser Glaube des Jahrhunderts! Als der Sekretär Thibaut aber dem König die Frage stellte: ‚Warum haben Sie Kriege geführt?', antwortete er: ‚Bei meinem Regierungsantritt fand ich wohlgeordnete Finanzen, eine gefüllte Staatskasse und dazu die beste Armee

Europas fabelhaft vorbereitet, aber ohne Aufgabe. Das war der Grund für meine Kriege. Auch ein wenig der Ruhm für mich.'"

Dann sprach Scherchen über die deutsche Klassik: „Schiller war der Sohn eines tollen württembergischen Soldatenwerbers; Schiller, der die ‚Hymne an die Freude' schrieb. Unsere Klassik war imstande, den Menschen geistig, politisch und ökonomisch Leitstern zu sein. Warum nur stand dieser Leitstern zu hoch über der Erde, immer über einem zerstörten Leben? Goethe! Faust! Welche Größe des Gedankens, welche Anschauung der Gretchen-Tragödie! Sollte das Schicksal dieser Einen nicht für alle Zeiten genügen, nie mehr eine Kindsmörderin hinzurichten? Goethe selbst aber unterzeichnete als Staatsminister das Dekret zur Hinrichtung einer Kindsmörderin mit eigener Hand..."

Scherchen fand keine Deutung der Antinomie vom Geist und Tun des Volkes, in dem er geboren war. „Aber", sagte er betont, „sentimental bin ich nie geworden, weder in Tübingen noch in meiner Heimatstadt Berlin."

Bei uns in Kranichstein erlebte Scherchen den Beginn einer folgenschweren Parteiung. Die einen beschimpften Strawinsky als lächerlichen Imitator, die anderen Schönberg als Wiener Musikclown. Scherchen hatte für die Geltung und Durchsetzung beider großen Komponisten gekämpft. Er dirigierte Strawinsky ebenso vollendet wie Schönberg. Er hatte den Weg zu den Quellen der Musik gefunden und ihn nie verloren. Ihm war die Geschichte der Musik ein sich immer erneuernder lebendiger Prozeß. Ein Leben lang war er bemüht, seinen Beitrag zu diesem Prozeß zu leisten. Durch vorbildliche Aufführungen neuer Werke und alter Musik von unbestreitbarer Bedeutung, nicht zuletzt auch durch die Bereitstellung neuer Mittel. Wie man sich erinnern wird, galt schon 1932 sein leidenschaftliches Interesse der Elektro-

Akustik. Es war nur konsequent, daß er schließlich das elektro-akustische Forschungsinstitut Gravesano (Tessin) gründete.

Scherchen starb am 12. Juli 1966. Es war vielleicht kein Zufall, daß ich im Todesjahr Scherchens in einer Rückblende die musikalische Entwicklung seit meiner Wiederbegegnung mit ihm zusammenfaßte.

17. 12. 1966

Nach der schon 1959 formulierten Erwartung der Avantgarde, „daß sich die bestehenden Orchester auf eine kleinere Anzahl reduzieren werden" und daß sich die standardisierte Besetzung der Symphonieorchester zugunsten „spezialisierter Klangkörper" abbauen ließen, nach der Denaturierung des Instrumentalklanges, nach der Begeisterung für Sägezahngeneratoren, Tonmodulatoren, Hallgitter, Iterationseinrichtungen, Frequenzumsetzer und Vocoder, nach der Auferstehung des Bruitismus, nach dem öffentlichen Verprügeln konventioneller Instrumente mit Stöcken, Milchflaschen oder der flachen Hand und nach der Erfindung der „Musik ohne Musik" – wer würde sich wohl noch wundern, wenn er morgen schon hören müßte:

„Verbrennt die Violinen, zerschmettert die Harfen, zerreißt die Familien der Flöten, Oboen, Klarinetten, Hörner und Trompeten! Richtet sie hin, diese Hauptschuldigen, die uns immer wieder, Jahr für Jahr, Saison für Saison, Konzert für Konzert mit den Sirenenklängen der abgestorbenen, verbrauchten, unwiderruflich toten Musiksprache der Tonalität in Versuchung führen und durch die ewige Wiederholung der Kadenz den Anschein erwecken, als sei etwas Beständiges hinter diesem Getön! Wird das Musikpublikum nicht mit ihrer Hilfe in einen euphorischen Zustand versetzt, und werden nicht mit ihrer Hilfe die Gehirne unserer revolutionären jungen Musikdenker mit dem Musikschlamm der Jahrhunderte verunreinigt und durch die verhärteten Sedimente abgestorbener tonaler Entwicklungen in dem elektronenschnellen Minisekundenspiel ihrer konstruktiven Gedanken gestört und mit Mißtrauen gegen sich selbst erfüllt?"

Ihr „Endspieler", die ihr mit soviel Scharfsinn, soviel wissenschaftlicher Genauigkeit, mit soviel Fleiß, Begabung, Ernst und Hingabe den letzten Konsequenzen entgegeneilt, so schnell ihr nur könnt – macht doch ein Ende mit diesem Getön, wenn ihr das könnt. Stammt es doch aus einer Zeit, in der die Komponisten noch versuchten, die Töne so zusammenzusetzen, daß es dem Ohr angenehm war. Oder aus einer Zeit, in der die Musik als eine Kunst begriffen wurde, „durch mannigfaltige Verbindungen der Töne das Gefühl zu rühren, die Phantasie zu beleben und das Gemüt zu den Ideen des Schönen und Erhabenen zu stimmen", als ein Ausdruck des Unendlichen, als „Abbild des Ansich der Welt, also des Willens, indem sie dessen innerste Regung wiedergibt!" O Welt, o Wille, o Pfitzner, o Vorstellung! Macht doch ein Ende mit dieser Musik! Hat sich die Welt nicht verändert? So ändert auch den Willen, die Vorstellung und – fast hätte ich die Hauptsache vergessen –: ändert auch das Ohr!

Strawinsky und Schönberg helfen euch nicht mehr. Sie sind von euch selbst entlarvt, Schönberg als Propellerflugzeug mit einem Kapotthütchen über dem Motor, Strawinsky als Sansculotte, der mit einer Gräfin verheiratet war. Und wer kann sagen, was mit Webern wird? Vielleicht findet er sich schon morgen wieder als alte Lokomotive auf dem Darmstädter Abstellgleis und rostet still vor sich hin.

Die Idole fallen heutzutage reihenweise von den Altären, wie die Köpfe der Französischen Revolution von den Schultern fielen, die der Opfer und die der Henker. Jeder avancierte Ferienkurs bringt neue Verurteilungen und neue Direktiven. Der rasche Wechsel ist zum Prinzip erhoben, wie bei den

Couturiers, die sich, um das Geschäft zu beleben, regelmäßig über die neue Busenweite und den neuen Hüftumfang einigen und das Ergebnis ihrer Zusammenkünfte nach Klausur und Geheimhaltung ausposaunen wie das Ergebnis der Papstwahl. Die Entwicklung der neuen Musik lief in den letzten fünfzehn Jahren herunter wie eine Laufmasche – von Masche zu Masche sozusagen. Sie führte von den konventionellen Mitteln zur elektronischen Musik, von der Dodekaphonie zur seriellen, von der halb-und-halb-determinierten zur volldeterminierten, weiter zur Brechung der Vollautomatik durch den Zufall, von der Aleatorik, aus deren Schoß die neue Notation kroch, bis zur informellen und bis zur suggerierten Musik, suggeriert nicht mehr durch Noten und unmißverständliche Zeichen, sondern nur noch durch eine Art abstrakter Grafik, Punkte, Striche, Kleckse, Linien, Verdickungen, auszuführen durch Interpreten, die sich dadurch zu einer Improvisation anregen lassen.

Die ganze Entwicklung verlief ohne Zweifel logisch. Trotzdem gab es in der letzten Phase der modernen Musik, im Gegensatz zu ihren Anfängen vor sechzig Jahren, neben dem Triumphgeschrei auch Protest aus den eigenen Reihen. So marschierte Hans Werner Henze auf der Straße der Revolution bis zur Wegmarke des frei gehandhabten Serialismus in Reih und Glied mit, hat aber 1958 gegen den Terror der Materialfetischisten Front gemacht, welche in der Logik, besser gesagt in der Zwangsläufigkeit der Entwicklung, sehr zu Unrecht den inneren Beweis für ihre Berechtigung sahen. „Ein Musiker“, bekennt er (in den Darmstädter Beiträgen zur Neuen Musik), „muß sich selbst erforschen, in sich hineinhorchend, nicht in den Wind einer neuen ‚Richtung‘ ... Musik wird nicht von Gruppen geschrieben, sondern von Einzelpersonen, die um so mehr wirken, je stärker in ihrer Arbeit die Spuren von Konformismus sich verringern.“

In dem gleichen Heft, in dem Henze die Konventionen der Gruppen angreift, bombardiert Pierre Boulez die Stellungen der Zufallskünstler: „... dieses Experiment – sofern es sich um ein solches überhaupt handelt, wo doch das Individuum für sein Werk nicht sich verantwortlich weiß, vielmehr zu vorübergehender Erleichterung aus uneingestandener Schwäche und Konfusion lediglich einer kindlichen Magie sich überläßt – dieses Experiment würde ich als ein Versehen qualifizieren."

Angesichts der Lage, in die die Musik geraten ist, interessieren die aktuellen Mutmaßungen über Musik. Herbert Eimert, der Nestor der Kölner Schule, meint, es wäre absurd, anzunehmen, „Komponisten könnten kompositorisch etwas betreiben, was nicht Musik wäre". Was aber heißt hier „Komponisten", was „kompositorisch"? Wenn das ausgesagt wäre, wüßten wir, was da unter Musik verstanden wird. Eckart Rahn definiert: „Jedes, mit der Absicht Musik entstehen zu lassen, bewußt organisierte oder erkannte Ereignis ist Musik." Das heißt soviel wie: „Jedes, mit der Absicht einen Stuhl entstehen zu lassen, organisierte oder erkannte Ding ist ein Stuhl." Der Satz klingt tröstlich für die Stuhlmacher, nicht aber für die Verbraucher. Kasimir Malewitsch sagte: „Für die neue Kunst ist noch kein Verbraucher da. Er muß geschaffen werden."

Die Klage von Malewitsch signalisiert eine Katastrophe: Die neue Musik ist „aus der Evidenz geraten", sie ist nicht mehr faßbar. Ernest Ansermet beschäftigt sich als Musiker, Theoretiker, Mathematiker und Philosoph in seinem Werk „Grundlagen der Musik im menschlichen Bewußtsein" mit den Ursachen des Unheils, die er „in der Auflösung der Gesetze und in der Vernichtung des Fundaments unserer Sinngegebenheiten" sieht, und charakterisiert die Folgen: „Sie (die Avantgardisten) glauben voranzukommen... In Wahrheit gehen sie rückwärts, und rückwärtsgehend, sind sie noch tiefer gefallen als auf die Stufe der Musik im Morgengrauen der Geschichte, da die Töne für das menschliche Ohr noch keine musikalische Bedeutung hatten."

Der bedingungslose Fortschrittsglaube ist der Köhlerglaube des Jahrhunderts, entstanden aus dem Hurraoptimismus von ehedem, stumpf gegenüber der Vergangenheit, blind für die Zukunft. Die sinnlose Übertragung des technischen Fortschrittsdenkens auf die Musik hat einer dünnen Schicht von „Endspielern" risikolose Möglichkeiten erschlossen, ihr Spiel von neun bis null durchzuspielen, umgeben von Snobs, welche nicht in der Lage sind, maskierte Musiker von echten Physikern zu unterscheiden, und alles mögliche durcheinanderwerfen, die Aleatorik mit den Schaltsystemen der Computer, die serielle Musik mit der Kernspaltung und die informelle vielleicht mit der Weltformel. Auf diesem Boden wurden künstliche Tabus erzeugt, unter deren Schutz sich sinnlose Spielereien, von der organisierten Lärmorgie bis zur musiklosen Musik, etablieren konnten. Der „mürbe Bürger" – wie Kurt Westphal den Typ getauft hat – heuchelt, täglich eingedeckt von der Propagandastaffel der Avantgarde, grundsätzlich Interesse für das Letzte und Allerletzte. Der Kulturmacher bewilligt die Mittel und applaudiert beflissen der absurdesten Darbietung – selbst wenn es ihn peinigt –, schon weil er die Mittel bewilligt hat.

So hat sich der Gedanke der Freiheit in sein Gegenteil verkehrt, Toleranz in Intoleranz, und es wäre an der Zeit, mit den aufwendig subventionierten Reservaten für Ultras samt ihren künstlichen Lebensbedingungen, mit der einseitigen Förderung von Gruppen und mit der planmäßigen Entmündigung des Musikpublikums aufzuhören und auch die „Endspieler" dem freien Wettbewerb auszusetzen, der der Kunst noch nie schlecht bekommen ist.

Im Herbst, genau gesagt am 25. Oktober 1948 fing ich an, das Betriebsbüro der Oper mit Fragen zu belästigen: „Für welchen Termin ist die zweite, mit Herrn Dr. Hartmann besprochene Aufführungsserie des ‚Abraxas' vorgesehen?"

Sie blätterten vergeblich in ihrem dicken Buch, in dem die Termine von Proben, Aufführungen, Anwesenheiten und Abwesenheiten, ja selbst die der vorhersehbaren Indispositionen der Singvögel verzeichnet waren. Sie fanden keine Spur von „Abraxas", sosehr sie die Köpfe verdrehten. Darauf meldete ich mich bei Dr. Georg Hartmann und hörte nicht auf mit Fragen, bis Stück für Stück der unangenehmen Wahrheit ans Licht kam.

„Also, wann?" fragte ich.

„Wovon sprechen Sie denn gleich?" – Ein Intendant hat so viele Dinge im Kopf, daß es oft eine Zeitlang dauert, bis sie sich ordnen. –

„Ich spreche von meinem Ballett!"

„Ah, jetzt verstehe ich, es handelt sich wohl um ‚Abraxas'."

„Wann", deklamierte ich Silbe für Silbe, „erscheint mein Ballett wieder im Spielplan?"

„Ja, ja, das ist in der Tat..." Er stockte, und das dünne Rinnsal seiner Rede versiegte wieder.

„Was ist, bitte?"

„Es ist etwas geschehen."

Ich drückte ihm stärker auf den Magen. Dann würgte er Brocken für Brocken heraus. Was herauskam, war nicht schön. Der Kultusminister hatte die Wiederaufnahme des Balletts verboten.

„Verboten? Das darf doch nicht wahr sein. Wer macht den Spielplan, Sie oder der Kultusminister?"

„Sie erinnern sich doch, daß der Dr. D. vom Ministerium den Verkauf Ihres Librettos im Prinzregententheater unterbunden hat. Das war vielleicht vierzehn Tage vor der Aufführung."

„Die schwarze Messe", sagte ich. „Die haben wir doch schon ohne Proteste unter dem Jubel der Bevölkerung und der Presse aufgeführt. Oder etwa nicht?"

„Ja, das schon."

„Ich erinnere mich sogar noch an eine Kommission, die auf höhere Weisung die ‚Schwarze Messe' noch vor der Generalprobe angesehen hat. Die Herrschaften hatten damals einige belanglose Änderungen gewünscht, damit ja keine Seele in Gefahr kam. Ich weiß noch, was die Kommission gestört hatte: Bei einem Überschlag der „Bellastriga" – sie hing dabei mit dem Kopf nach unten – schlug sich das Ballettröckchen, den Gesetzen der Schwerkraft folgend, zurück. Man sah, o Schreck, ihren von einem dicken Baumwolltrikot bedeckten Bauch. Daraufhin verlangte die Kommission, daß der Überschlag verkürzt würde, damit kein Auge zu lange auf dem Baumwolltrikot verweilen konnte. Der Überschlag wurde so stark verkürzt, daß jede topographische Orientierung unmöglich war. Dann wurden die Scheinwerfer weggedreht und einige pas verändert. Das war alles."

„Ich kann es leider nicht ändern, das Stück bleibt verboten.“ Mehr kam nicht heraus.

Stante pede meldete ich mich bei dem von mir sehr geschätzten Dr. Dieter Sattler, damals Staatssekretär im Kultusministerium. Er war bester Laune, wie immer, und plauderte frisch aus dem Nähkästchen: „Also, das lief so: Vor der Premiere rief eines Tages der Weihbischof vom Erzbischöflichen Ordinariat bei uns an und bat den Kultusminister, das ‚Abraxas‘-Ballett aus dem Verkehr zu ziehen. Sie einigten sich, die schon in Vorbereitung befindliche Serie ablaufen zu lassen. Nach den Theaterferien sollte das Ballett ohne viel Gesumse und Gebrumm hinter den Kulissen verschwinden. Wie das Kaninchen im Zylinder.“

„Wissen Sie, warum?“

„Zwei weibliche Mitglieder des Balletts hatten sich beschwerdeführend an den Weihbischof gewendet.“

„Haben sie sich auch an ihre vorgesetzte Behörde, den Intendanten oder an das Kultusministerium gewendet?“

„Nicht daß ich wüßte.“

„Was haben die Damen dem Weihbischof mitgeteilt?“

„Sie haben sich über den Ballettmeister und über Ihr Ballett beschwert.“

Aus der Tatsache, daß sie an einen kirchlichen Würdenträger und nicht an einen weltlichen Vorgesetzten geschrieben hatten, schloß ich, daß sie sich über Verstöße gegen Moral und Religion beschwert hatten.

Waren es vielleicht die beiden Damen gewesen, die bei der Rollenbesetzung ihre Wünsche nicht durchsetzen konnten? Die eine war steif wie ein Bolzen und wollte partout etwas Biegsames tanzen, um die Vorzüge ihrer Anatomie zur Geltung zu bringen. Mit ihr aber konnte man bestenfalls – aber nur bei völliger Windstille – einen Baum besetzen. Und die andere? Sie war nicht zufrieden damit, daß das ihr zugedachte Kostüm zu viel von ihren Reizen verhüllte, und hatte ein Kostüm verlangt, in dem sie zeigen konnte, was sie hatte, oder eine andere Rolle. Wenn meine Vermutungen zutrafen, hatten die beiden dem Weihbischof geschrieben, daß man ihnen nicht zumuten dürfe, was man ihnen in meinem Ballett zugemutet habe.

Es fiel mir nicht ein, einen Canossagang zu versuchen. Lieber schrieb ich einen Protestbrief an zweihundertundfünfzig Zeitungen: Der Artikel 108 der Bayrischen Verfassung sei durch ein ministerielles Verbot meines Balletts „Abraxas" verletzt worden.

Daraufhin geschah zunächst nicht allzuviel. Es erschienen einige Kommentare und Karikaturen. Unser Kultusminister, der durch seine Plädoyers für die Prügelstrafe und für das Gesetz gegen Schmutz und Schund den Liberalen schon aufgefallen war, konnte sich in einer Zeitung mit einem dicken Brett vor dem Kopf und einem Nagel im Hirn betrachten. In einem anderen Blatt erschien er als dicker Hund mit Vollbart, saß unter dem Grenzpfahl des Freistaates Bayern und wachte darüber, daß „Abraxas" nicht wiederkehre. Karikaturen bedeuten Publicity. Eine Zeitlang betrachtete ich mich als einen Wohltäter des Ministers.

Dann vergaß ich ihn über aufregenden künstlerischen Ereignissen bei den Salzburger Festspielen. 1948 konnte man nicht so ohne weiteres ins Ausland reisen, aber für Reisen nach Salzburg gab es einen Trick. Ich hatte ihn mit Erfolg schon im Vorjahre angewandt: Durch einen einflußreichen Freund veranlaßt, fuhr der amerikanische Geheimdienst CIC von Salzburg nach Freilassing, verhaftete mich dort pro forma als Verdächtigen, aber Rechtens mit allen Papieren, wedelte damit an der Grenze zum Jeep hinaus und lud mich in Salzburg ab. Ein Verhafteter braucht keinen Paß, kein Permit, genausowenig wie ein leerer Sack.

Nach den Festspielen brachten einen die Menschenfreunde in Uniform als Unschuldigen wieder pünktlich zurück.

In Salzburg gab es 1948 die eindrucksvolle Uraufführung der „Antigone“ von Orff. Im Landestheater probierte Ferenc Fricsay „Le vin herbé“ von Frank Martin. Bei einer Vormittagsprobe erlebte ich, wie Fricsay in unglaublich kurzer Zeit den Chor, das Orchester und die Sänger verwandelte und aus der Vielfalt der tönenden Erscheinungen eine vollkommene Einheit schuf. In ihm verband sich bewußter Kunstverstand und Beherrschung der Mittel mit stetig aufströmender Phantasie, die sich im Fortschreiten der Arbeit steigerte. Nach einer halben Stunde wußte ich, was ich zu tun hatte.

Heinz Tietjen, mein alter Freund und Gönner, damals Herr der Städtischen Oper Berlin, hatte mich gebeten, sofort Laut zu geben, wenn ich einem jungen Dirigentenwunder begegnen sollte. Durch die Vermittlung des österreichischen Senders Rot-Weiß-Rot bekam ich Tietjen ans Telefon. Ich teilte ihm mit, ich habe in Salzburg seinen zukünftigen Generalmusikdirektor entdeckt.

„Wie heißt er?“

„Ferenc Fricsay.“

„Sind Sie überzeugt, daß er unser Mann ist?“

„Absolut.“

„Schicken Sie ihn mir sofort nach Berlin, er kann ‚Carlos‘ herausbringen. Ist er so gut, wie Sie glauben, bekommt er die Chefstellung.“

Fricsay zog sich die Sache einige Zeit durch die Zähne, fuhr schließlich nach Berlin, dirigierte einen „Carlos“ und war am darauffolgenden Tag Generalmusikdirektor der Städtischen Oper und des RIAS-Symphonie-Orchesters.

Nach dem mißglückten Frankfurter Start hatte ich die Uraufführung der „Circe“ Heinz Tietjen für die Städtische Oper Berlin überlassen. Die Umstände waren nicht weniger phantastisch als Calderóns Bühnenwunder. An Stelle eines Regenbogens gab es die Luftbrücke, man flog auf Kohlensäcken im Laderaum alliierter Flugzeuge nach Berlin, und kein Feuer, doch Kohlen fielen vom Himmel direkt in den Mund des Berliner Stadions. Trotzdem waren die Proberäume der Städtischen Oper in der Kantstraße eiskalt, und Heinz Tietjen, Hausherr und Regisseur der „Circe“, grübelte über dem Problem, wie er ohne Scheinwerfer südliches Licht erzeugen sollte. Er erzeugte es mit Hilfe der Mächte, die kurz vorher seiner Staatsoper zweimal Feuer aufs Dach geworfen hatten.

Nur Bert Brecht erfaßte die Bedeutung der großen Lichtfülle der „Circe“-Aufführung und bemerkte, auf seiner Pferdedecke im Adlon liegend: „Auf dem Theater muß es hell sein“, während er wahrscheinlich schon die Chancen erwog, Licht von der für ihn zuständigen Besatzungsmacht für Zwecke seines Theaters abzuzweigen.

Die Uraufführung zeigte die „Circe“ von ihrer vorteilhaftesten Seite, und es gab 22 Reprisen. Der Komponist aber fühlte sich nicht glücklich, weil es ihm nicht gelungen war, den von Clemens Krauss so eindrucksvoll angepeilten Ausgangspunkt festzuhalten. Trotz der in Cellophan gehüllten Najaden, trotz des aufsteigenden Grabmals, trotz des berühmten Sängers im Affenpelz und trotz der britischen Scheinwerfer war die Vision einer Wiedergeburt des phantastischen, von barocker Fülle berstenden Theaters zerstoben. Niemand bestaunte offenen Mundes ein Wunder, niemand vermißte es.

Nur die munteren Kinder des Olymps wurden lebendig und protestierten gegen den in einen Affen verwandelten Meistersänger. „Was hat eine Kuh in der Oper zu suchen?" So hatte eine Dame im „Peer Gynt" gefragt. „Was hat ein Affe in der Oper verloren?" So fragte die Galerie jetzt. Die Presse stimmte nach der Premiere jubelnd an: „Berlin ist kein ausgebrannter Krater!" und „Das Theater lebt!"

Einige Zeit nach der Uraufführung kam die zweite Bühne mit der „Circe" heraus. Hingerissen von den theoretischen Äußerungen des Spielleiters, eilte ich ins Rheinland und konfrontierte mich zum zweiten Male mit meinem Werk. Ich danke es der Regie dieser Aufführung, daß mich nie mehr Zweifel daran befallen haben, daß die barocken Traditionen trotz der grundsätzlichen Ähnlichkeit der modernen Bühnentechnik mit der damaligen nicht mehr an jedem Theater lebendig sind.

Die Insel der „Circe" sah aus wie ein trüber, gallertartiger Riesenpudding, der sich wie ein Chamäleon verfärben konnte und auf dessen Rücken ein Serpentinenweg führte. Für Wunder war kein Platz, für die Darsteller zuwenig. Szenenwechsel gab es auch nicht, und die Befriedigung des Schaubedürfnisses mußte sich mit den witzigen Kostümen der komischen Figuren begnügen, die mit bayrischen Wadlstrümpfen und mit echten Rasierpinseln auf ihren Tiroler Hüten herumliefen. Die Verbindung von bayrischer Stammeskleidung und Rasierpinsel mit den klassisch-barocken Kostümen der übrigen

Figuren war, wie Oskar Fritz Schuh sicher wieder einmal gesagt hätte, „wirklich hochkomisch". Ich erlag den Einflüsterungen des Versuchers nicht, der mich drängte, die ganze Schuld dem Regisseur aufzubürden und mich feinfein als Märtyrer zu fühlen, sondern erinnerte mich gerade noch rechtzeitig eines Satzes, der mir des öfteren flink von der Zunge gesprungen war: „Ein gutes Bühnenwerk muß der Behandlung durch jeden Regisseur standhalten." So unrecht hatte ich damit nicht, schließlich haben die „Zauberflöte" den Jugendstil überdauert und „Die Räuber" den Bremer Pop.

Der Komponist, sagte ich mir, hat seinen Zielpunkt durch ein fremdes Spekulativ gesehen und konnte ihn deshalb nicht treffen. Einen Kavalier, dessen Handlungen von der Ehre diktiert werden und der nicht viel mehr als zwei Bewegungen kennt, die gezirkelte Verbeugung und den Griff nach dem Degen, kann heutzutage niemand mehr verstehen. Konventionen wie Degen und Hofknicks sind aus der Mode gekommen, und mit der verletzten Ehre operieren nicht einmal mehr die Vierzehnjährigen. Das Aufsteigen des Grabmals wirkte bei Calderón stark auf das Gewissen des Helden. Wo aber findet sich das Gewissen als wirkende Macht in unserer Zeit der verführerisch flüsternden Pistolen und der von jeder Spur von Gewissen chemisch reinen Entscheidungen des Herrn Jedermann, der Politiker und der Bankiers? Wie aber soll man dann den Entschluß des Ulyß verstehen, der seine Geliebte aus Gewissensgründen verläßt, eine süße, hingebungsvolle, zärtliche, ihm Mund, Augen und Ohren mit ihren schönsten Küssen verschloß, so daß er nicht mehr sprechen, nicht mehr sehen und nicht mehr hören kann? Wer verläßt heute schon eine Geliebte, bevor er sie satt hat?

Wie aber verhielt es sich mit der Musik? Waren da nicht doch Ansätze, hoffnungsvolle Keime, kleine lebendige Schößlinge? Aber waren sie nicht verkümmert und verdorrt,

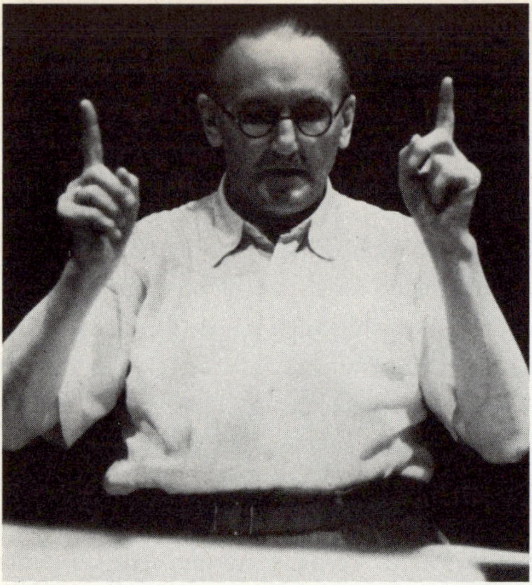

Hermann Scherchen (1891–1966) bei seinem ersten Deutschland-Besuch nach der Emigration, 1947

bevor sie sich entwickeln konnten, gestorben auf dem toten Boden einer toten Welt? Wie groß erschien dem Komponisten einst die Szene bei Calderón, in der die Forderungen der Pflicht über die Lockungen der Liebe obsiegen, und wie hohl klangen jetzt in seiner Oper die von Calderón postulierten Kriegstrompeten als Klangsymbole der Pflicht! Das Militär hatte seinen Glanz verloren, die Trompete assoziierte man lieber mit Mr. Armstrong als mit der „Deutschen National-Zeitung" und ihren Idealen.

Also fort mit der Musik, weg mit der ganzen Oper! Man wird es begreiflich finden, daß der Komponist schon nach der zweiten Bühne den Lauf dieser „Circe" unterbrach und das Werk in dieser Form für immer aus dem Opernverkehr zog, obwohl auch diesmal die Presse keine so komplizierten Überlegungen anstellte wie er selbst.

1949, 1950 und 1951 setzte sich in München der Streit um das zum Politikum gewordene Ballett „Abraxas“ fort. Es war der Streit der Opposition SPD plus FDP gegen die absolute Mehrheit der CSU, genau gesagt gegen deren Kultusminister. Der unschuldige Anlaß zu der politischen Rauferei und zu den Anklagen wegen Gottlosigkeit und satanischer Bosheit gegen mich war nichts anderes als die für das Ballett umgeformte mittelalterlich-christliche Faustsage. Im achtzehnten Jahrhundert gab es in Augsburg eine Kriminaluntersuchung wegen Hexerei gegen einen Schausteller, der seine Faustpantomime mit Hilfe dressierter Hunde darstellte. Das konnte nur durch teuflische Mitwirkung geschehen sein. In München durfte um die gleiche Zeit eine Faustpantomime nur im Zusammenhang mit dem Lustspiel „Der Hexenprozeß“ über die Bühne gehen, in dem das Hexen verdammt wurde, so daß der „teuflische“ Faust durch den moralischen Unterbau des Lustspiels ohne die Risiken gezeigt werden konnte, die man in München nie unterschätzen darf.

Heines Entwurf entstand in einer Zeit, in der der sieche Dichter dem großen Olympier Goethe etwas animos gegenüberstand und dessen „Faust“ einiges vorzuwerfen hatte. „In Goethes Faustgedicht“, sagte er, „vermissen wir durchgängig das treue Festhalten an der wirklichen Sage und die Ehrfurcht vor ihrem wahrhaftigen Geiste.“ Goethe habe sich einer Willkür schuldig gemacht, die ästhetisch verdammenswert sei und sich zuletzt an dem Dichter selbst rächen mußte.

„In jenem lendenlahmen zweiten Teile des Faust“, fährt Heine fort, „befreit Goethe den Nekromanten aus den Krallen des Teufels, er schickt ihn nicht zur Hölle, sondern läßt ihn triumphierend einziehen ins Himmelreich, unter dem Geläute tanzender Englein, katholischer Amoretten, und das schauerliche Teufelsbündnis, das unseren Vätern soviel Entsetzen einflößte, endigt wie eine frivole Farce, fast hätte ich gesagt“, meinte Heine, „wie ein Ballett.“ Heine versucht im Gegensatz zu den Erfindungen Goethes, das Charakteristische der alten Sagen zusammenzufassen und zu einem bunten Ganzen zu verknüpfen. Daß er dabei den Mephistopheles unter dem Namen Mephistophela in der Gestalt einer Ballerina mit Trikot und Tutu auftreten läßt, läßt sich, wie vieles auf der Welt, durch die Tradition rechtfertigen. Besteht nicht von Anfang an in den alten Pantomimen und Puppenspielen eine gewisse Unsicherheit über das Geschlecht des Teufels, vor allem in der Gestalt der oder des Astaroth, ein Wesen, das bald als Mann, bald als Frau auftritt? Heine berichtete, daß er auf einem Winkeltheater auf dem Hamburger Berge zwischen Hamburg und Altona eines der alten verschollenen Puppenspiele gesehen habe. Darin fragt Faust die zitierten Teufel: „Seid ihr Männer oder Weiber?“ Und sie antworten: „Wir haben kein Geschlecht“ „Wie seht ihr unter eurer grauen Hülle aus?“ forscht der wißbegierige Gelehrte weiter, und sie erwidern: „Wir werden immer aussehen wie deine Gedanken.“ Warum also sollte Heine den Mephistopheles nicht als eine Mephistophela sehen?

Die Skala der erotischen Empfindungen reicht „von der innigen Bestrickung zur überschwenglichen Passion und von der glühenden Leidenschaft zur immer sich steigernden Seelentrunkenheit.“ Im dritten Akt triumphiert die dreiste Attitüde, die kompromittierende Pantomime, und wollüstige Liebkosungen steigern die „Verzückungen einer wilden Liebe bis zur Höhe des Liebestaumels“.

Das Kuriose, Komische, Burleske und Grotesk-Phantastische, die superbarocke Ausschmückung mit Zaubereien und Unterhaltungen mancherlei Art liegt ganz in der Linie der alten Faustpantomimen und Ballette. Der Unterschied liegt nur in der Hemmungslosigkeit der Phantasie des Dichters und in der ironischen Berechnung der ungeheuerlichen Arabesken.

Das Libretto trägt zu Recht die Bezeichnung „Ein Tanzpoem“, weil die wortgewaltige, sprachschöpferische Beschreibung die surrealen Bilder einer unerschöpflichen Einbildungskraft vollkommener in unserem Geist erstehen läßt, als das die beste Inszenierung je vor unserem Auge malen könnte.

Meine erste Erinnerung an den Stoff hängt mit den Faust-Puppenspielen zusammen. Ihre Welt hat mich fasziniert, seit ich in meiner Jugend die unvergeßliche Aufführung eines Faust-Puppenspiels durch das schon rühmlich erwähnte Marionettentheater Münchner Künstler erlebt hatte. Erst viel später beschäftigte ich mich mit dem Tanzpoem Heines. 1946 erhielt ich den entscheidenden Anstoß, mich mit dem Stoff auseinanderzusetzen. Das Bewegende war dabei eine Episode der Fausthandlung: der Untergang der schuldlosen Margarethe mit dem schuldigen, der Hölle verfallenen Faust. Die gezielte Vernichtung von Unschuldigen ist bei allem Grauen noch mit der Vorstellung des Opfers verbunden. Dieser tödliche Vorgang begreift einen Rest von Auseinandersetzung, von Zielen, Treffen und Fallen in sich, und das Opfer wird zum Märtyrer. Der zwangsläufige Untergang des Schuldlosen mit dem Schuldigen ist von keiner Glorie mehr umstrahlt, er ist nichts mehr als das sinnlose Auslöschen von Leben, Finsternis für alle Überlebenden, Inbegriff des Tragischen, so wie wir es Jahr für Jahr im Krieg und danach selbst erlebt haben.

Lange Zeit träumte ich von einer Musik, welche das Skurrile, Surreale, Phantastische, Theatralische, welche den Gesang der Blumen, Tiere und Ungeheuer, der Retorten, der weißblanken Schädel in einer unendlichen Melodie der Farben, einem unaufhörlichen Wechsel der Klänge ausdrücken könnte, von einer Musik, die den Herzschlag, den Atem, das Wachsen der Pflanzen, die Chemie des Gehirns, das „positive Grauen", die Geheimnisse der Bewußtlosigkeit, der Steine, der Metalle, des Feuers und der Kälte in ihrem Wesen erfassen könnte, um über die gewohnten musikalischen Mittel hinaus ins Existentielle vorzudringen.

Diese Musikträume waren für mich immer mit der Faustsage verbunden und von der Zuversicht durchtränkt, daß ihre Bilder, Gedankenströme, Visionen, ihre Grausamkeit und ihre Wunder durch ein Fest des Theaters, an dem alle Künste beteiligt sein sollten, das durch keine Grenzen und überkommenen Regeln in seiner brennenden Schönheit beeinträchtigt wurde, Wirklichkeit werden könnten.

Die Ironie des Heineschen Entwurfes hatte mich damals entzückt, und ich glaubte, daß auch das Indirekte, das Subkutane, das Versteckt-Böse in Verbindung mit einer solchen Musik treffen müßte. Erst später erwuchs mir die Einsicht, daß man weder mit den Zauberkünsten des Theaters und schon gar nicht mit Ironie dem Faust-Stoff beikommen kann, sondern nur durch das Humane, durch das Mitleiden selbst.

Es scheint, daß der schöpferische Prozeß durch zwei Vorgänge bedingt ist: durch die Identifikation des Schöpfers, des Erfinders von Gestalten, Klängen, Gesichten mit den Seelen der Toten – mit anderen Worten: mit der Tradition, der Summe der im menschlichen Organismus gespeicherten Erfahrungen, und zweitens durch die Kommunikation mit den Seelen der Lebenden. Zwei Prozesse, die sich im Dunkel des Unterbewußten, in der Unterwelt unseres Gehirns vollziehen; religiöse, nicht säkularisierbare Vorgänge, die weder vom Willen noch vom Intellekt hervorgerufen und gesteuert werden. Erst wenn ein Stoff in dieser Dimension auferstanden ist, werden die Zahlen lesbar, die in einer bedeutenden Handlung verschlüsselt sind. Form und Ausdruck ergeben sich dann nicht aus dem Willen, ein Fest des Theaters zu inszenieren oder eine ungewöhnliche Musik zu schreiben, sondern aus dem unmittelbaren Zwang zur Darstellung eines wesentlichen Inhalts.

In unserem Fall zerrannen die unbestimmten Träume von einer kaum mehr artikulierbaren Musik und von der verwirrenden Schönheit des universellen Theaters. Die Sage selbst begann zu atmen, die Augen aufzuschlagen und zu sprechen. Es verschwanden Heines „ungeheuerliche Arabesken", und es verschwand damit alles und jedes, was als bloßes Divertissement die längste Zeit mit dem Ballett verbunden war. Das getanzte Drama sollte in der reinen Form mit den Mitteln des klassischen Balletts Wirklichkeit werden und ebenbürtig neben dem gesprochenen oder gesungenen Drama bestehen können.

Der Klavierauszug des „Abraxas" gibt einen genauen Begriff von der Idee und von der Konstruktion des Balletts:

I. BILD

Der Pakt

Schwarz ausgeschlagene Bühne

Der greise Faust beschwört die höllischen Mächte und unterschreibt den Teufelspakt, der ihm die Jugend wiederschenkt, fasziniert durch die Erscheinung der Archisposa, Erzbuhlin des Teufels.

II. BILD

Die Verstrickung

Am spanischen Hof

In der Gestalt der sittenlosen Gemahlin Karls IV. tritt Archisposa wieder in Fausts Gesichtskreis. Durch Spiegelungen, Blendwerk und Gaukelei gelingt es ihm, das begehrte Weib, von wilder Leidenschaft gepeitscht, dem Hof zu entführen. Seine Helfershelferin ist die weibliche Ausgabe des Mephisto, Bellastriga, die schöne Hexe.

III. BILD

Pandämonium

Ein großer Saal im Stil des fin de siècle

Auf dem Gipfel ihrer Leidenschaft eilt Archisposa mit Faust zum Fest der Hölle mit seinen lasterhaften Tänzen. Auf einer erhöhten Spielfläche liegt Satanas, blasiert, rotäugig und bleich. Auf dem Höhepunkt der höllischen Zeremonie wird ihm die widerstrebende Archisposa dargebracht. Faust flieht, von Grauen und Abscheu geschüttelt, Bellastriga folgt ihm.

IV. BILD

Das Trugbild

Arkadische Landschaft

Faust hat an der Seite Helenas scheinbare Harmonie und trügerischen Frieden gefunden. Dieser wird durch das jähe, von Bellastriga geplante Eindringen der Gefolgschaft Satans, als Bacchanten und Bacchantinnen verkleidet, zerstört. Faust sieht sich plötzlich Archisposa gegenüber. Sie öffnet ihm die Augen und läßt die antike Scheinwelt in Staub und Asche untergehen. Faust entweicht.

V. BILD

Die Begleichung

Mittelalterliches Volksfest

Faust findet in Margarethe Reinheit und wahre Liebe. Bellastriga, die mephistophelische Aufpasserin, belauert ihn mißtrauisch und präsentiert ihm schließlich den Teufelspakt. Er zerreißt ihn und wird wieder zum Greis, der er war. Margarethe sucht ihren jungen Freund vergebens in der Menge und verzweifelt. Die Hölle steigert den wilden Tanz des Volkes zur apokalyptischen Raserei. Die zügellose Masse zerstampft Faust und Margarethe.

Was behauptete nun unser Kultusminister eigentlich?

1. Das Werk verstoße gegen die guten Sitten,
2. es habe eine amoralische und unmoralische Tendenz,
3. es stelle eine Beleidigung der Mehrheit des Volkes dar,
4. es verletze das religiöse Empfinden, wäre gegen die christliche Religion gerichtet und bedeute darüber hinaus eine satanische Demonstration.

Unser Minister war ein großer Künstler, ein Virtuose der Variation. Er variierte sein Thema in verschiedenen Sitzungen des Bayerischen Landtags, er variierte es in Oberammergau und weiß Gott wo noch. Seine Meisterleistung aber lieferte er beim Deutschen Katholikentag in Passau am 3. September 1950 in Anwesenheit von Dr. Konrad Adenauer, mehreren Ministern und zahlreichen hohen Kirchenfürsten und Vertretern von Bundestag, Landtagen und Länderregierungen in eindrucksvoller Rede durch unzählige Mikrophone weltweit verbreitet. Sein Thema war: „Das Allerheiligste Sakrament des Altares“.

Darin stellte er als Aufgabe des Katholiken fest, alles zu tun, um von allen Menschen, soweit es möglich sei, die Schrecken des gottlosen Systems fernzuhalten.

Wie aber fand er den eleganten Schwung vom zuerst gemeinten Bolschewismus bis zum „Abraxas"? Der Katastrophe, sagte er, müsse mit der Kraft des Gebets und des Altarsakraments, aber auch mit der Tat begegnet werden. Jetzt war er der Sache schon näher gekommen, die ihm so schwer auf der Brust lag. Seine ablehnende Stellung zum Abraxas-Ballett begründend, fuhr der Minister wörtlich fort:

„*Aus der Größe des Sakraments wird der Haß verständlich, mit dem dagegen angegangen wird. Welch satanische Bosheit liegt zum Beispiel darin, daß in einem Theaterstück, wie wir es erlebt haben, der Teufel auf den Altar an die Stelle des Tabernakels gesetzt und ihm eine Hure als Opfer dargebracht wird. Das dürfen Katholiken nicht mitmachen, das dürfen katholische Abgeordnete nicht unterstützen, und das können katholische Männer in der Regierung nicht dulden.*"

Jammerschade, daß damals das Trumpfas des Ministers nicht mehr stach: Die Kirche war nicht einhellig seiner Meinung. Längst bevor Tietjen am 8. Oktober 1949 die „Abraxas"-Premiere, glänzend besetzt und choreographiert, ansetzte, hatte er sich gegen Bayerisches, Allzubayerisches abgesichert. Eine Berliner CDU-Abgeordnete hatte ihm vertraulich mitgeteilt, die Sturköpfe in Bayern seien dabei, ein grauenhaftes Spektakulum vorzubereiten. Sie wollten in Bonn gegen die Berlinhilfe angehen, wenn, sozusagen auch mit bayerischen Batzen, der Satan in der Städtischen Oper in Berlin inthronisiert würde.

„Starker Tobak", meinte Tietjen. Er sah sich vor. Er war nicht umsonst Sohn eines Diplomaten und selbst genug Diplomat, wenn auch auf einem anderen Parkett. Mit seiner tiefsten Sonde sondierte er in der unmittelbaren Umgebung des Berliner Kardinals Graf Preysing und hatte bald, was er wollte: direkten Kontakt zu diesem hohen katholischen Würdenträger. Ein Treffen wurde verabredet, streng geheim, unter Umständen wie im achtzehnten Jahrhundert. Keiner tauchte in der Residenz des anderen auf, man unterhielt sich, kreuz und quer durch Berlin fahrend, zwar nicht in einer Kutsche, sondern im Auto des Kirchenfürsten bei dicht verhängten Fenstern. Es wurde verabredet, daß eine Voraufführung für das Berliner Domkapitel stattfinden sollte. Dazu sollten auch Mitglieder des Berliner Senats und Abgeordnetenhauses geladen werden und, last not least, die keuschen Vertreterinnen der katholischen und evangelischen Frauenverbände.

Bevor man in München erfuhr, was da im Gange war, hatte die Voraufführung bereits stattgefunden. Die große Mittelloge war bei dieser Gelegenheit für das Domkapitel reserviert. Hinter den Logensitzen befand sich ein kleiner, durch einen Vorhang abgeschlossener Vorraum. Hinter dem Vorraum stand, wie immer, ein Logenschließer. Dieser konnte sich nicht enthalten, seinem Herrn und Meister schon nach der Pause zu berichten, was die Hochwürdigsten Herren über das Thema des Tages parliert hatten. So erfuhr es auch ich.

Der Senior der Heiligen Versammlung hatte einen Zweifel. Er warf die Frage auf: „Ist es erlaubt, die Sünde in Gestalt einer Schlange auf dem Theater darzustellen?"

Mit mildem Ernst reagierten seine Amtsbrüder: Sie wiesen darauf hin – mit gebührendem Respekt, versteht sich –, daß bis zum heutigen Tag die Sünde selbst in Gotteshäusern in Gestalt einer Schlange dargestellt würde. Michelangelo habe solches selbst im Vatikan gewagt. Die Debatte war versöhnlich. Die Würdenträger stimmten darin überein, daß das Faustballett „Abraxas" der christlichen Volkssage entsprach. Satanas fände sich nicht auf dem Altar Gottes, sondern mitten in der Hölle, umgeben von Balletteusen, die man noch in keiner Kirche auf dem Altar habe tanzen sehen. Die

Darstellung der traditionellen „Schwarzen Messe“ sei sehr dezent gewesen. Von der zeremoniellen Vereinigung des Teufels mit seiner Erzbuhlin habe man überhaupt nichts gesehen, und die übliche Adoration des Bockes durch den ehrfürchtigen Kuß auf seinen Hintern habe man vermißt, obwohl auch das zur Sache gehörte. Den gnadenlosen Untergang der Unschuldigen mit den Schuldigen am Ende des Werkes habe man im Krieg und am Ende des Krieges in Millionenauflage selbst erlebt. Kein Anzeichen deutete darauf hin, daß die Seelen der Unschuldigen mit der Seele Fausts in die Hölle gefahren waren.

Das Domkapitel war für uns gewonnen. Es hatte sachlich, gerecht und unvoreingenommen reagiert. Auch die Berliner Politiker enttäuschten nicht, und aus den Reihen der Frauenverbände kam nur ein leicht erfüllbarer Wunsch, schüchtern von einer kleinen Dame vorgetragen: „Könnte man nicht das Kostüm des Kinderteufels Marbuel etwas weniger anziehend gestalten?“ Es handelte sich um ein knapp geschneidertes Matrosenanzüglein, das von einer Ballett-Elevin getragen wurde. Die kleine evangelische Dame fürchtete, daß durch dieses Kostüm in evangelischen Töchterchen Wünsche nach ebenso reizenden wie unpassenden Kleidungsstücken geweckt werden könnten. Ein Telephonat mit der Kostümabteilung, und die Elevin wurde in ein schwarzes Trikot gesteckt.

Der Berliner „Abraxas“ wurde jahrelang vor ausverkauftem Haus gegeben. Abgesehen von zahllosen Ballettschuhen wurden drei Serien von Kostümen verbraucht. Die Aufführungszahl *einhundertsechzehn* war ein absoluter Ballettrekord an einer Opernbühne.

Nach seiner Passauer Rede wollte ich gegen den bayerischen Kultusminister gerichtlich wegen Beleidigung und

Verleumdung vorgehen. Der Herr Oberstaatsanwalt verneinte aber ein öffentliches Interesse, und damit war die Klage geplatzt.

Dafür verklagte ich den Bayerischen Staat 1951 auf Schadenersatz. Am 19. April dieses Jahres fiel die Entscheidung. In der Verhandlungspause kam der Anwalt des Bayerischen Staates zu mir, dem Kläger, und sagte freimütig: „Lieber Herr Egk, Sie haben Ihren Prozeß schon jetzt gewonnen. Die Zeugenaussagen waren für den Staat vernichtend. Warum wollen Sie die Sache bis zum Urteil treiben? Davon hätten Sie nichts. Überlegen Sie sich einen Vergleich." Das tat ich. Der Vergleich wurde unter dem neuen Kultusminister Schwalber sehr fair ausgehandelt und zur Zufriedenheit beider Teile abgeschlossen.

Ich hätte mir nur eines gewünscht: Eine steinerne Tafel mit den Worten Nestroys über dem Eingang zum Kultusministerium am Salvatorplatz:

Die Censur ist die jüngere von zwei schändlichen Schwestern, die ältere heißt Inquisition. Die Censur ist das lebendige Geständnis der Großen, daß sie nur verdummte Sklaven treten, aber keine freien Völker regieren können. Die Censur ist etwas, was tief unter dem Henker steht, denn derselbe Aufklärungsstrahl, der dem Henker zur Ehrlichkeit verholfen, hat der Censur in neuerer Zeit das Brandmal der Verachtung aufgedrückt.

Im Januar 1950 war ich zum Direktor der Westberliner Hochschule für Musik und zum ordentlichen Professor für Komposition berufen worden. Mein Weggang von München wurde lebhaft diskutiert und mit der „Abraxas"-Affäre in Verbindung gebracht. Die Neue Zeitung und andere Blätter waren neugierig, die wahren Gründe meines Entschlusses kennenzulernen. Sie waren verständlich.

Seit 1947 wurde ich immer wieder nach Berlin gerufen, um neben anderen Aufführungen meiner Werke auch zahlreiche Aufführungen von „Circe" und „Abraxas" zu dirigieren. Ich hatte Berlin in seiner düstersten Zeit gesehen, als die Blockade den Berlinern Lebensbedingungen auferlegte, die an der Grenze des materiell und psychisch Erträglichen lagen. Mit Bewunderung hatte ich den Existenzkampf und den Wiederaufstieg dieser fortschrittlich und freiheitlich gesinnten Stadt miterlebt. Die Wendung zum Besseren begann sich immer deutlicher abzuzeichnen.

Abgesehen von allem Materiellen, war Berlin schon wieder ein geistiger und künstlerischer Mittelpunkt. Ohne Übertreibung durfte man sagen, daß die Stadt mit ihren drei Opernhäusern, mit ihren drei Sendern, mit ihrem herrlichen Philharmonischen Orchester, mit ihrem Überfluß an ersten Dirigenten und mit all den jungen Talenten, die diese Stadt immer wieder anzieht und hervorbringt, damals mit Recht als das größte, anziehendste und fruchtbarste musikalische Zentrum Deutschlands gelten konnte.

Die Hochschule für Musik erfüllte einst eine für Berlin und darüber hinaus wichtige Funktion. Wenn sich die derzeit noch schwerflüssige Entwicklung in raschem Tempo weitertreiben ließ, wäre es möglich, daß die Arbeit der Hochschule wie früher über die deutschen Grenzen hinaus wirksam werden könnte. Ich ging nach Berlin im Bewußtsein einer großen Aufgabe, die ich voll und ganz bejahte. Es war töricht, zu glauben, daß ich, etwa durch das „Abraxas"-Verbot verärgert, die Flucht ergriff und meine Heimat verließ. Sicher war mir mein Entschluß von offizieller Seite nicht erschwert worden. Um so mehr blieb ich meinen Freunden in München und dem mir seit Jahren freundlich gesinnten Münchner Publikum von Herzen verbunden.

Die Süddeutsche Zeitung vom 7./8. Januar 1950 traf mit einer Zeichnung E. M. Langs den Nagel auf den Kopf. Unter der Überschrift: „Werner Egk – nach Berlin entrückt", sah man mich, die Lyra schlagend, umgeben von Ballettengeln auf einer Wolke nach Berlin entschweben. Der Minister, der mir soviel Kummer gemacht hatte, stand glücklich vor der Stadtsilhouette von München und rief mir nach: „Leben Sie so wohl – wie ich mich nun fühle ...!"

Ich bin sicher, sein Wohlbefinden wurde durch meinen Abflug erhöht.

Am 18. Januar fand in Berlin die feierliche Amtseinführung statt. Sie war groß aufgezogen. Reuter, Friedensburg und Frau Schröder, die drei Bürgermeister, waren anwesend, dazu der ganze „Haufen" von Offiziellen, zu denen ich mich in den nächsten drei Jahren und drei Monaten zählen durfte. An diesem Tag war nicht zu übersehen, wie wichtig die Erziehung in Berlin genommen wurde, nicht zuletzt auch von den alliierten Truppen. Ich zählte:

Einen Chief Education Officer,
einen Education Officer-Universities,
einen American Information Control Officer,
einen Chief of Education and Cultural Branch und
einen Monsieur von der Section Éducation Française.

Für alles, was Erziehung betraf, gab es ganz offenbar interessierte, bewaffnete und kompetente Ratgeber. Was konnte mir da schiefgehen, dachte ich während der todernsten Sprüche, wie sie bei Amtsantritten, Abschieden, Beerdigungen, Jubiläen und hoch-runden Geburtstagen üblich sind.

Als ich dran war, begann ich in der gleichen Tonart, konnte es mir aber nicht verkneifen, zum Schluß nach einer kühnen Modulation daraufzusetzen: „Wie Ihnen, meine Damen und Herren, als Vertretern der deutschen Musik wohlbekannt sein dürfte, schätzte der große deutsche Komponist Hans Pfitzner als wunderbarste Eigenschaft der deutschen Musik ihre Tiefe. Ich bin glücklich darüber, der Versammlung mitteilen zu können, daß die Hochschule für Musik schon im Augenblick meiner Amtsübernahme Pfitzners Bedürfnis nach Tiefe voll befriedigen kann. Zum Semesterbeginn haben sich nicht weniger als neun Kontrabassisten und nur drei Geiger gemeldet."

Bei der Amtseinführung waren eine Menge intelligenter Leute versammelt, und so lachten sie, daß die Bänke wackelten, nachdem Professor Dr. Reuter das Signal dazu gegeben hatte. Damit war der tierische Ernst gewichen, und die Veranstaltung endete in allgemeiner Heiterkeit.

Weniger harmonisch waren meine ersten Eindrücke bei der Begehung der Hochschule. Ein Teil des Gebäudes fehlte ganz, nicht einmal die Ziegel waren mehr da, und der Rest war in einem Zustand, den man euphorisch bestenfalls als amusisch bezeichnen konnte. Es herrschte eine derart musikfeindliche Atmosphäre in der monumentalen Bruchbude, daß mir übel wurde. Mittags saßen die Studenten in drangvoller Enge auf der Haupttreppe und löffelten aus dem Blechnapf amerikanische Notverpflegung. Die meisten schienen noch nicht aus dem deprimierenden Zustand des unausgepackten Pappkoffers herausgekommen zu sein. Im Haus legte sich auf jeden Ton eine erstickend dicke Schicht von Staub und Schutt. Bliesen drei Posaunen in einem Übungszimmer, fielen reihenweise dicke Brocken von den Wänden. Hier fehlten die Fenster, dort die Wände, die Decken hatten Löcher, Sprünge und Risse. Die Wandbespannungen fehlten ganz, die Vorhänge auch. Was aus Stoff war, hatten die Studentinnen zu Blusen und Röcken oder auch zu dünnen Mäntelchen verschneidert. Die Klaviere waren verkommen, verstimmt, halb unbrauchbar, und in den Saiten der brauchbaren Instrumente lagen die Zigarettenstummel zu Dutzenden. Doppeltüren gab es nicht; Holz war damals ebenso knapp wie Stoff. Im ganzen Haus hörte man ein unerträglich kakophonisches Brausen, ein allgegenwärtiges, widerliches Getöse aus Musikfetzen, wie den Widerhall eines höllischen, zur Qual verdammter Musiker erfundenen Straforchesters.

Die Etrusker bestraften ihre Sklavinnen unter dem sanften Klang der Flöte. Lieber wollte ich unter Flötenklängen den ganzen Tag verprügelt werden als das „Straforchester" noch lange aushalten. Ich lief um Geld wie um mein Leben von Pontius zu Pilatus. Alle wuschen ihre Hände in Unschuld. Ich erzwang *ad hoc* Sitzungen der zuständigen Ausschüsse und beschimpfte sie: „Jawohl, seit heute morgen kann ich nicht mehr bezweifeln, daß Berlin die schnellste Stadt der Welt ist. Um 9 Uhr 35 beantragte ich die Finanzierung von Reparaturen, und schon um 9 Uhr 40 erfuhr ich, daß inzwischen das Geld für andere Zwecke ausgegeben worden war."

Nach Wochen war es so weit, daß ein paar Handwerker langsam, wie sie auch in der schnellsten Stadt der Welt arbeiten, mit Reparaturen begannen. Der erste, den ich zu Gesicht bekam, klebte der Büste von Richard Wagner eine neue Nase an. „Wenn Sie nichts Notwendigeres zu tun haben als das, dann hauen Sie in drei Teufels Namen ab." Ich hatte ein Lager von freundlichen Redensarten bereit und ein zweites von kilometerlangen Flüchen.

Es dauerte ein gutes halbes Jahr, bis die dringendsten Reparaturen gemacht waren, bis sich wieder Doppeltüren, Fenster, Wandbespannungen und Vorhänge an Ort und Stelle befanden. Wenn aber die Mädchen wieder anfingen, alle Stoffe zu demontieren? Gott sei gelobt, ich hatte sie mit Redensarten aus meinem Depot von Segenswünschen und Flüchen so weit gebracht, daß es keine mehr riskierte. Ich hätte einen Tobsuchtsanfall bekommen, wenn aus irgendeiner ihrer Bespannung beraubten Wand wieder wie im Januar die ekelhafte, unappetitliche, schwarze Akustikwolle herausgekrochen wäre.

Bald ging es um Größeres als um Reparaturen: um die Bewilligung der Millionen für den Neubau des Hochschul-Konzertsaales, der auch den Berliner Philharmonikern bis zur Fertigstellung ihres eigenen Hauses als Heim dienen würde. Daß der Saal gebaut werden sollte, war beschlossene Sache. Aber das Geld kam und kam nicht.

Eines Tages lud ich den Kulturausschuß in die Hochschule ein, um ihm an Ort und Stelle die Notwendigkeit der sofortigen Bewilligung der Baugelder zu erläutern. Ich bat ihn zu einer Probe in den sogenannten kleinen Saal, in dem die Orchesterschule und andere Ensembles probierten. Herr Professor Jacobs hatte eine Probe mit der Orchesterschule angesetzt. Ich machte die Damen und Herren Abgeordneten mit ihm bekannt und sagte ihm: „Bitte, lassen Sie sich nicht stören, der Ausschuß möchte sich einen Eindruck von den akustischen Möglichkeiten des Raumes bilden."

Jacobs hob den Stock, gab den Einsatz und entfesselte ein Fortissimo, das so mächtig war, daß eine der Damen ohnmächtig umsank. Man trug sie ins Direktorenzimmer. Der Ausschußvorsitzende schrie mich an: „Das machen Sie uns nicht weis, daß Sie den Klamauk dort unten nicht arrangiert haben."

„Ja", sagte ich, „das habe ich. Professor Jacobs hatte von mir Anweisung, nach Ihrem Eintritt die lauteste Stelle aus dem lautesten Stück zu spielen, das er im Repertoire hat. Wissen Sie, was das war? Offenbar nicht. Es war eine Passage aus ‚Rienzi'. Sollen wir in der Hochschule auf Wagner verzichten, weil das Geld für den Konzertsaal nicht bewilligt wird? Ich bedaure, daß Sie sich durch die Ohnmacht einer Abgeordneten davon überzeugen mußten, daß Richard Wagner in dieser Musikhochschule gesundheitsschädlich ist. Oder sollen wir Wagner in Zukunft vielleicht *piano* spielen? Glauben Sie im Ernst, man könnte aus einer deutschen Musikhochschule eine international interessante Institution machen, wenn man dort nicht einmal Wagner spielen kann, weil das Geld für den schon genehmigten Saal nicht bewilligt wird?" Und so predigte ich die ganze Blase zur Türe hinaus. Nach acht Tagen war das Geld da.

Das Geld, aber natürlich noch lange nicht der Bau. In unzähligen Bausitzungen wurden unter meinem Vorsitz die praktischen Fragen mit allen dafür zuständigen Sachverständigen erörtert. Mit Dirigenten, Solisten, Orchestervorständen, Akustikern, mit Vertretern des Rundfunks und der Plattenindustrie. Immer in Anwesenheit des Architekten, der besten Willens war und schließlich eine funktionell einwandfreie und praktische Lösung vorlegte. Mein Kummer war, daß die Baubehörde um keinen Preis die Verwendung des Saales für Opernaufführungen genehmigen wollte. Sie erklärte, alles wäre möglich, nur das nicht.

Wir fanden aber doch einen Dreh, und der Saal wurde so eingerichtet, daß wir unmittelbar nach seiner Fertigstellung „Die Zauberflöte" ansetzen konnten. Wir, das heißt der Senat der Hochschule unter meinem Vorsitz. Heute noch bin ich stolz darauf, daß es in den mehr als drei Jahren meiner Amtstätigkeit keinen Senatsbeschluß gab, der nicht einstimmig gefaßt wurde. Als Vertreter des Magistrats von Groß-Berlin, Abteilung für Volksbildung/Hochschulamt, nahm an allen Sitzungen Herr Dr. Kruspi, ein Beamter von messerscharfer Logik und profunder Verwaltungskenntnis teil, der uns immer half, wenn es irgend möglich war. Er kam aus dem Staunen nicht heraus über die Einstimmigkeit unserer Beschlüsse. „So was gibt's doch gar nicht!" pflegte er zu sagen.

Bei meiner Tätigkeit für die Hochschule stolperte ich ununterbrochen über meine eigenen Füße. Ich hatte Anspruch auf eine kostenfreie Dienstwohnung. Ich bekam sie nie. Die Unterhaltskosten eines eigenen Wagens für mich sollten im Etat zur Verfügung stehen. Man hatte es vergessen. Und Verschiedenes andere auch, was mir bindend zugesagt worden war. Doch nun war ich in der Tretmühle und mußte für die Hochschule treten, für mich selbst hatte ich keine Zeit.

Hochschulproblem Nummer zwei war das wichtigste. Die Hochschule hatte noch keine Verfassung. Sie hieß nur „Hochschule", war aber keine. Direktor und Senat schufen zusammen mit unserem ständigen Gast Dr. Kruspi ein bis heute brauchbares Instrument.

Problem Nummer drei war das Fehlen einer Studienordnung. Es gab „ewige Studenten", die Stipendien und Beihilfen des Berliner Senats bis zum letzten Heller ausnützten, aber nur theoretisch studierten. Praktisch verdienten sie zusätzlich

Geld durch „Strippen" in Tanzlokalen. Auch habe ich nichts gegen kleine Kinder, aber ich wurde wütend über die ständige Ansammlung von Kinderwagen vor dem Hauptportal der Hochschule. Die studierenden Mütter trafen sich dort mit den studierenden Vätern und tauschten ihre praktischen Erfahrungen im Ergattern von immer mehr Beihilfen aus. Dann fuhren sie wieder ab. Es war eine Heidenarbeit, aber schließlich hatten wir durch die Studienordnungen mit verschiedenen zeitlichen Begrenzungen der Studiendauer für jedes Fach einen Damm gegen sinnlos verrinnende öffentliche Mittel gebaut.

Problem Nummer vier war die Schaffung eines großen Hochschulchores, eines Hochschulorchesters und leistungsfähiger Kammerensembles.

Das fünfte Problem war das heikelste.

Während meiner Amtszeit hatten sich die Berliner Politiker als „kalte Krieger" verkleidet, und einer führte kältere Reden als der andere. Ohne Vorwarnung erließ unser stets händereibender Kultursenator eine Verordnung, welche die Übersiedlung aller an der Westberliner Hochschule Lehrenden in den Westsektor der Stadt anordnete. Ziemlich kurzfristig. Dann fiel ihm ein, allen Lehrkräften das Konzertieren im Ostsektor zu verbieten. Er wurde so bissig, daß er einem Mitglied des Lehrkörpers sogar untersagen wollte, in Westdeutschland unter einem ostdeutschen Dirigenten mit den Dresdener Philharmonikern als Solist aufzutreten. „Und", so fragte ich ihn, „was machen Sie mit den Nachtigallen und den anderen Singvögeln, denen es trotz Ihres Verbotes einfällt, bald hüben, bald drüben zu singen?" Umsonst.

Eines Tages platzte mir der Kragen. Der Senat der Hochschule formulierte elf sachliche Fragen an den eiskalten Kultursenator. Zum Beispiel: „Kommt der Westberliner Senat für alle Schäden auf, die durch den erzwungenen Umzug von Mitgliedern unseres Lehrkörpers entstehen?" „Was geschieht mit den Pensionsansprüchen?" „Wer sorgt für die im Osten zurückgelassenen Familien, die möglicherweise nicht die Erlaubnis der ostzonalen Behörden bekommen, ihren Ernährern nach Westberlin zu folgen?" „Wer ersetzt Hab und Gut, Hausbesitz, Instrumente, Bibliotheken, wenn die Verordnung derartige Verluste zur Folge haben sollte?"

„Und deshalb", sagte unser Kultursenator, „haben Sie mich in die Hochschule bemüht? Ihre Fragen sind einfach zu beantworten: Niemand wird Schaden erleiden, alle Ansprüche werden von uns gedeckt."

„Verehrter Herr Senator, nebenan warten einhundertundsechs Professoren und Lehrkräfte der Hochschule auf Ihren erfreulichen, jeden Punkt aber im einzelnen erschöpfend zu behandelnden Bescheid."

„Sie überraschen mich, lieber Herr Direktor, Sie haben mich doch zu keiner Versammlung eingeladen!"

Wir erhoben uns wie ein Mann, nahmen den Senator in die Mitte und führten ihn ab, damit er den Betroffenen im einzelnen alles erklären konnte, was er uns im großen erklärt hatte. Er kam mit. Die Versammlung begrüßte ihn stürmisch. Ich gab die Fragen bekannt, er beantwortete sie bis ins kleinste und auch Zusatzfragen aus der Versammlung. Alles verlief positiv. Donnernder Applaus, glänzender Abgang des erfolgreichen Politikers.

Er bekam aber keine Ruhe mehr. Schon beim ersten praktischen Fall, der ganz anders behandelt wurde, als es der Senator versprochen hatte, besorgte ich es ihm gründlicher, als er es sich in seinen kühnsten Phantasien hätte vorstellen können.

Mit Zeugen zog ich zu seinem Amtssitz und sprach mit froher Zunge: „Hochverehrter, als Sie kürzlich vor einhundertundsechs Zeugen ihre beruhigenden Versicherungen abgaben, glaubten wir..."

„Was Sie glauben, ist für uns nicht maßgebend, es handelt sich nicht um eine schriftliche Fixierung, sondern um eine freundschaftliche mündliche Unterhaltung. Läge ein einwandfrei formulierter und festgehaltener Text vor, dann könnten Sie sich darauf berufen. So müssen Sie mir schon das Recht konzedieren, meine Äußerungen entsprechend zu interpretieren."

Je zorniger er sich gab, desto freundlicher wurde ich. „Hochverehrter, das ist es ja gerade: Es liegt ein einwandfrei formulierter Text Ihrer Rede vor. Ich hatte rechts in die hinterste Reihe der Versammlung einen vereidigten Parlamentsstenographen gesetzt, der Ihre Rede Wort für Wort festgehalten hat."

„Ein Stenograph kann sich irren."

„Deshalb, Verehrtester, habe ich auf der anderen Seite des Saales einen zweiten vereidigten Parlamentsstenographen plaziert. Die beiden Stenogramme stimmen wörtlich überein. Ich habe die Ehre, Ihnen die Photokopien der beiden unabhängig voneinander aufgezeichneten Protokolle zu überreichen."

„Ich hätte", sagte er erbleichend, „eine vertrauensvollere Handlungsweise von Ihnen erwartet."

„Verehrtester, es ist eine Handlungsweise, die man als politische Maßnahme gegenüber einem Politiker bezeichnen muß. Ich darf Ihnen zusätzlich zu den beiden Protokollen noch ein Tonband überreichen, das den gleichen Wortlaut Ihrer Rede wiedergibt wie die beiden Schriftstücke. Ich habe vor Ihrem freundlichen Besuch angeordnet, daß ein Mikrophon unter Ihrem Rednerpult angebracht wird."

Wir hatten ihn an der Kette, aber die Schwierigkeiten nahmen kein Ende. Allmählich bekam ich es satt. Ich war berlinmüde geworden und kündigte. Es war ja nicht allein die Hochschule, die mich in Atem hielt, sondern auch die Situation meiner Freunde Ferenc Fricsay und Heinz Tietjen, denen ich in Konflikten mit dem Senat half, wann immer es ging. Selbst nachts um drei Uhr war ich schon aus dem Bett gesprungen, um eine Katastrophe, die die Städtische Oper im allgemeinen und Fricsay im besonderen treffen sollte, zu verhindern. Es gelang. Der Kultursenator erholte sich spät nachts im Hotel am Steinplatz, stand unter der ausgleichenden und versöhnlichen Wirkung eingenommener Getränke, war deshalb strahlender Laune und ließ sich auf meine Vermittlungsvorschläge ein. Meine „politischen" Vorsichtsmaßnahmen hatten ihm außerdem offenbar Eindruck gemacht.

Meine Kündigung wirbelte Staub auf. Es ging wieder einer von Berlin weg. Das war „Hochverrat". Eine Stadt in dieser Lage zu verlassen war ungeheuerlich. Bemühungen setzten ein, mich um jeden Preis zu halten. Ich bekam glänzende Angebote mit mehr Geld, mehr Chancen, aber mit noch mehr Arbeit als bisher. Das war genau das, was ich nicht wollte.

Ich hatte schon die „Irische Legende" im Kopf und wußte: In Berlin konnte ich keine Oper schreiben, ich mußte dort als Komponist resignieren, würde mich in wenigen Jahren verbrauchen, absterben, krepieren und ehrenvoll begraben werden. Also ging ich endgültig.

Berlin schwammen, wie eine Zeitung schrieb, die „Fälle" nicht weg: Um die Zeit meines Adieus gab es für den Berliner Magistrat
den Fall Egk,
den Fall Barlog,
den Fall Tietjen,
den Fall Fricsay und
den Fall Fehling.

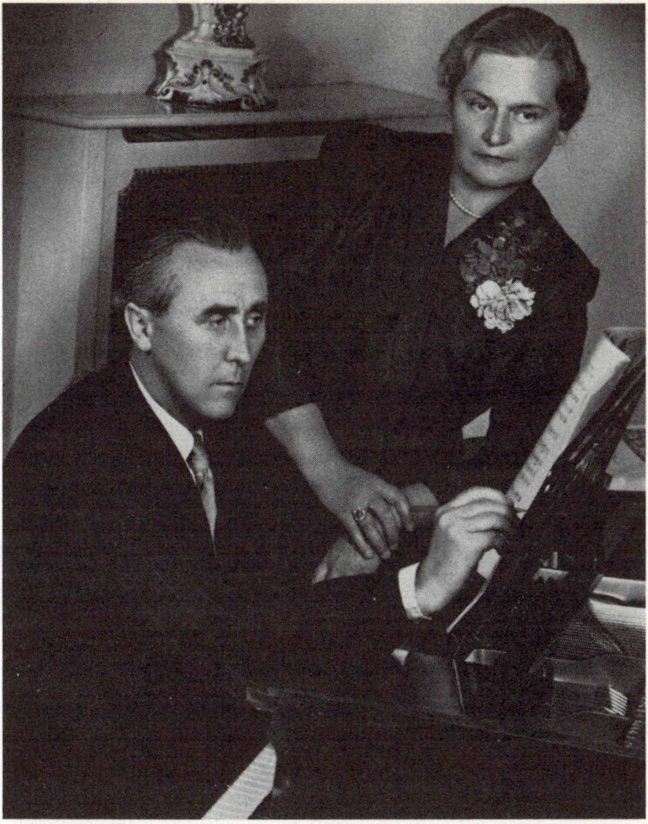

Werner Egk, ab 1950 Direktor der Westberliner Hochschule für Musik, in seinem Berliner Arbeitszimmer mit Frau Elisabeth.

An der Hochschule aber gab es den Konzertsaal, das Hochschulorchester, den großen Hochschulchor, die Hochschulverfassung, die Studienordnung und Bedauern, ja Trauer um die Zeit eines nie getrübten Vertrauensverhältnisses zwischen Direktor, Hochschulsenat, Verwaltung und Studentenschaft.

Während meiner Hochschulzeit stolperte ich, wie gesagt, oft über meine eigenen Füße, aber auch über feine Drähtchen anläßlich der beginnenden Tätigkeit für die GEMA, geborene STAGMA. Vor allem deshalb, weil mein Bestreben darauf gerichtet war, alle nach dem Krieg entstandenen Organisationen von Komponisten zusammenzuschlagen, auf daß aus den Scherben ein einziger Verband gebildet werden konnte. Das war nicht gerade leicht, weil die verschiedensten Verbandsgründer sich ihre Tätigkeit schon als lukrative Beschäftigung aufs angenehmste ausgemalt hatten. Es wurde leider nur allzu rasch bekannt, daß ich mir sowohl im Rahmen von Verbänden wie auch der Urheberrechtsgesellschaft die Tätigkeit von Autoren nur als eine ehrenamtliche Beschäftigung vorstellen konnte.

Ursprünglich wollte ich nach dem Krieg überhaupt nichts mehr mit Verbänden und Gesellschaften zu tun haben. Ich ließ mich trotzdem wieder darauf ein, als Klaus S. Richter auftauchte und mir klarmachte, daß die neue Urheberrechtsgesellschaft bei ihrer Gründung meiner urkundlichen Mitwirkung bedürfe.

Richter erschien mit einem gewaltigen Rucksack auf dem Buckel auf einer staubigen Landstraße in der Nähe von München und redete genauso laut auf mich ein, wie er das später im Aufsichtsrat der GEMA zu tun pflegte. Er ist der Dichter des schönen und vielgesungenen Liedes: „In München steht ein Hofbräuhaus". Um die Rechte der Textdichter gegenüber denen der Komponisten zu vertreten, erhob er sich in mancher Aufsichtsratsitzung und feuerte mit der Energie eines Großlautsprechers seine Thesen in den Raum. „Was wäre die IX. Symphonie ohne den Zeilenanfang ‚Freude, schöner Götterfunken!'? Was wäre einer der bekanntesten Schlager unserer Epoche ohne seine erste Zeile ‚Wer hat den Käse zum Bahnhof gerollt'...?"

Am Anfang stand das Gesetz der Militärregierung Nr. 52 über die Sperre und Beaufsichtigung von Vermögen. 1947 kam die Genehmigung für die GEMA, Urheberrechtsgebühren einzuziehen und zu verteilen. 1951 kam die DDR und verbot der GEMA, in ihrem Gebiet tätig zu sein. Die Begründung der ersten Schließung ostdeutscher und Ostberliner Bezirksdirektionen waren angeblich festgestellte Verstöße über Verordnungen zum Gebrauch elektrischen Stroms. Trotz der Treuhandschaft wurde schon im Juni 1949 ein aus GEMA-Mitgliedern zusammengesetzter Beirat gebildet. Am 11. Juli wurde ich zum Vorsitzenden gewählt.

Im Oktober 1947 hatten wir 42143.34 Mark in der Kasse, im Dezember 1947: 181800.78 Mark. Das Geschäftsjahr 1972 hat die GEMA mit 226733886.– Mark bei einem Unkostensatz von 11,8% abgeschlossen. Es war ein steiler Aufstieg, undenkbar ohne unseren Bergführer und Generaldirektor, Dr. Erich Schulze, Vorstand der GEMA.

Was heißt hier Bergführer? Gipfelstürmer? Das trifft nicht. „Unser General" besitzt die von Instinkt gesteuerte Intelligenz des Erfolgreichen, die unmittelbare Einsicht ins Wesentliche, mehr juristischen Sachverstand auf dem Gebiet des Urheberrechts, des nationalen und des internationalen, als ein Heer von normalen Justizsklaven, die Konsequenz eines gut gefütterten Computers und die Energie einer Großraumrakete.

Ein sympathischer Papst unseres Jahrhunderts, Johannes XXIII., verdiente einen Extrastrahl an seinem himmlischen Papstsessel und mehrere Extrastraußenwedel über seinem Haupt dafür, daß er unserem Dr. Schulze seinen Hausorden angeheftet hat. Wer ihm sonst noch Ehrenvolles, besonders Ehrenvolles und über die Maßen Ehrenvolles in Form von Bändern, Kreuzen und Sternen auf den Frack steckte oder zum Hals heraushängen ließ, konnte ich nicht behalten. Die schönste Auszeichnung, die ihm zuteil wurde, ist die tiefe Verehrung und Bewunderung der Mitglieder seiner Gesellschaft und der in manchen Fällen gegen ihren eigenen Willen ununterdrückbare Respekt der Rundfunkanstalten, ja selbst ihrer empfindungslosesten Syndizi, aller Musikverbraucher – bei manchen muß man allerdings zweifeln, ob es sich um Furcht oder um Ehrfurcht handelt – und der Hersteller von Tonbändern, Schallplatten, Tonbandgeräten, Musikkassetten, Musikautomaten und was es sonst an derartigen Unternehmen und Unternehmern gibt.

Was ist ein General ohne Offiziere, was sind Offiziere ohne Soldaten? Nichts! Unser General hat Offiziere und Mannschaften rekrutiert, die nach seinem Reglement paradieren, exerzieren und, wenn es sein muß, auch schießen, hauen und stechen. Und einen Stellvertreter, der sich nie die Beine vertritt, sondern ohne Unterlaß den General und uns alle. Er verbindet Charakter, Tatkraft und schöpferische Einfälle mit Güte und Menschlichkeit, die man bis heute noch bei keinem „Stellvertreter" gefunden hat. Nicht einmal auf dem Theater. Unser Stellvertreter Baumann (Baumeister, Meister und Mensch), er soll leben!

Die juristische GEMA-Garde war und ist exemplarisch. Sie liefert den juristischen Nachschub, soweit der General ihn überhaupt benötigt, mit logistischer Perfektion, sowohl für Scharmützel am Landgericht wie für Materialschlachten am Bundesgerichtshof.

O Cassius Clay! Du hast mit rotangelaufenem Kopf und weitaufgesperrtem Maul immer wieder hinausposaunt: „Ich bin der Größte!“

Unser Syndikus Philipp, der Gewaltige, hat das nicht nötig. Seine Kollegen sind es, die von ihm sagen: „Er ist der Größte!“ Ängstlich fügen sie mit schwacher Stimme hinzu: „Gnade uns Gott, wenn er, statt Pferde zu züchten, zu reiten, seine liebe Ruth und seine teils bildhübsche, teils superkluge Brut zu verwöhnen, einmal die Prozeßakten vor der Verhandlung durchlesen würde! Dann wären wir verloren. Im Staube liegend, zerstört, zerstreut unser ganzer Haufe, schon bevor er dazu käme, uns anzublasen!

Nicht nur meinen Kollegen, sondern auch dem General und seiner Mannschaft zuliebe habe ich mich mit all dem merkantilen und juristischen Teufelszeug beschäftigt, Krieg angezettelt, wo es nicht anders ging, lieber aber Frieden gestiftet, wo es möglich war, Brücken gebaut, Feuerwehrleitern aufgestellt und jahrzehntelang die Berichte der Ausschüsse zur Kenntnis genommen, die langen, aber sachlichen Protokolle der Aufsichtsratsitzungen, Vierteljahresberichte des Vorstandes, Ausführungen über die Rechtslage bei tausend und einem Gegenstand und eine Zeitlang sogar mit Interesse die spannenden kriminalistischen Untersuchungen gegen einige von moralischen Bedenken nicht gehandikapte, aber clevere Mitglieder, welche glaubten, sie könnten eine so saubere Gesellschaft wie die unsere übers Ohr hauen. Oft haben mich Freunde darüber befragt, warum ich das alles auf mich genommen habe. Meistens genügte es schon, wenn ich zurückfragte: „Was habt ihr vor zehn, vor fünf Jahren verdient, und was verdient ihr jetzt?"

Schwieriger war es schon, die Frage Außenstehender zu beantworten: „Wozu müssen sich die Komponisten zu einem Komponisten-Verband zusammenschließen? Glauben sie vielleicht, daß sie dadurch in der Lage sind, bessere Musik zu schreiben?" Es wäre einfach gewesen zu antworten: „Wir sind die Trägergesellschaft der GEMA." Aber das wäre nicht ohne weiteres verstanden worden. Es war die Grundfrage nach der besonderen Stellung des Komponisten im sozialen Gefüge.

Der Komponist tut seine Arbeit allein, so wie seine Freunde, die Dichter, Denker, Maler und Bildhauer. Er tut sie ohne Mitarbeiter und ohne Maschinen, während die Arbeitswelt um ihn herum nur noch Teamwork und hochorganisierte Produktionsgemeinschaft kennt. Nicht nur die Güter, sondern auch die Produktionsmittel werden in unserer technisierten Welt von Kollektiven ersonnen und hergestellt, wiederum mit Hilfe von Maschinen, die von vielen ersonnen und hergestellt werden. Die Wunder der Technik werden von Schwärmen von Wundertätern gewirkt, nicht von einzelnen. Die denkenden Maschinen werden von vielen erdacht und von vielen ausgeführt, und was diese Maschinen denken sollen, wird wiederum von vielen bedacht und bestimmt, die ihren Zweck von allen Seiten abtasten und ihm zusammenwirkend die angemessene Methode entreißen. Auch die einfachen Dinge, der Tisch, an dem wir sitzen, der Löffel, mit dem wir essen, sind anonyme Werkstücke, erzeugt von einer anonymen Vielzahl von Menschen und Maschinen. Fast jedermann, der werkt, hat viele neben sich, über sich und unter sich, aber der einzelne, der gezwungen ist, seine Arbeit ohne Hilfe von Mensch, Tier oder Maschine zu tun, ist in unserer Welt die regelwidrige Ausnahme. Er paßt in kein praktikables Schema, man kann ihn in keine allgemein anwendbare Form pressen und jede Schablone wird an ihm zuschanden. Für den Erzeuger von Musikstücken sind Rohstoff, Kalkulation, Investition und Erfolgsrechnung keine anwendbaren Begriffe. Der Finanzbehörde blieb es vorbehalten, uns mit geschlossenen Augen den „Ehrentitel" eines umsatzsteuerpflichtigen Unternehmers anzuhängen.

Nicht nur unsere Situation und unser befremdendes Produktionsverfahren, sondern auch unser Produkt ist ungewöhnlich. Es besteht aus beschriebenem Notenpapier, das heißt aus einer leicht mißdeutbaren, eher vagen, durchaus nicht mit einer jeden Zweifel ausschließenden Sicherheit formulierbaren Anweisung, wie und mittels welcher Geräte und Instrumente die Luft nach Regeln, die nicht feststehen, in akustische Schwingungen versetzt werden kann. Zu unserem Unglück läßt sich über die Qualität dieser Schwingungen keine allgemeine Übereinstimmung erzielen. Der eine findet eine Komposition hinreißend, der andere abscheulich. Der eine behauptet, sie sei meisterhaft, der andere meint, gerade die Meisterschaft habe die Inspiration erstickt. Edvard Griegs Musik war für viele Menschen ein Gipfel, für Debussy war sie nur „ein Bonbon, mit Schnee gefüllt". Debussy war für viele ein Abgott, für Eric Satie aber war er nichts als „ein fauler Bursche und voller Mussorgski". Was dem einen erhaben erscheint, nennt der andere regellos oder lächerlich. Was den einen in einen Paroxismus der Begeisterung treibt, versetzt den anderen in kalte Wut.

Über ein gewöhnliches Erzeugnis darf niemand abträgliche oder gar schädigende Behauptungen verbreiten. Aber über die Arbeit eines Komponisten kann jeder sagen, schreiben und drucken, was er will, ohne daß es Handhaben gibt, Übergriffe zurückzuweisen. Daß die Musik im Windkanal der öffentlichen Meinung Zerreißproben ausgesetzt ist; hat seine

Gründe, und darauf ziele ich nicht. Aber ich möchte begreiflich machen, bis zu welchem Grade die Lage eines Komponisten unsicher ist.

Welch ein chimärisches Luft- und Traumgeschäft betreiben wir doch! Wer sind wir überhaupt? Für viele sind wir nichts. Für andere, die sich gerade noch unserer Existenz und Tätigkeit bewußt sind, sind wir seit eh und je – ich bediene mich einer Formulierung von Franz Liszt –„seltene, kuriose Phänomene, die, halb Cherubim, halb Esel, den Sterblichen himmlische Gesänge bringen und daneben im gewöhnlichen Leben mit der zweideutigsten Art" behandelt werden können.

Was die Lage des Komponisten in der Gegenwart so schwierig macht, vor allem die des Komponisten von Kulturmusik, ist die tiefgreifende und folgenschwere Dissoziation, welcher er durch die rasend fortschreitende Veränderung der gesellschaftlichen Zustände ausgeliefert ist. Die Rücksicht auf einzelne und auf zahlenmäßig schwache Gruppen wird durch die Anbetung der Zahl und durch das ängstliche Abhorchen der sich dumpf äußernden Regungen der Massen nicht gefördert. Die Komponisten haben mit den Dichtern und den bildenden Künstlern den festen Standort verloren, von dem aus sie während eines Jahrhunderte dauernden Zustandes die Welt durch große Werke bewegen konnten und mit dem festen Standort auch die sichere Existenz. Die Besten standen in früheren Zeiten im Dienste der Kirche, und es war eine Ehre, der Kirche zu dienen. Die Erträgnisse der bedeutendsten Arbeiten standen in einem angemessenen Verhältnis zu ihrem Rang. Orlando di Lasso besaß am Platzl in München, das die Welt allerdings nicht aus diesem Grunde kennt, zwei Häuser, dazu bedeutenden Grundbesitz in der weiteren Umgebung der Stadt und Sommerhäuser in Putzbrunn und in Schöngeising an der Amper. Aber auch die weniger Glücklichen konnten den geistlichen und weltlichen Herrren immer wieder durch Dedikationen und Episteln in Erinnerung rufen, daß die Kunst nicht gedeiht, wo die Sorge am Tisch sitzt, eine Tatsache, die mit dem sentimentalen Gartenlaubenbild des neunzehnten Jahrhunderts vom Künstler in der Dachkammer, einer Lieblingsvorstellung des Besitzbürgers, nicht übereinstimmt.

Palestrina schrieb in einer Dedikation seiner „Lamentationes Jeremiae" an Papst Sixtus V. in schöner Geradheit „Irdische Sorgen aller Art, Allerheiligster Vater, sind den Musen widrig. Wer die Notwendigkeit kennengelernt hat, sich abzumühen, um das hinlängliche Auskommen gemäß seinem Stand und seiner Stellung im Leben zu erreichen, weiß sehr wohl, wie sehr solches den Geist von der Gelehrsamkeit und dem Geist der freien Künste ablenkt." Frescobaldi hatte als weltberühmter Komponist und Organist in Sankt Peter ein festes Einkommen von sechs, später von acht Scudi. Lully aber war „Surintendant de la musique" und hinterließ das ungeheure Vermögen von achthunderttausend livres, zum größten Teil als Intendant und privilegierter Verleger, nicht als Komponist.

Dagegen hatten weder Mozart noch Beethoven die Sicherheit einer regulären Stellung, und so verstehen wir, was Beethoven meinte, als er in einem Brief an Franz Hoffmeister schrieb: „Es sollte nur ein Magazin der Kunst in der Welt sein, wo der Künstler seine Kunstwerke nur hinzugeben hätte, um zu nehmen, was er brauchte; so muß man noch ein halber Handelsmann dabei sein, und wie findet man sich darein!" In einem Vertragsentwurf schrieb er im Jahre 1809: „Es muß das Bestreben und das Ziel jedes wahren Künstlers sein, sich eine Lage zu erwerben, in der er sich ganz mit der Ausarbeitung größerer Werke beschäftigen kann und nicht durch Verrichtungen oder ökonomische Rücksichten davon abgehalten wird. Ein Tondichter kann daher keinen lebhafteren Wunsch haben, als sich ungestört der Erfindung größerer Werke überlassen und diese sodann dem Publikum vortragen zu können. Hierbei muß er doch auch seine älteren Tage im Gesicht haben und sich dabei ein hinreichendes Auskommen zu verschaffen suchen."

Die Probleme, die zu Beethovens Zeiten erst entstanden sind, sind mit den fortschreitenden Zeiten nicht leichter, sondern schwerer geworden. Die kommerzielle Gesinnung und die technischen Massenmedien der Gegenwart haben das wirtschaftliche Gleichgewicht der verschiedenen Kategorien von Musik einschneidend verändert. Einer Subvention der Ernsten Musik im Rahmen unserer Urheberrechtsgesellschaft mit fünf Millionen dreihunderttausend Mark stand 1972 bei einem Unkostensatz von 11% eine Gesamteinnahme von zweihundertundsechsundzwanzig Millionen siebenhundertunddreiunddreißigtausend Mark gegenüber. Kein einzelner und auch keine einzelne Gruppe kann daran denken, Fragen, zum Beispiel die der Verteilung, allein oder für seine Gruppe ohne die anderen zu lösen. Wir stehen als Gesamtheit immer kapitalstarken Kadern gegenüber, die unbeugsam entschlossen sind, von dem Nutzen, den sie aus der Musik ziehen, möglichst wenig an ihre Schöpfer abzugeben. Ihre Organisationen denken kommerziell und werden von Spezialisten unterstützt, die als erfolgreiche Späher jede Schwäche unserer Position und jede Lücke im Gesetz ausfindig machen und als virtuose Strategen wirtschaftlicher Auseinandersetzungen wie sieggewohnte Unterhändler so viele Vorteile im voraus für sich buchen können, daß Scharmützel nur zu oft mit unserer halben oder ganzen Unterwerfung beendet würden, wären wir uneins.

Deshalb mußten wir uns zusammentun, trotz aller entgegengesetzten Interessen in unseren eigenen Reihen, um unserer Urheberrechtsgesellschaft den nötigen Rückhalt zu geben und den Ansprüchen unserer Kontrahenten unser gutes Recht entgegenstellen zu können. Wie wir die Erträgnisse unserer Arbeit nicht nur wirtschaftlich, sondern auch moralisch gerecht verteilen, das bleibt, wie Richard Strauss dem Ministerbübchen seinerzeit gesagt hat, unsere eigene Sache.

Die schöpferische Bilanz meiner Berliner Jahre war kläglich: 1950 entstand „Ein Sommertag“, eine Ballett-Bagatelle, 1952 das Orchesterwerk „Allegria“. Aber es hatte leider nur einen Fröhlichkeit verheißenden Titel. Nachdem ich es in Abständen Stückchen für Stückchen zusammengesetzt hatte, fand ich es traurig. Die „Irische Legende“ nach der von Yeats aufgezeichneten Sage von der Countess Cathleen und dem gleichnamigen Bühnenwerk trieb wie Strandgut ziellos in meinem Unterbewußtsein. Eines Morgens fand ich auf dem Fußboden meines Schlafzimmers einen Zettel mit dem Szenenaufbau der Oper, die mich quälte, weil ich nicht und nicht dazu kam, sie zu umarmen. Im Schlaf hatte ich das Szenarium nachts niedergeschrieben und vergessen.

Eine Kantate „Les animaux et la peste“ blieb Konzept. Und ich hatte den Plan so sehr geliebt. Es war ein Jammer. Zwei Aufträge konnte ich nur dadurch retten, daß ich mich zwischen Neujahr 1953 und dem Tag meiner Amtsübergabe an Boris Blacher viel in München aufhielt und ungestört arbeiten konnte. In Berlin erkundigten sich inzwischen Späher des Magistrats anonym bei der Verwaltung: „Wie viele Tage war der Direktor seit Neujahr abwesend?“ *Aequo animo* dachte ich „sie könnten mir“ oder „sie sollten mich“, natürlich nur, wenn sie Lust darauf hatten. Allmählich war ich entgegenkommend geworden.

Trotz allem war es schwer, von Berlin wegzugehen. Mit Tietjen verband mich eine Freundschaft, die ich ihm immer bewahren werde, auch wenn er längst in der Unterbühne verschwunden ist. Mit Ferenc Fricsay eine aufrichtige Zuneigung und Bewunderung seiner sich bis zu seinem Tod steigernden Leistung als großer Dirigent. Für ihn hatte ich vor meinem Berliner Amtsantritt die „Französische Suite“ geschrieben, und es war kein Zufall, daß sie zu einem Welterfolg gedieh. Mit Furtwängler hatte ich Kontakt. Er hatte die Nase voll von seinem alten Publikum von Potsdamer Tanten, er wollte die Jugend für sich haben. In den Pausen seiner Symphoniekonzerte war ich sein häufiger Gast. Er liebte es, darüber zu sprechen, ob das Programm richtig aufgebaut und wie ihm der erste Teil geglückt war. Wir sprachen wieder einmal gerade davon, als jemand dreimal leise an die Tür klopfte. Er kannte das Zeichen, flog zur Tür und öffnete, und ich konnte die elegante Silhouette einer schönen jungen Frau sehen.

Der Meister: „Wieso war es dir möglich, von zu Hause wegzukommen?“

Die Hübsche: „Mein Mann ist unerwartet verreist!“

„Wo treffen wir uns?“

„Wie immer!“

Ich dachte, was jeder denken mußte, und gestehe schamvoll, daß es mir Vergnügen machte, Zeuge einer Schwäche des großen Mannes zu sein. Mein dummes Vergnügen währte nicht lange. Ich erfuhr, wer die Dame war. Keine Buhlschaft, nein, keineswegs, kein Abenteuer, keine untreue Gattin. Es war eine seiner Töchter, verheiratet mit einem Mann in Ost-Berlin, der es nicht schätzte, wenn seine Frau in West-Berlin auftauchte. So kann man sich täuschen.

Wir freuten uns auf München und den sich wieder enger knüpfenden Kontakt zu unseren Freunden dort, Albert und

Nadina zum Beispiel. Albert hat die Gabe, durch steinerne Berge bis in ihre Tiefen zu sehen. Er ist Geologe. Ab und zu entdeckt er dabei Dinge, auf die die Industriehaie scharf sind. Entdeckt er nichts, so erspart er den Auftraggebern Investitionen von Millionen und Abermillionen. Nadina, genannt Nada, eine schöne Römerin, frühere Pianistin, hatte sich bis zu Albert hinaufgeheiratet, der circa zwei Meter lang ist. Was Musik betrifft, hat sie einen untrüglichen Instinkt und eine immense Erfahrung. Zeitweise fand sie sich siebenmal in der Woche im Konzert. Wenn möglich, ging sie täglich zweimal. Mir hat sie viele Konzertbesuche erspart, weil ihre Beschreibungen musikalischer Darbietungen lebendiger sind als die Meisterhochsprünge der Dirigenten und die Meistermimik der Pianisten, Geiger und sonstiger Blasrohr- oder Saitenstreichkünstler. Wenn Nada sie beschrieb, sah man sie vor sich und hörte sie spielen. Sie erzeugte durch ihre Beobachtungsgabe in Verbindung mit ihrem südlichen Temperament plastische Illusionen, die einen dazu verleiten konnten, auszurufen: „Nieder mit der staubigen Wirklichkeit der Konzertsäle, her mit der staubfreien Illusion der Exegetin Nadina!"

Wir liebten es auch, Robert und Olly mit Yvonne, der schönsten aller Münchner Töchter, zu besuchen. Robert war einst Sängerknabe im Dom zu St. Emmeran in Regensburg gewesen. Später studierte er Musik an der Kaiserlichen Musikakademie in Wien, Hauptfach Gesang. Gleichzeitig beschäftigte er sich mit dem Studium der Heilkunde und wurde Arzt mit einer gewissen Neigung zu industrieller Betätigung. Musik und Heilkunst sind Schwestern, wahrscheinlich ist die Industrie eine Halbschwester der Heilkunst. Ende der zwanziger Jahre hatte Robert die „Gesellschaft für zeitgenössische Musik" in München gegründet.

Es ist nicht zu glauben, was dieser Mann fertigbrachte:

er war mit Hermann Scherchen befreundet und trotzdem mit Richard Strauss; er war mit Richard Strauss befreundet und trotzdem mit Hans Pfitzner, der Straussens Rosenkavalier wenig kollegial eine „erotomane Walzeroper“ genannt hatte. Nach dem zweiten Weltkrieg sollte Robert Generalintendant der Bayerischen Staatsoper werden, ein hartes Schicksal, das ihm nur durch seine ebenso schöne wie kluge Frau Olly erspart blieb. „So blöd wirst du sein“, sagte sie, „da wird nichts draus.“ Also wurde nichts draus. Mit dem Kultusminister – dem mit dem Brett vor dem Kopf und dem Nagel im Hirn, wie ihn böswillige Zeichner dargestellt hatten – stritt er sich für nichts erbittert herum. Umsonst! Nicht umsonst aber bemühte er sich um die Egk-Epoche an der Bayerischen Staatsoper, die mit dem „Abraxas“-Vergleich eingeleitet worden war. Das Neujahr haben wir oft gemeinsam in seinem Haus über dem Starnberger See glückbringend angeschossen.

München ist die Stadt, in der ich über Jahrzehnte hinweg immer wieder persönlichen Kontakt zu Strawinsky hatte. Ich habe ihn dort öfter als Dirigenten erlebt als anderswo. Er betrat das Podium und lief mit seinen exquisiten Füßchen rasch unter dem Applaus durch, wie unter einem Platzregen, die Fingerspitzen der rechten Hand pretiös auf dem Frackfleck unter der Herzgegend. Seine Verbeugungen, professionelle Formeln von unwiderstehlicher Eleganz, beredter Ausdruck seiner Hochschätzung des Publikums, verführten zu Ovationen.

Die choreographischen Huldigungen, die er an sein Publikum richtete, erinnerten in Stil und Effekt an die komponierten Komplimente, die er Bach, Weber, Tschaikowskij und in vorgerückten Jahren den Avantgardisten machte. Auch sie waren als *adoration* oder *grand merci* ausgeführt, und auch sie führten unweigerlich zu einem gewaltigen *feu d'artifice*, extra-brillant, abgebrannt zu Ehren des dankbar bescheidenen Meisters.

Strawinsky erzeugte nie Blendwerk, immer Licht. Die Trümpfe waren bei ihm, der Gewinn bei uns. Er hielt nicht viel von Revolutionen, aber er ging nie so artig an der Leine der Tradition wie Schönberg, der sich mit Recht in der Nachfolge der deutschen Klassik gefiel. Strawinsky durchschnitt

„in böser Lust“ mit dem „Sacre“ alle Leinen und fast alle Notleinen und setzte damit Haufen von Schreibmaschinenathleten ins Brot.

Aber kaum einer wurde mit einem so großen Aufgebot isolierter Intelligenz „entlarvt“ wie unser Meister. Zum Beispiel als Anzeigeapparat für Schizophrenie und Intellektualismus, für die letzte Entmenschung und die Weltraumkälte der totalitären Unterkühlung und für alle gegenwärtigen und zukünftigen Weltgreuel.

Die Theorie, die dieser „Entlarvung“ zugrunde lag, wurde für Strawinsky zunächst als Guillotine zugeschliffen, etwas später freundlich umgearbeitet als Löffelchen, um dem groggy-geschlagenen Musikbürger die Zukunftsmusik einzulöffeln: den fadenziehenden Akkordurschleim, die grob oder haarfein zusammengenadelten Mikrostrukturen und alles andere. Er hatte in den fünfziger Jahren zwar kein Glaubensbekenntnis für Arnold Schönberg abgelegt, den er sicher nicht liebte, aber er hatte sich dazu herbeigelassen, serielle Methoden anzuwenden. So konnte man den großen Strawinsky dazu benutzen, um die Idioten, die man immer noch als Konsumenten vorschützt, für die jeweils neuesten Schablonen zu gewinnen.

Ohne Zweifel durchschaute Strawinsky jedes Manöver, das man mit seiner nicht ganz freiwillig gewährten Hilfe anstellte. Aber er wußte auch, wie er sich wehren konnte. „Der Zar ließ sich photographieren“: Mit jungen Meistern der Avantgarde und ihren quadratmetergroßen Partituren, in denen er sich gewissenhaft, überlegen nachdenklich, schlau, mit angestrengt gerunzelter Stirn orientierte, was oben und was unten war.

Auf einer Reise nach München, kurz nach der Fertigstellung seines Balletts „Agon“, streifte ihn kurz vor der Ankunft im Flugzeug ein Schlaganfall. Wochenlang mußte er in der Klinik am Rotkreuzplatz liegen. Als es der Arzt erlaubte, besuchte ich ihn. Er lag mit Sprach- und Bewegungsschwierigkeiten im Bett, empfing mich liebenswürdig lächelnd wie immer und sprach von seinem Ballett „Agon". Die punktuellen Techniken, die Tetrachordskalen, die seriellen Methoden, all das schien ihn zu interessieren. Am längsten und intensivsten sprach er über die Konsequenz, mit der er der Zahl in „Agon" eine dominierende Rolle zugeteilt hatte, die sich bis in die Folge der Auftritte der Tänzer fortsetzte. Jedes Wort biß er mit einem ungeheuren Aufwand an Kraft aus den Gedanken, die ihn beherrschten wie mit den Zähnen heraus. Welches Maß an Disziplin und Beherrschung besaß dieser Mensch, und welche Urkraft befähigte ihn zu sprechen, obwohl er noch nicht wieder sprechen konnte. Ich verstand jetzt besser als jemals die Ursprünge der Gewalt, die in seinen Rhythmen zum Ausdruck kommen, gewaltig, aber nicht gewaltsam, geladen mit Hochspannung, aber nicht ohne Eleganz.

Trotz Igors Eskapaden der fünfziger Jahre, die ihn von seinem ursprünglichen Weg und der Straße seiner großen Erfolge entfernt hatten, blieben für mich als Resümee seiner an Widersprüchen reichen Kunst sechs Grundsätze gültig, die ich beim Studium der Musik Strawinskys ebenso bestätigt fand wie bei dem der Bilder Picassos:

Daß die Ordnung unabhängig von unserem Willen besteht und daß sie nicht hergestellt werden kann, sondern aufgefunden werden muß.

Daß die Auffindung der Ordnung eine Leistung der schöpferischen Intelligenz ist, während die unduldsame intellektuelle Systematik zur Pedanterie und Sterilität führt.

Daß nicht die Methode zählt, sondern nur die Entdekkung, und daß Töne, Formen und Farben nichts Abstraktes, sondern etwas Konkretes sind.

Daß die Natur in jedem Fall liebenswert ist, weil sie die Ordnung enthält.

Daß durch die Anstrengung des Willens keine Energie entsteht, sondern daß der Wille eine Ausstrahlung der Energie ist.

Daß die Klarheit die schönste und freundlichste Eigenschaft der Poesie ist.

Als ich mich von Berlin löste, dachte ich an Boris Blacher als meinen Nachfolger. Die Schwierigkeit, ihn zu plazieren, bestand darin, daß er nicht wollte. Nach einem Essen im Hotel am Steinplatz wollte er. Ich hatte ihm die Sache plausibel gemacht, und wir tranken darauf. Der Hochschulsenat und die Stadt erwarteten von mir einen praktikablen und vernünftigen Vorschlag. Einen besseren wußte keiner.

Nach dem Essen sprachen wir von einem superklugen Aufsatz der Frankfurter Allgemeinen. Darin wurde behauptet, eine Oper sei dann modern, wenn die Musiksprache, ihre Ausdrucksweise, ihre Grammatik modern wären. Nach dieser Theorie konnten selbst die kühnsten Neutöner die Libretti ihrer Großväter vertonen, ohne daß daran etwas auszusetzen war. Besonders dann, wenn die Dekoration und der Inszenierungsstil der herrschenden Mode genauso entsprach wie die Diktion der Musik. „Das", sagte ich Blacher, „gefällt mir nicht."

„Was", sagte er verblüfft, „könnte an Stelle der üblichen Opernhandlung treten?"

„Chiffrierte Handlungsrudimente, Lautfetzen, abstrakte Wortbildungen, ein formelhafter Dialog, dessen Bedeutung in seiner Formelhaftigkeit liegt, nicht in seinem Inhalt."

Blacher war begeistert und sagte, das wäre etwas für ihn.

Ob ich bereit wäre, einen Entwurf zu machen. Ich war bereit, und er komponierte die „Abstrakte Oper Nr. I".

Die Reihenfolge der Szenen war: Angst – Liebe I – Schmerz – Verhandlung – Panik – Liebe II – Angst.

Ich erzählte ihm eine Menge über die Vielfalt von Schmerzen; die Variationsfähigkeit der Liebe kannte er wahrscheinlich selbst, die der Angst auch, kurz: er verstand. Am 28. Juni dirigierte ich das Stück bei der „Woche für Neue Musik" im Hessischen Rundfunk. Wir ernteten in der Presse wenig Ruhm. Unter der Überschrift „Laga-baba-nabuna oder die Sprache der Liebenden" stand da eine Menge über den „nihilistischen Kulturzerfall" und ähnliche Sachen. Ich bin heute noch stolz darauf.

Wenig später riskierte es mein alter Freund Intendant Schüler in Mannheim, der sich früher schon in Leipzig nachdrücklich für mich eingesetzt hatte, das Experiment auf die Bühne zu bringen. Ich erzählte ihm echte Situationen aus der Kriegs- und Nachkriegszeit, einfach als Assoziationshilfe für die Richtung seiner Inszenierungsideen. Das Resultat war bewundernswert, einer der erschütterndsten Theaterabende, die ich erlebt habe.

Beispiele:

In „Liebe" brachte der Tenor eine Schneiderpuppe auf die Bühne und schmückte sie. Der Sopran liebte den Tenor und wurde von ihm zurückgewiesen. Zum Schluß der Szene erschoß der Sopran die Schneiderpuppe.

Die „Verhandlung" war die einzige Szene mit einem konventionellen Text. Vor einer Rückwand aus Zeitungen der ganzen Welt stand über die Breite der Bühne ein langer Verhandlungstisch. Rechts saß ein Russe am Tisch, links ein Amerikaner. Der Dialog war verständlich: „Weather is fine" – „slutschaite Da OKOKOK" usw. Während die beiden ihren „politischen" Dialog hinzogen, begann die Zeitungswand erst in der linken Ecke und dann immer weiter und höher hinauf abzubrennen, bis der sinnlose Dialog im Feuer erstickte.

In „Panik“ bewachten schwerbewaffnete Uniformierte eine Gruppe von Gefangenen in einem Keller. Sirenen fingen an zu heulen. Die Gefangenen sollten aus dem Keller entkommen. Während die Wächter zu schießen begannen, stürzte über allen Gefangenen und Wächtern das Gewölbe ein.

Im letzten Bild flogen Weltraumpiloten durch das Nichts in das Nichts, bis die Leere sie verschlungen hatte.

Schüler schrieb über seine Inszenierung: „Die Vorgänge laufen wie im Traum mit der für ihn typischen Lebendigkeit, jedoch im Vergleich zur Kausalitätskette einer wirklichen Handlung in veränderter und verschwimmender Form ideenfluchtartig ab.“

Diesmal war die Presse gut: „Das Gefühl, daß hinter dem Ganzen viel mehr stecke, hat die szenische Uraufführung im Mannheimer Nationaltheater bewiesen.“

Eine Gruppe von organisierten Jugendlichen war mit Kindertrompeten und Ratschen ins Theater gekommen und spielte eine Zeitlang mit. Tumulte mischten sich mit Beifallssalven. Blacher wollte nicht ohne mich vor den Vorhang. Er ließ die ganze Zeit meine Hand nicht los, und so gingen wir mit den Mitwirkenden oft und oft durch das Fegefeuer, einen Tumult, der für mich ein Vergnügen war.

Die Oper wurde *à la longue* ein Erfolg. Immer wieder kommen vom Verlag Bote & Bock Abrechnungen für den Textdichter Egk, vor allem aus dem Ausland.

Bei der üblichen Neujahrsumfrage der „Neuen Zeitung“ Ende 1953 schrieb Mary Wigman: „Meine stärksten Eindrücke? Abgesehen von den Konzerten, eine herausfordernd charmante Inszenierung der ‚Abstrakten Oper‘ von Boris Blacher und Werner Egk in Mannheim.“

Im Wonnemonat Mai des Jahres 1953 fand die Uraufführung meines Balletts „Die chinesische Nachtigall“ statt. Es verdankt seine Entstehung dem Ministerialrat Dr. Pöverlein, der die Gesellschaft „Deutsches Museum“ in München vertrat. Er wünschte sich zum Jubiläum des fünfzigjährigen Bestehens dieser imponierenden Einrichtung etwas Besonderes – als Überraschung für die achthundert internationalen Berühmtheiten aus dem Weltreich der Technik, die zum Fest erwartet wurden.

„Wollen Sie uns nicht ein Ballett schreiben, lieber Herr Egk, das wir nach dem abendlichen Festessen der Gesellschaft auf der Bühne des Deutschen Museums aufführen können? Es müßte etwas mit dem Thema ‚Technik‘ zu tun haben.“

Da war der Herr Dr. Pöverlein bei mir gerade an den Richtigen geraten. Ich hatte die vielen Feuer noch nicht vergessen, die im Krieg mit Hilfe der Technik vom Himmel gefallen waren, und auch nicht die Welttragödie von Hiroshima, die diabolische Meisterleistung der Verschmelzung aller technischen Künste.

„Lieber Herr Dr. Pöverlein“, erwiderte ich scheinheilig, „darf ich schreiben, was ich will, wenn es nur irgendwie mit der Technik zusammenhängt?“

„Aber ja, das bleibt Ihnen überlassen.“

„Dann schreibe ich ein Ballett nach Andersens Märchen ‚Die Nachtigall'."

Als ich meinem Auftraggeber ehrlich erläuterte, daß das Sujet eine Versammlung von Technikern besonders interessieren müßte, da der künstliche, von einem Hofmechaniker erzeugte Vogel zerplatzt, während der natürliche, von Gott geschaffene den Tod vertreibt und den guten Kaiser gesund macht, sagte er bedingungslos: „Ja."

Er blieb auch dabei, als ich ihn daran erinnerte, daß der wiedergenesene Kaiser die Minister mit einem „Guten Morgen" begrüßt, das nichts anderes bedeutet, als daß die Geschichte immer wieder von vorne anfangen wird: Die Technik wird töten, die Natur wird den Tod besiegen – weil es einen Gott gibt.

„Ein schöner und tiefer Gedanke", sagte er. „Schreiben Sie dieses Ballett für uns."

Ich schrieb es und verfertigte für die künstliche Nachtigall eine schnarrende, bis zum Zerreißen funktionierende Musik und für den lieben Vogel einen schönen Gesang.

Vor der Uraufführung aßen und tranken die achthundert Kapazitäten bis 21.30 Uhr und waren noch in Erinnerungen und Fachsimpeleien versunken, als das Ballett begann. Die Musik schien sie zu stören, doch sie hörten nicht auf, sich angeregt und laut zu unterhalten. Einer oder der andere warf einen gedankenlosen Seitenblick auf die schönen Beine der Solistin Patricia Miller vom Sadler's Wells Ballet. Als echte Spezialisten blieben sie aber nur an ihren Spezialitäten hängen.

So bemerkte nicht einer von den achthundert, daß das Ballett eine bestellte und bezahlte Ohrfeige für die Technik war. „Very nice", sagte jemand zum Schluß, einige klatschten aus Höflichkeit, als die Solisten und das Ballettcorps erschienen. Ich raste wütend davon, weil es mir nicht gelungen war, die Helden der Technik auch nur nachdenklich zu machen. Wie hatte ich so größenwahnsinnig sein können, mir einzubilden, ich vermöchte das mit einem Gleichnis erreichen, was die Anschauung der Wirklichkeit nicht vermocht hatte.

Die Aufführung im Kongreßsaal war nur die Voraufführung der öffentlichen Premiere im Prinzregententheater. Tatjana Gsovsky ließ „halb zärtlich, halb ironisch den Dingen des Alltags Flügel wachsen, ließ die seltsamsten Floskeln und Formen durcheinanderwirbeln und warf ständig neue Effekte in das entzückte Publikum". Jürgens, der Zauberer unter den Bühnenbildnern, spielte das Stück unter einer luziden Decke aus Formen und seltsamen Bildern, die der Phantasie von Paul Klee verwandt waren, und ließ alles Mobiliar, Bett, Thron, Uhr in altmodischen Formen von einem genialischen, aber ständig unter Alkohol arbeitenden Korbflechter anfertigen. „Die Choreographie knisterte und klirrte von Geist, Witz, Charme und komödiantischer Entfesselung." So schrieb Walter Eichner, der besten Kritiker einer, der sich – Gott sei gelobt – von der Sklavenarbeit der Kritik in die Herrlichkeit einer Intendanz retten konnte.

Auch Tatjanas „Zarissa" – es war damals schon ihr dritter – war perfekt. Sie arbeitete daran wie eine Rasende. In der Mittagspause, als alle Ballerinen, Balletteusen und Ballettratten schliefen, sauste sie nach Geiselgasteig und schaltete auf Film. Um 17 Uhr war sie wieder im Ballettsaal. Niemand weiß, wie sie das geschafft hat. Wenn ihr an einem Kostüm etwas nicht paßte, warf sie sich selbst vor den Ballettfratzen auf die Knie und änderte und steckte um, „das Maul voll Nadeln", wie sie zu sagen pflegte.

O Tatjana, ich kenne kein Weib und keinen Mann, der Menschen und Dinge so anschauen kann wie du. Sehen ist für dich einverleiben oder ausspucken. Deine Rundumsicht, deine Allround-Fähigkeit, blitzartig zu ändern und ebenso blitzartig zu ordnen, ist verblüffend wie die Einheit von Phantasie und Entscheidung, der du dein irrsinniges Tempo verdankst. Nie hast du vor Schwierigkeiten kapituliert. Sie gingen vor deiner Erscheinung in Luft und Rauch auf. Nach deinen auf Tempo gestellten Proben schauten sich Tänzer und Tänzerinnen in die Augen und fragten sich: Wie hat sie es angestellt, uns so rasch beizubringen, was wir gelernt haben und nie wieder vergessen können? O Tatjana, bleibe so jung, wie du immer warst und heute noch bist. Dir verdanke ich so viel, daß ich eine Bibliothek voll und nicht eine Seite in einem Buch über dich schreiben müßte. Und Deutschland dankt dir, daß es ein deutsches Ballett gibt, trotz aller englischen Choreographen, die man heute engagiert: Dir sind wir ewig verpflichtet, dir, du russisches Wunder!

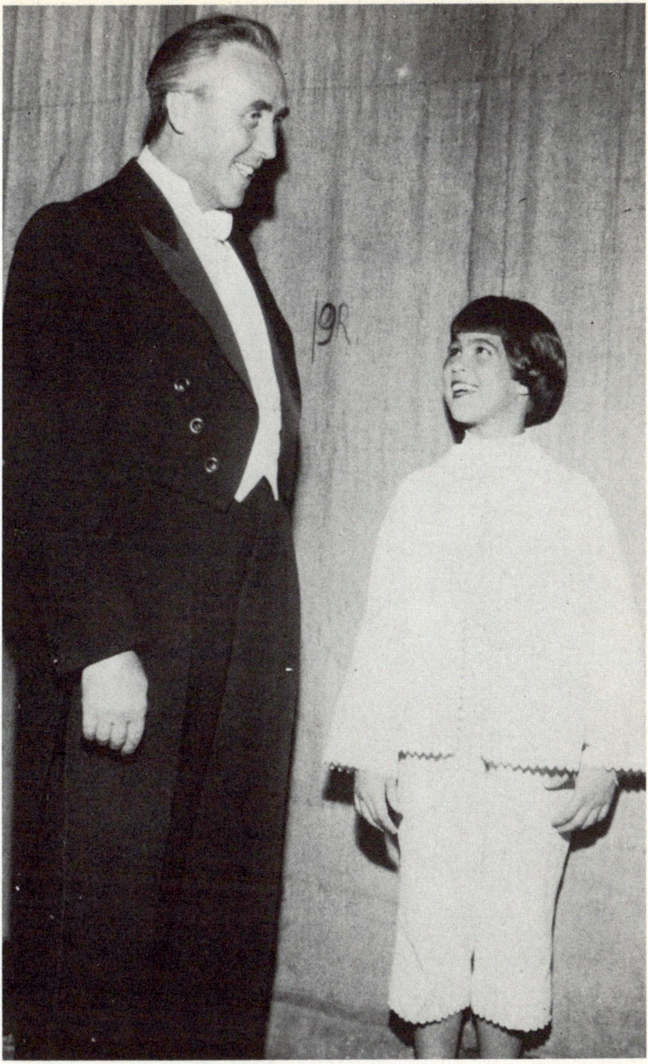

Uraufführung der „Chinesischen Nachtigall", München 1953:
Werner Egk mit Ursula Heimerer.

Werner Egk mit der Choreographin Tatjana Gsovsky (1902–1981) bei der Münchner Uraufführung.

Nach dem Ballett „Die chinesische Nachtigall" fand die nächste Uraufführung am 18. Juli 1953 in Aix-en-Provence statt.

Am 26. September 1952 hatte sich Heinrich Strobel dieserhalb schon vernehmen lassen:

Schreiben Sie für die nächstjährigen Gastspiele des Südwestfunk-Orchesters zum Festival in Aix-en-Provence zwei populäre Airs, eines für Alarie, eines für ihren Mann Simeneau.

Egk am 22. 10. 1952:

Ich habe mir einige Bände Ronsard und „I Lirici del Seicento" besorgt.

Strobel am 9. 12. 1952:

Es sollen virtuose Stücke sein, die Ihre rentré en France zu einem Triumph machen werden. Ich könnte den Auftrag eventuell mit einer bescheidenen Summe bezahlen, obwohl ich es lieber nicht täte. Sacher soll dirigieren.

Egk am 2. 1. 1953:

Virtuos freut mich, Triumph freut mich, Honorar freut mich, Sacher freut mich. Es wird schon werden.

Strobel am 3. 1. 1953:

Herr Bigonnet wie die Trinité de la Ste-Pédale in Paris rechnen 100% mit Ihren beiden Stücken, welche am Sonntag, 19. 7., von Herrn Paul Sacher aufgeführt werden.

Egk am 14. 1. 1953:

Ich kann wegen des in Arbeit befindlichen Balletts frühestens am 23. März anfangen zu komponieren, wenn die Texte feststehen. Bitte entziehen Sie mir nicht Ihre hohe Protektion, die geeignet ist, selbst so schwache Talente wie mich am Leben zu halten.

Strobel am 24. 1. 1953:

Welche Texte gedenken Sie mit dem Sprühregen Ihrer Tonsätze zu begießen?

Egk am 28. 1. 1953:

Der Sprühregen wird niedergehen, wo es Gott gefällt, wie ja auch Ihr Sprühregen häufig an Orten niedergeht, die nicht vorherzusehen sind. Zur Zeit suche ich bei Ronsard, bei Charles d'Orléans und in italienischen Schwarten des Sechzehnten. Beide Arien übersende ich Ihnen am 10. Juni.

Strobel am 12. 3. 1953:

Schott sagt, Sie würden die Arien nicht schreiben, und wenn, könnte das Material nicht rechtzeitig hergestellt werden.

Egk am 16. 3. 1953:

Stimmt nicht. Ich habe Freund Ludwig (Strecker) nur erzählt, ich sei ferienreif und dürfte eigentlich nach den Ballettproben, Aufführungen, Reisen, Komponistenversammlungen und zeitraubenden GEMA-Nonstop-Monstresitzungen keine Terminarbeiten schreiben. Selbstverständlich schreibe ich sie.

Egk am 15. 4. 1953:

Ballett ist fertig, nicht mehr in meiner alten tumben Kaspar-Hauser-Technik. Habe versucht, von den Methoden des modernen Symphomobilbaues zu profitieren. Arien werden rechtzeitig fertig.

Strobel am 16. 4. 1953:

Ich hoffe, daß Herr Bigonnet Sie für Aix einlädt. Bei dem großen Geldmangel dort unten ist das nicht sicher. Bestellen

Sie rechtzeitig Zimmer bei Madame A. B. S. Es ist eine sehr liebenswürdige Dame, die allen Ihren Wünschen entsprechen wird, bis auf den bekannten, denn ich fürchte, sie ist lesbisch.

Strobel am 9. 5. 1953:

Sie werden im Nègre Coste wohnen. Ihrer Bedeutung entsprechend müßten Sie eigentlich im Roi René absteigen. Dort werden Sie pro Mann und Tag mindestens 5000.– Ffrs los und kriegen einen Saufraß.

Egk am 10. 6. 1953:

Termingemäß alles abgeschickt. Drucken Sie die Texte ab. Es ist besser, wenn die Leute wissen, worum es sich handelt. Aus physikalischen Gründen, sagt Scherchen, versteht man über dem zweigestrichenen e kein Wort mehr.

Die beiden Arien dauern insgesamt nur zwölf Minuten. Der Briefwechsel zeigt, daß auch die Verständigung Zeit frißt. Ursprünglich sollte Simeneau, einer der besten Mozartsänger der Welt, die erste Arie singen, seine Frau, die „Kanadische Nachtigall" Pierette Alarie, die große Koloraturarie. In Aix einigte sich das Ehepaar darauf, daß Pierette beide Stücke singen sollte. Von da an lautete der endgültige Titel „Chanson et Romance" für Koloratursopran und Kammerorchester.

Die Münchner Uraufführung der „Nachtigall" hatte am 5. 5. stattgefunden. Die Premiere des Egk-Abends mit „Nachtigall" und „Zarissa" im Prinzregententheater, genannt „Prinz", am 19. 5. Am 20. 5. war ich in Wien bei der Staatsopernpremiere von „Abraxas" mit Erika Hanka, der Choreographin, die schon früher in Hamburg einen auffallend frischen „Zarissa" serviert hatte. Zwischendurch leitete ich die weiterlaufenden Münchner Aufführungen des „Peer Gynt" und des Ballettabends und am 28. 6. die Uraufführung der „Abstrakten" in Frankfurt. Am 18. 7. war ich Gast in Aix-en-Provence für „Chanson et Romance".

In der Anthologie von André Lejard „La femme et l'amour“ hatte ich meine Texte gefunden:

Das „Chanson“ besingt auf einen, das ganze Stück durchpochenden arabischen Rhythmus die Küsse der Liebenden, den unstillbaren Durst, der ihr Fleisch verzehrt, ihre Lippen aufeinanderpreßt und beide zu einem Wesen vereinigt, untrennbar wie zwei Jahr um Jahr ineinander verwachsende Rebstöcke.

Die „Romance“ ist ein dramatisches Gedicht, das die Unsterblichkeit der Liebe feiert: Die kleine Blanche Fleur erkennt, daß es nicht die schlimmen Sirenen sind, deren Gesang man weit her übers Meer tönen hört, sondern der Gesang des jungen Grafen Olinos, der übers Meer gekommen ist, um sie zu sich zu holen. „Er wird mich heiraten“, sagt sie zu der Maurenkönigin, die sie auf ihrem Schloß gefangenhält. „Ist dies der Graf Olinos, so werde ich ihn töten.“ „Tötest du ihn, so mußt du auch mich töten.“ Und so geschieht es. – Aus den Gräbern der Liebenden wachsen zwei Olivenbäumchen. Sie vermischen ihr Gezweig und vereinigen sich, wenn der Nordwind weht, und wenn der Südwind weht, vereinigen sie sich auch. Die Königin läßt sie abhacken. Blanche Fleur entspringt am gleichen Ort als klarer Quell, Olinos als starker Bach. Ihre Wasser vereinigen sich, damit jeder, der an der Liebe leidet, darin Heilung finde. Auch die Maurenkönigin will vom Liebeskummer genesen, die Quelle aber spricht zu ihr: „Ich muß für jeden fließen, für jeden, für jeden. Für dich aber werde ich versiegen.“

Daß gerade Paul Sacher, Freund und Förderer zahlreicher Komponisten „Chanson et Romance“ dirigieren sollte, erfüllte mich mit Freude. Er ist einer der seltenen Dirigenten, für die das primum movens die Darstellung der Musik und nicht die Präsentation ihrer eigenen Interpretation ist. Seine Affinität zu zwei Genies der musikalischen Interpretation, zu

Toscanini und Furtwängler ist gerade in dieser Beziehung nicht zu übersehen. „Chanson et Romance" ist für Koloratursopran und Kammerorchester geschrieben. Sacher liebt und bevorzugt die Arbeit mit dem Kammerorchester, seit seiner berühmten Basler Gründung, die er zu einem der feinnervigsten Klangkörper entwickelt hat. Mit einem Wort: Ich konnte mir keinen besseren Dirigenten wünschen.

Die Uraufführung fand im Freien, im ummauerten Hof der Universität von Aix statt, vor einer harmonisch ebenmäßigen Architektur, die von schönen alten Bäumen anmutig gegliedert und aufgelöst ist. Als das Orchester leise einstimmte, waren die Vögel schon in den Baumkronen schlafen gegangen. Ein leise mahnender Nachtwind bewegte die warme Luft. Die Sterne blitzten durch das Geäst über unseren Köpfen.

Paul Sacher begann mit den zarten arabischen Rhythmen. Alarie fing an, mit ihren süßesten Tönen von der Liebe zu singen. Alle waren von dem Gesang und von der Schönheit der Nacht gefangen. Da mischten sich mit einem Male die leisen Vogelrufe der aus dem Traum erwachenden kleinen Schläfer in die Musik. Sie verband sich mit den Lauten der Natur. Schließlich sangen die Vögel mehr und mehr, je dramatischer sich die Romance entwickelte. Es war, als ob sie jedes Wort verstünden. Man konnte auch die Sprache der Vögel als klagenden Kommentar zu der Untat der maurischen Königin verstehen. Das Publikum war verzaubert, ich war glücklich wie selten.

Den schönsten Dank für meine Musik spendete mir eine weißhaarige, uralte, kleine schwarzgekleidete französische Dame. Sie blieb lange vor mir stehen, fast bis alle Leute den Hof verlassen hatten, bis sie sprechen konnte: „Mit ihrem Gesang über die Liebe, junger Freund, haben Sie aus den Tiefen meiner Erinnerung etwas Kostbares wieder heraufgeholt, das ich längst gestorben und begraben glaubte. Jetzt ist es wieder lebendig geworden und auferstanden, so schön wie es gewesen ist, da ich fast noch ein Kind war. Ich danke Ihnen!" Sie sagte es unter Tränen, glückselig lächelnd, hielt meine Hand noch eine Weile in der ihren und verschwand wie ein Schatten unter den Bäumen.

Nach der vom Glück getragenen Premiere beschlossen wir, das Ereignis mit einer Bouillabaisse zu feiern. Dieses Gericht gibt es in seiner vollendeten Form nur in einem einzigen Restaurant zwischen Marseille und der italienischen Grenze. Es findet sich, über ein paar Stufen zugänglich, auf der linken Seite des Hafens von Cassis. Dieses Restaurant ist das einzige der Welt, das sich rühmen kann, das von der Göttin Aphrodite erfundene und von ihrer eigenen rosenfingrigen Hand in griechischer Sprache niedergeschriebene Rezept der wahren Bouillabaisse zu besitzen. Wie die Geheime Offenbarung des Johannes auf der Insel Patmos ist auch das Rezept der Aphrodite mit goldenen Buchstaben auf violettes Pergament geschrieben.

Bitte fragen Sie niemals in Cassis danach, man wird es Ihnen nicht zeigen. Uns befand man dank der Anwesenheit des Kenners Heinrich Strobel würdig, es mit und ohne Brille ehrfürchtig zu bestaunen. Es wurde uns ganz sonderbar zumute, unsere verborgensten Instinkte und Begierden stiegen gen Himmel. Aphrodite erfand das berühmte Rezept, um ihren Gatten einzuschläfern. Das Löffelchen schlafbringenden Safrans war als Beigabe dazu bestimmt, den Schmied so lange in Morpheus' Armen festzuhalten, als sie, von brennender Begierde nach Ares verzehrt, in dessen Armen festgehalten werden wollte. Daß die Wirkung des Safrans für Aphrodites Wünsche unzureichend blieb, so daß sie inmitten frischer Tat ertappt wurde, liegt nur daran, daß sie deutsche musikalische

Klassik nicht kannte und deshalb eine Reprise nicht für befriedigend hielt.

Selbstverständlich aßen wir die Bouillabaisse mit Rouille und mit Aioli, über die der provençalische Dichter Frédéric Mistral gesagt hat: „Das Aioli macht leicht trunken, sättigt den Leib mit Wärme und badet die Seele in Begeisterung. In seinem Wesen vereint es die Kraft und die Heiterkeit der provençalischen Sonne." Die Mayonnaise bezeichnete er im Vergleich mit Aioli verächtlich als „Marmelade".

Wir waren zu siebt in dem Restaurant: Drei Sachers, zwei Strobels und zwei Egks. Es gab eine lange Debatte, ob wir die normale Bouillabaisse de Luxe oder, wie sie noch verächtlicher genannt wird, die Bouillabaisse des Riches essen sollten. Außer den zur Bouillabaisse gehörigen ausgesuchten Fischen und Zutaten werden dem Gericht in dieser Form noch Langusten beigegeben. Schließlich kamen wir überein, das überreichte Gericht zu bevorzugen: die Armen unter uns, weil sie arm, die Reichen, weil sie reich waren.

Die Seele badeten wir noch zusätzlich in einem Vin de Cassis, in Begeisterung und Heiterkeit. Die Diskussion über den zu wählenden Jahrgang und die zu bevorzugende Lage dauerte nur dreißig Minuten, das köstliche Mahl vier Stunden. Hinter jedem von uns stand ein in einen Frack gehüllter eleganter Herr und bereitete jeweils den nächsten Löffel mit der richtig und individuell dosierten Mischung der verschiedenen Substrate und Akzidentien vor, um ihn uns im sekundengenau richtigen Moment zu reichen. Man variierte selbst auch noch ein wenig und diskutierte über gewisse Eigenheiten und Wirkungen wie das römische Kardinalskollegium eine Generation später über mögliche Nebenwirkungen der Pille.

Anderentags suchten und fanden wir im Flachland ein kaum bekanntes Badeloch, unsichtbar unter der Erdoberfläche von einem ständig verborgen strömenden Wasser zu steinernen Wannen ausgehöhlt, in denen man schwimmen konnte. Wir besuchten auch die Carrière, einen gefährlichen, uralten, in römischen Zeiten labyrinthisch angelegten Marmorbruch. Wir gedachten Cézannes und Milhauds und vergaßen die Schreckenszeiten nicht, die Heinrich und Hilde Strobel nach Ausbruch des deutsch-französischen Krieges in den Jahren 1940/41 in ihrer geliebten Provence erleben mußten. Grausam getrennt natürlich.

Schon Ende der Goldenen Zwanziger hatte ich bei Strobels in der Berliner Preußenallee 34 oft, meist überraschend und unangemeldet, gegessen, wie sie es mir konzediert hatten. Die Konversation war des Essens würdig, das Essen der Konversation. Auch in späteren Zeiten haben wir uns oft und oft gemeinsam gastronomisch vergnügt. Eines muß aber festgehalten werden: Hildes Kochtopf war das Höchste.

Als Heinrich Strobel und ich in die Jahre kamen, in denen sich die Vergangenheit und die Zukunft gerade noch die Waage halten, begannen wir uns zu besingen:

Werner Egk – Berichte und Bildnis
von HEINRICH STROBEL (1960)

Er ist nicht in der Stube der Systematiker groß geworden. Der frische Wind seiner bayerischen Heimat und die lockenden Lüfte Italiens haben ihn geformt. Er schuf sich ein Universum aus der eigenen sinnenstarken Anschauung der Welt mit all ihren Schönheiten und ihren Schrecken, mit all ihren Wundern und ihren Geheimnissen, mit allem, was sie offenen Augen und Ohren bietet, und mit allem, was sie verhüllt.

Enthüllungen
oder
Der Rhinocerotide aus Bayern
von WERNER EGK (1968)

Mit Recht wird Heinrich Strobel der Familie der fossilen Rhinocerotiden zugezählt. Er stellt eines der seltensten Exemplare dieser aussterbenden Gattung dar, eines der letzten, die nicht in Trupps leben, sondern als Einzelgänger oder paarweise, berühmt für ihr entwickeltes Witterungsvermögen und ihren scharfen Gehörsinn.

Er wurde in einer Niederung, am Zusammenfluß zweier Wasserläufe, in der Nähe berüchtigter Strudel und unterirdischer Strömungen im Angesicht zweier Inseln und dicht hinter dem Endpunkt einer durch einen bedeutenden Punkt mit den Ozeanen verbundenen Großschiffahrt geboren. Die alte Siedlung (Regensburg), welche diesen Endpunkt markiert, bestand in der Hauptsache aus Kirchen und Bierwirtschaften. Durch das weit übers Wasser hallende Läuten der Kirchenglocken wurde der Gehörsinn des Adoleszenten schon früh differenziert. Durch den Dampf der Sud- und Wurstküchen, der, vermischt mit dem Weihrauch der Kirchen, ohne Unterlaß aus der Flußniederung zum Himmel emporsteigt, wurde sein für einen Rhinocerotiden ungewöhnlicher Appetit auf Fleischspeisen bis zur Begierde nach seltenen Gerichten jeder Art ausgebildet.

STROBEL:

Er hat gemalt, sogar Fresken in einer italienischen Villa, er hat mit dem Rundfunk zu einer Zeit experimentiert, als kaum ein Musiker daran dachte, dieses neue Medium ernst zu nehmen. Er hat die Klänge und Gesänge, die in mediterranen Regionen heimisch sind, begierig gehört und studiert, als die meisten seiner Kollegen von der komponierenden Fakultät sich immer tiefer in den Kontrapunkt und in den Akademismus verstrickten. Und er hat die süddeutsche Kunst mit all ihrem Reichtum an überschwenglicher Phantasie und berükkenden Farben in sich aufgenommen, vom kleinen Welttheater der Jesuiten bis zur großen Architektur der barocken Kirchen, die bayerische Blasmusik nicht zu vergessen.

EGK:

Mein Geburtsort (Auchsesheim, jetzt Ortsteil von Donauwörth) liegt zwar nur fünf Kilometer von dem gleichen Fluß entfernt wie der seinige, aber viel zu weit westlich hinter dem Ende der Großschiffahrt, als daß Strobel meine Fährte schon in früher Jugend hätte aufnehmen können. Er witterte mich erst in der Zeit, in der er längst von der bayerischen Flußniederung in den einstmals herrlichen großen Sumpf an der Spree übergewechselt war, in dem er sich mit seiner zierlichen Gefährtin besonders wohlfühlte. Er war damals (in Berlin) schon sehr groß. Was er nicht niedertrat, erhob er im „Melos" und im Feuilleton des „Berliner Börsen-Couriers" zu allgemeiner Bedeutung.

Telephonieren hatte er in den Redaktionen schon früh gelernt, aber in das Maschinenwesen hatte er damals, abgesehen von der Bedienung des Fahrrads, keinen Einblick. Erst durch Paul Hindemith lernte er die Anfangsgründe der Technik in Abendkursen, in Paules Wohnung auf dem Bauche liegend, das große Eisenbahnspiel: Weichenstellen, Rangieren, Fahren und fahren lassen und andere Kenntnisse, die ihm auch heute noch von Nutzen sind.

STROBEL:

Lieber Werner Egk, alle Ängste und alle Anerkennung, alle Sorgen und alle Freuden, die mit Deinen Werken verbunden waren, haben wir, ich darf es wohl sagen, gemeinsam erlebt und ausgekostet. Gewiß: Du sehr schnell zu Glanz und Ehren aufsteigend, ich, allerdings unfreiwillig, in den Hintergrund mich verziehend und doch für Dich wirkend, so gut ich eben konnte. Manchmal hing es an einem Faden. Aber Du bist ein Glücksmensch. Und am Ende ging es immer gut, gegen jede Erwartung. Das ist, was ich an Dir schätze: Deinen Scharfsinn, Deine kuriosen und überzeugenden Gedanken, Deine Bissigkeit, die den Nagel auf den Kopf trifft, Deine Zick-zack-Logik, der man sich ergeben muß, denn Du bist ja nicht weit von Brecht geboren ...

EGK:

Ein Rhinocerotide ist von Natur aus mutig, er verzagt

und flieht niemals. Trotzdem habe ich diesen einmal fliehen sehen. Wir saßen in einem bekannten Sumpfkaffee (am Nollendorfplatz), als die Lautsprecher das Lokal überraschend mit Nachrichten über ein bedeutendes Ereignis der Zeitgeschichte beschallten (Rheinlandbesetzung). Wie aus einem Munde nahmen wir nur knapp, nur mit einem einzigen, unschuldigen kleinen zweisilbigen Wort dazu Stellung. Und schon befanden wir uns auf der Flucht. Von mir abgesehen, will selbst ein Rhinocerotide nur ungern von wütenden Sumpfanthropoiden gelyncht werden.

STROBEL:

Und dann die Pariser Jahre. Einig waren wir uns in jedem Fall, und wir glaubten, daß es dann besser würde. Giraudoux schien nicht abgeneigt, einen Operntext für Dich zu schreiben, und mit dem teuren, unvergessenen Arthur (Honegger) machten wir kühne Pläne ...

Ich bin stolz und glücklich, daß ich – vom Zufall an einen guten Platz gestellt – Dir, als es soweit war, den weiteren Weg zum Ruhm erleichtern konnte.

EGK:

Im Verlauf der finsteren Zeiten geriet er in manchen rhinoceridenfeindlichen Dschungel. Nach dem Krieg trafen wir uns erst in Baden-Baden wieder. Sein Auge nahm immer mehr den Ausdruck eines erfahrenen Weisen an – oder eines mißtrauischen Bullen, was schließlich auf das Gleiche herauskommt. Seine Ähnlichkeit mit Sokrates wurde immer auffälliger. Sokrates war ein „Jugendverderber", und auch Strobel hat seinen Alkibiades Pierre Boulez.

Ich habe mich gefragt: Was sagt mein Freund der Jugend eigentlich, daß sie ihm so anhängt? Es ist nur ein kurzer Satz: Du sollst nicht – du darfst.

Schon war ich im Begriff, mich in meinen bequemen chronologischen Lehnstuhl zu setzen und, beim Uraufführungsjahr meiner Oper „Irische Legende“ ankommend, zu erzählen, wer Regie führte, die Bühnenbilder entwarf, sang und tanzte. Aber bei irischen Geschichten muß man genau sein und von vorne anfangen. Für Unterlassungen rächen sich die irischen Geister durch starkes Anblasen mit dem irischen Nasenwind, der einen über die Berge trägt, wenn man nicht richtig Antwort gibt auf alles, was einer das Recht hat zu fragen.

Nicht einmal dem heiligen Patrick war es erlaubt zu taufen, ohne Fragen standzuhalten. Ein junges Mädchen, nicht neugieriger als andere, fragte ihn:

Wer ist Gott,
und wo ist Gott,
woher ist Gott,
und wo seine Wohnstatt?

Hat er Söhne und Töchter,
Gold und Silber, euer Gott?
Hat er das ewige Leben,
ist er schön,
hat sein Sohn
viele Paten?

(Übersetzt von Clemens Graf Podewils)

Nach weiteren elf Fragen ließ sie sich immer noch nicht taufen, sondern fing erst an, es sich zu überlegen. Mich daran erinnernd, will ich versuchen, von Anfang an zu erzählen, was die „Irische Legende“ betrifft.

Das Jahr 1948 war nicht gerade eines der lustigsten, und man konnte damals sehr leicht desperat werden, wenn man bedachte, was geschehen war und was daraus werden konnte. In dieser Zeit gaben uns unsere Freunde Burkhard und Isabella Nadolny die „Irische Schaubühne“ von William Butler Yeats, ins Deutsche übersetzt von ihrem Freund Henry von Heiseler und 1933 in einem Privatdruck erschienen. Sie schenkten mir auch die „Irish Fairy and Folk Tales“ und damit die Sage, die Yeats' Dichtung zugrunde lag. Darin stand nicht mehr und nicht weniger geschrieben, als daß es in der Hölle der Verzweiflung Hoffnung gibt und im Fegefeuer von „Hunger und Angst“ Nahrung und Mut. Woher Hoffnung? Woher Nahrung und Mut? Darauf gibt die Sage auf so eine einfache unverkleidete Art Antwort, wie das unspielbare Theaterstück von Yeats auf eine kostbar verhüllte.

Die Sage erzählt von zwei Kaufleuten, die Seelen für den Teufel handelten. Ihre Beute wurde ihnen durch das Opfer der engelschönen und frommen Cathleen entrissen, welche ihre eigene Seele verkaufte unter der Bedingung, daß alle anderen frei und ledig würden. „Die Satansboten krümmten die Krallen unter dem Lederhandschuh, ihre grauen Augen funkelten: Diese reine, fleckenlose, keusche Seele der Gräfin Cathleen, das war ein unbezahlbarer Erwerb.“ Sie gaben alle gekauften Seelen frei und wollten sich in den Besitz von Cathleens Seele setzen, als diese starb. Gott aber erklärte den Verkauf dieser Seele, so edel er auch gemeint war, für nichtig.

Der Same der Hoffnung, den meine Freunde mir mit der Sage und Dichtung 1948 ins Herz gesenkt hatten, ging – wie erwähnt – in der Nacht vom 15. auf den 16. Oktober 1951 auf. Im Februar 1953 war es so weit, daß ich, wie einst den „Columbus“ in Winterthur, so jetzt die „Legende“ in München mit Hermann Scherchen diskutieren konnte. Am 20. Juni 1954 begann ich mit der Komposition, am 10. Februar 1955 beendete ich sie. Am 17. August 1954 spielte ich das Werk, soweit es fertig war, in Salzburg vor. Oscar Fritz Schuh, ein Freund aus alten Tagen, stand als Regisseur fest, Caspar Neher, Brecht-Freund seit den Augsburger Zeiten, als Bühnenbildner. Mit der Sängerbesetzung gab es ein ewiges Hin und Her. Lange bevor sie feststand, wurde die Uraufführung auf den 17. August 1955 festgesetzt.

Von diesem Augenblick an hatte ich keine Ruhe mehr: Ich wurde laufend ausgefragt:

„Ist Ihr Stück aktuell?“

„Das wird sich herausstellen.“

„Wen soll man sich unter den Dämonen vorstellen?“

„Die Nazis?“ argwöhnten die Nazis.

„Die Kommunisten?“ argwöhnten die Kommunisten.

„Die Juden?“ fürchtete ein kleiner Herr aus Paris.

„Es bleibt Ihnen überlassen, herauszufinden, wo sich die Dämonen zur Zeit aufhalten.“ Das befriedigte nicht. Jeder hatte, in einem Hirnlappen versteckt, Furcht oder Hoffnung, daß sich die Dämonen vielleicht in seiner Verwandtschaft verborgen hielten. Schließlich mußte ich deutlich erklären, wofür jeder Dämon in der „Legende“ steht:

Der Tiger für die Macht

Der Geier für die Ausforschung

Die Hyänen für die Ausbeutung

Die Schlange für die Spionin, unentbehrliches Haustier der Macht

Die Eulen für die verführerischen Huren der Mächtigen

„Und wer“, fragten sie weiter, „ist Cathleen? Warum heißt sie bei Ihnen nicht mehr ‚Die Gräfin‘?“

„Sie vertritt ihr Volk, nicht einen Stand."

„Und die Engel?"

„Sie verkörpern den Geist der größten Toten ihres Volkes."

„Und die leeren Seelen?"

„Prüft, ob ihr nicht selbst dazugehört."

„Aleel?"

„Er ist ein Dichter, der die Gefahr flieht, weil er fürchtet, er könnte sich selbst verlieren."

„Und Faust?"

„Er ist ein Spiegeltrick der Dämonen. Er dient ihnen dazu, die Schwachen zu täuschen. Erinnern Sie sich bitte an ‚Freude, schöner Götterfunke' und an die bekannte Vorliebe ewig Verworfener für Kammermusik."

„Sonst noch Fragen?" Ich hatte gedacht, das wäre alles gewesen. Weit gefehlt. Da kam einer zurückgelaufen und erkundigte sich, wie einst der Heimtücker bei der Pressekonferenz anläßlich der Uraufführung des „Peer Gynt": „Wie sollen die Dämonen auf dem Theater dargestellt werden?"

„Jedenfalls in menschlicher Gestalt. Der Tiger hat den Gang einer großen Katze. Seine Ohren sind klein, spitz und verkrüppelt, und seine gelben Augen scheinen des Nachts wie Feuer. Der Geier hat das kalte Herz eines Raubvogels. Seine Augen sind so scharf, daß er auf zehn Meilen Entfernung seine Chance wie eine laufende Maus sieht. Die Kaufleute, welche die Hyänen genannt werden, erscheinen, wenn einer irgendwo strauchelt – und bestimmen den Preis. Sie treiben Handel mit Totem und Lebendigem und kennen kein Mitleid. Die Eulen sind schöne Weiber in frechen Kleidern. Ihre Augen haben einen starren, gläsernen Blick, und keiner kann jemals erraten, woran sie denken. Wenn sie die Augen schließen, werden sie unsichtbar. Soviel über Aussehen und Charakter der Dämonen."

Sie fragten weiter: „Geben Sie zu, daß Sie weder musikalisch noch literarisch linientreu sind?"

„In diesem Punkt halte ich es mit dem Bekenntnis des Malers Carl Hofer."

„Mit welchem Bekenntnis?"

Es lautet wörtlich: „Ich fühle mich in dieser betriebsamen künstlerischen Welt fremd wie ein Hotelgast, weil ich keiner der vornehmen Sekten angehöre und in vollem Bewußtsein nicht angehören will; weil ich in den ‚Salon des Nouveautés' keinen neuen Hut bringe und trotzdem unverdrossen an jener geistigen Wende mich beteilige, die das Gesicht des Kommenden prägen wird." Dazu bemerkte ich: „Er hat 1937 den ‚Mann in Ruinen' gemalt, während sich andere um Ideologien stritten und Karikaturen zeichneten. Er hat mit jedem Bild eine Wahrheit gesagt, als Prophet oder als Seher, ohne zu räsonieren."

In den Monaten vor seinem Tod hat Furtwängler mein Libretto als „eines der erregendsten künstlerischen Ereignisse unserer Zeit" bezeichnet. Er hat nie gefragt, er hat verstanden. Wie Oskar Kokoschka, der mir einen Brief schrieb, der verdient, aufmerksam gelesen zu werden.

24. 3. 54 *Villa Delphin, Quartier Byron, Villeneuve/Vaux*

Lieber Herr Egk, Ihr mir freundlicherweise dediziertes Manuskript hat mich ungemein gefesselt. Es ist eine wirkliche Dichtung, und immer überraschter war ich, daß so ein Werk im heutigen Deutschland entstehen sollte, wo ich im Augenblick nichts anderes als die langweiligste Gleichschaltung in der Kunst sehe, zumindest soweit ich beurteilen kann, was dort an die Öffentlichkeit kommt. Ich danke Ihnen von Her-

zen für diese Gabe, die ich sehr in Ehren halten will, und freue mich sehr auf Ihre Bekanntschaft in Salzburg im heurigen Sommer. Zufällig hörte ich tags nachher, als ich Frau Furtwängler Ihr Manuskript zum Lesen geben wollte, daß dieser wunderbare Mann den gleichen starken Eindruck von Ihrem Werk hatte. Ich freute mich um so mehr darüber, wie Sie sich wohl denken können. Gespannt bin ich nun auf Ihre Musik und wünschte von Herzen, daß sie ebensolcher Inspiration ihr Entstehen verdankte. Ich war wahrhaftig betroffen, beim Lesen wandelte ich durch eine Seelenlandschaft, die mir wohl bekannt war, und von der Kenntnis zu haben, hätte ich niemals bei einem anderen Wesen zugegeben, es wäre nicht möglich gewesen. Hier ist's Ereignis geworden. Nochmals vielen, vielen Dank und besonders, weil dies aus Deutschland kommt, wo ich keine Hoffnung mehr hatte.

*Allerherzlichste Grüße Ihr O. Kokoschka**

Mit der Wiederentdeckung Franz Kafkas zählte in den fünfziger Jahren für die Einpeitscher der modernen Literatur und des vorgeschriebenen Zeitbewußtseins besonders die immer sich erneuernde Pein: Angst und Bedrängnis des Individuums, weiterwuchernd bis zur Sekunde des Absterbens, die Verurteilung des Unschuldigen durch ein unbekanntes Gericht, Schnecke ohne Haus und Haut, pausenlose Folterung, die nur dadurch erträglicher wurde, daß man in das „gefrorene Meer" in sich so lange mit dem Beil hineinschlug, bis man mit dem Kopf auf die Schneide aufschlagend zusammenbrach.

Was sagen die Dämonen in der „Legende" von uns allen?

---

* Der große Künstler hat zu einer bibliophilen Ausgabe des Textes meiner Oper „Irische Legende" fünf Originallithographien beigesteuert.

Kerzen ums Bett
haben die Vorletzten
und ein tiefes Grab.
Nur ein seichtes Grab
haben die Letzten.
Doch die Allerletzten
haben die Aasvögel.

Aber was sagt das Urteil, das keine Berufung mehr kennt, über den Tiger?

Über dich ist der Stab schon gebrochen,
du bist verbannt ohne Wiederkehr
in den kältesten Winkel der Unendlichkeit,
wo Vernichtung dich nicht mehr erreicht,
nur das Vergessen.

Das war ein Ausbruchsversuch aus der von der Moderne proklamierten Hoffnungslosigkeit. In der Nacht nach dem Eintreffen des ermutigenden Briefes von Kokoschka träumte ich ein formloses Poem, das eine der Hoffnungen ausdrückt, an die ich bei der Komposition der „Legende" denken mußte. Es korrespondiert mit der Erzählung des Hirten in der „Irischen Legende", von dem grauenvollen Massensterben der Herden unter Umständen, die uns durch das Verbrechen von Hiroshima bekannt sind: dem Zerfall, Zerlösen, Dahinschmelzen des Fleisches,

„... als sei aus allen Leibern ausgelöst,
was Haut, Sehn', Knochen
eins ans andre bindet
und zusammenhält
von je."

Anfang August fuhr ich nach Salzburg. Bei den Bühnen-Klavierproben im alten Salzburger Festspielhaus saß ich meist zwischen Regisseur und Kapellmeister. Verdutzt bemerkte ich, daß die Engel unsichtbar waren. Sie standen versteckt hinter schilfartigen Gewächsen auf der Bühne. Dadurch gab es keinen Dialog zwischen Himmel und Hölle, sondern nur einen Monolog der Dämonen, der ab und zu durch den versteckten und dadurch stark gedämpften Staatsopernchor unverständlich gestört wurde.

Es gab eine Diskussion zwischen Schuh, Neher und mir. „Man muß sie sehen, sonst sind sie für den Zuschauer nicht da", verlangte ich.

Neher ließ sich etwas einfallen und versprach Abhilfe. Die Engel wurden jedesmal, wenn sie sangen, sichtbar angedeutet. Leider nur durch etwas Abstraktes, das sich vom Schnürboden her ins Bild senkte. Daß Abstraktes aber mißdeutet werden kann, bewies später der Ausspruch eines Premierenbesuchers, der in der Pause mißbilligend bemerkte: „Das war eindeutig Schleichwerbung für Nürnberger Lebkuchen!"

Während ich oben bei Schuh in den Klavier-Bühnenproben saß, hielt sich Neher mißmutig im Parkett auf. Er entlud sich von Zeit zu Zeit. Sobald er die Anwesenheit von Maria

Litto, der von mir hochgeschätzten Darstellerin der Schlange, witterte, brüllte er vernehmbar zu Schuh hinauf: „Ich kann das Weib nicht sehen. Sie macht uns alles kaputt.“ Auch vernichtende Anmerkungen über ihre künstlerischen und menschlichen Qualitäten brachten Maria Litto nicht aus der Fassung. Sie äußerte nur, anscheinend leicht gelangweilt, sie habe ebensoviel Anspruch auf Proben wie alle anderen. Mit Mühe konnte ich bei Schuh, der Neher über die Maßen hochschätzte, erreichen, daß sie am selben Tage abends halb acht Uhr eine Stellprobe bekam. Pünktlich begann Schuh mit der Litto das dritte Bild zu stellen. Leider, leider – seine Gesundheit war damals sehr schwankend – mußte er die Probe nach dreißig Minuten wegen starker Schmerzen abbrechen. Später war keine Zeit mehr verfügbar, der Schlange eine Rolle zu stellen und sie dem Ensemble einzufügen.

Zum Glück kannte Maria Litto das Stück genau, und ihr Mann, der Choreograph Schmiedel, der bei keiner Bühnenprobe fehlte, stellte ihr eine Glanz- und Paraderolle im vollen Einklang mit der Inszenierung, genau das, was Neher, aus welchem Grund auch immer, um jeden Preis verhindern wollte.

Kaum ein Komponist schreibt sich den Erfolg seines Werkes allein zu. Er teilt seine Lorbeeren gern mit allen Helfern. Reproduzierende Weltberühmtheiten wollen alles für sich haben. Sie arbeiten wie Seiltänzer ohne Netz und sind darauf angewiesen, bei jedem Auftritt noch unvergleichlicher zu sein als bei dem vorhergehenden. Straucheln sie auch nur einmal, stürzen sie sich zu Tode. Schon ohne Maria Litto war für Neher die Situation kritisch. Neher war weltberühmt, Schuh auch, von Szell mit seinen amerikanischen Fittichen gar nicht zu reden. Litto war eine Gefahr. In der Rolle der Schlange konnte sie einen sensationellen Erfolg haben, ja weltberühmt werden. Schon bei der Serie von 116 „Abraxas"-Aufführungen war die Litto der Zeitschrift LIFE aufgefallen. In der Hauptprobe der „Legende" war sie die meistphotographierte Künstlerin.

Daß mit dem Stück etwas Besonderes los war, hatte sich herumgesprochen. Bei den letzten Proben belagerten immer mehr Leute die Eingänge und versuchten sich hereinzumogeln. Nur eine Dame, eine gründliche Kennerin der Örtlichkeit, schlüpfte regelmäßig durch die Kontrollen. Auch während der Proben wurde sie nicht entdeckt. Um wenigstens die Musik mehrmals zu hören, legte sie sich bäuchlings zwischen dem Gestühl im ersten Rang auf den Boden.

Das Publikum der öffentlichen Generalprobe war freundlich gestimmt. Aber schon in der ersten Pause ließen die Festspielschlangen ihr Zischen vernehmen. Elisabeth, Illa und andere geübte Parkettspioninnen berichteten mir, wie die Reptile hießen und was sie zischelten: Über die Musik: „Strawinsky getauft mit bayrischem Bier." Über den Komponisten: „Mörder seines eigenen Librettos." Über das Ganze: „Die Sauce ist viel zu heiß." Erst hatten sich die Festspielschlangen dicht verknäuelt. Nach der „Zischregelung" krochen sie nach allen Richtungen auseinander und wirkten wie Gift im Bauch. Wo immer sie auftauchten, starb ich. Sie waren nicht dumm und sparten nicht mit Witz.

Ich bewunderte bei der Generalprobe Schuhs virtuose Personalregie, Nehers Zwischenvorhang und Szells Bravour, durch die er schon in den Besitz des „Blauen Bandes" des Rosenkavaliers gekommen war und sich die gleiche Auszeichnung für seine Leistung bei der Wiedergabe der „Irischen Legende" verdiente. Inge Borkh, der Sängerin der Cathleen, drosselte er mit seinem *tempo americanissimo* die Luft ab. Ich verstehe heute noch nicht, wie sie es trotzdem zustande brachte, so wunderbar zu singen und so suggestiv dazu, ohne blau anzulaufen und tot umzufallen.

Für die Rolle des Dichters hatte man mir den jungen Dietrich Fischer-Dieskau versprochen; vielleicht wußte er gar nichts davon, oder man hatte ihn geschickt in Bayreuther Verträge verwickelt. So bekam ich an seiner Statt Kurt Böhme, den besten „Ochs von Lerchenau", den die internationale Szene kennt, als lyrisch schmachtenden Bariton. Er hat selbst das geschafft.

Ein Unglück war, daß Egon Hilbert, der Unvergessene, (der das Stück liebte) zu einer Zeit im Krankenhaus lag, in der er noch hätte eingreifen können. Nach der Generalprobe wahrsagte ich mir ein ungeheures, nie wieder gutzumachendes Verhängnis. Ich hatte gerade noch so viel Mumm, um in der Pressekonferenz alles über den Schellenkönig zu loben.

Als mich ein Schweizer Kritiker fragte: „Wie verhält sich Ihr Werk zum Zwölfton?" gab ich ihm heraus: „Mein Werk ist ein freundlicher Gruß in Richtung Dodekaphonie, aber kein Parteieintritt."

Die Uraufführung war kolossal, vor allem kolossal laut. Das Schlagzeug, um dessen äußerste Dämpfung ich Szell gebeten hatte, traf mit gezielter Härte auf die rechts und links vom Orchester aufragenden Marmorwände. In der Pause lief ich nochmals zu Szell und flehte ihn an, das Schlagzeug zurückzunehmen. „Wer", fragte er, bequem auf seine Couch gebettet, „ist hier Kapellmeister, Sie oder ich?" Ich konnte nur bestätigen: Er war es.

Trotz dieser Handicaps lief die Premiere besser, als ich erwartet hatte. Die Festspielschlangen hatten zwar gut gearbeitet, aber gegen 26 Schlußvorhänge waren sie machtlos. Die Presse war quantitativ ungeheuer – auch zahllose Rundfunksender aus aller Welt hingen in Klumpen an der Premiere – und über das Echo konnte ich mich qualitativ auch nicht beklagen. Ich hatte zwar das Gefühl, „gerade noch einmal davongekommen zu sein", aber die Zeitungen schlugen den Welturaufführungsschaum, den Rekordschaum, den Snobschaum und erzählten wie orientalische Märchenerzähler, wie viele Prinzen und Prinzessinnen dabei waren und wie schön sie sich gemacht hatten. Als Beigabe las man Abgründiges und Tiefgründiges und Aufschürfendes und Kritisches. Was kann man mehr von einer Premiere erwarten, die von New York bis Neuseeland als Zugabe zu einem Rundreisebillet durch Europa verkauft wird?

Bei der Premierenfeier saß neben mir ein Maskottchen. Eine Irin mit Augen wie Bergseen und einer Flut von langem, breitwelligem, tiefschwarzem Haar. Sie strahlte mich an wie das Glück selbst, sobald photographiert wurde. Unter dem Motto „Aschenbrödel und Opernkomponist" war sie von einer bekannten Illustrierten gemietet worden. Zu ihren vielen Bildern dichtete die Illustrierte:

„Zu derselben Zeit, da sich in Salzburg – und in aller Welt – die Kritiker über den ideellen und den musikalischen Inhalt der Oper zu unterhalten beginnen, führt ein armes, einfaches Mädchen vor, was Wunsch und Wille des Individuums vermögen. Rosemary, sie könnte eine Nachfahrin der Gräfin Cathleen sein, liebt Egks Musik so sehr, daß sie Penny um Penny sparte, um in Salzburg dabeisein zu können. Ihr Wille bezwang die Herzen aller, die ihr begegneten. Sie durfte den Proben beiwohnen; sie wurde ins Hotel Fondachhof eingeladen ..." und so weiter und so weiter immer in Beschiß-Dur. Nach dem Motto „Sage, was du lesen willst, wir drucken dir alles."

In Wirklichkeit liebte sie einen Studenten aus Kiel, und es gehört nicht viel Phantasie dazu, sich vorzustellen, zu welchem Zweck sie nach Salzburg gekommen war. In Irland, das hat sie mir selbst erzählt, laufen die Pfarrer am Samstag und am Sonntag in der Dämmerung die langen Hecken ab, mit einem dicken Knüppel in der Hand, um ertappte Pärchen damit empfindlich zu züchtigen.

Der Illustriertenschreiber pumpte sich von mir in einer „momentanen Verlegenheit" eine Menge Geld, um die Rechnung im Fondachhof für das Mädchen zu regeln. Zurückgegeben hat er es nicht. Dabei hatte er mir geschworen: „Morgen haben Sie es wieder." Parole d'artiste.

„Irische Legende" (1955), Salzburger Festspiele

Schon im Uraufführungsjahr der „Irischen Legende“ fand im Stuttgarter Funkhaus die Grundsteinlegung einer Komischen Oper durch einen Kompositionsauftrag für die Schwetzinger Festspiele statt. Das Thema blieb mir überlassen. So rasch kam ich nicht dazu, mich für einen Stoff zu entscheiden, nicht weil mir zu wenige, sondern weil mir zu viele Ideen im Kopf herumgingen. Opern- und Ballettideen waren meine ständigen Begleiterinnen. Oft habe ich mich nicht schlecht mit ihnen amüsiert, mit den meisten aber nur vorübergehend und ohne ernstere Folgen. Im Lauf der Zeit war ich vorsichtig geworden, weil ich mit einigen auch Ärger hatte.

Nach einer erneuten und gründlichen Durchforschung und Untersuchung der „Schule der Frauen“ entschied ich mich für den Molière-Stoff. Wie aber zog mir George Szell bei einer Besprechung in Zürich den Ring wieder vom Finger? Mit der beiläufig hingeworfenen Bemerkung: „Aus dieser Blüte, mein Freund, saugt schon Rolf Liebermann den Honig. Er sitzt dahinter und tut, was er kann, um die Ansprüche eines amerikanischen Erziehungsinstitutes mit Opernambition rechtzeitig zu befriedigen.“

Meinen schon auskomponierten ersten Akt warf ich voll Zorn in den Papierkorb, wandte mich enttäuscht von Molière ab und hoffnungsvoll dem russischen Dichter Nikolaj Gogol zu. In Gedanken an den zum Papierkorb verurteilten Torso jammerte ich:

Bin um mein Sach gekommen,
Und hab noch Prügel bekommen.

Aber kaum hatte ich mich für den „Revisor" entschieden, sang ich das Hoffnung spendende kleinrussische Lied:

Beug dich nicht, du Ahornbäumchen,
Bist noch frisch und grün;
Gräm dich nicht, Kosakensöhnchen,
Bist noch jung und kühn!

Aber bis zur Uraufführung hatte es noch gute Weile. Sie fand erst am 9. Mai 1957 statt. 1955 dirigierte ich oft den Berliner „Abraxas", dieses mit dem jungen „Janine-Charrat-Motor" ausgestattete Ding, das lief und lief und lief.

Aus dem Vergleich, der den Münchner „Abraxas"-Streit beendet hatte, erwuchsen mir auch an der Münchner Staatsoper erfreuliche Verpflichtungen: Am Anfang standen drei Neueinstudierungen eigener Bühnenwerke unter meiner Leitung als Schadenersatz für das abgesetzte Ballett. Später, nach Ablauf dieser „zweiseitigen Pflichtleistung", schloß Rudolf Hartmann, der Nachfolger Georg Hartmanns als Bayerischer Staatsintendant, einen von Saison zu Saison kündbaren Vertrag mit mir ab. Jährlich hatte ich eine bestimmte Anzahl von Vorstellungen eigener Werke zu dirigieren. Im Verlauf von zwanzig Jahren, während deren der Vertrag ununterbrochen lief, wurden es über zweihundert Abende.

„Die Zaubergeige" erreichte eine Rekordaufführungsziffer von zweiundfünfzig Vorstellungen. Daran schlossen sich an:

„Peer Gynt" mit sechsundzwanzig,
„Der Revisor" mit vierundzwanzig,

„Die Verlobung in San Domingo“ mit vierundzwanzig, „Irische Legende“ mit vierzehn (die Serie brach ab, als ein Hauptdarsteller plötzlich starb).

Dazu kamen dreißig Ballettabende mit „Joan von Zarissa“, „Nachtigall“, „Danza“, „Französische Suite“ und „Casanova in London“. In dieser Zeit und auch noch später wurde eine Reihe von Opern ins Französische, Italienische, Englische, Vlämische, Tschechische und in andere slawische Sprachen übersetzt.

1956 bahnten sich neue, große Aufführungserien an. Der Intendant der in Ostberlin prächtig wiederaufgebauten Deutschen Staatsoper, Burghardt, kam in Begleitung seines Chefdramaturgen Dr. Otto nach München, um die durch Krieg und Nachkrieg unterbrochenen Beziehungen zwischen der „Lindenoper“ und mir wieder anzuknüpfen. Am 26. Oktober 1956 unterzeichnete er einen ersten Vertrag, der mir nicht weniger als dreißig Aufführungen des „Revisor“ zusicherte. In der Folge wurden es aber noch mehr. An den von Konwitschny, dem Dirigenten der Frankfurter „Columbus“-Uraufführung, einstudierten „Revisor“ schloß sich eine Musteraufführung des „Peer Gynt“ an, die sich fast zehn Jahre im Spielplan hielt. Die Aufführung war ein teamwork Kelch – Hainer Hill – Egk. Das Bühnenbild von Hainer Hill mit seiner virtuosen Ausnutzung aller szenischen Möglichkeiten war meisterhaft, das Ganze dramaturgisch makellos. Das holde Klingeln der Abendkasse wurde damals von jedem Intendanten hochgeschätzt wie das berühmteste Glockenspiel aller Opern von dem bunten Papageno.

Auch die Dresdener Staatsoper meldete sich wieder neben vielen Bühnen der DDR und führte „Abraxas“, den „Revisor“ und die „Zaubergeige“ auf. Einmal gastierte sie unter meiner Leitung mit der „Zaubergeige“ an der Deutschen Staatsoper in Berlin. Das Publikum geriet vor Vergnügen so aus dem Häuschen, daß sich alle Mitwirkenden, angesteckt von der ausgelassenen Stimmung, am Schluß vor dem Vorhang gegenseitig abküßten. Von den zwei Schönheiten des Ensembles wurde ich bevorzugt behandelt. Selbst der Intendant küßte mich (das war aber auch das einzige Mal, daß mir solches zustieß).

Dresdener Opernenthusiasten berichteten, daß sie nach dem Feuersturm, der die Stadt grausam zerstört hatte, an der Ruine ihrer Oper vorbeieilend, oft an die „Peer Gynt"-Aufführung mit ihren Lieblingen Ahlersmeyer, der jungen Goltz, der eminent musikalischen Trötschel und all den anderen denken mußten. Zwei alte Damen, beide über achtzig, besuchten nach dem Krieg im Ausweichquartier der Oper im Schauspielhaus jede Vorstellung, die ich dort dirigierte. Die Vorstellungen waren ausverkauft oder durch Betriebe bis zum letzten Platz gefüllt. Studenten mit großen Plakaten „Karten für Egk gesucht" gingen lange vor Beginn hin und her und mußten meist erfolglos abziehen. Aber meine zwei Alten waren immer dabei. Wie sie das gemacht haben, erfuhr ich nie. Wenn sie mich nach der Vorstellung am Bühneneingang erwischten – und sie erwischten mich immer –, fingen sie an unter Gekicher geschäftig an ihren Ridicules zu nesteln. Die eine brachte ein „Peer Gynt"-Programmheft, leicht angesengt, zum Vorschein und sagte: „Da haben Sie mir 1942 etwas hineingeschrieben. Bitte schreiben Sie jetzt etwas darunter!" Die andere schenkte mir einen kleinen Elephanten aus Seife. In seinem zusammengerollten Rüssel steckte ein Papierchen:

Schönes gabst du uns immer,
Das vergessen wir nimmer.

Das letzte Mal sah ich sie in einem meiner Konzerte. Die Jüngere, die sich etwas darauf zugute tat, daß sie erst Anfang

Achtzig war, kämpfte sich während des Schlußapplauses zum Podium vor und reichte mir auf Zehenspitzen mit ausgestrecktem Arm über die Rampe ein rührendes Geschenk: einen kleinen Riegel Schokolade, eine damals in der DDR schwer zu erringende Seltenheit, auf dem mit einem verblaßten Bändchen Wiesenblümchen und vierblättriger Klee befestigt waren.

Um dem Straßenlärm im Zentrum der Stadt zu entgehen, wohnte ich meistens in einem Gärtnerhaus des Dresdener „Intelligenzclubs", eines ehedem Königlich Sächsischen Schlosses inmitten eines großen Naturparks mit alten Bäumen und einer Aussicht auf das Elbetal, wie von einem der großen Romantiker gemalt.

Von neuen Freunden wurden wir verwöhnt (Elisabeth war oft mit von der Partie), von unseren alten Weggefährten Karl und Maria Laux mit Herzlichkeit zu jeder Zeit betreut und auf unbekannten Wegen an die schönsten Punkte der Gegend geführt. Laux ist ein mit Ehren überhäufter Mann, mit Ehren, die er allein als Direktor der Staatlichen Hochschule für Musik verdient hätte. Ohne ihn hätte der Nachwuchs der Dresdener Staatskapelle die Tradition des Orchesters nicht weitertragen können. Und mein verehrter Freund, der Orchesterdirektor Tröber, hielt wie ein Banner Jahr um Jahr den großen künstlerischen Anspruch der Dresdener Staatskapelle trotz aller Schwierigkeiten unerschütterlich hoch.

Am Abhang vom Intelligenzclub zur Elbe hinunter, aber noch nahe der Schloßterrasse, pflegte man für geschätzte Gäste junge Bäume zu pflanzen. So wurde auch ich in Dresden zu einem freundlichen Baumgott.

Daß auch an den Städtischen Bühnen Leipzig unter der „kayserlichen" Intendanz Gewaltiges für mich heranwuchs, eine „Abraxas"-Pracht in der Choreographie von Frau Köh-

Werner Egk – der Dirigent.

ler-Richter, erfuhr ich erst durch ein Telegramm: „Gratulieren zur fünfzigsten Aufführung."

In letzter Zeit nahm sich der Regisseur Joachim Herz der „Zaubergeige" an, ein Regisseur, der nichts durchpaust, dafür aber alles durchdenkt, durchschaut und dann unverrückbar hinstellt. Wenn man „Gott" sagt, fragt er wie das irische Mädchen weiter: „Ist er im Himmel, auf Erden, in Flüssen, in Tälern, im Gebirg? Wie kann man ihn sehen, lieben, finden?" Der Regisseur Herz ist wie ein Taucher, er geht den Dingen auf den Grund.

Die Partitur des „Revisor“ wurde im Januar 1957 beendet. Kurz danach, im März, fand im Prinzregententheater die Münchner Premiere der „Irischen Legende“ statt.

Wir hatten prominente Gäste im Publikum: Otto von Habsburg mit seiner Frau Regine von Österreich, die Prinzessin Hella von Bayern, unsere vielen persönlichen Freunde und die anspruchsvolle Horde der Münchner Premierentiger und -tigerinnen.

Nach der Vorstellung gab ich für alle Mitwirkenden, die Sänger, das Orchester, die Maler, die Beleuchter, Bühnenarbeiter und die Technik und einige Freunde im ersten Stock des Prinzregententheaters ein Fest mit Bier, Würstchen, Wein, Schnaps und Kaffee.

Die zahlreichen österreichischen Mitglieder unseres Ensembles sprachen in den Garderoben nur noch von dem Glück, vielleicht „ihrem Kaiser und der Kaiserin“ bei dieser Gelegenheit vorgestellt zu werden.

Das phantastischste Ereignis des Abends blieb für mich die Erorberung der Szene durch die Prinzessin Hella von Bayern. Mit Erlaubnis des Hausherrn nahm sie die Bühne in Besitz, und die Technik diente ihr wie selbstverständlich. Ich sehe sie noch auf der ungeheuren, beweglichen Schräge erscheinen, die Jürgens für die Himmelfahrt der Cathleen gebaut hatte. Bald tauchte sie im gleißenden weißen Licht wie ein Engel in schwindelnder Höhe oder rot ausgeleuchtet in der tiefsten Tiefe auf, bald hier, bald da: violett, schwefelgelb, königsblau oder fahlgrün angestrahlt. Dazu spielte die Maschinerie der Bühne, und alles bewegte, hob und senkte sich. Die Prinzessin ging durch die Schwärze der Bühnennacht sicher wie mit Geisteraugen und fürchtete sich ebensowenig wie auf einer Bärenjagd. Es war ein verwegenes Schauspiel. Als es genug war, gab der Staatsintendant Gegenorder, alles wurde angehalten, die Bühne leerte sich, die Lichter gingen aus, und das Theater ödete einen an wie auf einer Vormittagsstellprobe, zu der man als erster ankommt.

Minuten später hatte Hella einen neuen Einfall. Sie wollte einmal als „Bayerische Ehrenjungfrau" im letzten Akt der „Zaubergeige" mitwirken. Und, bei Gott, sie erreichte es auch mit offizieller Genehmigung in einer Silvestervorstellung. Sie sang fehlerlos den Chorpart mit wie nach acht Chorproben und agierte wie studiert. Dabei kannte sie die „Zaubergeige" nur als häufige Zuschauerin aus der Vogelperspektive der „Wittelsbacher Loge".

Am 9. Mai ging zum ersten Male der Vorhang über dem „Revisor“ im Schloßtheater in Schwetzingen auf.

Der heiter fröhliche Schimmer, der über Schloß und Park von Schwetzingen liegt, macht den zauberhaften Ort zu einer bevorzugten Wahlheimat der Musen. Was für ein glücklicher Gedanke, hier Festspiele anzusiedeln, abseits von den großen Touristenströmen, abseits von dem beängstigenden Gewühl der Kunstbörsen, in denen Agenten operieren, intrigieren und disponieren und wo Herden von Snobs die letzten Notierungen „in Kunst“ zur Kenntnis nehmen.

So glücklich sich die Komposition des „Revisor“ angelassen hatte, so begünstigt erwies sich auch die Verwirklichung des fertigen Werkes. Dr. Rennert arbeitete mit einer ausgesuchten Besetzung und stellte das Komische, die hinreißende Lebenswahrheit und die pralle Lebensfülle Gogols auf die Bühne. Das Kostbare an seiner Inszenierung aber war, daß die Gestalten nicht verlorene, von uns abgetrennte, nur Gelächter und Ablehnung herausfordernde Wesen waren, sondern gleichzeitig Mitleid, ja sogar Sympathie erweckten. In der Bewegung der Zuschauer war Gelächter, Erschütterung und Rührung gleichzeitig eingeschlossen und die Vergebung, die eine Seele der anderen schuldig ist.

Die Mitwirkenden und einige Ehrengäste waren zu einer

„Der Revisor“: Die Uraufführung fand in Schwetzingen statt, das Bild hingegen zeigt eine Aufführung bei den Festspielen in Venedig.

Das „Ninabella-Schloß“ aus der Aufführung von Egks Oper „Die Zaubergeige“ an den Städt. Bühnen, Augsburg, 1954. Bühnenbild: Bele Bachem.

Nachfeier in den linken Flügel des Schlosses eingeladen. Aber mit oder ohne Einladung kam wie selbstverständlich die Mehrzahl aller Theaterbesucher mit. Die Stimmung steigerte sich bei einem unerschöpflichen Buffet und einem ebenso unerschöpflichen Vorrat an Getränken zur unbeschwertesten Fröhlichkeit.

Es wurden Reden gehalten, natürlich, wie immer bei solchen Gelegenheiten, nur wohltuenden Inhalts. Die am meisten beachtete war die des Botschafters der UdSSR, Smirnow, der es sich nicht hatte nehmen lassen, einen deutschen Komponisten zu feiern, dem es gelungen war, eine russische Komödie zu komponieren.

Die Nachfeier war den meisten kurz erschienen, der allgemeine Aufbruch fand aber erst gegen 6 Uhr früh statt, als die Maisonne schon hell und heiß vom Himmel schien.

Am 14. und 15. September gastierte die Württembergische Staatsoper mit der Schwetzinger Inszenierung des „Revisor“ bei der Biennale in Venedig. Strawinsky lud uns am 7. dieses Monats in der Vorbereitungszeit zu sich ins Hotel Grünwalder Weinbauer ein.

„Können Sie hier im Hotel komponieren?“ fragte ich ihn.

„Es ist etwas schwieriger als anderswo.“

Allmählich kam es heraus, warum: „Ich brauche ein Klavier zum Komponieren. Das einzige Instrument steht aber in der Bar. Untertags stinkt es dort nach altem Zigarrenrauch. Das ist aber noch nicht das Schlimmste.“

„Worunter leiden Sie mehr?“ wollte ich wissen.

„Ich habe noch nie im Leben festgestellt, daß sich Fliegen in einer dunklen Bar wohlfühlen. Aber diese temperamentvolle italienische Rasse ganz spezieller Barfliegen macht mir das Komponieren hier zur Hölle. Ich sitze am Klavier, schreibe mit der Rechten und ohrfeige mich ohne Unterbrechung mit der Linken. Getroffen habe ich noch keine, nur mich."

Heiliger Igor, verzeih mir, daß ich noch heute mir das Lachen nicht verbeißen kann, wenn ich an dich denke, wie du dasitzt, komponierend und dich selbst züchtigend.

Strawinskys Anwesenheit bei meiner Premiere wurde wohl bemerkt. Nach der Aufführung mußte er abreisen, versäumte aber nicht, seinem jungen Kollegen eine Postkarte von unterwegs zu schreiben:

Sept. 19
1957

Bedaure sehr, Sie nicht gesehen zu haben und Sie gratulieren für die erfolgreiche REVISOR-Aufführung.
Vieles fand ich (Musik und Inszenierung) hochinteressant,
Beste Grüße
Ergebenst
I. Strawinsky

Am 9. September lud uns der Komponist Nono zu sich auf die Giudecca ein. Er hat eine unbezähmbare Zuneigung zu chinesischer Schrift und eine uneingeschränkte Bewunderung für die Chinesische Revolution. Als Heiligtum zeigte er uns ehrfürchtig einen originalen chinesischen Revolutionsausweis, grob gestempelt und bedruckt. Als Gegenstück ein großes, mit winzigen chinesischen Typen zart und elegant bedecktes Blatt.

„Wenn Sie meine Kompositionen verstehen wollen, müssen Sie fähig sein, den historischen beziehungsweise ästhetischen Wert dieser Dokumente zu empfinden. Besser aber gehen Sie morgens um fünf Uhr, wenn die Stadt langsam und zart zum Leben erwacht, wenn sie noch halb im Traum und halb in einer ungreifbar irrealen Atmosphäre existiert, auf die Piazza San Marco. Um diese Zeit ist es dort noch still, und wenn Sie die Hände wie Muscheln an die Ohren halten, hören Sie, was für eine Musik ich komponieren möchte: diesen Tonklang, unendlich variabel, voll entwickelt und geheimnisvoll reifend wie ein Samenkorn. Nicht nachahmen möchte ich das, aber bannen."

Seine Frau, eine Tochter Arnold Schönbergs, war eine bezaubernde Gastgeberin. Die Unterhaltung der beiden hatte etwas von einem Diktat in einer unbekannten Sprache. Es war schwierig, ihre Gedanken so schnell im Kopf zu notieren, als sie entstanden und ausgesprochen wurden, aber das war keine Frage des Tempos.

Die Orchesterproben waren nicht einfach. Der erste Oboer, offenbar mehr Pädagoge als Instrumentalist, ließ jede Stelle, die ihm selbst Schwierigkeiten machte, durch den neben ihm plazierten Substituten und Schüler ausführen, dem sie noch mehr Schwierigkeiten machte als ihm. „Spiel", sagte er, „dann lernst du es!"

Meister Strawinsky, der mit dem gleichen Orchester gearbeitet hatte, erzählte ich von diesem Oboer. Er bestätigte, daß es ihm nicht besser gegangen war als mir.

„Und die Harfenistin", sagte ich, „hat immer eine plausible Erklärung für ihr Versagen."

„Wetten", meinte Strawinsky, „es wird die gleiche sein, die sie auch mir immer anklagend sagte." Und wir rezitierten gemeinsam: „Die Violinen haben nur Schwierigkeiten mit vier Saiten. Die Harfenisten mit mehr als dem Zehnfachen. Dazu kommt noch: Ci sono tanti pedali!"

Bei der Aufführung waren die Logen und das Parkett überfüllt. Jede Loge war nach italienischem Brauch mit Rosen geschmückt. Die Aufnahme war glänzend, was kaum einer bei dem aristokratisch zurückhaltenden Publikum in Venedig erwartet hätte. Gegen Ende des letzten Aktes jedoch geschah etwas Unerwartetes: Während der Arie des Stadthauptmanns, in der er, bis ins Tiefste aufgewühlt, vor allem Volk bekennt, daß seine Anschauung von sich selbst, von seiner Bedeutung, Überlegenheit, Klugheit, Macht und Großartigkeit lebenslang falsch war, stand ein alter Herr in einer der ersten Logen auf, tränenüberströmt, und verließ das Theater bei den Worten des Stadthauptmanns:

Seht mich an, mich alten Narren!
Hört ihr, wie man auf der Straße
eifrig meine Schande ausschellt,
ohne Rücksicht auf den Namen,
ohne Ehrfurcht vor dem Rang!

Es war eine venezianische Notabilität, ein Mann, dessen junge Frau im vorderen Teil seines Palazzo mit ihrem Liebhaber Hof hielt, während er, der Alte, in den rückwärtigen Teil des weitläufigen Gebäudes verbannt war.

Nach der Premiere traf man sich mit Vally Toscanini (für die Scala), Guido Valcarenghi (für den Verlag Ricordi), mit Frau Wallmann, der großen Regisseurin, mit Piovesan, Labroca, Liebermann, Dr. Rennert, Generalintendant Schäfer und unserem Münchener Freund Dr. Dieter Sattler, der es sich nicht hatte nehmen lassen, von der Deutschen Botschaft in Rom herbeizueilen.

Im Juni 1959 folgte dem italienischen „Revisor"-Gastspiel das französische. Die Aufführungen fanden im Rahmen des „Théâtre des Nations" statt, im Theater „Sarah Bernhardt", einem intimen Rahmen, der für mein Werk wie geschaffen war. Die Pariser hatten dem Sängerensemble der Württembergischen Staatsoper ein Starorchester zur Verfügung gestellt. Es bestand aus den besten Musikern der ersten Pulte der vorzüglichsten Pariser Orchester. Ich freute mich schon auf die Einstudierung des Orchesterparts. Da ich aber aus Erfahrung wußte, daß gerade die Spitzenspieler von Orchester zu Orchester fluktuieren, veranlaßte ich Intendant Schäfer, in den Orchestervertrag eine raffinierte Klausel einzufügen, welche die Musiker verpflichtete, alle Proben und alle Aufführungen selbst zu spielen. Substituten waren ausgeschlossen.

Ein berühmter Dirigent hatte einmal in der Generalprobe seines Pariser Konzertes den ersten Kontrabassisten enthusiastisch gefeiert: „Ich danke Ihnen, mein Herr, daß Sie als einziger in diesem Orchester alle Proben gespielt haben." „Leider", antwortete der Kontrabassist, „ist es mir heute abend ganz unmöglich, nun auch noch die Aufführung zu spielen."

Die Proben fanden im Foyer des ersten Stockes statt, einem Raum, in dem sich Hall, Widerhall und Echo ohne Unterlaß „Guten Morgen" wünschten. Es war so verwirrend, daß kein Musiker ein Wort des Dirigenten und kein Dirigent die Tonfolgen der Instrumente verstehen konnte. Schon als die Musiker ihre Instrumente auspackten und sich gähnend anschickten, über ihre nächsten „Geschäfte", über Dirigenten oder auch über Käsesorten zu unterhalten, konnte ich nur einen verwirrend ineinandertönenden Lärm wahrnehmen.

Die „Striche" und alles Notwendige war in dem vom Verlag musterhaft präparierten Notenmaterial eingetragen. Trotzdem gab es durch die Akustik erschwerte und dazu kunstvoll verlängerte Auseinandersetzungen, wie dies und das zu verstehen sei.

„Und hier", rief mir einer im *fortissimo* zu, „hier hat dieser Verlag schon wieder mit dem Papier gespart. Wie, zum Teufel, soll ich mitten in einer durchlaufenden Passage gleichzeitig spielen und umblättern?"

Ich schrie in seine Richtung genauso laut zurück: „Ihr

Pultnachbar kann für Sie umblättern, er hat an dieser Stelle nur Pausen."

„Wie bitte, ich kann Sie nicht verstehen."

„Ich sie leider auch nicht."

Endlich gelang es mir, mit der Probe anzufangen. Die Instrumente und das durch nichts zu unterbrechende Gerede der Musiker erzeugten immer verworrenere und nicht mehr dechiffrierbare, von allen Seiten widerhallende Geräusche.

Ich klopfte ab, schickte die Bläser, das Klavier, die Harfe und alles Schlagzeug unter dem lautstarken Jubel der Betroffenen nach Hause und bestellte sie für den nächsten Tag. Als nur noch die Streicher anwesend waren, erklärte ich: „Von jetzt an werden wir getrennt probieren bis zu den Bühnenproben." Und alles funktionierte, alles geriet unter Kontrolle, so daß ich mit dem vorgenommenen Streicherpensum vor der Zeit fertig war. Durch nichts kann man die Sympathie eines Orchesters zuverlässiger gewinnen als durch Konzentration und – „gewußt was und wie" – leicht verkürzte Proben.

Der andere Teil des Orchesters war am darauffolgenden Tag fügsam wie eine Lämmerherde, und auch diesmal konnte ich 20 Minuten einsparen. Von da an waren alle Proben, einschließlich der Bühnenproben mit dem ganzen Apparat, das reine Vergnügen.

Bei der Generalprobe aber gab es Krach im wörtlichsten Sinn des Wortes. Vor jeder Vorstellung, teilte man mir mit, sei es Sitte, die Hymnen, in diesem Fall die französische und die deutsche, zu spielen. „Wo", fragte ich, „sind die Noten?" „Sie liegen auf den Pulten." Ich spielte die ersten Takte des Deutschlandliedes an. Es war eine Bearbeitung der Garde Républicaine aus der Besatzungszeit. Schon im Freien muß das Ding provozierend gewirkt haben (global, mondial, imperial). Im „Sarah Bernhardt" war es unerträglich.

„Das spiele ich nicht", erklärte ich, „die Franzosen würden sagen: Jetzt sind sie schon wieder da."

„Sie müssen das aber spielen."

„Nein, ich muß nicht. Ich werde die Originalfassung von Haydn für Streichquartett spielen."

Boten wurden ausgeschickt, aber keiner konnte sich an die Opuszahl und Nummer des gesuchten Quartetts erinnern. Im letzten Moment, kurz vor Beginn der Vorstellung, hatte einer der Boten das Gewünschte in einer verträumten Musikalienhandlung in der Banlieue aufgetrieben. So konnte ich Haydns Tonsatz mit Streichquartett spielen, und ich tat es auch im *pianissimo* und noch dazu *con sordino*.

Das wirkte auf das verblüffte Publikum. Die Leute waren nach den Hymnen vergnügt, und nach der Aufführung des „Revisor" tobten sie vor Begeisterung. Was Rang und Namen in der Pariser Musikwelt hatte, drängte sich nach der Vorstellung in meiner Loge, um mir zu gratulieren. Milhaud ließ es sich nicht nehmen, im Rollstuhl über eine Schräge zu mir vorzudringen, Rousseau, Auric und Messiaen und viele, viele andere waren da.

Am nächsten Tag las ich die intelligentesten Kritiken, die ich je bekommen hatte, in den großen Pariser Blättern und auch politische Streiflichter nach dem Slogan: „Es gibt auch noch jenseits des Rheins Leute von Geist."

Das war für den Haydn.

Ein Opernkomponist aus Leidenschaft und Überzeugung hat meist schon den Gedanken an die nächste Oper im Kopf, sobald er die letzte hinter sich hat. Nach dem „Revisor“ nahm ich wieder einmal die Novellen von Kleist vor, deren jede Keime zur dramatischen Komposition in sich trägt. Schließlich zog mich die „Verlobung in St. Domingo“ am stärksten an. Daß ich im Titel der Oper nicht in korrektem Spanisch „Santo Domingo“ sage, hat seinen Grund darin, daß die Leute dort das Spanische und das Französische leicht verschleifen. So sprechen sie zum Beispiel Port au Prince wie „Porauprince“ aus und sagen so ähnlich wie „Vamos a Sandomingo“ anstatt „Santo Domingo.“

Was aber schob sich alles an Verpflichtungen und Ereignissen zwischen Plan und Ausführung! Meine vielen Ehrenämter, vor allem GEMA und immer wieder GEMA und Komponistenverband, ganz abgesehen von weiteren, mir meist nicht gerade zu meinem Vergnügen aufgebürdeten Verpflichtungen für verschiedene andere Organisationen.

Aber auch eigene Gesamtaufnahmen meiner Opern und Ballette für Rundfunk und Fernsehen, Produktionen von Konzertwerken und öffentliche Konzerte an in- und ausländischen Sendern, nicht zu vergessen auch mit dem Orchester des Deutschlandsenders in Berlin (DDR).

Es gab auch einen kräftezehrenden Hausbau in Inning mit allem Drum und Dran, der schließlich zum besten geriet und wo wir lebenslang bleiben wollten.

Dazu kamen noch Konzerte mit den Berliner und den Wiener Philharmonikern und immer wieder auch mit der Dresdener und Berliner Staatskapelle und vielen westdeutschen Orchestern, mit dem Symphonieorchester in Los Angeles, dem Residenzieorchester in den Haag, mit dem Philharmonischen Orchester in Basel und so fort.

Auch Reden – zum Beispiel bei der Feier des achtzigsten Geburtstages meines Freundes Heinz Tietjen in der Berliner Akademie der Künste und bei ähnlichen Anlässen. Empfänge über Empfänge, darunter einen für Igor Strawinsky ebenfalls an der Berliner Akademie.

In dieser Zeit überfiel uns unerwartet ein schwarzer Schrecken: Ein Kreislaufkollaps meiner Frau. Keiner der uns bekannten Ärzte war erreichbar. Sie waren alle auf einer Versammlung, auf der über einen Kollegen der Stab gebrochen werden sollte. Deshalb war dieser, ein Chirurg, der einzige erreichbare Arzt. Er kam, sah meine Frau an und sagte heiter: „Gnä' Frau stehen unmittelbar vor einem Schlaganfall." Gott sei Dank wurde es nicht ganz so schlimm.

Zu meinem 60. Geburtstag bescherte mir die Bayerische Staatsoper eine festliche Aufführung des „Columbus" und ein Sonderprogrammheft mit Photos der vollendetsten Bühnenbilder von Helmut Jürgens aus den geglücktesten Inszenierungen meiner Werke von Professor Rudolf Hartmann, Heinz Arnold und Hans Hartleb. Darunter stand ein schönes Versprechen:

Die Bayerische Staatsoper gratuliert herzlich
Werner Egk,
dessen Werke in ihrem Spielplan stets einen
besonderen Platz einnehmen werden.

Aus der Aufführung „Columbus“ der Bayerischen Staatsoper München (1960).
„Gloria“ – Bühnenbild von Helmut Jürgens.

Das Pult der von mir dirigierten „Columbus“-Aufführung war an diesem Abend mit Blumen umkränzt.

Zu meinen Münchner Opernverpflichtungen kamen Gastspiele als Dirigent an der Hamburgischen, an der Dresdener, der Deutschen (Berlin) und der Württembergischen Staatsoper (Stuttgart), in Charleroi, Düsseldorf, Essen, viele auch in der Stadt meiner Jugend, in Augsburg, und schließlich eine Einstudierung an der alten City Opera in New York.

Im Jahre 1959 führte mich eine Antillenreise nach Santo Domingo zum Schauplatz meines frühen „Columbus", zugleich Schauplatz meiner neu geplanten Oper. Ich sah die Hauptstadt der Dominikanischen Republik, damals hieß sie Ciudad Trujillo, mit den restaurierten Monumenten der Columbus-Zeit. Ich sah auch die Hauptstadt der Negerrepublik Port au Prince und das wilde unzugängliche Gebirgsland, die Täler mit Palmen, Kaffee und Zuckerrohr, Flüssen, Dörfern, Exerzierplätzen, Eseln, Soldaten und Kühen und die ununterbrochene Ameisenwanderung schwarzer Männer, Frauen und Kinder mit schweren Traglasten auf den Wollköpfen, Holz, Flechtarbeiten, Gemüsen und Früchten vom Gebirge herunter zum Markt der Hauptstadt tragend, wie das schon vor hundert und mehr Jahren gewesen sein mag.

Ich sprach auch mit den schwarzen Nachkommen der siegreichen Kämpfer von 1803, die die besten Truppen Napoleons aus dem Land geworfen haben, mit Monsieur Duplessis, der vor einem halben Jahrhundert in Paris studiert hatte, siebenundvierzig Jahre lang Richter in Port au Prince und zuletzt Chef der Cour Suprême war, mit Dr. Maximilien, einem hochgebildeten Intellektuellen, mit der Tänzerin Lavinia Williams, die in einem schönen alten klassizistischen Holzhaus eine Tanzschule hat, mit den schwarzen Malern des

Centre d'Art, den schwarzen Professoren des Konservatoriums und bewunderte die bedeutende Sammlung des österreichischen Konsuls Fischer, Ehrenoberpriester der Voudou-Religion, mit einer Sammlung hochinteressanter Dokumente aus den frühen Zeiten des schwarzen Staatswesens und seiner heroischen Epoche, in der die Kleist-Novelle „Die Verlobung in St. Domingo" spielt.

Ich denke noch oft an die Götter Haitis, an den Obergott Damballah, den Eisengott Ogoun und an die traumgeborene Erzulie, die parfümierte, raffinierte mit ihren drei Eheringen und ihren schönen weißen Spitzenkleidern mit dem Purpurbesatz, deren Symbol der Morgentau und der Wohlgeruch und deren Zeichen das menschliche Herz ist. Ich habe die Haiti-Musik noch im Ohr, den Klang der kleinen Flöten, der großen Bambusrohre, Gitarren, Calebassen und Trommeln, der *papa-*, *mamma-* und *babydrum*. Ich höre noch die Rufe der Straßenverkäufer von Mango, Blechsachen, Flaschen, gestoßenem Kaffee, frischer Kokosnuß, Reis und Brot und das unaufhörliche Getrommel schwarzer Hände auf allen Kisten in den Markthallen. Wenn ich auch entschlossen war – entsprechend dem strengen Stil der Novelle von Kleist –, folkloristischen Eindrücken in der Oper nicht Raum zu geben, so waren sie mir doch für ein unmittelbar im Anschluß an meine Reise geschriebenes Konzertwerk „Variationen über ein karibisches Thema" interessant.

Aus der Anschauung des Landes, seiner verworrenen Verhältnisse und aus der Berührung mit seinen liebenswerten Bewohnern gewannen die Gestalten der Novelle „Die Verlobung in St. Domingo" einen hohen Grad an Wirklichkeit und traten lebendig und sprechend vor mich hin, so daß ich beschloß, so bald wie irgend möglich mit der Arbeit am Text zu beginnen. Aber auch dies war erst Anfang 1961 möglich.

Eine Erzählung stellt dem Dramatiker nicht viel mehr bereit als Informationen über Umstände, Charaktere und Ereignisse. Können Informationen durch Kunstwerke komplexer und tiefgreifender sein als solche, die durch bloße Mitteilungen, Zeitungsnotizen oder Gerichtsakten vermittelt werden? Für die Umwandlung der einen in die andere Form aber ist die Qualität der Information und ihrer Formulierung weniger entscheidend, als man denken sollte. Ob das dramatische Genie seine Informationen aus der Holinshed-Chronik, dem Saxo Grammaticus oder aus einer künstlerisch vorgeformten Quelle bezog, bleibt unerheblich. Schließlich hat „Romeo und Julia" weder einen höheren noch einen niedrigeren Rang als „Hamlet" oder die Königsdramen, nur weil der Stoff einmal einer Novelle, ein andermal einem Bericht entnommen wurde. Die beiden Gattungen sind zu verschieden, als daß durch bloßes Nachmalen, durch eine mehr oder minder dem Plagiat nahestehende Manipulation irgend etwas erreicht werden könnte. Die Verwendung von Textfragen ist stilistisch interessant, bewirkt aber noch kein Drama, ebensowenig wie der Nachvollzug von Situationen mit verteilten Rollen. In der Novelle wird das Netz geknüpft, im Drama muß die Schlinge zugezogen werden. Kommt hier eins zum anderen, steht dort eines gegen das andere auf. Genügen hier Erklärungen, wird dort immediate Motivierung verlangt. An die Stelle der Darlegung tritt die Bewegung, an die Stelle der Schilderung das Ereignis. Die Begründung dessen, was geschieht, wird zur Herbeiführung dessen, was sich abspielt. Hier wird Anteilnahme erregt, dort entsteht Teilnahme, Parteinahme, Identifikation. Die Charaktere, die hier aus Umständen, Verhältnissen, Vorgängen und Entwicklung erklärt werden, müssen dort aus sich selbst existent da-sein. Die Welt des Dramas ist Fechtboden oder Schlachtfeld, je nachdem, aber kein Acker.

Die Zernierung des Handlungsbereichs, die Abschnürung des Operationsfeldes gestattet keine besinnlichen Ausblicke auf das Gewesene oder Zukünftige. Das Gegenwärtige dominiert, der breitere Zeitbandbereich weicht dem Augenblicklichen, momentan Zugespitzten, das umfassendere Bewußtsein einem hochempfindlich gemachten Punktbewußtsein. Das Ende der Novelle legt die Veränderungen innerhalb eines Ganzen, noch Weiterbestehenden bloß. Das Ende des Dramas beendet die Auseinandersetzung und hinterläßt ein Vakuum; die Glocke tönt nicht weiter, sie zerspringt. Alles ist abgeräumt, *tabula rasa, causa finita.* Die Elemente werden funktionslos, das Spiel ist aus.

Ist der Weg von der Novelle zum Sprechstück schon lang und schwierig, so ist der zur Oper noch länger und schwieriger. Die Verschiebung des Zeitbewußtseins durch die Musik bewirkt eine Veränderung aller Proportionen zu ihren Gunsten. Die Handlung muß neu aus der Logik der Musik entwickelt werden, die Schwerpunkte zugleich mit den „Gelegenheiten zur Musik" neu geortet, die Akzente in einer notwendigen Versöhnung widerstrebender Tendenzen des Dramatischen und des Musikalischen neu gesetzt werden.

Die Sprache übernimmt eine ungewohnte, undankbare, schwere und paradoxe Rolle. Sie hat, wenn man so sagen darf, eine Art von „subordiniertem Oberkommando" über die Musik, aber keinen Anspruch auf eine selbständige Existenz. Sie soll über die tönende Vergatterung durch Stimmen und Klänge hinausdringen und durch Kommandoworte, Appelle, konventionelle Formeln und überraschende Ausrufe das durch die Musik halbbetäubte Bewußtsein erreichen oder durch klingende Bilder die Feuer der Musik anblasen und am Leben halten. Sie kann kaum mit Anerkennung rechnen, muß aber auf ihren kunstvollen Satzbau und ihre langen, schwingenden Perioden zugunsten einer fast gewalttätigen Konzen-

Werner Egk und Frau Elisabeth vor ihrem Haus in Inning.

Werner Egk im Arbeitszimmer seines Hauses in Inning.

tration verzichten, Dinge, die der Musik in ihrer eigenen Sprache wohl verstattet sind. Sicher ist auch das ein Grund dafür, daß die Opernsprache in unserer unbescheidenen, dafür aber leicht zu betrügenden Zeit keinen Dichter mehr findet und kaum mehr einen Schriftsteller, so daß viele Tonsetzer dazu übergegangen sind, mehr oder minder behutsam zusammengestrichene Sprechstücke unverwandelt mit ihrer Musik zu überdecken und als Opern zu deklarieren.

Seit den Tagen der Romantik hat sich das Drama, auch das musikalische, immer mehr von klassischen Vorstellungen entfernt und ist heute durch eine fast obligatorische Willkür hart an die Grenze der Auflösung getrieben. Die Oper „Die Verlobung in St. Domingo“ ist im Gegensatz dazu ganz natürlich und wie von selbst in den Bannkreis klassischer Regeln geraten und hat nach ihrer Vollendung ohne alle Absicht nahezu vollständig die alten Forderungen nach der Einheit des Ortes, der Zeit und der Handlung erfüllt.

Im Juni 1961, während ich an „Domingo“ arbeitete, erreichte mich eine Einladung nach Los Angeles zum ersten Internationalen Musikfest zeitgenössischer Musik. Initiator war der Dirigent und Komponist Franz Waxman. In Europa hörte man auf den modernen Festivals Werke gleichgeschalteter Richtungen, eine Art schwer zu verstehendes Musik-Esperanto.

In Los Angeles wurden nicht Richtungen, sondern nur persönlich profilierte Leistungen vorgestellt: von Lukas Foss bis Strawinsky, von Chrennikow bis Hamilton. Es traf sich eine bunte Gesellschaft von Komponisten aus den USA, Ungarn, Rußland, England, Frankreich, Mexiko und Schweden. Jedes Konzert wurde von einem qualifizierten Sprecher, einem Professor des music-departments der Universität, oder einem bekannten Dichter eingeleitet. Man hörte saubere Analysen oder witzige Umschreibungen. Alle Komponisten, die dazu in der Lage waren, dirigierten ihre Werke selbst: Strawinsky, Milhaud, Blomdahl, Roy Harris, Walter Piston, Lukas Foss, ich selbst und andere.

Die Russen Chrennikow und Karajew luden Strawinsky zum erstenmal nach seiner Emigration wieder in seine Heimat ein. Spontan sagte er zu. Es war eine Sensation. Aber nach kurzer Beratung mit seinem Führungsstab sagte er wieder ab.

Später folgte er doch noch der Einladung, kurz nachdem er den Lockungen Liebermanns nach Hamburg erlegen war.

Sein Violinkonzert dirigierte er selbst. Es war wie in einem Krimi: Die Geigerin wurde von Strawinsky und dem ganzen Orchester gejagt, entkam aber jeder Verfolgung.

Milhaud dirigierte im Rollstuhl, jugendlich, ungebrochen und voller Kraft.

Bei einer Diskussion im Saal stritt man sich über die „gesellschaftliche Funktion der Musik". Schon 1960 war das Thema eine „puella defututa", ein verbrauchtes abgenudeltes Ding. Es kam auch nichts bei dem russisch-amerikanischen Rededuell heraus. Chrennikow lief mit Hamilton, und Lukas Foss mit Karajew im Kreis herum. Sie hatten nicht einmal einen Reifen, den sie treiben konnten, sie hatten gar nichts.

Überall traf man Deutsche: Lert, Kadidja Wedekind, Lion Feuchtwanger und die Witwe Schönberg. Von Bruno Walter wurde ich mit ausgesuchter Liebenswürdigkeit empfangen, wahrscheinlich, weil ich aus München kam. „Grüßen Sie München", rief er mir nach, „grüßen Sie mir, bitte, mein München."

In meiner Jugend war es mir ein einziges Mal gelungen, in eine Orchesterprobe von Bruno Walter einzudringen. Er probierte damals eine volle Viertelstunde nichts anderes als einen Tamtam-Schlag. Damals überkam mich das erste Mal in meinem Leben eine Ahnung davon, wie vieles an Farben, an Klängen, an Lautstärken und wie viel an Ausdruck man aus jedem Instrument herausholen kann, selbst aus dem Tamtam, das gewöhnlich zur Produktion roher Kraftentfaltung mißbraucht wird.

Die Gastfreundschaft der Komitee-Damen war unerschöpflich, sie zeigten einem die Wüste, die Wasserversorgung, die Wildnis, Disney-Land, die Filmateliers von Hollywood und was man sonst noch sehen wollte.

Trotz vieler Unterbrechungen wurde die „Domingo"-Partitur am 2. Dezember 1962 rechtzeitig beendet. Auf Anregung von Rudolf Hartmann hatte ich das Werk zur Eröffnung des neuerrichteten Nationaltheaters in München geschrieben. Jahr und Tag vorher waren alle Vorstellungen der Eröffnungsserie genau terminiert, „Domingo" auf den 27. November 1963. Schon lange, lange vorher fanden Besetzungsbesprechungen statt. Zunächst gab es sensationelle Vorschläge, aber es stellte sich heraus, daß keiner realisierbar war. Einmal flog ich nach Spoleto zum „Festival zweier Welten", um eine mir von Los Angeles her bekannte, schwarze Altistin an meinem Stück zu interessieren. Sie aber schaute mit einem Ausdruck vollkommener Leere, blöde wie ein bewußtloses Mondkalb, in die Gegend, und schon war ich verabschiedet.

Zwei große TV-Produktionen wurden verabredet: „Domingo" für die ARD, „Die Zaubergeige" für das ZDF. Auch dafür gab es Besetzungsbesprechungen, Telegramme, Telefonate und was sonst noch dazugehört. Endlich hatten wir für die Uraufführung von „Domingo" eine realisierbare erstklassige Besetzung: Die Sopranistin Evelyn Lear, die Altistin Margarete Bence, die Tenöre Fritz Wunderlich und Holm, die Bässe Nöcker und Kohn. Als Regisseur hatte Professor Hartmann auf meine Bitte Dr. Günther Rennert verpflichtet, als Bühnenbildner Teo Otto.

Frau Lear arbeitete wie eine Wilde und verbrauchte pro Tag zwei bis drei Korrepetitoren. Es machte ihr nichts aus, von 10 Uhr bis 15 Uhr ohne Pause zu proben. Das hält kein Klavier-Roß aus. Wunderlich dagegen hatte wegen der Unmenge seiner Verpflichtungen bis zur ersten Bühnen-Klavierprobe kaum Zeit gehabt, einen Blick in den Klavierauszug zu werfen. Dank seiner stupenden Musikalität lernte er seine Partie während der Proben. Ich sah ihn in jeder freien Minute in einer Ecke mit dem Klavierauszug stehen. Wunderlich war nicht nur ein Stimmwunder, sondern auch ein Wunder an Musikalität. Einmal habe ich ihn verblüfft gesehen. Es war an dem Abend, an dem er den Tamino und Helen Donath zum ersten Mal in München die Pamina sang. Hinter der Bühne sagte Wunderlich fassungslos: „So was wie dieses Weib ist mir noch nicht vorgekommen. Sie hat die Unverfrorenheit, genausogut zu singen wie ich!"

Mitten in den ersten Proben für „Domingo" war ich durch eine Unzahl von Orchesterproben in Berlin und Bamberg in Anspruch genommen. Die Deutsche Gastspieloper studierte den „Revisor" für eine lange Tournee in zwei Orchester- und Sängerbesetzungen ein. Wieder zurück, sprang ich in München mit beiden Füßen in die Orchester-Bühnen-Proben. Während dieser Zeit habe ich einiges im Orchestersatz geändert. Jedesmal, wenn der unerbittliche Rennert, beherrscht aber dezidiert, von der zehnten Reihe aus rief: „Stop! Ich verstehe kein Wort mehr", war das für mich ein Signal, das Orchester aufzulichten, nicht nur durch Umbezeichnungen, sondern auch durch Weglassen von Gegenstimmen und ähnlichem, bis jedes Wort klar verständlich war.

Auch bei klassischen Werken ist Rennert, wie man sich erzählt, nicht pingelig. Eine berühmte Oboenstelle, deren Klang ein Wort unverständlich machte, war für ihn eine Zumutung. In Salzburg schaffte er das Unmögliche: Man verstand in seiner Regie der „Schweigsamen Frau" jedes Wort, obwohl der Garmischer Meister in diesem Werk seinem Orchester die Zügel schießen ließ. Allerdings nicht so großzügig wie beim „Guntram", den er in seinem Garten selbst unter einem Marterl begraben hat, auf dem zu lesen steht: „Hier liegt der ehr- und tugendsame Jüngling Guntram, der von dem symphonischen Orchester seines eigenen Vaters erschlagen wurde."

Schließlich war der kritische Dr. Rennert auch mit der Verständlichkeit meines Textes zufrieden. Gegen das Stück hatte er nie etwas gehabt. Schon lange bevor er für die Regie in München verpflichtet war, sagte er mir: „Mit dem Thema muß man sich auseinandersetzen." Besonders interessierte ihn von Anfang an „der Aufbau der Story und das Umschlossensein von dem aktualisierbaren Konflikt".

Das aber hat keiner erlebt, daß Rennerts scharfem Auge auch nur die geringste Kleinigkeit auf der Bühne entgangen wäre. Er war ein Argusmensch. Er war nie laut, er konnte es sich leisten, leise zu sprechen. „Der Rock von Frau Lear ist unbrauchbar", flüsterte er plötzlich, rannte in die Garderobe und ließ ihn von seinen Scherenkünstlerinnen schräg schneiden, vorne etwas höher als hinten. Der liebe, unschuldige Lockvogel und Todesengel konnte so einiges zeigen, ohne viel zu enthüllen, und einiges enthüllen, ohne viel zu zeigen. Wie oft lief Rennert während der Proben den Gang entlang zu den Garderobieren, bis er hatte, was er wollte. Er suchte ein Strickjäckchen für Frau Lear, weiß, so daß es gut auf dem weißen Unterkleid saß. Es mußte weitmaschig sein und wenig Nacktes durchschimmern lassen, nicht mehr, als nötig war, einen Soldaten zu locken, der seit Wochen keine Frau gehabt hatte.

„Umarme den Kerl, aber ohne Leidenschaft, so was kennst du doch noch gar nicht, und wenn deine Mutter auftaucht, machst du zwei, drei hastige Handbewegungen hinter seinem Rücken, die ausdrücken: ‚Hau ab, Mütterchen, den hab ich schon an der Angel.'" Ein anderes Mal sagte er empört: „Ihr markiert wie Mannequins, was soll das." Wunderlich mußte schon bei der ersten Probe seinen schweren Tornister tragen und ihn immer an der gleichen Stelle in die Ecke feuern. „Du hast eben genug davon, oder nicht?" Der mörderische Hoango mußte sein schweres Gewehr präzise auf den musikalischen Akzent auf den Tisch werfen. Alles und jedes löste bei allen Personen die entsprechenden Reaktionen aus. Babekan erschrak, weil sie fürchtete, der Gefangene im Nebenraum könnte den Lärm bemerkt haben, und so fort. Mit einer Präzision wie im Ballettsaal wurde die Szene probiert, in der Jeanne den Geliebten an sein Bett fesselt, um sich und ihn durch Täuschung zu retten. An der Unterkante des Eisenbettes befanden sich unsichtbar eiserne Haken: Frau Lear lief gehetzt um das Bett und durfte keinen Haken mit ihrem Seil verfehlen, sonst hätte sie die Türe nicht rechtzeitig aufreißen können, und das Manöver wäre geplatzt. Rennert war unerbittlich. Wenn etwas nicht perfekt war, wurde probiert, bis es ging. Am nächsten Tag fing er wieder mit den „virtuosen" Stellen an. „Der Kapellmeister geht euch nichts an, wenn ihr nach so viel Proben euren Part nicht beherrscht, dann geht ab vom Theater."

Der Komponist hatte sich bei einer bestimmten Stelle ein Tropengewitter gewünscht, Rennert begann mit den technischen Vorbereitungen schon Monate vor der Aufführung. Er verstand sich glänzend mit dem vielbeschäftigten Bühnenbildner Teo Otto, der immer nur kurz auftauchte, um wieder anderswo tätig zu sein. Die Leute sagten ihm nach, er werfe seine Bühnenbilder in jeder Stadt vom Flugzeug aus der Luft in die Tiefe und fliege weiter. Bei der berühmten Inszenierung des „Faust" mit Gründgens war er in Hamburg richtig gelandet und hatte sich im Theater eingefunden. Verloren stand er auf der Bühne. Gründgens soll zu ihm gesagt haben: „Lieber Teo Otto, wenn Ihnen das etwas helfen kann: Sie befinden sich in Hamburg, und wir inszenieren den ‚Faust'."

Was Teo Otto in München ablieferte, war ein Mordhaus mitten im Dschungel, ein unheimliches Gebäude, von dem Rennert befriedigt sagte: „Es stinkt nach Blut, wunderbar!" Das massive Haus war aus Eisen. Es gelang den Technikern der Staatsoper nicht, es zu verschrauben. Ein Detachement von Luftwaffenspezialisten aus Fürstenfeldbruck schaffte es.

Tückisch waren technische Pannen, wie sie fast bei jedem neuen komplizierten technischen Mechanismus auftreten. Das Mordhaus hatte ein Entrée, zwei Zimmer im Parterre und eine eiserne Wendeltreppe, die in den ersten Stock führte. Um möglichst viel Raum zu gewinnen, mußte das Haus sich auf Schienen unmerklich nach links oder nach rechts verschieben lassen. Uns blieb das Herz stehen, als das Gebäude sich bei einer Probe zwar in Bewegung setzte, aber viel zu früh erschüttert stehen blieb. So etwas kann eine Uraufführung zur Farce machen. Zu guter Letzt rollte unser Mordhaus wie vorgesehen nach rechts und links, das Tropengewitter brach an der richtigen Stelle los und hörte auf, wo es sollte. Nach der Generalprobe dachten wir: „Jetzt kann nichts mehr passieren!"

Es passierte aber Schlimmeres, als man sich in seinen schlimmsten Träumen ausmalen konnte: Noch am 21. November 1963 gab es vormittags einen Festakt mit Hans Knappertsbusch. Damals sah und hörte ich unseren „Kna" zum letzten Male dirigieren: „Die Weihe des Hauses." Am Abend des gleichen Tages dirigierte Keilberth die „Frau ohne Schatten" für die Gäste der Staatsregierung. Alles leuchtete, alles strahlte.

Aber am nächsten Tag verfinsterte ein schwarzer Schatten die Welt: Kennedy war in Dallas grausam ermordet worden.

Auch in München rasten die Telefone: Zwischen dem Ministerpräsidenten, dem Innenminister, dem Polizeipräsidenten und dem Staatsintendanten. Ursprünglich wollte keiner sich zu einer Fortführung der Eröffnungsfeierlichkeiten entschließen. Erst allmählich setzte sich der Gedanke durch, daß hinter dieser Feier ein Zeitraum von fünf Jahren intensiver Vorbereitung und sorgfältiger Planung stand. Bei jeder Verschiebung wäre alles zusammengebrochen.

Am nächsten Tag 17 Uhr gedachte der Ministerpräsident vor der Premiere der „Meistersinger" des furchtbaren Ereignisses. Stehend hörte das Publikum die amerikanische Hymne an. Nach einer Gedenkminute ging der Vorhang auf. Das Evchen, die einzige amerikanische Sängerin der Meistersingerbesetzung, lag schluchzend in ihrer Garderobe, und niemand konnte wissen, ob sie in der Lage sein würde, die Partie durchzustehen. Am 25. November, dem Tag der Beisetzung des Präsidenten, fiel der erste „Rosenkavalier" aus. Am 27. ging die Uraufführung der „Verlobung" in Szene.

Mich interessierte brennend, was die am Rassenkonflikt Schwarz-Weiß unmittelbar Mitleidenden zu dieser Oper sagen würden. Nach der Premiere kamen als erste Gratulanten zwei schwarze Franzosen in meine Garderobe, drückten mir die Hand und sagten: „Nous vous remercions! C'est tellement grand et si généreux!"* Und immer wieder, auch in späteren Vorstellungen, kamen schwarze Männer und Frauen und äußerten ernst rückhaltlose Zustimmung zu dem Werk. Sie bezogen sich auf den Satz, den die „Schatten" während eines Zwischenspiels ins Publikum singen: „Sie müssen lernen, miteinander zu leben, sonst werden sie aneinander sterben, so wie wir."

Die Presse hielt den weiteren Erfolg der Oper zum mindesten für wahrscheinlich, die einen zu ihrer Befriedigung, andere zu ihrem Leidwesen. Das hatte „jenen" gerade noch gefehlt: eine Nummernoper, eine Gesangsoper, die Erfolg hatte. „Puccini" war das schlimmste Schimpfwort, das sie in ihrem Sprachschatz finden konnten. Ich war geschmeichelt.

* „Wir danken Ihnen! Es ist so großartig und edelmütig!"

Anfang Dezember 1963 starb Karl Amadeus Hartmann. Es war ihm nicht mehr vergönnt gewesen, sein Werk bei dem Ballettabend der Eröffnungswochen zu erleben. K. A. Hartmann war ein großer Symphoniker und der Gründer der Münchener „musica viva". Sein Gedächtnis wurde von Musikern der ganzen Welt geehrt: Orff / Henze / Dessau / Kubelik / Liebermann / Messiaen / Egk / Blacher / Mihalovici /Tippett / Fortner / Nono / Boulez / Milhaud / Maderna / Zimmermann, von vielen Dichtern und den bedeutendsten bildenden Künstlern unserer Zeit. Gedenkworte und Zeichnungen sind in einem kostbaren Epitaph zusammengefaßt erschienen.

Anfang 1964 folgte als zweite „Domingo"-Bühne Hannover. Reinhard Lehmann, ein Freund seit seiner kühnen Inszenierung des „Peer Gynt" in Darmstadt und der – für ihn riskanten kurz vor der kriegsbedingten Schließung der Theater – in Gera, führte Regie. Sie wurde mit 27 Minuten Applaus und 45 Schlußvorhängen belohnt. Die stimmliche Entdeckung dieser Aufführung war Helen Donath, Tochter eines Texaners und einer Araberin, Bühnentalent und Stimmphänomen. „Ist es eigentlich wahr, daß die Partie der Jeanne stimmlich anstrengend ist?" Kritische Betrachter hatten das angemerkt. „Ich singe Ihnen diese Partie ohne Anstrengung zweimal nacheinander. Sie schmiert mir die Gurgel, sie kratzt nicht."

Nach Hannover kam Augsburg, die Stadt, von der Urbanus Reghius 1522 schrieb: „Nichts Glänzenderes und Lieblicheres habe ich je gesehen als Augsburg." Goethe wollte 1790 noch einige Tage in Augsburg bleiben, denn, so bemerkte er, „es kommt mir hier der Wohlgeruch der Freyheit, das heißt die größte Constitutionelle Eingeschränktheit entgegen".

Augsburg wurde im zweiten Weltkrieg in einem nicht vorstellbaren Maße verwüstet, aber die Bürger haben ihre

Stadt wiederaufgebaut und wohnlich eingerichtet, „im Geiste der Freyheit", so daß „der Strahlenraum der Stadt heute wieder weit über den Perlachturm, über die Ellipse um den Hohen Dom und St. Ulrich hinausreicht". Undenkbar ohne die Männer, von denen ich einige in ihrer Tätigkeit kennenlernte: zum Beispiel Dr. Ludwig Wegele, den Kulturdezernenten und zweiten Bürgermeister der Stadt in einer entscheidenden Phase des Wiederaufbaus. Immer, wenn ich ihm begegnete, kam mir der Kaiser Augustus in den Sinn, der über seinem Brunnen am Eiermarkt den ehernen Arm über die Stadt ausstreckt. Mit einem unbeirrbaren Willen tat Dr. Wegele Entscheidendes für die Wiederherstellung der Kulturdenkmäler. Er tat noch mehr: Er begünstigte nicht nur das sichere Erbe, er trat auch für die in ihren Fundamenten erschütterten Künste der Gegenwart ein. In Erz gegossen steht das Porträt des Augsburgers Bertold Brecht im Foyer der Städtischen Bühnen; meines kann ich nicht ohne ein Gefühl dankbarer Bescheidenheit im ersten Stock betrachten. Es gibt kein Bühnenwerk von mir, das nicht in der Stadt meiner Jugend aufgeführt worden wäre. Hans Meißner, der nach dem Krieg Generalintendant in Augsburg wurde, verbrauchte seine letzten Kräfte durch die Konzentration auf das Ziel, aus Augsburg eine bedeutende Theaterstadt zu machen. Wie eine Säule stellte sich der Bühnenbildner Hans Ulrich Schmückle neben ihn und half ihm die schwersten Lasten tragen.

In der „Domingo"-Inszenierung trat der Kunstverstand und die Phantasie des immer in großen Dimensionen denkenden Bühnenbildners H. U. Schmückle dadurch hervor, daß er die Vergangenheit und die Gegenwart ineinanderspielen ließ. Die Rückwand des „Mordhauses" war aus transparentem Material hergestellt, so daß der Tropendschungel bei entsprechender Beleuchtung in das Haus eindringen konnte. Das Stück spielt 1803 und in der Gegenwart. Das Haus konnte von einer in jedem Detail fast bestürzenden Wirklichkeit sein und in den Szenen, die in der Gegenwart spielen, wie vom Urwald überwuchert erscheinen. Dieser Wechsel wurde zum Symbol für die unaufhaltsame Veränderung des Bestehenden von Minute zu Minute und von Jahrhundert zu Jahrhundert.

Mit dem genialen Hans Ulrich Schmückle und seiner Frau, der Kostümbildnerin Sylta Busse, die beide auch die erregendsten Berliner Inszenierungen von Piscator nach dem Kriege gestalteten, wurde in der Berliner „Komischen Oper" eine exemplarische Aufführung des „Abraxas" systematisch aufgebaut (November 1966). Es lohnt sich, über die Arbeitsweisen dieses Theaters zu sprechen, über den Intendanten Felsenstein, den Bühnenbildner, den Choreographen und das Ballett.

Die Regiesitzung

An einem Sonntagmorgen begann in einem abgedunkelten Probenzimmer der Komischen Oper eine bis in den Abend währende Regiesitzung, bei der die Grundzüge der Inszenierung des „Abraxas" festgelegt wurden. Walter Felsenstein, der sich vorher schon an den Erörterungen beteiligt hatte, die über den Inhalt und Sinn des Balletts hin- und hergegangen waren, hatte den technischen Direktor mit seinem Stab, den Bühnenbildner, die Kostümbildnerin, den Ballettmeister, den Dramaturgen und den Komponisten zusammengerufen. Die Modelle der Bühnenbilder waren aufgebaut, Lichtwirkungen wurden demonstriert, Kostümentwürfe wurden durchgesprochen, technische Möglichkeiten erörtert, aber hinter allem stand immer die Frage nach dem Sinn und nach der Begreifbarkeit. Dabei befand sich nicht das Bedeutende in der ersten Gasse, sondern das Konkrete, nicht das Naturalistische, sondern das Natürliche. Nicht der Illusion war man auf der Spur, sondern der Verwirklichung, und nicht der Einfühlung, sondern dem Verständnis. Es gab keine Monologe, keine Finten, Paraden und Rededuelle, keine Sprüche, Erklärungen und Gegenerklärungen. Einmal kam aus dieser, einmal aus jener Ecke ein Satz, halblaut, der dann aufgenommen, hin- und hergewendet, abgeklopft und zerkaut wurde. Kam man auf den Geschmack, so belebte sich das Gespräch, und mit einem Male präsentierte sich ein Resultat. Was nach bestechender Verpackung aussah, was nach Parfüm schmeckte, was auf eine hypnotische oder suggestive Wirkung herauskam, war rasch abgetan. Verstehen und darstellen war die Parole. Man mußte daran denken, wie Brecht zu den Schauspielern gesprochen hat: „Nicht nur euch zu zeigen vor den Leuten, was ihr alles könnt, also ausgestellt werden als sehenswert“, ist eure Aufgabe, „sondern das Zusammenleben der Menschen abzubilden, so daß es verstanden werden kann und beherrschbar wird.“

Der Chef

Hier ist alles anders als an den meisten Theatern, die mir bekannt sind. Hier gibt es keine Hierarchie, der Chef ist kein über den Wolken thronender Halbgott, sein Büro kein von Vorzimmerengeln abgeschirmtes Heiligtum. Von sich aus respektiert jeder, der an diesem Theater arbeitet, die ungeheuerliche Arbeitsleistung von Walter Felsenstein. Zwei dreistündige und eine zweistündige Probe täglich sind für ihn zu Zeiten die Regel. Kürzlich traf ich ihn am Aufzug und fragte etwas besorgt: „Wie geht es Ihnen?“ „Fragen Sie mich lieber, wohin es geht! Auf meine sechste Probe heute, Chor, Statisterie ...“ Und weg war er. Daneben laufen die Intendanzgeschäfte, die „Lektüren“, die Diskussion der in Aussicht genommenen Werke, die Regenerationsproben seiner früheren Inszenierungen, soweit sie wieder in den Spielplan aufgenommen werden, der zeitraubende Umgang mit der Bürokratie und der Kampf um die Mittel. Niemand geht zu ihm, wenn es nicht sein muß. Die Sänger, Leute von der Verwaltung, Bühnenarbeiter und selbst Bauarbeiter schleichen auf Zehenspitzen an der Probebühne vorbei, auf der er gerade probiert *piano, pianissimo, senza parlar.* Von sich aus, ohne Anordnung der Intendanz oder Hinweis der Direktion. Kürzlich war ich bei seinem Dramaturgen, ein wenig curiosare, wie die Italiener sagen, und fragte ihn, immer auf der Suche nach den Kräften, die dieses Theater antreiben: „Gibt es eine Theorie, nach der hier alle arbeiten, ein Credo, das allen gemeinsam ist?“ Ich dachte, nun käme, wie aus der Pistole geschossen, eine Ladung Alleinseligmachendes. Weit gefehlt! Felsenstein, sagte der elegante junge Denker im Dramaturgensessel, habe sich mehrmals, zum Beispiel aus Anlaß seines Pariser Gastspiels im Théâtre Sarah Bernhardt am 29. Mai 1957, theoretisch geäußert. Diese Äußerungen seien bis zum Überdruß immer und immer wieder zitiert worden. Erschöpfend im Sinn einer Theorie sind sie nicht. Für ihn sei die Hauptsache das Aufsuchen der Wahrheit. Er ist ein Genie im Auffinden von Wahrheiten, die ein Werk enthält und die nicht immer offen zutage liegen, sondern hinter einer Figur, einer Reaktion, einer Situation, einer psychologischen Konstellation verborgen sein können. Die Darsteller, die durch die unzähligen Proben gequält sein müßten, sprechen von ihm wie von einem Wundertäter. Das Wunder, sagen sie, besteht darin, daß er einen noch in der hundertsten Probe zu einer Entdeckung leiten kann. Es ist aufschlußreich, wie sich Felsenstein als ein in der Wahrheitsuche Geübter beim Aufeinanderprall entgegengesetzter Meinungen verhält. Er wartet nicht nur ab, bis jeder seine Argumentation ausgebreitet hat, er hört auch zu, mit großer Aufmerksamkeit, begierig etwas zu finden, was ihm vielleicht entgangen sein könnte, und bewirkt damit, daß auch die Parteien aufeinander hören. Dieser dreifache Nationalpreisträger, Professor, Ehrendoktor der Humboldt-Universität und der Prager Universität, Träger des „Vaterländischen Verdienstordens“, des Ordens „Banner der Arbeit“ und anderer nationaler und internationaler Auszeichnungen, dieser von der Welt bewunderte Regisseur ist so bescheiden wie jedes echte Genie und gütig und gerecht wie der König Pausole – und schrecklich überarbeitet.

Das neue Ballett

Am 5. Juni 1947 erhielt Felsenstein durch den Major Dymschitz die Lizenz für die Komische Oper. Ende 1947 eröffnete er mit der „Fledermaus“. 1949 gab es einen ersten Ballettabend, dem bis 1961 zwölf weitere folgten. Dann wurde das Ballett durch eine Pantomimengruppe ersetzt, und erst zur Eröffnung des neuen Hauses gab es wieder eine Ballett-Truppe, die in der Hauptsache aus dreißig deutschen und russischen Solisten besteht. Ballettmeister ist ein verhältnismäßig junger Choreograph, der von Weimar über Leipzig und Dresden nach Berlin kam, Tom Schilling, und der seine ersten größeren Arbeiten schon als Fünfundzwanzigjähriger vorstellte.

Gespräche

In der Pause einer Ballettprobe sitze ich neben einer Blonden mit hellen Augen und hohen Backenknochen, der russischen Ballerina Lydia W., und frage sie, was sie zum Ballett gebracht hat. „Der Zufall“, meint sie. Sie war elf Jahre alt und begleitete eine Freundin zur Ballettschule. „Und da wollte ich auch dieses Formular und tanzen lernen, und Mutter hat nichts gewußt.“ Die kleine Lydia hat Glück gehabt und bekam „dieses Formular“ und wurde angenommen. Ihre Lehrerin wurde die Affanassjewa aus der Schule der Waganowa. „Das ist ein großer Begriff für die ganze Ballettwelt." Lydia ist in Taschkent geboren, im Zentrum der Usbekischen Republik. „Ich bin Asiatin", sagt sie ganz stolz und lächelt. Vom Theater in Taschkent, ihrem ersten Engagement, kam sie an eine ebenso bedeutende Bühne, nach Saratow, dann nach Tschladensk im Ural, wo sie begann, die ersten Fachpartien zu tanzen. Auch „sehr interessantes Ballett Schitra", Buch und Musik von Rabindranath Tagore. Dessen Nichte, eine Tänzerin, kam nach Tschladensk „und hat viel mit uns gearbeitet mit Hände und so weiter, alles trotzdem auf Spitze". In Kuibischew, ihrem letzten russischen Engagement, tanzte sie das ganze klassische Repertoire. Dann kam sie nach Deutschland, wie, das ist ein Roman oder eine Romanze für sich. In Berlin tanzte sie vor ihrem Engagement bei Felsenstein an der Deutschen Staatsoper „Schwanensee", „Giselle" und „Petruschka". Sie arbeitet wie ein Pferd und sagt strahlend: „Ich wäre nicht froh, wenn ich diese schwere Arbeit nicht hätte. Dieses Schuften macht mich glücklich. Es ist mein Leben."

Welch ein Ballett-Kosmos steht hinter den Erzählungen Lydias. In der UdSSR gibt es nicht weniger als vierzig große Ballettzentren. Eine Stadt wie Nowosibirsk hat ein Ballett von 200 bis 250 Tänzern, eine kleine Stadt wie Perm eine eigene Ballettschule und eine Compagnie von 100 bis 150 Tänzern.

Ein anderes Mal fragte ich die russischen Tänzer über die Russische Schule aus. Übereinstimmend sagten sie alle das gleiche: Auf dieser Basis kann man alles machen, Französisch, Englisch, was man will; alles hat seine Richtung, seine genaue Methode. Ich wollte auch wissen, wie sich die deutsche Mentalität mit der Russischen Schule verträgt. Die Antwort: „Das wird nur etwas, wenn Qualität ist. Und die Deutschen, ja, die denken zuviel." „Und die Englische Schule?" „Sie ist nicht schlecht. Etwas kühl. Sie springen nicht mit Seele, russische Menschen tanzen aus Freude, aus Trauer, und alles stimmt dann."

Jack, ein Deutscher, war ursprünglich Maurer, ging als junger Mensch in ein Volkskunst-Ensemble und erarbeitete sich in Weimar die Grundlagen des klassischen Tanzes. Am Deutschen Nationaltheater in Weimar tanzte er erste Fachpartien und Charakterrollen, später in Leipzig eine Menge Liebhaber und in Dresden das ganze Repertoire, mindestens drei Prinzen, einen Kaiser, mehrere Zauberer, darunter den Faust in „Abraxas", weiße und schwarze Liebhaber und sogar einen Vorsitzenden. *Demi-caractères, grands caractères.* Seine Meinung über die Russische Schule: „Die beste und umfassendste." Das übliche deutsche Training? „Ein Konglomerat aus verschiedenen Schulen, keine Synthese." Das Ziel? „Ein spezifischer deutscher Stil auf der Basis der russischen Technik."

Wie wollt ihr denn, fragte ich die temperamentvolle Manon, Charaktertänzerin, die russische Technik lernen, wenn ihr nicht nach Moskau oder Leningrad geht? „Hannelore", sagt sie, „war schon ein Jahr in Leningrad, um sich zu qualifizieren, wie man sich hier ausdrückt, und andere werden folgen. Abgesehen davon, haben wir an der Komischen Oper für die nächsten zwei Jahre ausgesorgt. Wir haben jetzt ein wundervolles Training." „Lepeschinskaja?" „Ja", sagt sie, „Lepeschinskaja." Und dann singt sie eine Arie: „Ich habe schon viele Lehrer gehabt, unmusikalische und solche, die dich zerreißen, wie die Tiger, aber auch solche, die es gut gemeint und gut gemacht haben, aber eine Lehrerin wie die Lepeschinskaja gibt es nur einmal auf der Welt. Bei ihr ist alles klar, musikalisch harmonisch, und so kommt das Tänzerische im Klassischen heraus. Alles wird rund, und das Artifiziellste wirkt zum Schluß wie die reine Natur. Sie ist anspruchsvoll und nachsichtig. Sie ist für jeden anregend, weil sie jeden entwickelt. Sie bringt jeden dazu, zu verstehen, was sie will. Sie hat heute noch mit ihren fünfzig Jahren die technische Brillanz, für die sie am Bolschoi-Theater bejubelt wurde, und demonstriert alles selbst, daß einem der Atem wegbleibt. Was sie verlangt, ist zum Schluß leicht, weil es auf der Beschaffenheit der Muskeln und Bänder beruht. Ihr Exercise ist täglich auf einem neuen Prinzip aufgebaut, das sie bis zur letzten Konsequenz, bis in den Sprung hinein durchführt. Alle lieben sie, sie erschreckt keinen, und jeder will zeigen, daß er es kann. Jetzt arbeitet sie auch die *pas de deux* aus Abraxas bis zur Perfektion. Ihre pädagogische Phantasie ist unerschöpflich, gespeist von einer angeborenen Musikalität. Sie ist leise, ihre Autorität ist unwiderstehlich. Ihr Auge strahlt, sie ist ein Quell von Musik und Bewegung."

Das Wunderbare ist, daß alle Mitglieder des Balletts Manons Arie mitsingen und daß so aus der Arie eine vielstimmige Hymne wird.

Olga Wassiljewna Lepeschinskaja

Sie stieg mit siebzehn Jahren von der Ballettschule zur Solistin am Bolschoi-Theater auf, wirkte dreißig Jahre lang in der ersten Linie der weltbesten Ballerinen und bereiste abgesehen von Australien alle Erdteile. Wurde die Ulanowa für ihre Shakespearesche Ausdruckskraft bejubelt, so riß die Lepeschinskaja durch die zauberische Leichtigkeit hin, mit der sie die schwierigsten Variationen ausführte. Walter Felsenstein lernte sie anläßlich eines Gastspiels der Komischen Oper in Moskau kennen und war schließlich der glückliche Gewinner eines Wettlaufs, in dem auch Balanchine und die Metropolitan Opera im Rennen lagen. Sie ging mit Freude zu Felsenstein: „Ich konnte einfach nicht nein sagen, ich glaube, er ist ein Genie."

Sobald es mir möglich war, bat ich sie um die Erlaubnis, einem Training beizuwohnen. Es begann *pianissimo*, pünktlich um neun Uhr morgens. Man mußte sehr genau hinhören, wollte man etwas von dem leisen melodischen Gezwitscher verstehen, mit dem sie die erste Übung ansagte. Die Tänzer begannen zu arbeiten. Sie ging von einem zum anderen, zielte da auf eine Hand, dort auf einen Fuß und verwandelte mit einer Geste, einer präzise gezielten Korrektur einen schwer atmenden, hart arbeitenden Körper in eine schwerelos schwebende Gestalt. Das Tempo wurde allmählich gesteigert, ihre Stimme hob sich zum *mezzo-forte*, sie vermischte die französische Ballettsprache mit russischen Interjektionen und deutschen Wörtern und verband die drei Sprachelemente aufs anmutigste zu einem neuen Idiom. Es klang fast wie eine nie gehörte Kantilene, bezaubernd und auf eine Art unmittelbar verständlich, wie es nur Musik sein kann. Am Ende gingen die Tänzer erschöpft, aber glücklich zur Probe und wir, die wir das Training miterleben durften, voll Freude jeder an sein Tagewerk.

Der Königspudel „Abraxas", genannt „Braxi" hilft seinem Herrn beim Komponieren (Vgl. S. 522).

Kurz vor dem ersten Gespräch mit Felsenstein über „Abraxas“ hatten unsere beiden schwarzlockigen Schäferhunde Fara, die Mutter, und Anka, die unternehmungslustige Tochter, während unserer Abwesenheit den blendenden Einfall, alles im Haus erreichbare Papier: Telefonbücher, den Inhalt von Papierkörben und einen kostbaren Teppich zu „zerreißen, zerreißen, zerbeißen“, wie die kleinen Teufel mit den großen Gebissen in Paul Branns „Faust“-Puppenspiel ihre gierigsten Wünsche ausdrücken. Ich kann mir vorstellen, wie unsere beiden schwarzen Hunde mit eilig trappelnden Pfoten treppauf und treppab rannten und sich Neuentdeckungen lustvoll anzeigten. Mutter Fara hatte es sich selbst beigebracht, Türen zu öffnen, und so war es leicht erklärlich, daß wir bei unserer Rückkehr Mengen zerfetzten Papiers in allen Zimmern gerecht und in einem gewissen Sinn systematisch dekorativ verteilt vorfanden. Die Täterinnen empfingen uns stolz bellend und vor Freude im Schnellgang wedelnd.

Wir hatten immer Hunde gehabt und verstanden sie. Deshalb erwartete sie zwar kein Lob, aber auch kein Strafgericht. Hunde haben, wenn sie ihre Herren lieben, den Drang, es ihnen gleichzutun. Unser Königspudel Abraxas, genannt „Braxi“, hatte es sich bis zu seinem Ende nicht nehmen lassen, mir so gut er konnte beim Komponieren behilflich zu sein.

Er saß oft neben dem Klavier, wenn ich spielte, und sang so rein und melodisch, daß ein bekannter Kapellmeister mit höflicher Übertreibung sagte: „Wollte Gott, wir hätten an unserer Oper nur einen Tenor, der halb so musikalisch wäre wie dieser Pudel!“

Fara und Anka hatten mit Interesse beobachtet, daß ich selbst seit einiger Zeit die alte Circepartitur in kleinere Abschnitte zerlegte, das Unbrauchbare ausscheidend und das Formbare beiseite legend. Was nach „Zerreißen, zerreißen, zerbeißen“ klang, war Wonne für Hundeohren.

Die Hunde hatten ihr Urteil abgegeben, was aber hat den Komponisten befallen, daß er nach mehr als zwölf Jahren den Calderónschen Stoff nochmals vornahm? Hatte er herausgefunden, daß das Verhalten des spanischen Ulysses und der spanischen Circe für uns heute so unverständlich ist wie das Verhalten der Schnabelkerfen? Wohl, aber er hatte auch herausgefunden, daß sich unter dem spanischen Panzer ein unzerstörbarer menschlicher Kern befindet, daß die Komödie im Hinblick auf Musik makellos gebaut ist und daß es nur notwendig war, die Augen von den kristallenen Adlern, den goldenen Bäumen und den Prunkwagen abzuwenden, um in den tieferen Schichten der Dichtung neue, moderne Möglichkeiten zu sehen. Es war kein Zufall, daß in der alten Partitur die Liebesbeziehung keinen sprechenden Ausdruck gefunden hatte, daß die Arie der Circe und die Duette der Liebenden von einer merkwürdigen Starrheit waren. Hier hatte der Komponist die dramaturgische Bedeutung und den musikalischen Wert einer Konstellation übersehen, welche eine der besten Eingebungen des Calderónschen Genies darstellt: Ulyss, der gerissene Abenteurer, und Circe, die wollüstig grausame Zauberin, begegnen sich als Feinde, versichern sich aber zum Schein ihrer gegenseitigen Loyalität, jeder in dem Bestreben, den anderen unter dem Schirm einer geheuchelten

Freundschaft desto leichter zu verderben. Indessen wird jeder gegen seinen Willen von Leidenschaft für den anderen ergriffen, doch kann keiner seine Liebe offenbaren, ohne daß der Partner Liebesblick und Liebeswort als einen besonders widerlichen Trick registriert. Man muß zugeben, daß diese Situation für einen modernen Psychoanalytiker eine alarmierende Fanfare wäre, ein Signal zu dem begeisternden Versuch: Herz, Lunge, Leber, Niere, Milz und alle Gedärme der Liebenden sauber aufs Brett zu legen – für einen Opernschreiber aber ein willkommener, enthemmender Anlaß für Musik. Allerdings muß das Libretto den Haß, die Leidenschaft, den Konflikt, die Schwierigkeit einer Erklärung und die Lösung des Konflikts mit genügender Klarheit darstellen. Hand in Hand mit dem Bemühen um Klarheit mußte der Abbau des *estilo culto,* zu deutsch der geschwollenen Rede, betrieben werden und das Umdenken aller Situationen in eine Form, die sich mit der modernen Empfindungswelt deckt.

Die neue Oper mit dem etwas abwegigen Titel „17 Tage und 4 Minuten“, die am 2. Juli 1966 in Stuttgart uraufgeführt wurde, trug den Untertitel „opera semibuffa.“ Ein seriöses Paar war einer zum Teil buffonesken Umgebung gegenübergestellt. Spuren des *estilo culto* finden sich nur noch dort, wo durch hochtrabende Formulierungen schlichte Verlogenheit, diplomatische Verschlagenheit oder eine gewisse Ironie ausgedrückt werden soll. Im Gegensatz zu der dem barocken Drama selbstverständlichen stilistischen Unterscheidung von Herrschaften und Personal sprechen jetzt alle Personen im Prinzip die gleiche Sprache, abgesehen von einigen „Entgleisungen“ der komischen Figuren. Der spanische Habitus ist beträchtlich gemildert, und die Ehre des Ulyss ist nicht mehr so empfindlich, daß die Verständlichkeit darunter zu leiden hätte. Schlegel vergleicht die Ehre des Spaniers mit dem Hermelin, welches so sehr auf die Sauberkeit seines Felles hält,

„daß es lieber, als es zu beflecken, von den Jägern verfolgt, sich dem Tode überliefert". Von einem ähnlichen Verhalten kann bei dem neuen Ulyss nicht mehr die Rede sein. Sobald er seine kostbare Haut in Gefahr glaubt, läßt er sein Liebchen sitzen und ist nur noch, wie jeder moderne Held, auf Distanz bedacht.

In dem Maße, in dem die Komödie in das moderne Bewußtsein gebettet wurde, stiegen auch die Möglichkeiten der Identifikation des Zuschauers und Zuhörers. Es gab Gründe über Gründe für den Versuch, das nochmals zu machen, neu und besser, was von mir, im Grunde von fremden Voraussetzungen ausgehend, unzureichend angelegt war.

Um die Zeit der Uraufführung aber hatte die Württembergische Staatsoper nicht weniger als zwei Uraufführungen und eine Neuinszenierung gleichzeitig zu bewältigen. Die Besetzungsfrage war nicht zufriedenstellend zu lösen. Der Regisseur der neuen „Circe" war gleichzeitig auch der der Neuinszenierung des „Wozzeck", der Hauptdarsteller des Wozzeck gleichzeitig auch der des Ulyss. Aus dem *primo uomo* meiner Konzeption war ein Buffo geworden. Ich selbst wurde erst zugezogen, als im Prinzip nichts mehr zu ändern war. Unter dem Zwang der Verhältnisse stimmte ich dem Vorschlag zu, die „opera semibuffa" in „Burleske Oper" umzutaufen. Mit der Veränderung der Charaktere und des Charakters hatte ich verloren.

Ein Malheur kommt selten allein. Ein neues Ballett „Casanova in London“ schrieb ich für den in der Welt gefeierten und auch in München als Ballettmeister wirkenden John Cranko.

1967, am 15. Dezember erklärte sich Cranko heiter lächelnd einverstanden. Bei dieser Unterredung wunderte ich mich darüber, daß er sich in seinem übergroß karierten, aber knapp auf die Haut geschneiderten Anzug überhaupt bewegen konnte.

Am 18. bestätigte er sein Einverständnis.

Am 19. bestätigte die Intendanz, er werde das Werk wohl herausbringen.

1968, am 29. Januar wollte er das Doppelkonzert von Bach in der Choreographie von Balanchine als Einleitung bringen.

Am 21. Juni hörte er zum ersten Mal die Originalmusik in einer Orchesteraufnahme des SWF auf Tonband. Er fand sie wun-der-bar.

Am 22. September fand eine Bühnenbildbesprechung zwischen Cranko und einem aus London angeflogenen prominenten englischen Bühnenbildner statt, zu der ich zugelassen wurde. Die englisch sprechenden Herren unterhielten sich über Jahrmärkte auf der zugefrorenen Themse. Dann wurde ich hinauskomplimentiert, und der Gast flog wieder nach London ab.

Am 11. November erneuerte Cranko seine rückhaltlose Zustimmung: „Die Musik ist wun-der-bar!“

1969, am 27. März sagte Cranko unerwartet ab. Er wollte nur noch die „Französische Suite“ als Einleitungsstück selbst choreographieren: „Zu ‚Casanova‘ fällt mir nichts ein.“ Darauf kann man nichts entgegnen.

Es ist schwer, fast unmöglich, kurzfristig Ersatz für einen Weltstar zu finden. Es gelang uns gerade noch rechtzeitig, Janine Charrat zu verpflichten. Nach ihrem Urlaub und ihrer Trauung durch den Bürgermeister von Tahiti, Mr. Satan, erschien sie zu den Proben.

Am 29. November fand die Uraufführung in ihrer Choreographie statt, die eine Menge frappierender Details enthielt. Das Publikum applaudierte der Premiere wie allen späteren Vorstellungen, die Presse aber war betont negativ. John Cranko wurde für „seine“ Französische Suite gefeiert. Er lebt heute nicht mehr in dieser Welt, er starb kurz vor einer Landung im Flugzeug.

Seit dem Ende von Karl Amadeus Hartmann rissen die Todesnachrichten, die uns wie Keulenschläge trafen, nicht mehr ab. Drei Jahre nach der Wiedereröffnung der Münchner Oper entsetzte uns die Schreckensbotschaft von dem unsinnigen tödlichen Unfall des Tenors Fritz Wunderlich, dessen kometenhafte Laufbahn so auf ihrem Höhepunkt endete.

Am 2. Juli 1968, nachmittags 17 Uhr, sagte die Stimme Isabella Nadolnys, einer unserer nächsten Freunde, mit unnatürlicher Ruhe am Telephon: „Heute morgen habe ich meinen Mann tot im Bett gefunden, gestern war noch alles wie immer.“ Mußte eine so vollkommene Ehe, ein so ungetrübtes Glück ohne erkennbare Ursache, ohne vorangegangene Warnung wie Glas zerspringen? Wenige Tage vorher saßen wir mit den beiden in der Sonne in ihrem Garten. Sie erzählten von einer Spanienreise, die sie sehr genossen hatten. Die wie auf einen Felsgrund des Unheils niedergestürzte Frau erhob sich langsam wieder in einer übermenschlichen Anstrengung. Ihr Unglück ist stärker als sie, und doch trägt sie es mit Würde. Selbst ihre Freunde hat sie nicht darüber vergessen. Dank!

1970 traf der Tod unseren Freund Hermann Proebst, den Chef der Süddeutschen Zeitung, auf dem Redaktionssessel, während er schrieb. Man sah die Bahn des Todes an einer

Schleifspur der Feder, die eben noch geschrieben hatte. Hermann Proebst hatte das Gesicht seiner Zeitung geprägt. Er hielt die auseinanderstrebenden Kräfte zusammen in Freiheit und ohne Zwang durch Kraft und Weisheit. Für seine Frau, für seine Pflicht und für seine Freunde war er immer da.

Einen Monat später traf Heinrich Strobel das gleiche Los. Auch er starb an seinem Schreibtisch bei der Arbeit an einem Buch. Ich war so erschüttert, daß es mir unmöglich war, an seiner Bahre auch nur einige Worte zu sprechen.

In dem gleichen, von tragischen Ereignissen durchzogenen Lustrum gab es für uns aber auch Merkwürdigkeiten besonderer Art. Am 1. Juni 1967 wurde „Die Zaubergeige" als Galavorstellung des Bayerischen Nationaltheaters beim Besuch des Schah und der Kaiserin von Persien aufs Programm gesetzt. Ein gemütliches Essen im Blauen Salon und das Defilée der Mitwirkenden sollte die Veranstaltung im Nationaltheater abschließen. Die Majestäten speisten ohne sichtbare Reaktion auf das vom Max-Joseph-Platz heraufdringende Johlen, Pfeifen und die deutlich vernehmbaren Sprechchöre „Mörder! Mörder!" Plötzlich eintretende Ruhe zeigte den Abzug der Demonstranten an. Wie es hieß, waren sie auf dem Weg zum Flugplatz, zwecks Vorbereitung weiterer Schah-Demonstrationen andernorts.

Wenige Tage später erlebten wir eine Demonstration ganz anderer Art, diesmal für mich. Mein Geburtsort Auchsesheim bei Donauwörth hatte mir die Ehrenbürgerschaft angetragen. Überall im Dorf hingen weiß-blaue Fahnen aus den Häusern. Am Ortseingang wurden wir mit Blechmusik empfangen und in Begleitung der ganzen Bevölkerung zu dem von jetzt ab nach mir benannten Platz geleitet. Es herrschte Festtagsstimmung mit Kinderchor und Reden, darunter einer des Bürgermeisters Gerstmaier, die jedem Staatsoberhaupt gut angestanden hätte. Jeder Satz hatte

Sinn und Form. Ein von der Gemeinde gestiftetes Essen, zu dem alle noch lebenden Schulkameraden geladen waren, bildete den Abschluß. Eine Zeitlang kam ich mir vor wie der „Zaubergeigen"-Kaspar, aber die Häuser von Auchsesheim schwankten auch nicht nach dem reichlichen Genuß besten einheimischen Bieres.

Jahre später bei der Eingemeindung von Auchsesheim nach Donauwörth beschloß der dortige Stadtrat, meine Ehrenbürgerschaft auf die Stadt auszudehnen. Das Ereignis dieser Feier war eine formvollendete und inhaltsreiche Rede des Bürgermeisters Dr. Böswald, die mich staunen ließ. „Ja", sagte er, „ich habe nicht Jura studiert wie die meisten meiner Kollegen, sondern Philologie."

Bei einer Aufführung von „Domingo" im Rheinland regte mich auf, daß der Beginn der Haupthandlung weder sichtbar noch hörbar wurde. Infolge der Thermik des vollbesetzten Hauses hob sich der Zwischenvorhang nicht. Als es mir unerträglich wurde, dem undeutlichen Schattenspiel zuzusehen, schlich ich mich von meinem Platz in der zweiten Reihe weg hinter die Bühne: „Warum?" fragte ich. „Soviel wir auch ziehen, er geht nicht hoch." „Zieht bitte noch einmal." Sie taten es, und der Zwischenvorhang hob sich.

Bei einer anderen Aufführung der gleichen Oper in Liberec (ČSSR) wollte Vašata, ein großartiger Musiker und Dirigent der Vorstellung, nach der Pause den zweiten Akt beginnen, als mich jemand im ersten Rang entdeckte und zu applaudieren begann. Daraufhin erhob sich das ganze Publikum im Parkett, drehte sich von der Bühne weg und feierte meine Anwesenheit mit Ovationen. Nach einer guten Viertelstunde erst konnte die Vorstellung fortgesetzt werden. In Liberec, dem ehemaligen Reichenberg, lebte damals nur noch ein einziger Deutscher.

In Hartford Connecticut besuchte ich eine Vorstellung meiner „Peer Gynt"-Oper, inszeniert und musiziert von Studenten des music departments der Universität. Eintrittspreis: 150 Dollar pro Kopf. Alle vier angesetzten Vorstellungen waren ausverkauft.

In Helsinki hatte ich „Domingo" selbst einstudiert und trat beim Schlußapplaus wie üblich aus der Reihe der Solisten nach vorne an die Rampe, um mich beim Orchester durch eine Geste zu bedanken. Ich fiel vor Schreck fast in den Orchestergraben. An Stelle des bei allen Orchestern üblichen Applauses durch Klopfen auf Instrumente und Pulte, blies mir das Orchester einen Tusch im *Fortissimo*.

In Stuttgart sang bei einem Gastspiel der Bayerischen Staatsoper Evelyn Lear die Jeanne. Sie kam von New York und war unterwegs erkrankt. Nur mit Mühe brachte sie den ersten Akt zu Ende. Die Vorstellung sollte abgebrochen werden, da entdeckte jemand gerade noch rechtzeitig Anneliese Waas im Publikum, die in München die Jeanne oft gesungen hatte. Sie sprang ein, wurde in einer stark gedehnten Pause ins Kostüm gesteckt und geschminkt. Der Theaterarzt hatte für die erkrankte Evelyn Lear vorsorglich eine Tragbahre bereitstellen lassen. Schon wollte der Arzt bei noch geschlossenem Vorhang über die Bühne enteilen, da brach er zusammen. Er wurde auf der von ihm bereitgestellten Tragbahre selbst abtransportiert.

In der gleichen Zeit hatten wir aber nicht nur merkwürdige, sondern auch viele gute Erlebnisse:

Daß sich an vielen Bühnen verschiedene meiner Opern und Ballette über Jahre im Spielplan hielten –

Daß sie an manchen Bühnen mehrmals neu einstudiert wurden –

Daß Ernst Krause mit beträchtlicher Sachkenntnis ein im

Osten und Westen verbreitetes Buch über mein Bühnenwerk schrieb –
Daß frühe Freunde meiner Arbeit immer erneut für mich eintraten: Dr. Herbert Decker zum Beispiel, Operndecker genannt, Opernentdecker von Berufung, Regisseur und Intendant, oder Hainer Hill, Bühnenbildner von Phantasie und Profil –
Daß sich mein Freund Hans Ulrich Schmückle für die letzte Neuinszenierung des „Peer Gynt" in Augsburg einen funktionell vollendeten Bühnenaufbau einfallen ließ und durch Kombination von Film und Projektionen einiger Mikro-Querschnitte von Mineralien noch nirgends gesehene, irreale Wirkungen von beängstigender Schönheit erzielte –
Daß ich für die Jubiläen der Pfälzischen Philharmonie und des Philharmonischen Orchesters der Stadt Nürnberg Aufträge erhielt –
Daß der Bayerische Rundfunk eine TV-Musteraufnahme von „Domingo" zustande brachte –
Daß er mir durch die Initiative von Dr. Goslich und Rafael Kubelik eine erstklassig besetzte Aufnahme und öffentliche Aufführung der umgearbeiteten „Irischen Legende" unter meiner Leitung im Herkulessaal zum siebzigsten Geburtstag bescherte –
Daß durch die Bayerische Akademie der Schönen Künste, das Theatermuseum und die Städtische Musikbibliothek eine Ausstellung „Werner Egk / Das Bühnenwerk" zustande kam, gefördert von Behörden, Rundfunkanstalten und privaten Firmen –
Daß durch die Initiative von Karl O. Koch eine vorbildliche Band-Aufnahme der neuen „Circe" zustande kam, durch die die Eindrücke der Bühnenuraufführung in Stuttgart korrigiert wurden –
Daß Eugen Jochum, der mir von der Schule her vertraute

Freund, immer wieder für meine Arbeit eintrat und die „Französische Suite" kürzlich bei seiner Amerika-Tournee von Los Angeles bis New York aufs Programm setzte –
Daß ich Ehrenmitglied der Städtischen Bühnen Augsburg wurde –
Daß der damit verbundene Ehrenring der hohen Tradition der Augsburger Goldschmiedekunst mit einer Arbeit des Hauses Schmedding ein neues Beispiel anfügte –
Daß mich GEMA und Komponistenverband mit allen Auszeichnungen ehrten, die sie zu vergeben hatten –
Daß Orden und Ehrenzeichen in großer Zahl die Anerkennung meiner vielseitigen Fähigkeiten zum Ausdruck brachten –
Daß es uns vergönnt war, im März 1973 unsere goldene Hochzeit in München zu feiern.

Am 4. November 1970 war ein Ereignis eingetreten, das unser Leben von einer Sekunde auf die andere von Grund auf veränderte: Elisabeth wurde an diesem Tage um 21 Uhr 30 mit einer cerebralen Durchblutungsstörung in die Universitäts-Klinik II in München eingeliefert.

„Bleiben Sie die Nacht über telephonisch erreichbar", sagte der Arzt. Ich wußte, was dieser Satz bedeutet, und war auf das Schlimmste gefaßt. Sie blieb am Leben, war aber linksseitig gelähmt. Fünf lange Monate lag sie in Zimmer 207 der Station 21. Täglich, außer wenn ich verreisen mußte, machte ich ihr zwei lange Besuche. Unter Anleitung ihres Arztes, dessen große Kunst sich mit großer Menschlichkeit verbindet, versuchte ich meiner Frau durch immer wieder neu erfundene Bewegungs- und Sprechübungen zu helfen. Für mich gab es lange Zeit keine Möglichkeit mehr zu systematischer Arbeit, nur noch einen hoffnungslosen Kampf mit den

Anforderungen des Tages, die mir Elisabeth ein Leben lang ferngehalten hatte.

Heute kann „das erstaunliche Mädchen“ von damals wieder gehen, sich bewegen und sprechen. Sie hat ihre Seelenkraft eingesetzt, um für mich gesund zu werden. Nach einem Jahr konnten wir wieder daran denken, die Gegenwart in die Hand zu nehmen. Wir machten auch wieder Pläne für die Zukunft unter Berücksichtigung dessen, daß Elisabeth auch die geringste körperliche Anstrengung nicht mehr erlaubt ist.

Unsere gewohnte Umwelt war durch die moderne Entwicklung so sehr mit Lärm überflutet worden, daß wir uns zu einem Exodus gezwungen sahen. Schmerzlich bewegt, verließen wir das Haus in Lochham bei München, in dem wir vierzig erfüllte Jahre verbracht hatten, und aus den gleichen Gründen unser heißgeliebtes Haus in Inning, in dem ich die letzten Jahre so gerne gearbeitet hatte. Es war nicht nur schwer, es war fast zu schwer.

Kaum waren wir mit dem Gröbsten im reinen, fing ich wieder an, musikalische Planungen zu erwägen. Meinem lieben Verlegerfreund Ludwig Strecker schrieb ich in der ihm zugeeigneten Festschrift zu seinem neunzigsten Geburtstag einen Beitrag „Annäherung an einen Stoff“ im Hinblick auf eine neue Oper:

... Schließlich landete ich wieder einmal bei ‚Phädra‘ von Racine. Die unerbittliche Strenge und Geradlinigkeit des Ablaufs der Phädra-Handlung zeigt die unausweichliche Konsequenz der Gravitation ... Daß sich Phädra und Oenone schließlich selbst erkennen und ihre eigene Schuld, die ganze Wahrheit herausschreien, ermöglicht die dramatische Entfaltung der Gestalten, die immer weiter gehende Entschleierung ihres wahren Wesens und damit eine echte dramatische Wirkung.

Phädra ist ein neptunischer Stoff: Der Meergott hat Theseus zugeschworen, einmal in seinem Leben ein an ihn, den Gott, gerichtetes Gebet unwiderruflich sofort zu erhören, was es auch fordere. Nach seiner Rückkehr von einer langen Reise bittet ihn Theseus, befangen in einem fürchterlichen Irrtum, um den Tod seines Lieblingssohnes Hippolyt. Der Gedanke, sein Sohn habe die Gattin des eigenen Vaters in seiner Abwesenheit geschändet (‚Vim corpus tulit'), läßt ihn das verhängnisvolle Gebet sprechen, und Hippolyt wird im selben Augenblick durch die Gewalt Neptuns zerschmettert.

Das Meer hat die Phantasie vieler Komponisten beschäftigt, mich selbst ganz besonders bei einem Aufenthalt in Guadeloupe, wo ich durch einen physikalisch erklärbaren Zufall den Wind auf unserem Hotel spielen hörte wie auf einem Instrument. Bei einer bestimmten Stellung der Türen waren die Windmelodien musikalisch notierbar, und ich schrieb Dutzende von Beispielen mit. Es gab lange Phasen, die aus vier-, fünf-, sechs-, sieben-, acht-, neun- oder zehntönigen Reihen gebildet waren.

Das Studium der rhythmischen Brandungskontrapunkte eröffnete ebenfalls neue Perspektiven. Ein Zusammenhang zwischen der Windmelodie und dem Brandungsrhythmus ist zwar gegeben, aber nur mittelbar, weil die atmosphärische Bewegung an Ort und Stelle nicht im direkten Zusammenhang mit dem Brandungsrhythmus steht.

Jedenfalls ergänzten die musikalischen Eindrücke, die ich in Guadeloupe von der Natur selbst empfing, meine Vorstellungen vom Grundcharakter einer Phädra-Musik, die, neptunisch gefärbt, dem Ausdruck der Größe und der wachsenden Drohung der Ereignisse diesem Werk gemäß sein müßte. So habe ich mich dem Phädra-Stoff genähert.

Inzwischen schrieb ich unter dem Eindruck von Wind

und Meer ein neptunisches Musikstück. Dieses Werk zielt auf eine imaginäre Phädra und ist unter dem Titel „Moira" (Musik in C für großes Orchester) erschienen.

Ob einem die Zeit für die Ausführung umfangreicher Pläne gegeben ist, kann man nicht beantworten, doch fand ich eine zwar rätselvolle, aber das geheimnisvolle Wesen der Zeit enthüllende Antwort in einem nach Form und Inhalt bewundernswerten, tiefsinnigen Gedicht eines von Karl Vossler übersetzten Dichters namens Luis de Gongora (1561–1627):

EWIGER ZEITLAUF
Wenn ich frage bei den Sternen
nach der Zeit und wo sie steht,
seh' ich sie, die weitergeht,
von den Sternen sich entfernen.
Ihre Spuren möcht' ich lernen,
ihrem Lauf begeg'n ich nie.
Aber ach, wie täuschet sie!
Kreisend flieht sie hin und eilt,
dennoch bleibt sie da und weilt,
während ich von hinnen zieh'.

EPILOG

Unseren „Exodus“ habe ich schon erwähnt. Er führte uns in die Schweiz in ein freistehendes Haus auf einem Bergsattel über Aarau. Die Vorbereitungen zum Umzug aus den Häusern in Lochham und in Inning kann man nur als konvulsivisch-chaotische Bemühung bezeichnen, Ballast über Ballast abzuwerfen. Ich war von dem Trieb besessen, alles loszuwerden, was mir entbehrlich schien. Wie in einem Rausch warf ich eins zum andern und schickte ungezählte Zentnerlasten Papier in den Reißwolf. Selbst Bücher, die mir einst Freunde waren, häufte ich zu einem wirren Gebirge an und schleuderte Wertloses und Wertvolles ins gleiche Nichts. Unsere Freunde verstanden uns nicht mehr. Sie warnten mit guten Gründen. Wer aber kann einem Menschen, der emotional motiviert ist, mit Gründen beikommen? Keiner. Elisabeth und ich, wir verteidigten uns nur mit einem Satz: „Wenn wir beide zusammen sind, gleich wo, wird alles gut sein.“

Was aber hatte uns vertrieben? Der irre Fluglärm in Inning? Der Autobahnbau in Lochham? Das war schon etwas. Aber nicht alles. Der Abschied von der Bayerischen Staatsoper nach zwanzig Jahren? Dieser formlose Abschied durch den damaligen Staatsintendanten Dr. Rennert, den Nachfolger von Rudolf Hartmann, den guten „König Pausole“ der Oper? Das war auch etwas, aber auch nicht alles.

„Die Verlobung in San Domingo" wurde während der Schweizer Jahre (1972–1974) Werner Egks auch dort mit großem Erfolg aufgeführt. Das obige Bild zeigt eine Szene aus der Münchner Uraufführung am 27. November 1963.

Den Ausschlag gab der wechselnde Gesundheitszustand meiner Frau. Ein Platz, einige hundert Meter höher gelegen als München, das würde ihr guttun. Auch die stabileren Verhältnisse in der Schweiz. Ich spürte schon die kommende „Umwertung aller Werte" in allen Knochen.

Als wir Anfang Oktober 1972 mit dem Umzugswagen an unserem neuen Wohnsitz ankamen, war vieles anders, als wir gedacht hatten. Hinter dem Haus gähnte ein Loch, wo wir ein Schwimmbad erwarten durften, das wir beide brauchten. Das Loch kostete 30000 Schweizer Franken. Das Schwimmbad konnte nicht gebaut werden. Es gab keine Genehmigung. Das Loch wurde wieder zugeschüttet, auch wieder für 30000 Franken. Das Haus aber war schön und mit den vorausgeschickten Möbeln, Bildern und all unseren vertrauten Sachen wohnlich eingerichtet. Eine böse Überraschung: Vor den Fenstern stand im Herbst, Winter und Frühjahr der Nebel.

Es kam nicht zur Komposition der „Phädra". Ich machte Versuch um Versuch, mir den Stoff gefügig zu machen. Umsonst. Der Wunderbau Racines war fugenlos, unantastbar. Eine selektive Behandlung des Stoffes, wie bei Ibsens „Peer Gynt" oder eine „perspektivische Verkürzung" wie bei Gogols „Revisor" war unmöglich. Ich gab schließlich auf und beschäftigte mich mit kleineren Kompositionen, dirigierte ab und zu: „Abraxas" in Belgrad, ein Symphoniekonzert in Salzburg, die „Kunst der Fuge" in Zagreb, die Rundfunk-Produktion der „Moira" in München. Oder ich freute mich über die Schweizer Erstaufführung der „Verlobung in San Domingo" oder über die konzertante Aufführung des „Columbus" unter der trefflichen Leitung von Hans Erismann in der Züricher Tonhalle.

Bei allem aber dominierte die Sorge um die Gesundheit meiner Frau. Zu allem Überfluß kamen äußere Schwierigkeiten schubweise auf mich zu. Im Rückblick erscheinen mir die beiden Jahre in der Schweiz wie eine Stolperstrecke ohne Ende, Sacklaufen über Stock und Stein.

1974 hatten wir genug, und der Horrorfilm von 1972 lief in der umgekehrten Richtung noch einmal ab. Vier Wochen dauerte die zweite Vernichtungsorgie, vier Wochen lang brannten auf dem zugeschütteten Loch die Feuerchen, die alles fraßen, was uns entbehrlich schien.

Am 28. März 1977 feierte Elisabeth Egk ihren 80. Geburtstag.
Als Gast: Carl Orff.

Zum Glück hatten wir das Haus in Inning behalten und erlebten dort noch einige harmonische Jahre, bis sich meine Elisabeth im Dezember 1978 für immer von mir und der Welt verabschiedete. In den letzten Wochen ihres Lebens hatte ich die Komposition des Orchesterwerkes „Spiegelzeit“ begonnen („Zeit“ steht für Musik; gespiegelt wird im 1. Satz ein vorklassisches, im 2. Satz ein klassisches Formschema) und Anfang 1979 fertiggestellt. Mit einigem Abstand folgte die Komposition einer „OUVERTÜRE, Musik über eine verschollene Romanze“. Was ich sonst noch schreiben werde oder schreiben kann, steht in den Sternen.

Mein Bericht zeigt Durchblicke, vermittelt Anschauungen und Bilder. Vieles blieb fragmentarisch. Die Entwicklung einer unverbrüchlichen Freundschaft des Opernherrschers Heinz Tietjen mit dem Komponisten der „Zaubergeige“ hätte ein eigenes Kapitel verdient. Die zwanzig fruchtbaren Jahre am Münchner Prinzregententheater und am neuen Nationaltheater unter der Ägide von Rudolf Hartmann ebenso. Der Ehrenbürgerschaft der Stadt Donauwörth, die sich in einer unablässig wachsamen Bemühung ihres kunstsinnigen Bürgermeisters Dr. Alfred Böswald um mich und mein Werk äußert, sei mit Freude gedacht. (Der Stadtrat von Donauwörth beschloß kürzlich die Errichtung eines modernen Egk-Museums mit Partituren, Literatur, Tonaufzeichnungen und Wiedergabegeräten.) Daß ich mich immer, auch in jeder Bedrängnis, gestern, heute und morgen auf den Verlag B. Schott's Söhne in Mainz stützen konnte und kann, das sei mit Respekt und tiefer Dankbarkeit gesagt. So nobel und freundschaftlich es mit den Brüdern Dr. Ludwig und Willy Strecker begonnen hatte, so wurde es von der nächsten Generation aufgenommen und weitergeführt.

Zum letzten Ende,
„Während ich von hinnen zieh'"
halte ich es mit François Villon:
„A LA MORT TOUT S'ASSOUVIT,"

wie es in der letzten Zeile der 29sten Strophe des Großen Testaments geschrieben steht.

WERKVERZEICHNIS

Oper

Die Zaubergeige (1935)
Oper in drei Akten. Text (nach Pocci) von Werner Egk und Ludwig Andersen (Neufassung 1954)

Peer Gynt
Oper in drei Akten. Text nach Ibsen von Werner Egk (1938)

Columbus
Bericht und Bildnis in drei Teilen. Text von Werner Egk (Funkfassung 1932 · Bühnenfassung 1942)

Irische Legende
Oper nach William B. Yeats in fünf Bildern. Text von Werner Egk (1955) Neufassung 1970 · Französische Übersetzung von Antoine Goléa

Der Revisor
Komische Oper in fünf Akten nach Nikolai Gogol. Text von Werner Egk (1956)

Die Verlobung in San Domingo
Oper nach der „Verlobung in St. Domingo" von Heinrich von Kleist. Text von Werner Egk (1963)

Siebzehn Tage und vier Minuten (Circe)
Opera semibuffa in drei Akten. Text nach Calderóns „El mayor encanto amor" von Werner Egk (1966)

Ballett

Joan von Zarissa
Dramatische Tanzdichtung von Werner Egk (1940)

Abraxas
Faust-Ballett in fünf Bildern von Werner Egk nach dem Tanzpoem von Heinrich Heine (1948)

Ein Sommertag
Ballett nach einer Idee von Paul Strecker von Werner Egk nach Musik von Clementi (1950)

Die chinesische Nachtigall
Ballett nach dem Märchen „Die Nachtigall" von Hans Christian Andersen von Werner Egk (1953)

Französische Suite nach Rameau (1952)
Ballettfassung der Orchester-Suite

Danza (1960)
Ballettfassung der „Variationen über ein karibisches Thema"

Casanova in London
Ballett von Werner Egk (1968)

Orchester

Georgica
Drei Bauernstücke für Orchester (1934)

Orchester-Sonate
für großes Orchester (1948)

Französische Suite
nach Rameau für großes Orchester (1949)

Allegria
Godimento in quattro tempi für großes Orchester (1952)

Variationen über ein karibisches Thema (1959)

Zaubergeige
Ouvertüre zu der Oper (Neufassung 1954)

Peer Gynt (1938)
Tango aus der Oper für großes Orchester

Triptychon aus „Joan von Zarissa"

Abraxas (1948)
Suite aus dem Ballett

Die Nachtigall
Divertimento für Streichorchester aus dem Ballett „Die chinesische Nachtigall"

Englische Suite
nach dem Ballett „Casanova in London" (1968)

2. *Sonate für Orchester (1969)*

Moira
Musik in C für großes Orchester (1972)

Spiegelzeit
für Orchester (1979)

Ouvertüre
Musik über eine verschollene Romanze (1980)

Solo mit Orchester

Geigenmusik
mit Orchester (1936)

Konzertsuite „Der Revisor"
für Trompete und Kammerorchester (1980)

Singstimme mit Orchester

Quattro Canzoni (1932)
Vier italienische Lieder für hohe Stimme und Orchester (Neufassung)

Natur – Liebe – Tod
Kantate nach Gedichten von L. Ch. H. Hölty für Baß und Kammerorchester (1937)

Variationen über ein altes Wiener Strophenlied
(Komponiert als Einlage der Rosine im „Barbier von Sevilla") für Koloratur-Sopran und Orchester (1937)

La Tentation de Saint Antoine
D'après des airs et des vers du dixhuitième siècle für Alt, Streichquartett und Streichorchester (oder für Alt und Streichquartett) (1946)

Chanson et Romance
für hohen Sopran und Orchester (1953)
Chanson (Text von Paul le Silentiaire) · La Romance du Comte Olinos et de Blanchefleur (Text: Anonym)

Nachgefühl
Kantate für Sopran und Orchester nach Versen von Klabund (1975)

Chor

Furchtlosigkeit und Wohlwollen
für Tenor-Solo, gemischten Chor und Orchester (1931)

La Tentation de Saint Antoine
für gemischten Chor und Orchester (1978)

Joan von Zarissa
Drei Chöre aus dem Ballett für fünf Frauen- und fünf Männerstimmen a cappella

Mein Vaterland
„Dir ist dein Haupt umkränzt" (Klopstock), Hymne für einstimmigen Chor und Orchester oder Orgel (1937)

Klavier

Sonate für Klavier (1947)
ED 1332

Kammermusik

Fünf Stücke
für Bläserquintett

Polonaise, Adagio und Finale
für 9 Instrumente

Divertissement
für 10 Bläser (1973)

DISCOGRAPHIE

Kleine Abraxas-Suite
RIAS-Symphonie-Orchester Berlin
Dir. Ferenc Fricsay
DG EPL 30228

The Louisville Orchestra
Dir. Robert Whitney
Columbia

Georgica
Drei Bauernstücke für Orchester
Städt. Orchester Gelsenkirchen
Dir. Ljubomir Romansky
DG Sonderauflage der Stadtsparkasse Gelsenkirchen
(Platte zusätzlich mit Werken von Berlioz, Orff, Korssakow, Kodály, Brahms, Wolf, Crow, Milhaud, Paganini)

Die chinesische Nachtigall
Ballett nach dem Märchen von Hans Christian Andersen
Sinf.-Orchester des Bayerischen Rundfunks
Dir. Werner Egk
DG (1965)

Französische Suite
Gewandhaus-Orchester Leipzig
Dir. Werner Egk
URANIA-Records URLP 7022
RIAS-Symphonie-Orchester Berlin
Dir. Ferenc Fricsay
DG (1965)

Geigenmusik
Rundfunk-Sinfonie-Orchester Berlin (DDR)
Dir. Werner Egk
Elisabeth Bischoff/Violine
URANIA

Sinfonie-Orchester des Bayerischen Rundfunks
Dir. Werner Egk
Wanda Wilkomirska/Violine
DG (1965)

Fünf Stücke für Bläserquintett
Bläserquintett der Bamberger Symphoniker
Sonderpressung der Stadt Donauwörth „1000jährige Brückenstadt Donauwörth“
Darnok DF

Peer Gynt
daraus „Tango“
Städt. Orchester Augsburg
Dir. Anton Mooser
TELDEC – Sonderpressung
(Platte mit Werken auch anderer Komponisten)
Großes Rundfunk-Orchester Berlin (DDR)
Dir. Werner Egk
ETERNA

Quattro Canzoni
Orchester des Bayerischen Rundfunks
Dir. Werner Egk
Irmgard Seefried/Sopran
DG (1960)

Siebzehn Tage und vier Minuten
Rundfunk-Sinfonie-Orchester Berlin (DDR)
Dir. Werner Egk
Rosemarie Römisch/Sopran
Peter Schreier/Tenor
ETERNA

La Tentation de Saint Antoine
Koeckert-Quartett
Lilian Benningsen/Alt
DG (1965)
Streicher des Sinfonieorchesters des Bayerischen Rundfunks,
Koeckert-Quartett
Dir. Werner Egk
Janet Baker/Alt
DG (1955)

Joan von Zarissa
daraus „Tanz der Maurinnen“
Orchester der Staatsoper Berlin
Dir. Werner Egk
BR

Die Zaubergeige
daraus „Spagnola“
Großes Rundfunkorchester Berlin
Dir. Werner Egk
ETERNA
hieraus:

Ouvertüre
Philharmonisches Orchester Prag
Dir. Joseph Keilberth
Telefunken

Szenen der Oper („Die Zaubergeige“)
Orchester und Chor der Bayerischen Staatsoper
Dir. Werner Egk
Solisten: Erika Köth, Elisabeth Lindermeier, Marcel Cordes, Richard Holm, Max Proebstl, Gottlob Frick, Karl Ostertag, Josef Knapp
DG (1955)

Neue Schallplatten
erscheinen zum 80. Geburtstag des Komponisten bei mehreren Gesellschaften

WERKE ANDERER KOMPONISTEN
in Egks Programmen

Als Kapellmeister der Preußischen Staatsoper Berlin (Oktober 1936 – November 1940) und anschließend als deren Gast dirigierte Egk neben allen Aufführungen der von ihm einstudierten eigenen Opern und Ballette auch folgende Werke anderer Komponisten in eigenen Einstudierungen:

„Die Legende von der unsichtbaren Stadt Kitesch" von Rimski-Korssakow.
„Don Carlos" von Giuseppe Verdi.
„Mignon" von Ambroise Thomas.
„Carmina burana" von Carl Orff.

Während seiner Vertragszeit mit der Bayerischen Staatsoper dirigierte E. ausschließlich die sämtlichen von ihm einstudierten Aufführungen seiner eigenen Opern und Ballette.

Vor allem in den Jahren zwischen 1954 und 1973 war er Gastdirigent zahlreicher Orchester: der Berliner Philharmoniker, der Wiener Philharmoniker, der Wiener Symphoniker, der Bamberger Symphoniker, der Staatskapelle Berlin (DDR), der Staatskapelle Dresden (DDR), der Badischen Staatskapelle, des Hamburgischen und des Bayerischen Staatsorchesters, der Philharmonischen Gesellschaft Bremen, der Allgemeinen Musikgesellschaft Basel, der Filharmonisk Selskap, Oslo, des Symphonieorchesters Zagreb, des Züricher Kammerorchesters, des Residenz-Orchesters Den Haag, einer Vielzahl Städtischer Orchester und der Symphonieorchester der großen Rundfunkanstalten.

In Egks Konzertprogrammen finden sich neben eigenen Werken Werke von Bach, Haydn, Mozart, Beethoven, Schumann, Brahms, Reger, Borodin, Busoni, Ravel, Debussy, Saint-Saëns, Honegger, Milhaud, Strawinsky, Karl Amadeus Hartmann, von Einem, Petrassi, Liebermann, Dessau, Bartók, Reimann, Henze, Hindemith und anderen zeitgenössischen Komponisten.

Besondere Vorliebe zeigte E. für die „Kunst der Fuge", für Werke von Igor Strawinsky (für die „Symphonie en trois mouvements", für „Oedipus rex", für „Persephone" und „Petruschka") und für das Schaffen von Karl Amadeus Hartmann: „Gesangsszene" und die Symphonien II, V und VI.

ZEITTAFEL

Biographische Angaben		Kompositionen
1901	17. Mai: Geburt Werner Egks* in Auchsesheim in Bayern als drittes Kind der Lehrerseheleute Joseph Mayer und Maria, geb. Buck.	
1908	Übersiedlung nach Augsburg.	
1911	Aufnahme in das humanistische Gymnasium Sankt Stephan in Augsburg.	
1912	Erster Klavierunterricht bei der Tochter eines Chordirektors in Augsburg.	
1913	Erstes Theatererlebnis am Stadttheater Augsburg mit dem Kinderstück „Gullivers Reisen".	
1919	Erste Opernbesuche: Webers „Freischütz" und Wagners „Tristan und Isolde".	
1920	Abitur in Sankt Stephan und Auszug aus dem Elternhaus durch Übersiedlung nach Erbach/Odenwald. Gesangsunterricht bei Kammersänger Nieratzki in Erbach. Privater Klavierunterricht bei Prof. Helberger, Frankfurt.	Erste Kompositionen: eine Reihe von Klavierliedern nach Texten von Däubler, Werfel, Hofmannsthal, Rilke u. a.

* Egk = sein späterer Künstler-, ab 1937 bürgerlicher Familienname.

Biographische Angaben		Kompositionen
	Systematisches Studium der Musikgeschichte. Brotarbeiten. Ende des Jahres: Tätigkeit als Hauslehrer der Söhne des Kammersängers Heinrich Knote in Pöcking am Starnberger See. Theoretischer Unterricht bei einer Schülerin des Komponisten Klose.	
1921	Übersiedlung nach München. Klavierunterricht bei Anna Hirzel-Langenhan. Erste Begegnung mit Carl Orff und Unterricht bei ihm in Theorie, Komposition und Dirigieren. Tätigkeit an der „Schaubühne“ im Steinickesaal in Schwabing als Inspizient, Kulissenmaler und Leiter der Bühnenmusik.	Komposition eines „Hymnus“ für Gesang, Klavier und Instrumente zur Eröffnungsvorstellung der zweiten Direktion der „Schaubühne“.
1922	Juni: Tod der Mutter und Rückkehr nach Augsburg. Von dort aus Fortsetzung des Studiums bei Orff und Langenhan. Immatrikulation als Student der Philosophie an der Universität München. Begegnung mit der Geigerin Elisabeth Karl.	Kompositorische Übungsarbeiten: Trio in g-Moll.
1923	29. März: Heirat mit Elisabeth Karl; von da ab Führung des Namens Egk.	Passacaglia für Streichorchester.
1924	27. Mai: Geburt des Sohnes Titus.	Streichquartett.
1925	Frühjahr: Erkrankung. Sommer: Erholungsreise nach Portofino, Italien. September: Übersiedlung nach Rapallo.	Musik zu einem Weihnachtsspiel von Walter Burk, Streichquintett, „Musik für kleines Orchester“, „Musik für Geige und Bratsche“.
1926	Anfang des Jahres: Übersiedlung nach Cavi di Lavagna.	„Standmusik“ für das „Corpo musicale della Regia Marina“, „Kleine Symphonie“, Versuch eines Opern-

	Biographische Angaben	Kompositionen
		librettos und einer Opernkomposition „Merlin“ nach Karl Immermann (unvollendet).
1927	Ende September: Rückkehr nach Deutschland. Übersiedlung nach München.	
1928	Auf der Suche nach Aufträgen Übersiedlung nach Berlin. Brotarbeiten. Juli: Kontakte mit Paul Brann. Anschließendes Sommer-Engagement beim „Marionettentheater Münchner Künstler“.	Violinkonzert.
1929	In Berlin Kontakte mit Kurt Weill, Adolf Weißmann, Hans Flesch, Hans Curjel, Erich Mühsam, Jürgen Fehling, Bert Brecht, Erwin Piscator, Alfred Gellhorn u. a. Begegnung mit der musikalischen Moderne der 20er Jahre (Hindemith, Krenek, Berg, Strawinsky). Aufträge der „Funkstunde“ Berlin durch Intendant Hans Flesch, später auch Arbeiten für den Bayerischen Rundfunk, damals „Deutsche Stunde in Bayern“. August: Rückkehr nach München-Obermenzing.	Arbeiten für den Rundfunk: „Ein Cello singt in Daventry“ für Sprecher, Singstimmen und Orchester. Text: Robert Seitz. (Sendung 18. August, Berlin.) „Zeit im Funk“, für Sprecher, Singstimmen und Orchester. Text: Robert Seitz. (Sendung 27. November, München.)
1930		„91 Tage“. Bericht über die Ereignisse vom 1. Februar bis 4. Mai 1930, für Sprecher, Singstimmen und Orchester. Text von Werner Egk und Robert Seitz. (Sendung 4. Juni, Berlin.) „Trebitsch Lincoln“, für Sprecher, Singstimmen und Orchester (Sendung und Übertragung in den Konzertsaal während der III. Woche neuer Musik, München.

	Biographische Angaben	Kompositionen
		Arbeit am Oratorium „Furchtlosigkeit und Wohlwollen“ für Tenor-Solo, gemischten Chor und Orchester.
1931	März: Auszeichnung mit einer Ehrengabe der Münchner Volksbühne. Sommer: Übersiedlung von München-Obermenzing nach Lochham, Lindenstraße 1.	19. Mai: Uraufführung von „Furchtlosigkeit und Wohlwollen“ zusammen mit „Antigone“ von Arthur Honegger anläßlich der IV. Festwoche neuer Musik in der Tonhalle München: Leitung: Hermann Scherchen. Kompositionen für den Rundfunk: „Der Löwe und die Maus“, Singspiel für Kinder. Für Kinderchor und Kammerorchester. (Sendung 25. November, München.) „Großstadt-Weihnacht“ für Tenor-Solo, Chor und Orchester. Text von Robert Seitz. (Sendung 22. Dezember, Berlin.)
1932	Auftrag des Münchner Senders für eine Funkoper. Egk wählt den Columbus-Stoff. Eingehende Besprechung des „Columbus“-Plans mit Hermann Scherchen. Mit „Quattro Canzoni“ Beginn der Verbundenheit mit dem Verlagshaus B. Schott's Söhne, Mainz.	„Der Fuchs und der Rabe“, Singspiel für Kinder. (Sendung 2. März, München.) Musik zum Puppenspiel „Don Juan“ für Singstimmen und Bläser. (Sendung 30. Mai, München.) „Quattro Canzoni“. Vier italienische Lieder für hohe Stimme und Orchester. (Uraufführung am 24. November unter Scherchen in München.) SCHOTT*.
1933		13. Juli: Sendung der Funkoper „Columbus“ im Bayerischen Rundfunk, München.
1934	Unfreiwilliges Ende als freier Mitarbeiter beim Bayerischen Rundfunk, München.	Mit Unterstützung des Verlags B. Schott's Söhne Komposition der Oper „Die Zaubergeige“ nach Pocci. SCHOTT. Damit in Zusammenhang „Georgica“, drei Bauernstücke für Orchester. (Konzertmäßige Uraufführung

* = Musikverlag B. Schott's Söhne, Mainz.

Biographische Angaben		Kompositionen
		im November unter Herbert Janssen mit der New Yorker Philharmonie.) SCHOTT.
1935		Uraufführung der Oper „Die Zaubergeige“ am 22. Mai in Frankfurt/Main unter Leitung von Bertil Wetzelsberger.
1936	Mit der Oper „Die Zaubergeige“ Dirigiergastspiele an zahlreichen Bühnen. 11. Februar: Erste Begegnung mit dem Generalintendanten der Preußischen Staatstheater, Heinz Tietjen, während eines Gastspiels in Kassel. 9. März: Berufung zum Kapellmeister an der Preußischen Staatsoper Berlin; Amtsantritt am 31. Oktober mit der erfolgreichen Neuinszenierung von Verdis „Don Carlos“. Bekanntschaft mit Heinrich Strobel, dem er bis zu dessen Tod eng verbunden war.	„Geigenmusik mit Orchester“ (Uraufführung am 3. April in Baden-Baden; Solistin: Elisabeth Bischoff, Dirigent: Egk.) SCHOTT.
1937	29. Mai: Musikalische Leitung der deutschen Erstaufführung von Rimski-Korssakows Oper „Die Legende von der unsichtbaren Stadt Kitesch“ in der Einrichtung des Textdichters W. L. Bielsky an der Preußischen Staatsoper. 14. bis 19. Juni: Teilnahme am Pariser Kongreß der Confédération Internationale des Sociétés d'Auteurs et Compositeurs (CISAC). Kontakt mit Arthur Honegger und Begegnung mit einer Reihe anderer international anerkannter Komponisten. Beeindruckung durch Ballettaufführungen der Großen Oper Paris.	Uraufführung der Kantate „Natur – Liebe – Tod“ nach L. Ch. H. Hölty für Baß und Kammerorchester am 26. Juni; Solist: Josef von Manowarda, Dirigent: Egk. (Auftragswerk der Stadt Göttingen.) SCHOTT. Mitte August: Vollendung des Librettos der Oper „Peer Gynt“. Beginn der Komposition. 20. November: Vollendung einer Komposition für Erna Berger „Variation über ein altes Wiener Strophenlied“ als Einlage der Rosine im „Barbier von Sevilla“. SCHOTT.

Biographische Angaben		Kompositionen
	16. Oktober: Musikalische Leitung der Neuinszenierung von Thomas' „Mignon“ mit Erna Berger als Titania an der Preußischen Staatsoper. 17. Dezember: Der Name Egk wird durch ministerielle Entschließung bürgerlicher Familienname.	
1938	Nach der Peer-Gynt-Uraufführung politisch gezielte Angriffe. Gegen Egk gerichtete Demarche bei Hitler.	September: Vollendung der Peer-Gynt-Komposition. 16. September: Uraufführung der „Variation über ein altes Wiener Strophenlied“ in der Berliner Staatsoper. 24. November: Uraufführung „Peer Gynt“ an der Preußischen Staatsoper; Dirigent: Egk. SCHOTT.
1939	19. Mai: Durch Vermittlung Tietjens erneute Peer-Gynt-Aufführung bei den Reichsmusiktagen in Düsseldorf. Rehabilitierung und Verleihung eines der drei bei den Reichsmusiktagen üblichen Musikpreise durch Goebbels.	9. Oktober: Vollendung der Ballettkomposition „Joan von Zarissa“. SCHOTT.
1940	Lösung des Vertrags mit der Preußischen Staatsoper. 28. November: Aufnahme engerer Beziehungen zu den Städtischen Bühnen Frankfurt/Main.	20. Januar: Uraufführung „Joan von Zarissa“ in der Staatsoper Berlin, Choreographie: L. Maudriek; Regie: Heinz Tietjen, Dirigent: Egk. SCHOTT. 17. Mai: Beginn der Textplanung zur Oper „Circe“.
1941	Konzerte und Gastspiele mit eigenen Werken. 10. April: Abschluß eines fünfjährigen Werkvertrages mit der Stadt Frankfurt/Main. August: Berufung zum Leiter der „Fachschaft Komponisten“ in der Reichsmusikkammer als Vertreter der Komponisten in der STAGMA (Staat-	Arbeit an der Bühnenfassung des „Columbus“.

	Biographische Angaben	Kompositionen
	lich anerkannte Gesellschaft für musikalische Aufführungsrechte). 20. Dezember: Wiederaufnahme der Kapellmeister-Tätigkeit für die Berliner Staatsoper als Gast.	
1942	Ab Mai Vorbereitung der Aufführung von „Joan von Zarissa" an der Großen Oper in Paris. Wiederbegegnung mit Heinrich Strobel, der sich vor Kriegsausbruch dorthin abgesetzt hatte. 10. Juli: Pariser Premiere von „Joan von Zarissa". Verzicht auf alle Tantiemen aus Pariser Aufführungen zugunsten französischer Autoren. Mit Jean Giraudoux Planung einer gemeinsamen Opernarbeit nach dem Krieg. Freundschaftliche Begegnungen mit Jean Cocteau. 11. Dezember: Sohn Titus wird zum Wehrdienst eingezogen.	13. Januar: Szenische Uraufführung des „Columbus" in Frankfurt/Main. Musikalische Leitung: Franz Konwitschny. SCHOTT.
1943	15. Mai: Erstaufführung „Joan von Zarissa" und Uraufführung des Balletts „Der zerbrochene Krug" von Rudolf Wagner-Régeny an den Städtischen Bühnen Leipzig; Dirigent: Egk. 22. Dezember: Abstellung des Sohnes Titus an die Front.	
1945	7. Januar: Letztes Lebenszeichen des Sohnes Titus aus dem Osten. Seitdem verschollen.	Anfang des Jahres: Niederschrift der Komödie „Das Zauberbett". DESCH.
1946	Wiedersehen mit Strobel beim Südwestfunk in Baden-Baden. Erfolgreiche Bemühungen um den organisatorischen Zusam-	Komposition im Auftrag des Südwestfunks: „La Tentation de Saint Antoine". D'après des airs et des vers du dixhuitième siècle für Alt,

	Biographische Angaben	Kompositionen
	menschluß der deutschen Komponisten und den Wiederaufbau der deutschen Urheberrechtsgesellschaft.	Streichquartett und Streichorchester. SCHOTT. 1. April bis 2. Dezember: Komposition des dramatischen Balletts „Abraxas". SCHOTT.
1947	Mai: Wiedersehen mit Heinz Tietjen, Boris Blacher und Hans Heinz Stuckenschmidt in Berlin. 5. Oktober: Uraufführung von Henzes Klavierkonzert beim Südwestfunk Baden-Baden; Dirigent: Egk.	18. Mai: Uraufführung „La Tentation de Saint Antoine" im Südwestfunk Baden-Baden; Solistin: Eliette Schenneberg von der Großen Oper Paris, Dirigent: Egk. 31. Juli: Beginn der Komposition der „Orchester-Sonate" für großes Orchester. 7. Dezember: Konzertante Uraufführung des „Abraxas" im Südwestfunk Baden-Baden; Dirigent: Egk.
1948		21. Februar: Fertigstellung der „Orchester-Sonate". Uraufführung in Baden-Baden; anschließend Aufführung am 11. April zusammen mit der Uraufführung einer Solokantate von Rolf Liebermann bei den Darmstädter Musiktagen; Dirigent: Egk. SCHOTT. 22. Februar: Uraufführung der „Sonate für Klavier" durch Gerty Herzog in Berlin. SCHOTT. 6. Juni: Szenische Uraufführung des Balletts „Abraxas" im Prinzregententheater, München. Nach der fünften ausverkauften Vorstellung Absetzung des Werkes durch Verbot des bayerischen Kultusministers.
1949	28. März: Verleihung des Münchner Kunstpreises. 8. Oktober: Erfolgreiche Berliner Premiere des „Abraxas". Verhandlungen über die Übernahme der Direktion der Hochschule für Musik in West-Berlin.	Komposition „Französische Suite" nach Rameau für großes Orchester (Auftragswerk des RIAS). SCHOTT.
1950	18. Januar: Berufung nach West-Berlin als ordentlicher	31. Januar: Uraufführung der „Französischen Suite" in Berlin, Lei-

	Biographische Angaben	Kompositionen
	Professor für Komposition und Direktor der Hochschule für Musik. 18. März: Verleihung des Berliner Kunstpreises. 14. Juni: „Abraxas“-Debatte im Bayerischen Landtag. Übernahme des Vorsitzes im Beirat der GEMA (Gesellschaft für musikalische Aufführungs- und mechanische Vervielfältigungsrechte) und der Präsidentschaft des Deutschen Komponistenverbandes. Ständiger Kontakt mit Ferenc Fricsay, Elsa Schiller, Heinz Tietjen, Tatjana Gsovsky und Boris Blacher. 14. August: Erste Besprechung einer „Abraxas“-Tournee durch eine ad hoc in Hamburg gegründete „Ballett-Compagnie“.	tung Ferenc Fricsay. (Voraufführung am 28. Januar durch Eugen Jochum in München.) SCHOTT. 11. Juni: Uraufführung des Balletts „Ein Sommertag“ nach einer Idee von Paul Strecker an der Städtischen Oper Berlin; Dirigent: Egk. SCHOTT. 9. August: Textentwurf einer (nicht komponierten) Kantate „Les animaux et la peste“.
1951	3. Januar: Premiere einer „Abraxas“-Tournee im Schauspielhaus Hamburg. 10. Februar: Aufenthalt in Stockholm zur dortigen „Abraxas“-Premiere. Wiedersehen mit Käthe Heidersbach, der Solveig der Peer-Gynt-Uraufführung. 4. bis 10. März: Tournee-Vorstellungen „Abraxas“ in München; Dirigent: Egk.	Juni: Beginn der Orchester-Komposition „Allegria“. Auftragswerk des Südwestfunks Baden-Baden. SCHOTT. 7. Oktober: Beginn der Textplanung zur Oper „Irische Legende“.
1951	29. August: Unterzeichnung eines dreijährigen Vertrags mit der Bayerischen Staatsoper gemäß dem Vergleich im „Abraxas“-Prozeß. Kontakte zu Furtwängler und Solti. 17. Oktober: Die Bayerische Akademie der Schönen Kün-	

Biographische Angaben		Kompositionen
	ste wählt Egk zu ihrem ordentlichen Mitglied. 20./21. Oktober: Zusammentreffen mit Igor Strawinsky in München.	
1952	1. Februar: Balletturaufführung der „Französischen Suite“ an der Hamburgischen Staatsoper. 1. Oktober: Differenzen mit dem Senat von Berlin. 29. Oktober: Egk kündigt zum 30. März 1953 als Direktor der Hochschule für Musik.	25. April: Uraufführung der „Allegria“ in Baden-Baden; Dirigent: Egk. 20. November: Beginn der Komposition des Balletts „Die chinesische Nachtigall“ (Auftragswerk der Gesellschaft Deutsches Museum München zu deren 50jährigem Bestehen).
1953	Februar: Diskussion über die „Irische Legende“ mit Hermann Scherchen. 5. Mai: Treffen mit Jean Cocteau in München. 15. Mai: Amtsübergabe an Boris Blacher in der Hochschule für Musik, Berlin. 28. Juni: Konzertante Uraufführung von Boris Blachers „Abstrakte Oper Nr. 1“ im Frankfurter Sender; Idee und Text von Egk. August: Treffen mit Dimitri Mitropoulos und Rudolf Wagner-Régeny.	26. Februar: Vollendung der Partitur „Die chinesische Nachtigall“. SCHOTT. 6. Mai: Uraufführung „Die chinesische Nachtigall“ im Deutschen Museum in München (ab 20. Mai Übernahme ins Münchner Prinzregententheater). Dirigent: Egk. 19. Juli: Uraufführung der Komposition „Chanson et Romance“ für hohen Sopran und kleines Orchester unter Paul Sacher beim Festival in Aix-en-Provence. Solistin: Pierrette Alarie. SCHOTT. Ab August Überarbeitung der „Zaubergeige“.
1954	2. Mai: Premiere der revidierten „Zaubergeige“ in Stuttgart; Leitung: Ferdinand Leitner. 31. Mai: Wiedersehen mit Arthur Honegger bei einem Kongreß der CISAC in Bergen. Wahl zum Präsidenten des Deutschen Komponistenverbandes. 26. Oktober: Staatsintendant Rudolf Hartmann verpflichtet	Juni: Beginn der Opernkomposition „Irische Legende“.

	Biographische Angaben	Kompositionen
	den Komponisten zur Einstudierung und Leitung aller Aufführungen seiner Opern und Ballette an der Bayerischen Staatsoper. Dieser Vertrag wurde jährlich erneuert und endete nach 20 Jahren in der Amtszeit von Hartmanns Nachfolger, Staatsintendant Rennert. In den Spielzeiten 51/52 bis 71/72 wurden in München einstudiert und neueinstudiert die Opern: „Die Zaubergeige“, „Peer Gynt“, „Irische Legende“, „Der Revisor“, „Die Verlobung in San Domingo“, „Columbus“ und die Ballette: „Joan von Zarissa“, „Die chinesische Nachtigall“, „Danza“, „Abraxas“, „Casanova in London“.	
1955	25. Mai: Kauf eines Grundstücks in Inning/Ammersee. 26. Juli: Bachfest Ansbach. „Kunst der Fuge“; Dirigent: Egk.	10. Februar: Vollendung der „Irischen Legende“. SCHOTT. 17. August: Uraufführung der „Irischen Legende“ unter Leitung Georg Szells bei den Salzburger Festspielen.
1956	15. Oktober: Beginn des Hausbaus in Inning.	Ab Februar: Arbeit an der Oper „Der Revisor“. Überarbeitung der „Quattro Canzoni“ im Auftrag der Deutschen Grammophon Gesellschaft.
1957	September: Zusammentreffen mit Igor Strawinsky und Luigi Nono. 14. September: Erstaufführung „Der Revisor“ in Venedig im Teatro La Fenice als Gastspiel der Württembergischen Staatsoper; Dirigent: Egk. Im Dezember Fertigstellung des Inninger Hauses.	25. Januar: Vollendung der „Revisor“-Partitur. 9. Mai: Uraufführung „Der Revisor“ bei den Schwetzinger Festspielen; Dirigent: Egk. SCHOTT. 28. Mai: Fernsehübertragung der Schwetzinger Inszenierung „Der Revisor“. 14. Juni: Uraufführung des Balletts „Begegnung“ von Franz Baur nach der „Französischen Suite“ im Markgräflichen Opernhaus Bayreuth.

Biographische Angaben		Kompositionen
1958	Dirigiergastspiele in Berlin-Ost, Wien, Stuttgart, Augsburg und Paris.	5. August: Uraufführung „Das Zauberbett“ in Frankfurt/Main. 9. August: Beginn der Revision von „Furchtlosigkeit und Wohlwollen“ für die Wiener Festwochen 1959.
1959	Im Januar: Auszeichnung mit dem Großen Verdienstkreuz des Bundesverdienstordens der Bundesrepublik Deutschland. 13. Januar bis 12. März: Reise nach Westindien: Zwischenstation in New York; Besuch bei dem schwerkranken Mitropoulos. 21. Juni: Begegnung mit Pierre Boulez. September: Auf Einladung der sowjetischen Regierung Reise nach Leningrad und Moskau. 5. Dezember: Wiedersehen mit Tietjen in Baden-Baden.	Ab 25. März: Niederschlag der Reiseeindrücke in der Komposition „Variationen über ein karibisches Thema“. 5. Juni: Uraufführung der Neufassung „Furchtlosigkeit und Wohlwollen“ bei den Wiener Festwochen; Dirigent: Egk. SCHOTT.
1960	21. Mai: Konzert auf der Wartburg mit Bachs „Kunst der Fuge“. Oktober: Anläßlich der Einstudierung „Der Revisor“ an der City Opera in New York Begegnung mit den Dirigenten Julius Rudel, Joseph Rosenstock und Leonard Bernstein.	18. Januar: Uraufführung der „Variationen über ein karibisches Thema“ bei einem Konzert der musica viva in Freiburg. (Uraufführung der Ballettfassung „Danza“ am 16. Februar an der Bayerischen Staatsoper München.) Dirigent: Egk. SCHOTT. Im Verlag Langen-Müller München erscheint das Buch „ Musik – Wort – Bild“, Texte und Anmerkungen, Betrachtungen und Gedanken von Werner Egk.
1961	23. Mai: Verleihung der Goldenen Medaille der Stadt München. 3. Juni: Internationales Musikfest in Los Angeles. „Französische Suite“; Dirigent: Egk. 27. Juni: Konzert der Berliner Festwochen mit Hartmanns	Anfang Januar bis 4. Februar: Arbeit am Libretto zur Oper „Die Verlobung in San Domingo“. 10. Februar: Beginn der Komposition „Die Verlobung in San Domingo“. SCHOTT.

	Biographische Angaben	Kompositionen
	5. Sinfonie, Reimanns Orchesterliedern und Henzes Gesängen aus „Elegie für junge Liebende". Solist: Dietrich Fischer-Dieskau; Dirigent: Egk. 17. November: Verleihung des Ludwig-Spohr-Preises der Stadt Braunschweig.	
1962	5. Mai: Englische Erstaufführung „Das Zauberbett" am Pilochry Festival Theatre in Schottland. 26. Juni: Verleihung des Bayerischen Verdienstordens. Oktober: Zusammentreffen mit Boulez in Baden-Baden und zum letzten Mal mit Fricsay in Ermatingen.	2. Dezember: Vollendung der Partitur „Die Verlobung in San Domingo".
1963	Fernsehaufnahmen, Konzerte.	27. November: Uraufführung „Die Verlobung in San Domingo" im neu errichteten Nationaltheater in München. Dirigent: Egk.
1964	Frühjahr: Konzerte in Den Haag, Ludwigshafen, Leipzig, Berlin. 20./21. Oktober: Fernsehaufnahmen bei Proben zu „Domingo" im Nationaltheater München. 5. November: 10-Jahres-Feier des Komponistenverbandes in Bonn in Anwesenheit des Bundespräsidenten, Festrede: Egk.	
1965	18. März: Konzert in der Stuttgarter Liederhalle mit Bartóks 2. Klavierkonzert und Strawinskys „Oedipus rex". April/Mai: Konzerte in Karlsruhe, Bamberg, Bielefeld, Lübeck. Beschäftigung mit organisato-	

Biographische Angaben		Kompositionen
	rischen Problemen (GEMA, Rundfunkrat, Goethe-Institut).	
1966	18. Februar: Philharmonisches Konzert in Berlin (Berg: Konzert für Kammerorchester; Hartmann: Gesangsszene, Solist: Dietrich Fischer-Dieskau; Egk: Orchester-Sonate). Gespräche mit Hans Werner Henze, Paul Dessau u. a. 23. Februar: Premiere „Peer Gynt" im Music-College der Universität Hartford/Connecticut; Dirigent Egk. 20. Mai: Verleihung der „Goldenen Medaille für Kunst und Wissenschaft" der Stadt München. 20. Juni: Überreichung der „Goldenen Medaille" des Bayerischen Rundfunks durch Intendant Christian Wallenreiter. Juli: Aufnahme in die Deutsche Akademie der Künste in Ost-Berlin als korrespondierendes Mitglied. Oktober: „Zaubergeige"-Aufführungen in Dresden und München unter Egks Leitung. 27. Dezember: Musikalische Leitung der Premiere „Abraxas" in der Komischen Oper Berlin.	2. Juni: Uraufführung „17 Tage und 4 Minuten" im Württembergischen Staatstheater Stuttgart unter Leitung Ferdinand Leitners. SCHOTT. 8. August: Beginn der ersten Musikskizzen für das Ballett „Casanova in London".
1967	Januar: Konzerte, Gastspiele an den Staatsopern Berlin und Dresden. 22. Januar bis 18. Februar: Reise nach Südafrika. 4. Juni: Ehrenbürger von	2. bis 8. April: Entstehung des Librettos zum Ballett „Casanova in London". 15. April: Beginn der Komposition. SCHOTT.

	Biographische Angaben	Kompositionen
	Auchsesheim, später Ortsteil der Stadt Donauwörth. Im Juli Zusammentreffen mit Kjellberg und Göran Gentele in Stockholm. 8. bis 16. September: Aufenthalt in Bukarest auf Einladung des „Festival Georges Enescu". 24. Oktober bis 6. Dezember: TV-Gesamtaufnahme „Die Verlobung in San Domingo" beim Bayerischen Rundfunk (Sendung am 7. Januar 1968); Dirigent: Egk.	
1968	Anfang des Jahres: „Joan von Zarissa" in Belgrad; Dirigent: Egk. Beschäftigung mit organisatorischen Problemen. Sommer: Organisatorische Arbeiten. Sorge um die schwer erkrankte Gattin. 18./19. Oktober: Wahl zum Präsidenten des Deutschen Musikrates.	1. November: Vollendung der Komposition „Casanova in London". 9. November: Beginn der Arbeiten an der „Zweiten Sonate für Orchester" für das Jubiläum des Philharmonischen Orchesters der Pfalz.
1969	Starke Inanspruchnahme durch den Deutschen Musikrat. September/Oktober: Konzerte in Bamberg und Bad Kissingen. 6. Dezember: Mit Kubelik und Goslich Vereinbarung einer Konzert-Uraufführung der revidierten „Irischen Legende" für Herbst 1971 im Herkulessaal in München.	14. September: Uraufführung „Zweite Sonate für Orchester" beim Jubiläumskonzert der Pfälzischen Philharmonie; Leitung Christoph Stepp. SCHOTT. 28. November: Uraufführung: „Casanova in London" im Nationaltheater München. Dirigent: Egk. Dezember: Beginn der Neufassung der Oper „Irische Legende".
1970	27. Januar: Musikratbesprechungen. April: „Peer Gynt" in Augsburg und Mannheim; Dirigent: Egk.	14. September: Vollendung der Neufassung „Irische Legende". SCHOTT.

	Biographische Angaben	Kompositionen
	Mai: Konzerte in Bremen. 12. Juni: Teilnahme an der 200-Jahr-Feier des Verlagshauses B. Schott's Söhne in Mainz. Letztes Zusammensein mit Strobel. 23. Juni: Bach-Woche München. „Kunst der Fuge“; Dirigent: Egk, mit Karl Richter am Cembalo. 18. August: Plötzlicher Tod des Freundes Heinrich Strobel. 7. September: Überreichung des Sterns zum Großen Verdienstkreuz der Bundesrepublik Deutschland. Jahresende: Schwere Erkrankung der Gattin. Keine Möglichkeit zu systematischer eigener Arbeit.	
1971	13. Dezember: Aufstellung einer Werner-Egk-Büste im Foyer des Stadttheaters Augsburg. Rücktritt vom Amt des Präsidenten des Deutschen Musikrates.	31. Oktober: Konzertante Uraufführung der Neufassung der „Irischen Legende“ in München; Symphonieorchester und Chor des Bayerischen Rundfunks, Dirigent: Egk.
1972	13. Juni: Verleihung des kulturellen Ehrenpreises der Stadt München. Ehrenbürger von Donauwörth (Auchsesheim, Egks Geburtsort, wurde 1971 nach Donauwörth eingemeindet). 16. August: Letzte Vorstellung einer Oper unter der Leitung des Komponisten an der Bayerischen Staatsoper („Die Verlobung in San Domingo“). 31. August: Ende der vertraglichen Bindung an die Bayerische Staatsoper.	

Biographische Angaben		Kompositionen
	Anfang Oktober: Umzug nach Aarau (Schweiz).	
1973	Stiftung eines Werner-Egk-Preises durch die Stadt Donauwörth.	12. Januar: Uraufführung von „Moira-Musik in C für großes Orchester“ durch das Philharmonische Orchester der Stadt Nürnberg unter der Leitung von Hans Gierster. SCHOTT. 10. Mai: Französische Erstaufführung in französischer Sprache der „Irischen Legende“ in Paris. Es spielt das Orchestre Lyrique de l'ORTF, Leitung: Rudolf Alberth. 26. Dezember: Zum 50jährigen Jubiläum der Oper von Belgrad wird das Ballett „Abraxas“ in der Choreographie von Janine Charrat aufgeführt.
1974	Anfang September: Rückkehr nach Inning.	8. Mai: Uraufführung des „Divertissements für 10 Bläser“ bei den Schwetzinger Festspielen (Bläser-Ensemble Mainz, Leitung Klaus R. Schöll). SCHOTT. 12. Juli: USA-Erstaufführung der „Verlobung in San Domingo“ in Saint Paul (Minnesota) während des Saint Paul Opera Summer Festivals.
1975		30. Januar: Das Bläserquintett des Südwestfunks Baden-Baden spielt in Porto die Uraufführung der „Fünf Stücke für Bläserquintett“. Am 21. Februar folgt die deutsche Erstaufführung in Baden-Baden im Rahmen eines Gemeinschaftskonzertes von Radio France und Südwestfunk. SCHOTT. 26. Februar: Szenische Uraufführung der Neufassung der „Irischen Legende“ in Augsburg (Dirigent Gabor Ötvös, Inszenierung Winfried Bauernfeind). In einem Konzert des Bayerischen Rundfunks spielt das Münchner No-

	Biographische Angaben	Kompositionen
		nett die Uraufführung von „Polonaise und Adagio für neun Instrumente“ (das Finale wird erst 1976 hinzugefügt). SCHOTT. Die bulgarische Staatsoper Stara Zagora bringt das Ballett „Abraxas“. „Nachgefühl“, Kantate für Sopran und Orchester. SCHOTT.
1976	Werner Egk wird in Paris für zwei Jahre zum Präsidenten der CISAC (Internationale Konföderation der Verwertungsgesellschaften der Autoren und Komponisten) gewählt.	28. März: Premiere einer neuen Inszenierung von „Joan von Zarissa“ an der Deutschen Staatsoper Berlin (Inszenierung Dimitrij Parlic, Dirigent: Egk). 16. Mai: Fernsehsendung eines vom Zweiten Deutschen Fernsehen in Koproduktion mit dem Bayerischen Rundfunk hergestellten Films der „Zaubergeige“ am Vorabend von Werner Egks 75. Geburtstag (Dirigent Heinz Wallberg, Inszenierung Hans Hartleb). 30. September: Unter der Leitung von Rafael Kubelik wird die Kantate für Sopran und Orchester nach Versen von Klabund „Nachgefühl“ in München uraufgeführt (Helen Donath, Sopran; Symphonieorchester des Bayerischen Rundfunks). SCHOTT. Im Jahre von Werner Egks 75. Geburtstag inszenieren 5 Bühnen seine komische Oper „Der Revisor“: Landestheater Linz, Bayerische Staatsoper München, Pfalztheater Kaiserslautern, Deutsche Staatsoper Berlin, Theater in der Altmark Stendal.
1977		„La Tentation de Saint Antoine“ für gemischten Chor und Orchester. SCHOTT.
1978	12. Dezember: Tod von Frau Elisabeth Egk.	17. März: Uraufführung der Fassung für gemischten Chor und Orchester von „La Tentation de Saint Antoine“ in München (Dirigent

Biographische Angaben		Kompositionen
		Heinz Wallberg, Münchner Rundfunkorchester, Chor des Bayerischen Rundfunks).
1979		Anfang 1979: „Spiegelzeit“ für Orchester. SCHOTT. „Ouvertüre, Musik über eine verschollene Romanze“. SCHOTT. 19. Juni: Nach 30 Jahren steht das Ballett „Abraxas“ wieder auf dem Spielplan in München. Das Staatstheater am Gärtnerplatz bringt eine Inszenierung in der Choreographie von Ivan Sertic, Dirigent Helmut Imig. 14. September: Uraufführung des Orchesterwerks „Spiegelzeit“ in Landau (Dirigent Christoph Eschenbach, Staatsorchester Pfälzische Philharmonie). SCHOTT.
1980	Die Stadt Donauwörth beschließt ein Werner-Egk-Museum.	14. September: In Recklinghausen wird unter der Leitung von Karl Anton Rickenbacher vom Westfälischen Sinfonieorchester die „Ouvertüre – Musik über eine verschollene Romanze“ uraufgeführt.
1981	17. Mai: Kammermusik-Matinee des Bayerischen Staatsorchesters im Cuvilliéstheater zu Ehren von Egks 80. Geburtstag. Aus diesem Anlaß plant das Nationaltheater München die Neueinstudierung der Egk-Oper „Peer Gynt“ für Februar 1982.	17. Mai: Konzertante Aufführung von „Peer Gynt“ in Augsburg unter der musikalischen Leitung von Heinz Wallberg (Münchner Rundfunkorchester und Chor des Bayerischen Rundfunks). Das Konzert zu Werner Egks 80. Geburtstag wird vom Fernsehen aufgezeichnet. 20. Mai: Uraufführung der Konzertsuite „Der Revisor“ für Trompete in B und Orchester bei den Schwetzinger Festspielen. SCHOTT.

REGISTER

E

F

H

L

N

O

P, Q

R

T

U

V